行政學析論

第二版

吳　定、林鍾沂、趙達瑜、盧偉斯、吳復新、黃一峯、蔡良文
黃臺生、施能傑、林博文、朱金池、李宗勳、詹中原、許立一
黃新福、黃麗美、陳　愷、韓　釗、林文燦、詹靜芬———著

五南圖書出版公司 印行

　　羅貫中在所著《三國演義》一書第一回開頭寫道:「話說天下大勢，分久必合，合久必分」，行政學與政治學的分合關係就是如此。政治學早在古希臘時代就已萌芽並逐漸成型，距今已有兩千三百多年的歷史，而行政學一直附屬在政治學的領域裡。直到 1887 年美國行政學者威爾遜（Woodrow Wilson）發表〈行政的研究〉（The Study of Administration）一文，公共行政的研究才開始從政治學獨立成為行政學科。可是到了 1930 年代，美國發生經濟大蕭條（The Great Depression），論者認為欲解決相關的棘手問題，便不能截然劃分政治與行政，於是政治學與行政學又合在一起研究。而自 1960 年代後，美國各種環境系絡發生劇烈的變化，為求有效率、有效能的解決各種問題，行政學再從政治學分離出來成為專業的研究領域，此種情況一直延續至今。台灣公共行政教育及學術的發展，也就在 1960 年代躬逢其盛，開始制度化的邁步向前走。首先是 1962 年國立政治大學在密西根大學的協助下，成立了公共行政暨企業管理教育中心，次年成立公共行政學系、1964 年又設立公共行政研究所，創所所長為張金鑑先生。本人於 1966 年進入該所攻讀碩士學位，正式踏進公共行政研究的領域，碩士論文指導教授即為張金鑑老師。其後又前往美國南加州大學攻讀公共行政碩士及紐約州立大學攻讀公共行政博士學位，完成學業後，回國做一名園丁，從事台灣公共行政園地的耕耘及灌溉工作。屈指算來，自開始鑽研公共行政學術迄今已四十餘年。唯行政學術與實務內容廣泛、複雜萬端，即使窮一人畢生之力，亦難窺其堂奧，況僅四十餘年乎。所幸因曾在政治大學本部及附設空中行政專校、中山大學、東華大學、空中大學、東海大學及文化大學等校擔任專兼任教席，可謂「作育英才」無數，其中繼續傳承行政學術發展及從事行政實務者不計其數，多已成器，皆為國家棟樑，誠個人畢生最大安慰者也。

　　本人於 2008 年 2 月自政大退休的半年多前，多位受業門生集會商討

提議舉辦學術研討會以紀念本人退休。本人原先覺得退休一事不值得張揚，更不敢勞煩大家而擬予推辭。後來在盛情難却及想藉機鼓舞年輕學者撰寫研討會論文，利己利人的情況下，始勉予同意。旋由林鍾沂、賴維堯、朱金池三位教授組成策劃小組，展開商訂研討主題與邀稿事宜。經過研商後，決定訂名為「探索公共行政真義：吳定教授榮退紀念學術研討會」，政大公共行政學系孫本初主任聞訊，立刻允諾籌資主辦。在溫世仁文教基金會與薇閣文教公益基金會慷慨贊助下，由政大公共行政學系主辦的學術研討會，如期於 2008 年 1 月 5 日假政大公共行政及企業管理教育中心舉行，共有十六位年輕學者就不同主題提出十六篇學術論文以供研討。是日與會者近四百人，並蒙政大校長吳思華博士及溫世仁文教基金會董事、台灣聯合大學系統校長曾志朗博士前往致詞，場面可謂熱烈感人，令本人倍感光榮、終生感激難忘。

　　由於籌辦研討會時，即已考慮準備將研討會論文結集成書，並以教科書或參考書的型態展現，以為行政學術略盡棉薄之力，故論文議題便儘量涵蓋公共行政各面向。然而，學術論文之體例、格式、論述方式及字數等，與一般教科書顯有不同，如欲出版成書，必須重行整編。於是在研討會結束後，煩請政大公行所博士生張智凱先生協助聯繫，將研討會中的十五篇論文送請原作者作必要的刪減及修改，但修改事宜因故一再延宕，致影響出版進度。迨 2009 年春天，五南圖書出版公司主事者獲悉本項出書計畫，立即表示樂意合作出版，至此大勢已定，乃緊鑼密鼓展開相關作業。首先，因本書各章大多並非一般泛泛之論，而是較為專精的分析論述，故決定將書名訂為「行政學析論」。其次，為增加本書內容的廣度，於是除研討會十五篇論文外，另由我本人及施能傑、黃一峰、林博文、黃麗美教授各再撰寫一篇增強之，最後全書合計為二十章。復次，為統一文章體例、格式及字數等，特煩請朱金池與盧偉斯兩位教授費心負責全書的整理及主編工作，並由本人進行總校正。

　　本書共計七篇二十章，約三十八萬字，內容涉及諸多行政組織與管理的傳統及現代議題，有些章節去蕪存菁、平鋪直敘；有些則深入淺出、推理分析，但均值得讀者研讀省思，故本人認為本書可做為公共行政研習者

之教科書或參考書。另者，二十位作者除本人外，其餘十九位均為學有專精、研究精神極佳、斐然有成的年輕學者；他們全部是本人在大學部或研究所的受業學子，本人還擔任其中十二位作者的碩博士論文指導教授。本人年屆退休之時，一事無成，頗覺汗顏，然眼見彼等孜孜不息埋首研究，成果豐碩，亦足堪告慰矣！而對後繼有人，持續致力以行政學術發展為志業，本人尤感欣慰！

　　本人代表所有作者對促成本書出版的個人及單位謹表衷心的謝忱，包括撰寫文章者、主協辦研討會者、印行本書者等等。本書內容疏漏及錯誤之處，在所難免，尚祈士林方家不吝海涵指正！當然，若有錯失之處，自應由相關作者自行負責！是為序。

吳 定 謹序

2009 年 8 月

目 錄

第六篇　公共行政管理技術　485

第七篇　公共行政倫理規範　559

第一篇

行政學的基本概念

第一章 行政學研究的內涵

第一節 行政學研究的意義與重要性

壹、行政學研究的意義

從人類生活演進的歷史來看，「公共行政」（public administration）的實務，可以說與任何政府組織的歷史一樣久遠。換言之，人類自從有任何型態的政府組織時，就有了公共行政的實務伴隨而生。因為公共行政所著重的是「公共性」（publicness），而政府組織就是基於公共性，為解決公共問題、保護公眾安全、提供公共服務與利益而存在的，亦即如張潤書（2006: 3）所說：行政即是公務的推行，舉凡政府機關或公務機構的業務，如何使之有效的推行，即為行政。一般人將政府組織稱為「第一部門」（the first sector），強調「公共性」；將私人企業組織稱為「第二部門」（the second sector），著重「私益性」；將非營利組織（non-profit organization）稱為「第三部門」（the third sector），重視「公益性」。這三類組織在組織結構、功能運作及管理方式等方面，雖然相去不遠，但是政府組織與其他兩類組織在管轄範圍、服務對象、法規限制、權力運用、監督系統、績效考核等方面，卻有相當顯著的差異。

進一步來說，公共行政所涉及的事項非常廣泛，它包含行政實務與行政理論在內。行政實務乃是政府機關處理實際行政問題所涉及的各種事務；而行政理論則是指對行政事象的重要概念、命題及意涵等，進行有系統的分析、研究，並界定其彼此關係，以做為行政運作準據的學問（吳定，1999: 36）。就此以觀，行政學可界定為：對各種行政事實與現象，從事科學的、系統的、方法的、客觀的、創新的、綜合的分析研究，以獲致原理、法則及系統知識，供行政運作參據的知識（吳定等，2006: 11）。而行政學研究乃是指研究者採取科學的、系統的、方法的、客觀

的、條理的方法，對行政理論與實務所涉及的各種相關事項進行研究，以獲得可供行政運作參據的原理、法則與方法。英文 public administration 一字，中文可譯為「公共行政」，亦可譯為「行政學」，故本章將該兩名詞交互使用。一般行政學者認為，1887 年美國行政學者威爾遜（Woodrow Wilson）在《政治學季刊》（*Political Science Quarterly*）所發表的〈行政的研究〉（The Study of Administration）一文，乃是行政學從政治學分離出來成為一門獨立學科的濫觴。

貳、行政學研究的重要性

任何一種系統性的知識能夠發展成為一門獨立的學科，一定有它的理由，一定是對其相關學術社群具有相當重要性，行政學亦不例外。其實早在 1887 年威爾遜的〈行政的研究〉一文中，就說過這麼一段話：「我認為沒有一種實用科學會在不需要知道它的情況下，被提出來研究。因此，著名的行政實用學正在找門路要擠進大學課程裡面這件事實，證明美國需要知道更多行政學方面的知識。」（吳定，1999: 8）行政學既然是一門與人們日常生活息息相關的實用學科，自然會對不同的利害關係人（stakeholders）造成不同的需要性與重要性。茲分別簡述之。

1. 就行政學術社群而言：從事行政學教學與公共行政議題研究者，當然要將公共行政領域所呈現的各種情況，列為核心的研究重點，以理論的、學術的、科學的、系統的、條理的研究方式，累積公共行政的理論基礎與學術知識。因為行政學術社群的「本業」就是要研究行政的相關理論與實際問題，其研究成果一方面做為增補行政學術的依據，另一方面可提供行政實務人員改進實務的參考，所以公共行政研究對他們來說，其必要性及重要性不言可喻。

2. 就行政實務人員而言：「工欲善其事，必先利其器」，負責推動政務的行政實務人員（practifioners），如果要得心應手的完成任務，就必須具備充分的專業知識與技能，也就是要設法鑽研涉及機關組織結構與功能運作的行政學理論。正是基於此種理由，目前我國公務人員考

試中的許多類科，均將「行政學」列為必考科目之一。此外，行政實務人員常自我要求處理政務必須秉持理論與實務結合的原則，是以行政學研究，對他們來說，就變得非常重要及必要。

3. 就一般民眾而言：在現代「公民社會」（civic society）中，一般民眾不再扮演「被動服務者」的角色，而是扮演積極主動參與政務運作過程的角色。受到主權在民理論、公民參與理論及決策制定理論的啟迪，民眾已經了解他們有權利知道政府能夠、如何、已經為他們做了些什麼，是否得到應有的服務，權益是否得到保障。而要充分獲得這些訊息，就必須隨時隨地注意、甚至參與政府機關的政策運作過程。欲參與政策運作過程，自然非多多少少了解政府機關的組織結構及功能運作不可，而這些問題乃是行政學所探討的主題，是以即使對一般民眾來說，行政學研究也非常的重要。

第二節　公共行政研究典範的演進

　　對於公共行政研究的典範演進概況，學者們有不同的看法。所謂典範（paradigm），是指某一個專業社群的專業人員，例如公共行政的研究者及實務人員，對該專業學科的的研究範圍、研究主題、研究方法、研究取向等，所具有的共同看法。因此，典範會隨著時間及空間而改變。換言之，不同的時間及空間，就會產生不同的典範（吳定，2006: 81）。公共行政研究典範的演進也是如此，Nicholas Henry 認為可分成以下五個典範時期加以論述（1975: 378-386）：一、政治行政分立時期（1900-1926）；二、政治行政結合時期（1927-1949）；三、公共行政當做政治學研究時期（1950-1970）；四、公共行政當做行政科學研究時期（1956-1970）；五、公共行政當作公共行政研究時期（1970-　）。不過，本書著者認為只要分成以下三大典範演進時期予以論述即可。

一、政治與行政分立時期（1887-1947）

（一）行政的研究與效率運動的影響

公共行政一向附屬於政治學領域中，直到 1887 年才由 Woodrow Wilson 發表〈行政的研究〉，呼籲公共行政應獨立成為一門學科，而在許多行政改革者的推波助瀾下，行政才逐漸走上與政治分立的道路。Frank Goodnow 在 1900 年所著的《政治與行政》（*Politics and Administration*）一書中認為（1900: 10-11）：「政治所處理者為政策或國家意志的表示，而行政所處理者為此些政策的執行工作。」換言之，行政應著重研究政府行政系統如何經濟有效的運作。

美國自十九世紀末以後，國勢日強，經濟成長加速，公共支出增加，但公共服務的數量及品質不佳、公務員聲譽不良、財政結構不健全，於是有志之士發起效率運動，要求從事行政改革、澄清吏治、提高行政效率。當時所盛行的行政價值是效率（efficiency）與經濟（economy），於是公共行政成為政治學的分支學科。此種情況發展到 1920 年代，公共行政才在社會科學中有其一定的地位，學者普遍認為，政治不應侵犯行政，公共行政本身可以成為「價值中立」（value-free）的學科。

（二）科學管理運動的影響

公共行政研究深受二十世紀初期之科學管理運動（scientific management movement）的影響。該運動主要係由三大支理論所構成：一為由 F. W. Taylor, Henry Gantt 及 Frank Gilbreth 等人為代表的「科學管理學派」；二為以 Henri Fayol, Luther Gulick, Lyndall Urwick, James Mooney 及 Allan Railey 等人為代表的「行政管理學派」；三為以 Max Weber 為代表的「理想型科層體制」（ideal type of bureaucracy）。科學管理運動的主要目的在透過「時間與動作研究」（time and motion study），要求工作人員以科學方法代替「摸索法」（rule of thumb）或「嘗試錯誤法」（trial and error），並建構最佳組織型態，使組織有效運作，提高工作效率。工商企

業界的此項運動，正符合行政界追求效率、經濟、「良善管理」的需求，於是科學管理的理論、原則及方法，遂成為公共行政研究的立論基礎。

（三）追求行政原則的影響

由於受到科學管理運動的影響，當時許多公共行政學者認為，如果在工商企業界，管理可以成為一種科學，為何在行政界不可？因為兩者都一樣是要盡可能有效的完成任務。因此，科學管理的概念及原則，在當時行政學教科書及期刊文章中隨處可見，例如 L. D. White 的《公共行政研究導論》（*Introduction to the Study of Public Administration*, 1926），W. F. Willoughby 的《公共行政的原則》（*Principles of Public Administration*, 1927）等，均強調尋求可普遍適用之行政原則的重要性。此外，Gulick 與 Urwick 在 1937 年所編著的《行政科學論文集》（*Papers on the Science of Administration*）一書中，提出了 POSDCORB（Planning, Organizing, Staffing, Directing, Coordinating, Reporting, Budgeting）一字代表行政主管的七項職能（即計畫、組織、用人、指揮、協調、報告、預算），並且尋求各種組織與管理原則來完成這些職能。

總而言之，二十世紀初葉的效率運動及科學管理運動主宰了 1947 年以前美國公共行政的發展方向，它們對公共行政逐漸成為一門研究的學科，具有相當大的貢獻。

二、政治與行政復合時期（1947-1970）

（一）行政原則的追尋受到質疑

1947 年後，許多行政學者紛紛質疑行政原則的普遍適用性，其中以 H. A. Simon（1916-2001）為最。他認為所謂行政原則只不過是一堆諺語（proverb）而已，根本不是放諸四海皆準的原則。因為幾乎每一項所謂的原則，均有一項「對立原則」（counter principle）存在。Dwight Waldo（1913-2000）進一步指出，不只是行政原則的有效性有問題，科學管理的基本價值也有問題，因為它忽視了人類的價值觀。此外，Robert A. Dhal

也對行政原則的有效性表示懷疑。他們抨擊所謂行政原則，並非是科學性的而是規範性的；並非是普遍性的而是受文化背景限制的；並非植基於實證的結果，而是一種專斷的假定。他們強調，除非這些行政原則能夠變成真正科學性的原則，否則公共行政無法被認為是一種科學知識（Caiden, 1976: 40）。

（二）政治與行政分立論被否定

自 1930 年代美國總統 F. D. Roosevelt 推動「新政」（New Deal），使政府職能大為擴張，權責加重後，政治與行政分立論便普遍受到懷疑。學者們認為，在政府實務方面，政治與行政實在無法分離各自獨立存在。行政如果撇開政治不談的話，則其範疇將過於狹窄且不切實際。但是在第二次世界大戰後，此項分立論才受到學者猛烈的撻伐。例如 F. Morstein Marx 在 1946 年所編《公共行政的要素》（*Elements of Public Administration*）一書中指出，公共行政具有政治的本質，行政人員具有政治的角色，及行政機關存在著權力的運用關係。又如 J. M. Gaus 也在 1950 年強調：「一項公共行政理論在此時也意味著一項政治的理論。」

由於行政原則及政治行政分立論受到懷疑，甚至被否定，因此公共行政的研究產生了「認同危機」（identity crisis）：究竟政治與行政的關係為何？公共行政研究的內容及重點應為何？公共行政未來應否以及是否可能成為一門獨立的學科？

（三）政治學者反對行政分立

政治學者從 1930 年代起，就開始有抗拒公共行政獨立成為一門學科的傾向。到了 1950 年代更是如此，例如 Roscoe Martin 在 1952 年呼籲：「政治學必須繼續統治公共行政」（1952: 665）。在第二次世界大戰後的一段期間，因政治系所仍然招收研讀公共行政的學生，政府並給予經費贊助，而政治學界又正受到「行為革命」（behavioral revolution）極大的衝擊，所以不願意讓公共行政獨立出去。他們表示，如果公共行政及「國際

「關係」都獨立的話，則政治學的領域將愈來愈狹窄。

　　大致上來說，在 1970 年以前，大多數公共行政學者仍然留在政治學系所內。不過，雖然他們以政府機關的組織與運作做為主要研究對象，但是對於公共行政研究典範所涉及的「定向」（focus）與「定位」（locus）問題，卻遲遲無法建立並達成共識。所謂「定向」是指公共行政研究的內容及重點為何；所謂「定位」是指公共行政研究的運作對象及與其他學科的關係為何。Waldo（1968: 8）對這段時間的狀況，非常感慨地說：「事實的真相是政治學者對公共行政所持的態度是冷漠的，甚至是輕蔑或敵視的。」在受到政治學者的輕蔑與敵視情況下，此時許多公共行政學者開始試圖建立「行政科學」（administrative science）做為公共行政研究的典範。行政科學來自企業管理，是一種結合組織理論與管理科學的系統性知識。不過問題是，行政科學強調各種的組織型態及管理方法（不限於公部門組織），均有若干共同的特徵、樣式及症候；再者，行政科學所著重的是理性、效率、經濟等，無法妥善處理公共利益及人類所涉及的價值問題。因此，公共行政如欲獨立成為一門學科，就必須尋找一個新的典範。

三、公共行政尋求獨立時期（1970 以後）

　　1970 年後的公共行政研究新典範的發展，受到了幾項重要衝力的影響。

（一）新公共行政的提倡

　　第一次明諾布魯克會議（Minnoebrook Conference I）的召開應歸功於 Dwight Waldo，他資助 33 位年輕的公共行政學者於 1968 年在 Syracuse University 的 Minnowbrook Conference Center 舉辦一場討論當時公共行政重大議題及發展方向的學術研討會，會後並由 Frank Marini 將論文彙編出版《邁向新公共行政：明諾布魯克的觀點》（*Toward a New Public Administration: The Minnowbrook Perspecrive*）一書。因為該書所提出的許

多論點，迥異於傳統公共行政的看法，故自稱為「新公共行政」的觀點，並認為他們所揭櫫的觀點可以做為公共行政研究的新典範。

新公共行政的主要觀點可大致歸納如下（Marini, 1971: 346-367）：

1. 主張趨向相關的（relavant）公共行政研究：公共行政應研究當下動盪不安環境所發生的相關問題、社會上所面臨的各種問題及公務人員的相關問題，而勿偏向研究理論上及學術上的問題。

2. 主張後實證邏輯論（post-positivism）：新公共行政學者反對實證邏輯論的「價值中立觀」，認為社會科學研究者應以他的專業知識及才能，對研究結果進行價值判斷；強調「社會公正」（social equity）的重要性，並認為學校教育及公共行政研究應與「社會正義」（social justice）問題直接相關。

3. 主張行政理論與實務應回應動盪不安的環境變化：行政實務人員應修正過去迴避問題的作法，而應面對並解決各項問題，以坦誠公開的方式，鼓勵工作人員參與決策，並增進政府與服務對象的互動關係。

4. 主張建構新的組織型態：新公共行政學者認為傳統科層體制的組織型態已無法符合面對問題、參與式管理、服務對象取向、行政人員價值判斷、社會問題複雜等情況的需求，必須要建構「協和式組織型態」（consociated model）以輔助之。

5. 主張發展以服務對象為重心的組織：強調政府機關與服務對象互動的重要性，主張行政人員應較以前更忠於服務對象（client loyalty）及忠於方案（program loyalty）。

從以上「新公共行政」所揭櫫的論點觀之，雖然這一批學者認為行政與政治仍然糾纏不清，但是已明顯主張公共行政應獨立成為一門學科。此項論點到了「第二次明諾布魯克會議」（Minnowbrook Conference II）時更被強化。

在第一次明諾布魯克會議之後二十年的 1988 年，在同一地點又舉行了第二次明諾布魯克會議，參加者有 68 人，包括二十年前曾參加者及 1980 年代才進入公共行政領域者。雖然 1988 年的時空背景迥異於 1968

年，而且第二次會議舉行時，美國公共行政所面臨的危機遠大於第一次會議，但並不損及二者立場及主張的一貫性與一致性。兩者比較大的差異點是，第一次會議嚴厲批判並反對實證主義，而第二次會議則肯定實證主義具有一定的貢獻（吳定等，2007b: 229）。在 1988 年的時候，公共行政學界已產生極大的變化，各大學的公共行政課程，已遠超過 1960 年代的範圍。公共行政研究的課題較前更為廣泛及深入，也更強調科際性的整合，已擺脫 1960 年代前附庸於政治學的地位，而取得了獨立的地位。

（二）民營化浪潮席捲全球

民營化（privatization）主要起源於 1979 年 5 月英國首相柴契爾夫人執政時，致力於減少政府對一般經濟活動的干預，積極進行公營事業之民營化，俾活絡市場機能，其中最著名的成功例子是英國航空公司的民營化。它的基本假定是民營企業的經營績效，通常較公營事業的經營績效為高。

全球性的「民營化運動」興起於 1980 年代初期，它代表各國政府在公共服務活動及資產所有權方面的縮減，即原本由公部門所承擔的功能，轉由私部門或市場機能運作，進而帶來私部門在公共服務及資產所有權角色的增進。於是三十多年來，各國政府無不致力於公營事業及公共服務的民營化工作，我國也不例外。也因此，使得民營化相關議題的研究，成為公共行政研究的核心課題之一。

簡言之，導航民營化指在各類公共服務活動及資產所有權方面，縮減政府的角色，而增加私部門的角色。即政府減少直接涉入生產及提供財貨與服務，轉而強化政策能力，以增加社會中私有機制的發展，進而提升民眾所接受的服務，滿足公眾的需求。

一般言之，民營化的類型可分撤資、委託、替代三種：1. 撤資（divestment）：即經由出售、無償移轉及清理結算等方式，將公營事業或資產移轉民間經營；2. 委託（delegation）：即政府部門將全部或部分財貨與服務的生產活動，委託私部門辦理，但仍負監督之責。委託方式包

括簽約外包（contractout）、給予特許權、補助、使用抵用券、強制作為等；3. 替代（displacement）：即當人民認為政府所提供的生產或服務不能滿足社會需求時，准許以私部門的機制予以替代。其方式包括功能不足的替代、退離的替代及解制（deregulation）的替代。

（三）黑堡宣言的提出

黑堡宣言（Blacksburg Manifesto）被學者稱為「新制度論背景的新公共行政或明諾布魯克的觀點」，主要提出者是美國維吉尼亞理工學院暨州立大學公共行政及政策中心教授萬斯萊（Gary L. Wamsley）。他在與另外四位教授（Charles T. Goodsell, John A. Rohe, Orion F. White and James F. Wolf）交換意見後，於 1982 年對公共行政提出了一些基本看法，並撰寫全名為「公共行政與治理過程：轉變政治對話」（Public Administration and the Governance Process: Shifting Political Dialogue）的宣言，因維吉尼亞理工學院位於黑堡，因此這份宣言就簡稱為「黑堡宣言」。他們認為過去的公共行政太強調「默、順、隱」與委曲求全的政策執行角色，一方面對於治理正當性的合理聲明怯於表達，另一方面又對建立民眾信賴感的相關作為猶豫不決。因此目前的官僚制度應以其專業知識及經驗傳承，成為公共利益的制度性寶庫與民主治理的正當參與者。

黑堡宣言對當時飽受抨擊及貶抑的公務人員深為同情並加以辯護，他們肯定公務人員的專業技能與表現，認為公務人員是公共利益的促進者及捍衛者。更具體的說，黑堡宣言學者呼籲公務人員應扮演以下五項主要的角色（余致力，2000）：1. 執行與捍衛憲法的角色；2. 人民受託者的角色；3. 賢明少數的角色；4. 平衡各方需求之平衡輪的角色；5. 分析者與教育者的角色。

大致言之，在學術定位上，黑堡宣言與新公共行政可說是志同道合，不過，黑堡宣言學者認為，新公共行政流於抽象的哲學思考，因此他們希望在延續新公共行政的價值之餘，能設法彌補其欠缺實用性之遺憾。於是，黑堡宣言採擷了傳統主義的主張，強調以制度為基礎，以補新公共行政之不足（吳定等，2007b: 246）。

（四）企業型政府理念的盛行

1990 年代企業型政府（entrepreneurial government）的理念受到世界各國普遍的重視，主要是受到 1992 年 David Osborne 與 Ted Gaebler 兩人在《新政府運動：企業精神正如何轉化公共部門》（*Reinventing Government: How the Entrepreneurial Spirit is Transforming the Public Sector*）一書的影響。簡言之，企業型政府指能夠採取企業界的新精神、新作風、新思想、新措施，有效運用資源，提高行政績效（包括行政效率與行政效能）的政府。

依據 Osborne 及 Gaebler 兩人的看法，企業型政府的特徵可歸納為以下數項：1. 觸媒性的政府（catalytic government）；2. 社區為主的政府（community-owned government）；3. 競爭性的政府（competitive government）；4. 任務驅策的政府（mission-driven government）；5. 結果驅策的政府（results-driven government）；6. 顧客驅策的政府（customer-driven government）；7. 具企業精神的政府（enterprising government）；8. 預測性的政府（anticipatory government）；9. 分權性的政府（decentralized government）；10. 市場導向的政府（market-oriented government）。企業型政府理念盛行的結果，導致所謂「小而美」、「小而能」政府的主張也隨之大行其道。於是各國興起一片「政府或行政改革」的呼聲。因此，在美國出現了「國家績效評估」（National Performance Review），報告行政改革的成果；英國出現了「續階計畫」（the Next Step）；中國也發動一連串的行政改革作法；台灣更早自 1987 年 8 月 1 日起從事「行政院組織法研修」及以後持續進行二十幾年的政府再造工作。此一段時期，公共行政研究的焦點及對象顯然與以前有很大的不同。

（五）公共性議題的層出不窮與積極處理

在進入二十一世紀以後，公共行政或行政學研究的典範，已經經歷了「典範革命」或「典範遞移」的演變。就典範中的「定位」而言，公共行政所研究的是「公共性」所涉及的問題，故研究對象不以公共組織為限，

已擴及各種類型的組織。就典範中的「定向」而言,自從 1980 年代全球性的民營化運動及 1990 年代如火如荼推動企業型政府運動之後,許許多多新興的議題接踵而來,成為各國二十一世紀初期公共行政研究的新典範,下面幾項只是其中犖犖大者而已。

1. 危機管理議題全球關注

如何管理國內外隨時發生的重大危機事件,乃是進入二十一世紀以來,世界各國所關注的課題。由於全球化(globalization)的緣故,即使是國內所發生的危機事件,也常常會促使各國連手協助處理善後事宜。例如:台灣於 1999 年所發生死亡約 2,500 人的 921 集集大地震;美國於 2001 年所發生死亡約 3,000 人的 911 恐怖攻擊事件;中國四川省於 2008 年 5 月所發生死亡約 90,000 人的大地震。另外,若干區域性或全球性的危機事件,更造成世界各國同心協力積極處理的情況。例如:2003 年由亞洲地區引起而蔓延世界 30 餘國,死亡人數近 1,000 人的 SARS 事件,SARS 是「嚴重急性呼吸道症候群」(Severe Acute Respiratory Syndrome 的簡寫); 2004 年 12 月 26 日發生在亞洲南部,造成 21 萬人死亡的南亞大地震及海嘯事件,即是由聯合國動員世界各國全力搶救的例子; 2009 年 4 月發生於墨西哥而迅速蔓延 50 餘國的 H1N1 新型流感疫情,雖然傷亡人數與其他危機事件相比不算很多,但各國在世界衛生組織(World Health Organization)的協助下,群策群力共同防治的決心及努力並無二致。台灣也在睽別 38 年後,於 2009 年 5 月重新回到世界衛生大會(World Health Assembly),成為觀察員,積極參與國際衛生事務的交流與處理。

2. 全球性議題各國協力處理

跨入二十一世紀以來,最為世界各國關注並同心協力謀求解決的重大課題莫過於「全球暖化、環境保護」與「金融風暴、經濟蕭條」兩者。就防止全球暖化(global warming)問題而言,早在二十世紀末葉就已做了一些努力,其具體成果是 149 個國家在 1997 年 12 月於日本京都舉行的「第三次聯合國氣候變化綱要公約會議」中,簽訂了「京都議定書」

（Kyoto Protocol）。該議定書規定到了 2010 年，已開發國家（38 國及歐盟）排放二氧化碳等六種溫室氣體的總量，必須比 1990 年時，減少 5.2%，全球自 2008 年至 2012 年時，排放總量應減少 6% 至 8%。該議定書於 2005 年 2 月 16 日生效，截至 2007 年 11 月止，共有 174 國及歐盟已簽署該議定書。而在 2007 年 12 月於印尼峇里島所舉行的「第十三次聯合國氣候變化綱要公約會議」的主要目標之一是協商擬訂「京都議定書」於 2012 年失效後，下一階段規範全球溫室氣體排放減量的機制，會議的成果是簽訂了「峇里島路徑圖」（Bali Roadmap，並且成立了「特別工作小組」），負責後續協商事宜，同時確定 2009 年年底在丹麥哥本哈根完成協商新防止全球暖化協定的計畫。

　　就世界各國通力挽救「金融風暴，經濟蕭條」的議題而言，自2008年由美國所謂「次級房貸」所引起的全球性銀行倒閉、股市嚴重下挫、失業率攀升、經濟大衰退的情況，除極少數幾個國家外，全球絕大多數國家均難倖免。面臨此種數十年僅見的嚴重挑戰，各國本身除致力從金融財經政策層面予以挽救外，也積極透過國際經貿組織，如世界貿易組織（World Trade Organization）及國際貨幣基金會（International Monetary Foundation）等的協助，共同採取各種方法，力求復甦經濟，以免人類生活遭受空前的浩劫，這些作為可以說都是「全球治理」（global governance）的例子。

3. 治理轉型理念獲得共識

　　自二十世紀末葉以來，公共行政研究的核心議題已做了多次的轉變。其轉變情形可大致歸納為：（1）1970 年代以前強調以效率（Efficiency）為主的「傳統公共行政」；（2）1970-1980 年代強調以效能（effectiveness）為主的「新公共行政」；（3）1980-1990 年代強調以回應（responsiveness）為主的「新公共管理」；（4）1990-2000 年代強調以績效（performance）為主的「新公共服務」；（5）2000 年以後強調以綜效（synergy）為主的「治理轉型」。不過要說明的是，前面年代的核心議題，並非到了後面年代就消失不見，而只是重視程度有別而已。

　　自跨入二十一世紀以來，各國公共行政所面臨的主要議題是：政府與人民的關係日趨複雜；中央政府權責日漸分權或下授給下級政府及民間社會；管理者必須更具管理此種複雜網絡關係的能力。於是促使傳統的「統治」理念逐漸轉型為「治理」的理念。治理（governance）乃是共同「統治」與「管理」的意思。其核心概念之一為「網絡治理」（network governance），其意思可解釋為：由多元利害關係人構成的網絡，共同遵循一定規則，管理並回應彼此的需求，在重視政府原有權威體系及民間網絡關係下，透過透明、誠信、課責、協商的共同管理方式，處理相關問題，達成共同的目標。目前此種治理的理念，大致上已普遍被行政社群所接受。治理轉型後的狀況是：（1）層級節制及權威體系仍然不可或缺，但複雜的網絡關係之功能，可能超乎其上；（2）管理者將更依賴網絡關係的運作過程，做為管理的輔助機制；（3）未來治理應特別重視以下概念的研究及落實：資訊流通、績效管理、民主行政、公民參與、公民課責、議價協商、人力資本、衝突管理等。目前一些相關的概念及內涵，例如：府際關係（intergovernmental relations）、府際伙伴關係（intergovernmental partnership）、跨域治理（cross-boundary governance）、公私伙伴關係（public-private partnership）、公私合產（public-private co-production）、網絡治理、全球治理等，已成為當下乃至未來一段時間，公共行政社群探討的主要課題，也正是目前公共行政研究典範的發展趨勢。

第三節　行政學研究途徑與方法

壹、行政學研究途徑

　　行政學所涉及的理論、現象與議題等錯綜複雜，因此在分析問題、處理資料時，必須考慮採取何種研究途徑（research approach）較為恰當。所謂研究途徑，依據易君博的看法，乃是介於概念架構與具體事象間之操

作途徑，它指涉選擇問題及資料的準則，如功能研究途徑、系統研究途徑即屬於此一範圍（易君博，1977: 99）。進一步說，研究途徑指研究人員為探討問題癥結、了解問題本質及處理問題面向所採用的分析性架構與操作性工具。分析性架構指對於定性途徑與定量途徑的取捨，定性途徑（qualitative approach）可比喻為「以文字解釋資料」，著重主觀價值判斷；定量途徑（quantitative approach）可比喻為「以數字解釋資料」，著重客觀數據的呈現；操作性工具指對各種具體可資應用之研究樣式的選擇，如制度研究途徑、個案研究途徑、比較研究途徑等。

　　在研究行政學的時候，需視議題本質、研究重點及目的、資料可得情況等，採取以下較常使用的一種或數種途徑進行研究。

一、制度研究途徑

　　制度研究途徑（institutional study approach）也稱為機關研究途徑，指研究行政學相關問題時，採取從制度的角度切入，藉由探討政府機關結構、特性、權責狀況、機關彼此關係的安排、實際運作狀況等層面，深入了解問題的癥結及解決之道等。

二、結構功能分析途徑

　　結構功能分析途徑（structural-function analysis approach）指研究者從機關組織的結構面與功能面，探討行政學所涉及的各方面問題。結構與功能是機關組織所以成立及續存的兩大主要成分，二者相輔相成，相互作用。結構可視為組織的靜態面，功能則為組織的動態面。因此，對於組織結構與功能的分析研究，可使研究者了解政務的實際運作狀況。結構指機關組織各部門及各層級間所建立的一種相互關係，包括：組織圖、職位說明書、正式的法令規章、運作的政策、工作的程序、控制的過程、報酬的安排及其他引導工作人員行為的設計。功能指任何有機體為求續存及完成特定目的所執行的一切相關活動。

三、系統理論途徑

　　系統理論（systems theory approach）是繼傳統理論與行為管理理論之後，於1960年代被提出來整合前述兩個理論者，其後更進一步演變成權變理論的大行其道。系統理論學者認為，對於系統運作所涉及的要素，包括：投入（input）、轉換（through-put）、產出（output）、環境因素（environment factors）及回饋（feedback）等，如果能夠加以有系統的研究，將是分析設計與控制各項行政活動的最好途徑，他們並且強調系統途徑能夠建立各項活動的相互關係，並可經由回饋的方法而控制各項活動，使整個系統能夠有效的運作。

四、個案研究途徑

　　個案研究途徑（case study approach）指在研究過程中，由研究人員參與觀察的一種形式。它強調以田野調查為基礎，對某一個案的各種現象加以分析。個案研究的假定是，研究人員可以藉由了解特殊群體在其所處環境的動機、價值觀、信念及利益，研究機關組織或政策計畫的運作梗概。個案研究途徑的主要核心是，要對特殊環境的行為幅度做系統性、客觀性與分析性的田野記錄。個案研究做為一種研究途徑，重點放在某一個案的研究人員及被觀察者的主觀經驗方面。此種研究途徑可使研究人員對研究對象及其行動，建立並維持第一手的接觸。個案研究的主要缺點如下：1. 如何從個案研究結果做「類推」的問題；2. 研究人員個人的認知與記憶可能會使研究結果產生偏見的問題；3. 研究人員的出現可能會影響個案參與者的行為及活動的問題。一般來說，採取定性研究法及調查研究法，可以避免個案研究途徑中觀察技術所帶來的問題。

　　如果要探討某一項政策、事件或問題為何發生，以及如何發生，而又無法或不願意利用操控方法去了解行為事件的進行時，應用個案研究途徑進行分析研究，將可避免人為操控的弊端，並可透過深度描述與分析的方式，掌握事實真相。不過，個案研究途徑常被批評無法對其他個案做「類推」（generalization）。

五、比較研究途徑

　　比較研究途徑（comparative study approach）指在同一個理論架構或研究架構下，檢視不同的政策計畫、機關組織、行政事務現象或個案等，並進行比較分析、歸納、整合，以得出某種結論的研究途徑。透過比較研究途徑，對於不同國家、政府、機關之相同或相似的政策運作狀況及行政問題進行比較分析，其結果可做為處理類似政策或行政問題的參考，故可收「他山之石，可以攻錯」的效果。

六、行為研究途徑

　　行為研究途徑（behavioral study approach）指運用科學方法分析、解釋、預測個人或團體態度及行為、社會事實、現象與政務運作的一種途徑。其作法為建構與驗證有關人為結構及運作的科學理論及假設，並以數量化及操作化的方式，從行為層面進行資料蒐集、分析、解釋與預測。例如：運用此種途徑可以探討選民的投票行為、消費者的消費行為、人民對政府施政的反應行為等。行為研究途徑在 1930 年代至 1970 年代最為盛行，並且在 1960 年代前曾經成為社會科學界的研究主流。

七、實證研究途徑

　　實證研究途徑（empirical study approach）指研究人員採取實證調查（也稱為經驗調查）的方式，對行政問題所涉及的各項變數，進行科學的、統計的、量化的研究分析，目的是從描述性的了解及推理性的作用，做規範性的建議。

八、模式研究途徑

　　模式研究途徑（model study approach）指研究人員透過建構模式的方式，以了解行政問題的前因後果，及各變數的彼此影響關係，進而預測未來的運作狀況及可能結果。模式乃是世界上複雜事實、器物、現象的簡單

化代表物。經由對模式要素及其彼此關係的分析研究，我們可以對其所代表之事實、器物、現象之相關事實，具有較深入的了解與較具處理的能力。

貳、行政學研究方法

研究方法（research method）與研究途徑的概念不同，一般人認為研究方法指涉資料蒐集與分析的程序及技術，例如應用文獻探討、問卷調查、晤談、參與觀察等方法，去蒐集有關研究主題的資料（Kerlinger, 1986: 280）。而研究途徑則指研究人員採取何種觀點，從何種角度，採取何種方式去分析、了解及處理行政或政策問題，使問題獲得圓滿解決。行政學的研究，通常是從以下四種研究方法中選擇一種以上應用之。

一、文獻探討法

文獻探討法（literature review method）也稱為文件分析法或次級資料分析法，指研究人員蒐集與某項行政問題有關的期刊、文章、書籍、論文、專書、研究報告、政府出版品、網路資料及報章雜誌的相關報導等資料，進行靜態性與比較性的分析研究，以了解問題發生的可能原因，及可能產生的結果。此項文獻探討法是任何一項自然科學與社會科學研究工作絕對不可或缺的資料蒐集法。

二、訪談法

訪談法（interviewing method）也稱為訪問法，指由研究人員或訪問員，透過面對面交談或電話訪問的方式，蒐集受訪者對某些問題之看法或意見，做為研究分析基礎的資料蒐集法。面對面訪問也稱為實地訪問或造府訪問，在此種訪問方式過程中，訪員與受訪者均在場，訪員可對問卷題目之目的、疑義等加以解說，並可了解受訪者問題之所在，即時予以說明，同時還可鼓勵受訪者回答，既可避免發生漏答或錯答現象，尚可藉機

觀察受訪者之言語、行為等，故學術界常樂於採用。訪問題目可以是開放式的，由受訪者自由發揮回答；也可以是結構式的，受訪者依固定題目及答案進行回答。至於電話訪問則是由訪員以電話對受訪者加以訪問以蒐集研究資料的一種方式，它是一般民意調查機構與大眾傳播媒體所常使用的技術，主要是因為它具有快速、便捷、樣本易取得及訪問成功率高等優點。

三、問卷調查法

問卷調查法（questionnaire method）為研究人員進行研究調查時最常使用的方法之一，通常是採用郵寄問卷的方式，不過有時也可能採取親自或派員發放問卷的方式。其作法為研究者將問卷郵寄給受訪者，問卷回收後，進行統計分析並做解釋。問卷調查法最大的優點是節省人力、樣本較大與成本較低；但缺點是回收率低，可能影響樣本的代表性，且無法對問題做相當深入的了解。採用問卷調查法時，應特別注意抽樣技術的應用。

四、觀察法

觀察法（observation method）為自然科學與社會科學研究常使用的一種資料蒐集方法，它與訪談法及問卷調查法一樣，所蒐集到的資料屬於第一手資料，對研究結果的說服力極強。就行政問題研究而言，觀察法指由研究人員親自或派員前往問題發生或相關的現場，進行實地的觀察並作記錄，以蒐集必要的資料，做為進一步統計、分析、解釋的依據。

第四節　公共行政研究的先驅者

壹、國際的先驅者——威爾遜先生

一、威爾遜先生的生平

威爾遜（Woodrow Wilson）被國內外公共行政社群尊稱為「行

政學之父」，因為他於1887年發表〈行政的研究〉（The Study of Administration）一文，使公共行政從政治學的領域中獨立出來成為一門學科。他於 1856 年出生在美國喬治亞洲的奧古斯塔城（Augusta），1875年就讀普林斯頓學院，畢業後，於 1879 年至 1881 年在維吉尼亞大學攻讀法律碩士。1982 年至 1983 年從事實習律師的工作。1883 年至 1885年在約翰霍普金斯大學攻讀政治學博士，其博士論文為「國會政府」（Congressional Government）。威爾遜取得博士學位後，前往 Bryn Mawr College 執教，講授比較行政制度。

　　1888 年至 1896 年威爾遜應邀在約翰霍普金斯大學擔任行政學的兼任客座講座，並於 1890 年至 1893 年在普林斯頓大學講授類似的課程。威爾遜於 1902 年至 1910 年擔任普林斯頓大學校長；1910 年至 1913 年擔任紐澤西州州長；1913 年被選為美國第 28 任總統，在位 8 年，於 1924 年逝世，享年 68 歲。

　　威爾遜的主要著作有以下八本：1.《國會政府》（*Congressional Government*, 1885）；2.《國家》（*The State*, 1889）；3.《分立與重合》，1829-1889（*Division and Reunion, 1829-1889*, 1893）；4.《老手與其他政治論文》（*An Old Master and Other Political Essays*, 1893）；5.《部分文獻與其他論文》（*Mere Literature and Other Essays*, 1896）；6.《華盛頓傳》（*George Washington*, 1896）；7.《美國人的歷史》（*A History of the American People*, 1902）；8.《美國憲法政府》（*Constitutional Government in the United States*, 1908）。

二、〈行政的研究〉一文的大要

　　威爾遜傳諸永遠的大作〈行政的研究〉一文，最先是於 1886 年 11 月 3 日晚上，應邀在康奈爾大學對美國「歷史與政治學學會」（Historical and Political Science Association）會員發表專題演講的題目及內容，經過修改後，刊載於 1887 年 6 月號的《政治學季刊》（*Political Science Quarterly*），1941 年的該刊又重新登載一次。該文在定名為

「行政的研究」之前，曾經過兩次的改名，第一次稱為「行政的要點」（Notes on Administration），後來又改為「政府的藝術」（The Art of Government）。該文最大的貢獻是促使公共行政獨立成為一門學科，他在文章中勾劃出行政研究的歷史，說明它如何是政治學一項較新的發展，並且他非常有說服力的指出此項研究的必要性及重要性，同時強調此項研究應當採取比較研究法，以學習法國及德國制度的長處。

　　更具體的說，威爾遜在文章中，至少提出以下幾項膾炙人口的主張：

（一）行政學應獨立成為一個學科

　　威爾遜認為，行政學過去一直附屬在已有二千二百多年歷史的政治學領域中，現在已到獨立成為學科的時候了。他說，「行政問題不是政治問題，雖然政治為行政設立了工作，但政治不應操縱公務機關的活動。政治活動是國家較大及較普遍的活動，而行政活動則是國家個別的、特殊的及較細微的事情。」簡言之，他主張政治應與行政分立，並且分別成為獨立學科加以研究。

（二）行政改革應參酌他國長處並加以本土化

　　威爾遜說：「今天美國行政上所發現的一些缺點，必須借重法國與德國的經驗及制度來補救，但是必須將它們美國化，而且不只是在形式上及用語上美國化，在思想上、原則及目標上也要加以美國化。」他的這項主張對於日後行政學者呼籲採取比較研究方法、師法他國長處之際，應當加以本土化，具有積極啟發的作用。他認為我們不必害怕研究外國的制度，而應吸取它們的教訓及建議，不過千萬不要盲目的移植外國的制度。換言之，任何外來的行政原則、方法、技術等，只有在本土化之後，才能符合國情需要，也才能有效的運作。

（三）輿論應在行政實務中扮演的適當角色

　　威爾遜所處的時代已經是一個輿論觸角深入政府每一部分的時代，

輿論對政府的每一項措施,從政策制定、執行至評估,「處處都插上一腳」,以致行政的運作在輿論過度干擾下,畏首畏尾,不能發揮應有的效能。同時,由於輿論「七嘴八舌」,使政府官員摸不清真正的民意,而有無所適從之嘆。於是威爾遜呼籲應當抑制輿論的「領導」地位,強調輿論應在行政的指導上扮演權威性批評及適當監督的角色,而不應過度干預政府的專業判斷,而使政府無所作為。

(四)必須重視行政學的研究

威爾遜認為,當政府職能日漸擴充,公共事務日漸加劇之後,就必須趕快研究行政學,以便「將政府的事務弄得多像企業經營一樣,加強並淨化政府的機關,對政府的使命冠以更慎重的任務。」他的這項主張,顯示了他不僅呼籲要推動行政學的研究,同時也建議政府的運作,要向企業取經,這可能是一百年後各國政府如火如荼推動「企業型政府」(entrepreneurial government)的濫觴吧!

(五)應當強化行政人員的權責

威爾遜認為,「權力並不可怕,除非它是一種不負責任的權力。」所以他建議:賦予公務人員較大的自由裁量權,課以應有的責任,並以選舉制度與輿論加以監督控制。他的基本假定是:公務人員的權力愈大,就愈會小心翼翼的去使用它;權力愈小,就愈會走向疏忽職守的結果。便可能愈會產生今天行政學所說的「目標錯置」(goal displacement)的弊端,即公務人員將嚴格遵守法令規章的規定,視為目標本身,而忽略了它只是達成為民服務的手段而已,也就是將目標與手段弄顛倒了。這項主張對後人的啟發是,權力與責任是相對的,有權必有責,有責亦必有權。所以對公務人員只要課以應有的責任,則更多的授權並不值得憂慮。

總結而言,威爾遜〈行政的研究〉一文,為行政學的發展,樹立了不朽的里程碑。雖然該文發表於 1887 年,而且是以當時美國的行政狀況做為檢討論述的背景,然而他所揭櫫的各項論點,即使對一百多年後的現代

各國行政發展，仍具有歷久彌新的啟發作用，值得所有研究行政學的人，予以深入的回味與反思。

貳、國內先驅者──張金鑑先生

一、張金鑑先生的生平

　　張金鑑先生被國內公共行政界尊稱為「中國行政學的鼻祖」，因為他在 1935 年 7 月由上海商務印書館出版了國內第一本行政學的教科書──《行政學之理論與實際》，列入大學叢書，風行一時，開啟了我國行政學術與實務界研究行政學的先河，貢獻厥偉。

　　張金鑑先生字明誠，於 1903 年出生於河南省安陽縣，於 1988 年去世，享年 86 歲。先生中學畢業後，先後就讀國立北京大學及中央黨務學校。1931 年秋天，以河南省公費留學生身分進入史丹福大學研習政治學與行政學，在校四年獲政治學學士及碩士學位，奠定了他在行政學的學養基礎。1935 年夏天返國，先後在省立河南大學、私立天津南開大學、中央政治學校、國立政治大學、國立中央大學、國立台灣大學、國立中興大學、私立淡江大學、私立中國文化大學等校，講授政治學、行政學、中國政治制度、比較文官制度、行政管理、地方政府及憲法等課程，作育英才無數。

　　張先生本著學不厭、誨不倦的精神，對政治與行政學術作孜孜不息、鍥而不捨的學習及研究，撰述政治及行政相關著作四十餘種，流行海內外，報章雜誌刊登之文章三百餘篇，總字數達千萬字以上。及門弟子不計其數，或為學界鉅擘，或任政府要職，或為工商鉅子，彼等對國家社會的貢獻，至為重大。張金鑑先生在其「八十自述」中嘗言：「桃李遍植五十年，抱為成材薪火傳，孰云執鞭無甚用，千百門生是英賢。」又云：「自慰人老心不老，大海後潮擁前潮，愧無長才成大業，喜見弟子滿半朝。」張先生除專研學術外，並自 1948 年起，擔任我國第一屆立法委員，並一直參加法制委員會，對我國政府組織法制及文官法制之健全發展，居功厥

偉。「八十自述」中有云：「議壇備員卅五春，民主憲政愛國心，眾智結
晶成法制，萬能政府展經綸」。張金鑑先生哲嗣張潤書教授克紹箕裘，鑽
研行政學術，亦為我國知名公共行政學者，其成就備受學界推崇。」

　　張金鑑先生著作等身，他為中國行政之開山祖師、播種者、奠基人，
被尊稱為「行政學鼻祖」，可謂實至名歸。在其著作中，饒具創見且流傳
較廣者包括以下的著作：1. 行政學之理論與實際；2. 人事行政學；3. 現代
政治學；4. 均權主義與地方制度；5. 中國文官制度；6. 中國政治制度史；
7. 各國人事制度概要；8. 西洋政治思想史；9. 歐洲各國政府；10. 美國政
府；11. 民主主義與福利；12. 行政學典範；13. 動態政治學；14. 行政學新
論；15. 中國政治思想史。

二、「行政學之理論與實際」的大要

　　被認為是國內第一本行政學著作的「行政學之理論與實際」，全書共
四十餘萬字，計分緒論及本論兩部分。在緒論部分，主要係說明行政學的
意義、範圍、重要性、政府行政與私人企業經營異同、科學管理與行政效
率關係、現代行政重要趨勢及行政學所研究之問題等。

　　本論部分則共分六編二十五章，各編章之大要如下：

　　第一編為普通行政，共有兩章：第一章行政效率，包括：行政元首、
行政總樞、行政道德；第二章行政管理，包括：新的管理、行政法規、行
政工具。

　　第二編為行政組織，共有五章：第三章行政組織之原則，包括：組
織上之根本標準、各部設置之基礎、各部組織之要點；第四章行政組織之
形式，包括：組織形式之概說、集權制之行政組織、完整制之行政組織；
第五章行政組織之運用機關，包括：本部機關、顧問機關、派出機關、營
業機關；第六章行政組織與外界關係，包括：行政組織與人民、行政組織
與政黨、行政組織與立法機關、行政組織與監察機關、行政組織與司法機
關；第七章各國現行之行政組織，包括：英國的行政組織、美國的行政組
織、法國的行政組織、蘇俄之行政組織。

　　第三編為政府財政，共有六章：第八章國家支出，包括：國家支出之性質、國家支出之種類、國家支出之劇增、國家支出之學說、國家支出之效果；第九章國家收入，包括：國家收入之概念、國家之直接收入、國營實業之收入、國家之租稅收入、政府之行政收入；第十章國家公債，包括：公債之性質、公債之原則、公債之效果、公債與戰爭、吾國之公債；第十一章預算制度，包括：預算之意義及其重要、國家預算之內容及範圍、預算案之成立及執行、我國現行之預算制度、世界各國之預算制度；第十二章會計制度，包括：政府會計之基本觀念、辦理會計之政府機關、會計之內容及程序、決算之實質及內容、簿記組織系統；第十三章審計制度，包括：審計制度之基本觀念、吾國現行之審計制度、其他國家之審計制度。

　　第四編為物材統制，共有兩章：第十四章物材之購置，包括：物材購置之理論、物材購置之程序、物材購置之限制、集中購置之實例；第十五章物材之處理，包括：物材處理之機關、物材處理之實施。

　　第五編為公務人員，共有八章：第十六章吏治制度之基本觀念，包括：吏治問題之特質、吏治制度之種類、公務人員與終身職業；第十七章公務人員之訓練，包括：考選前之訓練、考選後之訓練；第十八章公務人員之甄拔，包括：公僕甄拔之各種問題、吾國現行之甄拔制度；第十九章公務人員之分級，包括：分級之理論及問題、吾國現行之分級制度；第二十章公務人員之陞遷，包括：陞遷問題之性質、公務人員陞遷之基礎、公務人員陞遷之方法、吾國之陞遷規定；第二十一章公務人員之懲撤，包括：公僕懲撤之理論觀察、公僕懲撤之各種形式、吾國現行之官吏懲戒；第二十二章公務人員之撫卹，包括：撫卹制度之目的、休退制度之運用、吾國之官吏撫卹；第二十三章外國之吏治制度，包括：英國之吏治制度、美國之吏治制度、法國之吏治制度、德國之吏治制度。

　　第六編為行政研究，共有兩章：第二十四章行政研究之概念，包括：行政研究興起之原因及行政研究追求之內容；第二十五章行政研究之趨勢，包括：目前的研究團體及對於未來的展望。

由上述各編章名稱來看，可發現《行政學之理論與實際》一書的內容確實非常豐富，涵蓋了行政學研究的主要內涵，從行政學的基本概念、行政組織（包含外國的行政組織制度）、政府財政（財務行政）、物材統制（物材管理）、公務人員（人事行政，包含外國的文官制度），以至行政研究之論述等，雖不能說應有盡有，但就七十多年前的行政學術環境而言，它已是一本既先進又豐富的教科書了。後來學者們所出版的行政學教科書，雖然探討的主題及內容各有若干差異，但大體上都不脫離該書的基本框架，由此可知張先生對後輩學子啟發及影響之深遠了。

第五節　行政學研究的範圍

行政學研究的範圍非常廣泛，凡是與政府機關處理公共事務有關的各種系統性知識、理論及行政實務等，均包含在其中。因此，行政學教科書的內容究竟應包括哪些重要項目也就沒有定論。不過，根據學術機構及坊間所出版的行政學來看，行政學所研究的主要範圍與內容，大致可歸納為如下數項，有心深入研習行政學者，宜特別留意之：

1. 行政學基本概念：包括行政與行政學的意義、研究行政學的目的、途徑、方法、範圍、公共行政與企業管理的異同、行政學研究的發展或演進概況等。

2. 行政組織理論：包括行政組織理論的演進概況（傳統理論、修正理論、整合理論）、組織結構設計（垂直分化與水平分化）、正式組織與非正式組織、非營利組織、組織文化、組織學習、行政組織類型與病象、我國行政組織與功能等。

3. 人事行政：包括人事行政的意義、目的、範圍、發展趨勢；人事行政機構的設置、地位、類型、我國人事機構及職權；公務人員分類制度（品位分類制度、職位分類制度、兩制合一制度）等。

4. 財務行政：包含財務行政概念、政府預算制度、政府會計與決算制度、政府審計制度等。

5. 公共政策運作：包含公共政策相關理論、政策問題分析、政策規劃分析、政策合法化分析、政策執行分析、政策評估分析、政策議題探討等。

6. 行政環境系絡：包含全球化趨勢的影響、憲法、政治、經濟、社會、文化系絡因素；公部門、私部門、第三部門、民間社會之互動關係；跨域治理、網絡治理、府際關係、公眾關係等。

7. 行政運作與管理技術：包含行政領導、行政激勵與溝通；危機管理、衝突管理、績效與標竿管理、資訊管理、公共管理、組織發展技術等。

8. 行政倫理規範：包含行政倫理相關理論、行政中立、行政課責等。

9. 行政學的未來展望：包含組織變革、行政學本土化、治理轉型、行政學發展方向等。

第六節　本書主要內容及章節安排

本書既訂名為「行政學析論」，顧名思義，其內容就不可能是觸及行政學各項主題的「通論」性質，而是就某些主題中的主要課題，做較深入的剖析、闡述與討論。但是，本書雖主要是由「探索公共行政真義」的學術研討會論文轉化而來，不過，因為在規劃研討會時，就決定會後將把論文彙集成冊，並以行政學教科書的型式呈現，故研討會的論文內容，已考慮到儘量包括一般行政學所涵蓋的領域。而十五篇研討會論文較少觸及的領域，則另邀請五位作者撰文增補之。最後呈現在讀者面前的是二十位作者對二十項主題所做的「分析論述」。

本書將二十項主題分析論述，各列為一章，並依其性質分成 7 篇，每篇各包含 1 至 5 章不等。茲將本書章節安排簡述如下：

第一篇行政學概念包含 3 章：第一章「行政學研究的內涵」主要在說明行政學的意義、為何研究行政學、行政學研究的典範發展、行政學研究的範圍、本書章節安排等。

　　第二章「科層官僚制的發展」主要是針對以下 6 大理論要旨進行探討敘述，然後再歸納其發展進程的內在理路，包含限制性、制度施為與探索的工匠精神，做為科層官僚制的基本定位：1. 科層官僚制的前緣：軍事組織的建構；2. 科層官僚制的範型：Weber 的理想型態；3. 科層官僚制的變異：新公共行政；4. 科層官僚制的取代：新公共管理；5. 科層官僚制的復甦：黑堡宣言與新公共服務；6. 科層官僚制的整合：治理轉型。

　　第三章「行政學與行政法學」首先探述行政與行政法之間的關係；其次，說明行政學與行政法學這兩項學術領域之間的交集與歧異狀況，從而獲得啟發及省思，進而提出未來研究可能發展方向的看法。

　　第二篇行政組織理論包含 2 章：第四章「行政組織理論的演進」深入論述行政組織理論的基本概念、行政組織的知識管理、行政網絡組織的概念與管理，及行政組織設計的反思等課題。

　　第五章「行政組織的變革理論」探討、分析及闡述了公私部門常常會進行的組織變革問題，包括：組織變革的本質、策略、技術、成效評估等課題。其作法是先釐清組織變革的本質，然後討論從事變革可以運用的策略及技術，最後再說明如何評估組織變革的成效。

　　第三篇行政組織人力資源與財務管理包含 4 章：第六章「行政組織人力資源管理」係對行政組織人力資源管理所涉及的重要面向，做綜合扼要的闡述與說明。

　　第七章「知識管理與人力資源運用」主要是就我國考試院及相關公部門推動知識管理工作，對於全球競爭力評比中，提升「創新」及「效率」的助益方面，加以說明，並論述此項工作與公務人力資源運用的關係及提出改進實務的建議。

　　第八章「公務人員的勞動基本權」主要在釐清勞動基本權的內涵、及公務人員在勞動關係中的地位等概念；並參考主要民主國家公務人員行使勞動基本權的經驗，說明我國公務人員勞動基本權的沿革、立法過程與現況、並提出解決問題的建議。

　　第九章「行政組織的財務管理」對以下的課題做了相當廣博性的探述：政府財務行政的範疇、財務組織結構、預算本質與預算過程、預算編

製制度、各級政府財政收入及財政狀況等。

第四篇公共政策運作共有 3 章：第十章「政府行銷與政策行銷」整理並探討行銷概念應用在公共事務領域上，7 種不同概念內涵的異同點：社會行銷、政府行銷、公共部門行銷、非營利組織行銷、政治行銷、政策行銷、地方行銷等。

第十一章「策略規劃與策略課責」首先介紹策略與策略規劃的意涵、其次探討公部門策略規劃的特性與挑戰，然後闡述公部門課責的意涵與機制，以及公部門策略規劃的困境。

第十二章「網絡治理與政策執行」係就網絡治理的理論基礎、研究架構、研究方法與台灣實踐策略做一個總體性的介紹，希望能夠對「為人類理念而堅持奮鬥的意志與行動網絡建構一個人類的信念市場」做出一些探討及著力。」

第五篇公共行政環境系絡包含 4 章：第十三章「全球化與公共治理」結合了全球化的理論與實務，深入探討以下諸項課題：全球化風潮興起的原因、全球化的定義、全球化的公共行政意涵、全球公共行政改革運動、及全球化與公共行政的個案分析等。

第十四章「民主參與和公共治理」闡述二十世紀末葉後，因直接民主盛行，及主張公民更實質參與公共事務的呼聲日漸高漲，而且公民實質參與治理已成為公共政策理論與實務的發展趨勢，是以本章試圖建構公民實質參與治理的內涵，做為行政社群討論的素材。

第十五章「公設財團法人的治理困境」係從「資源依賴理論」切入，並從公設財團法人的立場，探討高度依賴政府資源所造成的「自主性」降低之治理問題。在資源依賴程度方面，是從「資源的重要性」、「資源的可替代性」、「資源擁有者的決定」及「雙方驅使對方提供資源能力」等四個向度進行探討。在自主性方面，則是從「官僚化」、「不當管制」、「自主性的威脅」及「財務不穩定」等四個面向剖析公設財團法人的困境。最後，本章並提出相關建議，供政府及公設財團法人改進實務參考。

第十六章「政府與非營利組織」主要在探討政府與非營利組織的互動關係，包括非營利組織的發展、定義、使命、範疇、類別等；政府與非營

利組織的互動面向、互動模式、互動效益；及我國政府與非營利組織互動之展望等。

第六篇公共行政管理技術包含 3 章：第十七章「行政領導理論的演進」主要在探討以下與行政領導有關的課題：領導在公共行政學的定位、領導在公共行政學典範的理論演進、行政領導在實務上的特點、行政領導所面臨的認同危機及未來的發展方向等。

第十八章「行政溝通的理論與實際」說明了行政溝通的意義與功能；闡述行政管理者對溝通所具的錯誤觀念。其次，將組織溝通歸納為三種研究途徑，並根據組織溝通研究途徑及概念，闡釋行政溝通的真義，及行政組織建置溝通系統應考量的關鍵課題。

第十九章「策略性績效管理」闡述績效管理的概念、分析層次；公私部門績效管理的差異；績效管理運作實務的課題；策略性績效管理制度理論與實務的發展，及績效管理與待遇管理的關係。

第七篇行政倫理規範包含 1 章，即第二十章「行政倫理理論的演進」，主要是以歷史角度為經，分析行政倫理的理論發展，計分成古典行政、新公共行政、新公共管理及新公共服務四個理論時期；另將行政倫理內涵劃分為防制性及促進性二者為緯，以了解各理論時期所強調的行政倫理內涵，並比較其異同點。在古典行政時期所強調的是效率價值，著重防制性行政倫理；新公共行政時期強調的是公平、正義、公共利益等多元價值，開啟了促進性行政倫理的人文思考；新公共管理時期則重回古典行政時期防制性行政倫理的單一效率價值觀；而新公共服務則重回多元價值的辯證。因此，從行政倫理的二元內涵來看，截至目前為止，各理論發展時期所強調的價值內涵，係在防制性及促進性二者之間擺盪。

本章參考書目

余致力（2000），〈論公共行政在民主治理過程中的正當角色：黑堡宣言的內涵、定位與啟示〉，《公共行政學報》，第 4 期，頁 1-29。

吳定（1999），《公共行政論叢》，台北：天一圖書公司。

吳定（2003），《公共政策》，台北：國立空中大學。

吳定（2006），《公共政策辭典》，台北：五南圖書。

吳定、張潤書、陳德禹、賴維堯、許立一（2007a），《行政學》（上），台北：國立空中大學。

吳定、張潤書、陳德禹、賴維堯、許立一（2007b），《行政學》（下），台北：國立空中大學。

易君博（1977），《政治學論文集：理論與方法》，台北：台灣省教育會。

張金鑑（1935），《行政學之理論與實際》，上海：商務印書館。

張潤書（2006），《行政學》，台北：三民書局。

Caiden, Gerald E. (1976), *The Dynamics of Public Administration*, Fort Worth: Holt, Rinenart and Winston, Inc.

Goodnow, Frank, (1900), *Po0litics and Administration*, New York: Macmillan Company.

Kerlinger, Fred N. (1986), *Foundation of Behavioral Research*, Fort Worth: Holt, Rinenart and Winston. Inc.

Marini, Frank ed. (1971), *Toward a New Public Administration*, New York: Chandler Publishing Company, Inc.

Martin, Roscoe (1952), "Political Science and Public Administration—A Note on the State of the Union", *American Political Science Review*, Vol. 46 (September).

Nicholas, Henry (1975), "Paradigms of Public Administration", *Public Administration Review*, Vol. 5 (July/August).

Waldo, Dwight (1968), "Scope of the Theory of Public Administration", in J. C. Charlesworth, ed., *Theory and Practice of Public Administration: Scope, Objectives and Methods*, Philadelphia: Academy of Political and Social Science.

Wilson, Woodrow (1887), "The Study of Administration," *Political Science Quarterly*, June.

第二章　科層官僚制的發展

第一節　科層官僚制的前緣：軍事組織的建構[1]

對於科層官僚制的理論論述，最為人所熟悉者首推Weber。雖然普魯士科層官僚制度的起源可追溯至樞機主教黎希留（Cardinal Richelieu）圖謀藉統合法蘭西王國與腓特列大帝（Frederick the Great）的計畫，將貧窮、被陸地所包圍的普魯士（Prussia）變成一個有效率的軍事國家，而 Weber 寫下科層官僚理論的時間是在鐵血宰相俾斯麥（Otto von Bismarck）策劃統一日耳曼的最後階段，此時公職的任命仍以階級而非能力為基礎。對 Weber 來說，面對政治上分離但文化上統一的德國，以及傲慢、掌權卻有點愚蠢的普魯士貴族（Junker），一個對事不對人、遵循規制、有效率、且以功績為基礎的科層官僚制最符合公眾的利益。基於理性法律之正義將取代了其所稱的法官正義（Kadijustice）：具領袖魅力的領導者在一念之間的正義；官僚的理性主義乃成為彌補政治體的浪漫主義傾向，而為社會帶來好處（Henry, 1999: 57；蕭全政等譯，2003: 96）。

尤其是腓特列大帝係透過下列的改革來達成軍事的自動化：1. 階級和制服的引介；2. 規制的擴張和標準化；3. 漸增的任務專業化；4. 使用裝備的規格化；5. 指揮語言的創造；和 6. 軍事技能的系統化訓練。他並透過下列方式使得軍隊成為一有效率的機制：1. 訓練程序；2. 恐懼：教導軍人害怕其長官更甚於敵人；3. 幕僚與指揮功能的分立；和 4. 分權化。這些措施對 Weber 建構「理性－法律型科層官僚制」產生不少的啟蒙作用（Morgan, 1998: 22）。

此外，在 Jay M. Shafritz, E. W. Russell & Christopher P. Borick 看來，不但文明與行政是形影相隨的，而且管理的專業是源自與發展成為軍事的專業，甚至更可以說，世界的歷史或多或少是個戰爭的歷史，也是公共行

---

[1] 本節大部分係由台北大學博士生詹立煒整理所撰。

政的歷史，乃因在國家層級的戰爭中若欠缺背後的公共行政之效率體系，那是不可能的（Shafritz, Russell & Borick，2007: 219）。為說明科層官僚制與軍事組織間的關係，吾人再依 Shafritz, Russell & Borick 的論述分為四大部分說明如下（Shafritz, Russell & Borick, 2007: 218-227）：

壹、城邦文明的萌發

　　西方城邦國家（city state）的形成及其文明（civilization）的萌發，象徵人類社會從原始茹毛飲血的游獵生活，轉變朝向為定居農耕的型態，並且逐漸衍生出其社會文化與各種專業的分工。然而在城牆之內的城邦生活並非就此安居樂業，城邦的居民會有遭受到其他敵對的城邦、尚未開化的原始部落與野獸的襲擊，為了確保城邦及其人民的安全，遂有組織民眾以捍衛家園之需求及團體產生。而此種施以紀律化訓練的組織型態，使其在危急時刻能以強有力的保護措施阻卻攻擊者襲擾的武裝團體，便是軍隊制度之濫觴。

　　同時，要如何將一群散居四方的烏合之眾加以聚集而後操課訓練、具備操作武器技能且有效管理，並由領導者指揮部署，這一切軍事化行動的背後，其實都需要一套精細的行政管理系統方能達成。換言之，古代保護城邦的戰爭歷史，其實就是公共行政發展史的演變，而指揮部隊的各級軍官也就成為具有初步型態的公共行政官員。再者，為了確保指揮官的命令能夠正確無誤地傳遞下達到各個作戰單位以有效遂行作戰任務，科層化（hierarchy）的組織型態、參謀幕僚的編制、後勤支援的機制，以及通信聯繫的管道等，所有這些的技術及施為遂組成了公共行政的基本元素。

貳、帝國版圖的管理

　　隨著人類社會文明的演化與發展優勢，從城邦向外拓展領土而成為王國，再從王國變成版圖遼闊的大帝國，君王若僅有能征慣戰、驍勇迅猛的軍隊，並不足以統治廣袤的區域。睽諸James Burnham在《管理的革命》

（*The Managerial Revolution*）一書中主張，大規模的企業組織，其管理是從擁有權的經營者透過專業的行政人員之手所達成的。因此新興的統治階級主宰社會的能力不是財富，而是以其專業技術。這種專業主導的情形在兩千年前的古羅馬帝國時期就已然發生。依照軍事歷史學家 John Keegan 的研究，「百夫長」（centurion）為羅馬軍隊的基層單位軍官，在已知的歷史中，乃是專業戰鬥軍官（professional fighting officer）之先河，奠基於其完善訓練與長期服役的專業經驗與技能。」這種將技術與紀律經由一代傳承一代而形成的中間管理階層，使羅馬帝國得以在當時居於主導的優勢地位。這種對其所屬軍團的效忠、以專業技能為榮、定期的薪餉發放與退伍金制度，乃成為現代功績制（merit system）之前身。

固定的薪餉與退伍金制度為古羅馬維繫軍隊的主要關鍵，羅馬皇帝奧古斯都（Augustus）創設了以徵稅的行政官員以支持軍隊的運作，因此公共行政的出現似乎就是奠基在軍隊的需要而誕生。奧古斯都曾經說過：「一座磚城在我手裡變成了大理石的城市」，此意謂著唯有透過完備的公共行政制度及優秀的行政官員，方能達成帝國統治者的偉大目標。

參、軍隊組織的遺緒

基本上，吾人可以將世界歷史的發展看作是公共行政制度的興衰成敗，這些古代帝國的興起與優勢，乃是其公共行政的制度優於其競爭者，雖然勇敢的士兵存在於每一個國家社會之中，但若無行政官員在後勤需求上的供應補給，部隊官兵也終有消耗殆盡的一天。誠如羅馬帝國的政治家西塞羅（Marcus Tullius Cicero）所言：「無窮盡的金錢乃是戰爭的動力」。換言之，無論是羅馬、埃及、波斯或及其他帝國，能夠征服世界是因為其具有組織化的準則（organizational doctrine），使軍隊具有效率而優於其他競爭對手，而驍勇善戰軍隊的背後，是有一套複雜精密的行政管理系統，藉由財政稅收以支應軍隊的後勤補給。所向無敵的羅馬軍隊最後逐漸頹衰的原因，乃是因為部隊主力終被傭兵所取代，而原有的稅收制度又已崩潰而無法有效支撐軍隊的運作。所以拿破崙（Napoleon）說「士兵是

基於其勇氣而前進」的說法並不正確，事實上軍隊能夠透過便利完善的道路而不斷向前挺進，箇中原因是國家能夠透過公共行政的制度與人員，徵收稅金以並充足資源供養軍隊。

再者，回顧美國陸軍在 1960 年代的 9 大作戰準則（principles of war），乃係奠基於素有西方兵聖之美譽的克勞塞維茲（Carl Von Clausewitz）其軍事思維而訂定，內容雖簡單明確卻有值得深思參酌之處（Mintzberg, Lampel & Ahlstramd，林金榜譯，2006: 137-138）：

1. 設定目標（Objective）：擬定明確、果斷有可達成的作戰目標。
2. 攻勢策略（Offensive）：奪取、保存並擴張戰果。
3. 集中戰力（Mass）：將戰力集中在關鍵的地點與時機。
4. 兵力節約（Economy of force）：部署最小規模的必要兵力。
5. 機動靈活（Maneuver）：兵力機動靈活的運動與部署，使敵人處於相對劣勢的戰況。
6. 指揮統一（Unity of command）：各級作戰單位針對共同目標採取協調一致的行動並獲得戰果。
7. 安全警戒（Security）：防範敵人取得任何優勢的戰機。
8. 奇襲突擊（Surprise）：以出其不意、攻其不備之勢，立於不敗之地。
9. 簡單明確（Simplicity）：直接簡單的作戰計畫與清晰明確的命令，避免誤解與過度複雜。

以上這 9 項作戰準則，不僅讓美軍在戰場上發揮優勢兵力並獲得預期戰果，同時還可以作為公共行政人員策略規劃上的參考，使政策目的藉由策略性執行措施而順利遂行並且有效達陣。

肆、專業幕僚的組建

文官體系中的「幕僚」、「助理」或軍隊的「參謀」，其實係指兩種相互支撐的理念，且逐漸融入軍事體系及文官系絡之中的觀念。隨著行政管理的功能日漸複雜與特殊化，參謀幕僚的運用乃成為管理者不可

或缺協助。參謀幕僚制度的設立，希冀以審慎嚴謹的思慮，以及開創獨特的策略，讓組織能夠超越競爭對手而達成設定的目標。與普魯士兵學思想家克勞塞維茲齊名的法國拿破崙時期的參謀長約米尼准將（Antoine-Henri Jomini），其針對作戰提出有效指揮管制的戰略科學原則（scientific principles of strategy），被認為是參謀幕僚的經典之作，並奉為戰略規劃的圭臬之一。

另者，最早將參謀幕僚形成正式制度之組織團體，其淵源可追溯到亞歷山大大帝（Alexander the Great）時期的希臘軍隊。部隊之中的參謀軍官，最初原本是將軍身旁從事協助傳令、文書等事務的侍從官（aides-de-camp）。到了近代，十九世紀普魯士的軍事改革措施，乃借鑒了拿破崙時期法國軍事組織的運作型態，將原本普魯士內部鈍重落伍、欠缺效率的軍事組織，轉變成一流的強大戰爭機器並贏得爾後的勝利。而箇中的關鍵即在於設立了職司軍隊的戰略規劃與戰術研擬的「參謀本部」（general staff）。延續普魯士優良軍事傳統的德國，更形將參謀本部的優點發揮到極致，成為世界各軍事強權紛紛仿傚的對象。第二次大戰戰後，美國為打破軍種間的本位主義，並強化軍種間的協調聯繫，設置「參謀首長聯席會議」（Joint Chief of Staff, JCS），成為國防戰略規劃的核心大腦，同時也為軍文互動關係之重要橋樑。

第二節　科層官僚制的範型：Weber 的理想型態

談論科層官僚制的理論建構，最具原創和系統論述者，當推德國社會學者 Max Weber 莫屬。Weber 如何建構其「理性－法律型科層官僚制」（the rational－legal type of bureaucracy），基本上，有三個重點值得加以敘述：

首先，Weber 對西方文明的系絡性理解。睽諸整個西方文明理性化的發展，從中古邁入近代：在宗教上，基督新教的改革；在經濟上，資本主義的萌芽；在社會上，封建制度解體，新興城市和市民階級興起；

在政治上，法理型支配的確立並取得了優勢地位，這些分殊領域的發展趨勢，看似各不相同，彼此獨立發展，事實上它們卻都朝著一個共同方向在進行，那便是理性化的發展方向。於是 Weber 曾經指出：理性化（rationalization）、理智化（intellectualization）以及最重要的「解除世界魔咒」（disenchantment of the world）是我們這個時代的命運與特徵。在社會生活的理性化，經驗科學研究的理智化，以及宗教信仰的解除魔咒之趨勢下，帶動了行政理性化的發展，也就是理性官僚制度的發展（吳育南，1993）。

其次，Weber 藉由理想型（the ideal type）的概念，將權威分為三類。一是傳統型權威（the traditional authority）：它確信淵源悠久的傳統之神聖性，及根據傳統行使支配者的正當性，類似於部落酋長的權威。二是奇魅型權威（charismatic authority）：它係基於對個人的神聖性、英雄氣質或非凡性格的效忠，並對其之所啟示或制定的道德規範或社會秩序之遵從。三是理性法律型權威（the rational－legal authority）：它確信法令、規章必須合於法律，以及支配者在這些法律規定之下擁有發號施令之權力。由於此種類型兼具理性與合法性的特質，所以相對而言，另外二類權威基本上自然不夠理性也不具合法性。也因此它是三種權威型態中最具效率者，並形成了科層官僚理論的基礎。

第三，Weber 從理性法律權威觀念中，列出現代科層官僚制的 6 點原則（Gerth & Mills eds., 1991: 196-198）：

1. 依法行政的原則：行政人員原則上有固定與正式的職權範圍，通常它們由法規，即法律或行政規章加以規定，此又可分三點說明：（1）官僚體制的日常活動，皆以固定的方式分配，作為公務上的責任；（2）執行這些職責所須的權威，乃以穩定的方式配置，至於相關的強制性手段（coercive means），無論是物質的、宗教的或其他方式，皆受制於法令規定；和（3）對於這些職務的持續實行，以及與此有關之權利的行使，均有條理的規定。

2. 層級節制的原則（the principles of office hierarchy）：權威的層級層次，表示上、下級間完整的命令系統，上級因以監督下級，而下級以

之對上級負責，權力得以集中貫徹，整個層級系統呈現一金字塔型，金字塔的結構既有利於權力的集中，也利於任務的分工，就命令由上而下的貫徹執行而言，是最有效的結構。

3. 現代公務的管理係基於書面的文件（written documents）而來：不論文件的形式係以原始或草稿的方式加以保留，這些公文的處理與執行，是辦公室人員份內的主要工作，而且這些個別文件資料經執行與存檔後，就形成了檔案文獻。在私人企業中，這些「檔案文獻」即為慣稱的「文書作業」。

4. 公務管理，至少是所有專業化的公務管理（此為現代公務運用之特徵）通常預設著完整和專業的訓練，而且這將為現代政府官員和企業主管與職員應該逐漸具備的條件。

5. 充分發展的公務機關，履行公務行為需具備完整的運作能力。這是行政機關和私人組織長程發展的結果，若不如此，則政府的事業就變成次要的活動了。

6. 公務處理必須依循普遍的法則，除了它們或多或少具有穩定性與涵蓋性外，並且能被學習。擁有這些規則的知識，代表行政人員學習一種特別的技能，它涉及了法律體系，更包括了行政與企業的管理。

　　綜合而言，Weber 建構的第一點原則意指權威來自法律，以及來自根據法律所制定的命令。此時沒有其他形式的權威須被遵守。跟隨著第一點原則之後的是層級節制原則，它或許是 Weber 理念中最為人所熟悉。嚴格的層級節制意指理性／法律的權威與權力之特有，不是根據任何個人，而是根據個人在層級體制中所保有的組織職位而來。如同層級結構所指涉的意義一樣，特定職責可授權給較低的層級，因此任何官員都可以行使分布於整個組織中的職權。第三點係針對上述原則再加補充。組織的存在和組織員工的私人生活是有所區隔的，組織是非個人的（impersonal）。而文書的保存，表示當類似事件再度發生時，過去的個案便成為前例，唯有透過檔案的存在，組織在適用規則時才能具有前後一貫性。第四點則表示行政屬於一種專家的職業，它並非任何人都可從事的行業，因此值得深入

訓練。第五點，科層官僚體系工作是一種全職的職業，並非像過去一樣只是次要的活動。最後，公共管理是一種經由遵循一般規則而學習得來的活動。其中隱含著無論任何人擔任某特定職位，每個人都將以同樣的方式執行其任務（林鍾沂、林文斌譯，2003: 33-34）。

　　Weber 設想出來的制度中，最主要的差異與進步，可透過與早期行政模型之比較來加以理解。Weber 和早期模型的最大對比與顯著的差異，在於以規則為基礎的非個人制度，取代了個人化的行政。也就是說，早期行政體系是「私人的」，它是以對於特定個人的忠誠感為基礎，例如國王或大臣，而不是「非私人的」，根據法律向組織或國家表達忠誠；人們曾經企盼求助於恩庇制（patronage）或裙帶關係（nepotism），以獲得國家的雇用，亦即依賴朋友或親戚，或者透過買官（purchasing offices）的方式來取得工作，這往往導致個人為了自身利益而貪污，或者造成不當行使職務之情事；再者，重要的行政職位通常不是全職的，而只不過是某人事業中的一項活動而已；以及它也並不能保證存在政府體系中的人，必然是有能力的。十九世紀的大部分時期，美國存在著行政分贓制（spoils system），便是最佳的一例（林鍾沂、林文斌譯，2003: 29）。

　　其實 Weber 建構了理性－法律型的科層官僚制之後，Weber 本人亦對科層官僚制之未來發展抱著戒慎恐懼與「放心不下」的心情。一方面，理性－法律的科層官僚制具有治理的技術優越性與不可或缺性；另一方面，理性－法律的科層官僚制在政治上會逐漸失去控制，在社會上會形成特殊的階級，和對人性的貶抑（吳育南，1993）。

　　就前者而言，Weber 曾云：「充分發展了的官僚機構相較於其他組織，正如生產模式之機械與非機械的比較。精確、迅速、果決、檔案的知識、持續、謹慎、一致、嚴格的服從、摩擦和物資人力成本的降低——這些都在官僚的管理中被提高到最適當的地位。」科層官僚制發展得愈完全，它便愈去人性化，愈能成功地在公務行政中排除愛、恨和所有純屬個人的、非理性的和未經計算過的情緒性因素。相對的，理性官僚制的形式化、精確性、可計算性等技術上的優勢地位則就被凸顯出來了。第二，依據 Weber 的觀點，理性官僚體制之講求對事不對人、形式主義、普遍標

準的精神，這都有助於民主政治中平等原則的實現。第三，從統治者的觀點來看，他們必須依賴龐大的官僚系統來強化其統治；從廣大民眾的觀點來看，人民期待官僚制度能夠加強為民服務，並解決社會上層出不窮的問題。這使得我們實在無法想像，一旦官僚體制停止運轉，社會將呈現什麼樣的亂象。對 Weber 而言，馬克思（K. Marx）所主張的「無產階級專政」，只是一個夢想，實施社會主義「將會導致一個比在資本主義社會中更為官僚制度化的國家」；而且事實上，「社會主義比資本主義可能需要更高程度的形式官僚化」。

就後者而言，首先 Weber 認為科層官僚制會利用其專業知識和公務機密，而掠奪各種利益和權力，並擺脫外界的監督。Weber 曾云：「正常態狀況下，充分發展的官僚體制總是超越其原有的權力地位，而政務首長會發現在面對受有訓練的官僚專家面前，他只是個外行主義者或一知半解者（dilettante）。」第二，在 Weber 看來，民主政治主張人民應有參政權利和政府施政應儘量以民意為依歸，而理性官僚體制卻以專家自居，固守其「專業知識」，而與民主原則不符。甚至，在嚴密的層級體制內，終日與公文為伍，終年案牘勞形，自成為一封閉體系，儼然像個特殊階級。再加上科層官僚制中設定許多所謂「機密性」的公務，不願將公務處理的過程向外界公開，往往使其具有不可替換性，而得以鞏固基本的地位。和第三，隨著「官僚化」的發展，個人自願或非自願地被納入理性－法律型的科層官僚體制之支配下，每個人都變成這個不停運轉機器上的一個小小齒輪，並照著指定路線行動，人的自主意願會將被秩序和紀律所取代，不自主地淪為這部大機器內的一個小螺絲釘，而處處顯得無力而渺小，只能循規蹈矩地「運轉」。這種「去人性化」的特性，當官僚制度愈是充分發展時，愈是嚴重。有鑑於此，Weber 認為人類的未來將被束縛在鐵的牢籠（the iron cage）之中。

雖然 Weber 對於理性－法律型的科層官僚制之建構和其缺失本身有著深刻的分析，但是學者們對之仍有不少的批評。其中莫頓（R. K. Merton）認為在科層官僚組織內一味強調服從的標準化行為容易導致「目標錯置」（displacement of goals）的非預期結果。對此 Merton 說道：「遵

守規則在一開始只被當成一種手段，但後來本身轉變為一種目的，因而發生人們所熟悉的目標錯置過程，亦即『工具性價值變成目的性價值』。而紀律很容易便被詮釋為服從法規，無論處在何種情況，它不被視為一種為了特定目的而設計的方法，而是變成公務員在其組織生涯中的一種當前價值而已。（轉引自林鍾沂、林文斌譯，2003: 53）」此外，根據當前著名組織學者班尼斯（W. Bennis）的分析，官僚制度的實際世界之特徵：1. 主管缺乏技術能力；2. 武斷的和荒謬的規則；3. 地下的（非正式的）組織破壞或取代正式組織；4. 角色間的混淆和衝突；和 5. 不是以理性或法律基礎來對待部屬，而是以不人性或殘暴方式為之（cited by Rosenbloom & Kravchuk, 2002: 154）。

　　不過，從辯證的觀點而言，Weber 建構的理性－法律科層官僚制模型所表現的正、反功能，可以大略以表 2-1 說明。

第三節　科層官僚制的變異：新公共行政

　　新公共行政的發展迄今，共舉辦了兩次的會議，一係於 1968 年舉行，另一係於 1988 年舉行，這兩次的會議雖然同在雪城大學明諾布魯克會議中心召開，卻有著未盡相同的背景、要旨與期待，茲就此二次會議的相關分析及其對公共行政的影響略加敘述如下：

表 2-1　Weber 官僚制度的正功能及反功能表

反功能	官僚制度特徵	正功能
枯燥乏味 ←	分工 →	專業化
缺乏士氣 ←	非常情取向 →	理性化
溝通阻塞 ←	權威的層級節制 →	紀律性的服務與協調
僵化與目標錯置 ←	法規與章程 →	連續與一致
成就與年資的衝突 ←	永業取向 →	激勵

資料來源：Hoy & Miskel, 1987: 115.

壹、第一次明諾布魯克會議

隨著時代環境的巨大變遷，公共行政亦面臨重大挑戰。尤其是1960年代末期，在世界各地，尤其美國本土接連發生許多動盪與不安，如：校園暴動、嬉皮運動、學生運動、暗殺事件、反越戰心理，以及爾後幾年發生的重大問題，如經濟停滯、能源短缺、貪污索賄、失業等問題層出不窮。面對社會的騷動，學術界亦承受來自到政治、經濟和社會各方面的壓力，使得所有學者無法置身事外，改變其過去與社會疏離的學術象牙塔心態，正視紛至踏來的種種問題。有感於此，瓦爾多（D. Waldo）認為公共行政正處於一個「革命的時代」（in a time of revolution）。於是在其發起與贊助下，聚集了多位年輕的公共行政學者，於紐約雪城大學的明諾布魯克會議中心召開會議，以「華山論劍」的方式徹底檢討公共行政所面臨的問題，以及未來應發展的方向。由於其與傳統主流公共行政之研究重心不同，故自稱所提倡者為「新公共行政」。

此次會議提出的論文與評論都收錄於馬瑞尼（F. Marini）所編的《邁向新公共行政：明諾布魯克的觀點》（*Toward a New Pubic Administration: The Minnowbrook Perspective*）一書之中；另外Waldo所編的《動盪時代下的公共行政》（*Pubic Administration in a Time of Turbulence*）亦多與新公共行政的觀點相關，並與前書相互輝映與激盪。

根據 Marini 的分析，新公共行政運動的主要特徵為（Marini, 1971: 348-352）：

一、趨向相關的（relevant）公共行政

在探索「知識何用？」（knowledge for what?）的提問下，Kronenberg 為此下了結論，道：「知識應在促使我們使用科學，並善用我們的技術與才能來改善人類的條件。」而 Marini 歸納指出今後公共行政應致力於研究下列數個問題（Marini, 1971: 348）：

（一）研究動盪不安時代的相關問題，如分權、組織退化（organizational devolution）及參與觀念等與我們日常生活相關的問題。

（二）研究行政學術的相關問題，例如比較都市行政、行政區域比較和組織單元異同的比較等。

（三）研究行政實務者的相關問題；如設計規劃預算制度（PPBS）如何分權化和具有參與管理精神，以成為變遷的機制等。

二、採用後邏輯實證論（postpositivism）

新公共行政學者認為以往實證論所主張的「價值中立」（value-free）是種危險的誤導，它忽略了行政理論建構所必須注意的政治與道德本質。社會公正（social equity）而非效率才是學術研究直接面對的主要價值。

尤其是，社會科學的新近發展，如人本心理學（humanistic psychology）、存在主義（existentialism）、現象學（phenomenology）、批判理論（critical theory）及其他學說的發展，皆可為未來公共行政研究、認識論與教育哲學提供基礎（Marini, 1971: 350）。

惟在價值引進的同時，是否應放棄實證性的研究？關於此者，誠如Frederickson 所言，新公共行政既非反實證論，亦非反科學主義，而係主張應用其科學與分析的技術，以助益於分析、實驗和評估各種的政策和執行方式。因此，Frederickson 將之形容為「第二代的行為主義」（the second-generation behavioralism）。換言之，第二代行為主義與第一代行為主義不同的是，它較少「一般」而較多「公共」；較少「描述」而較具「規約」；較少「制度取向」而較具「顧客影響取向」；較少「中立」而較具「規範」；而且希望作到「科學」一點也不能少（Frederickson, 1971: 315）。如同後來萬斯來（Gary Wamsley）所稱它是一種的「新的社會科學」（new social science）。

三、適應環境的動盪不安

新公共行政學者咸認為，面對社會與日俱增的複雜性與互賴性，未來環境的動盪不安是可預期的挑戰。是故，行政理論與實務方面應修正過去傳統的作法，不是不重視環境，就是將環境視為單獨孤立的實體。其中，

「面對面境遇的行政」（confrontation administration）、參與式管理、顧客導向組織、行政人員價值判斷，以及對動盪環境的容忍，是不容忽視的行政課題，亦是可行的適應過程（Marini, 1971: 350-351）。

四、發展新的組織型態

基於行政的相關性、面對面的境遇和動盪不安的環境考量，傳統的科層官僚制愈來愈無法迎合時代的需求，於是科哈特（Larry Kirkhart）提出了協和式模式（consociated model）的組織型態以為取代，並認為此種組織型態的結構特徵如下：1. 專案團隊是基本的工作單元；2. 多元的權威結構；3. 所有組織均植基於時間的迫切性（time imperatives）：解決特定問題需在特定的時間限制下為之；4. 以不同的次級（專案）計畫來處理相同的基本問題；5. 社會關係是以高度的獨立自主和相互倚賴為特徵；6. 顧客的需求得以在組織中表達；7. 組織講究短暫雇用，而非終身職；8. 以電腦來保存文獻紀錄；9. 專業角色除注重技術技能外，更要避免形成額外的社會階層（Kirkhart, 1971: 160）。此外，懷特（O. F. White, Jr.）亦認為面對社會變遷，學者亟應企圖發展一套符合行政人員的調適技能，而主張以「愛的政治」（the politics of love），或「面對面境遇」（confrontation）來適應變遷，而且強調政治制度或行政人員須做到下列三點：1. 完全真實的溝通是直接而自願的；2. 所有團體皆處於平等的地位，權威係依功能性分配；3. 互動是以人員的專業能力和擬達成的目的為基礎所形成的明顯的原則架構（an explicit framework of principles）而持續地進行（White, Jr., 1971: 59-83）。

五、建立受益者導向的組織

根據 Frederickson 的看法，新公共行政的基本要旨，即在傳統公共行政所要回答的二個問題：1. 如何在可資運用的資源下提供更多或更好的服務（效率）？和 2. 如何以減少支出來維持目前的服務水平（經濟）？加上一個重要的課題，那就是「此一服務是否在增進社會公正」？甚至其

言：「公共行政如不能加以改變以彌補少數族群的剝奪，終將會壓抑這些
少數族群」（Frederickson, 1971: 311）。誠如歷史哲學家金恩（H. Zinn）
所言：「窮人的哭訴並不一定總是正確的，但要是聽不到他們的哭訴，你
就永遠不知道公平是什麼。」因此建立具社會正義的受益者導向之行政，
是刻不容緩的工作；也因此，行政人員應比過去更應強調受益者忠誠和計
畫忠誠（program loyalty）（Marini, 1971: 352）。

貳、第二次明諾布魯克會議

二十年後的 1988 年，同一性質的會議又再度召開，回顧與檢討多年
來公共行政學的發展，並比較 60 年代與 80 年代公共行政的理論與研究重
點，以及展望未來。

總的來說，自第一次明諾布魯克會議之後，美國公共行政實務發生
了很大變化。1972 年水門事件，使美國政府蒙羞、人民失望，大眾既然
看不到期望的改變或改進的回應，便運用公民投票去進行減稅，並透過選
舉方式表達對浪費和腐化的行政首長（總統、州長或市長等）的抗議。此
外，經濟亦有急劇的變化，而呈衰退的現象。製造業、農業、礦業等紛紛
轉行，財貨生產逐漸被服務業和資訊業所取代，經濟急速成長的年代已被
限制的年代所取代，年輕人必須面臨比上一代父母親面對更惡劣的未來。
政府的角色也由管制趨向調節，而產生較多的私有化、簽約讓渡與志工制
度。雖然一方面平等待遇和反歧視運動已逐漸推行，「弱勢雇用優先行
動」（affirmative action）也有一些成效，但仍有許多無家可歸的人、窮
人、失業者等，亦造成嚴重的社會問題。

另方面公共行政的學術也產生急劇的改變，各大學或學院所規定的
學科領域，已經大大超過 60 年代範圍；再者，公共行政學已呈更多的科
際整合，脫離了 60 年代尚屬於政治學分支的階段；學術性刊物也相繼出
版，使得公共行政學有更多的討論園地，公共行政碩士學位亦被正式認
可，且成為擔任政府行政工作的要件（沈淑敏，1999: 22-23）。

整個第二次明諾布魯克會議結果，古依（M. E. Guy）將之歸納為下列十一項（Guy, 1989: 219-220），其中前五項是從歷史的觀點與第一次會議之結果做比較，後六項則著重當前及未來的願景。

1. 與第一次會議強烈地要求社會公正相比，第二次會議則採取較為溫和地態度去正視民主法治和制度的實際運作，且此一論點幾乎為所有論文和評論的一致看法。

2. 對民主價值的強烈關注，並認為此為公共行政的核心任務，影響所及，學者最關切的焦點在於行政倫理、行政責任及行政領導等。

3. 規範性的觀點和行為主義者觀點間之爭論仍未稍減。

4. 社會和勞動力的多樣性，被視為基本的價值，而多樣性主要表現在三方面：（1）專才（specialists）和通才（generalists）的對比；（2）種族和民族的多元；以及（3）性別的差異。

5. 學者已不若 1968 年時那麼樂觀，而對公共行政抱持著審慎的希望（constrained hopefulness）。甚至由於 80 年代民營化的趨勢，政府不再被視為變遷的推動者（change agency）而是維護者（conservator），不過，此點卻仍有爭議。

6. 「務實規則」的接受：學者們以較務實的態度去探討公共問題，並尋求可著手解決的辦法，而不若 60 年代的激進、批評；而且較關注短期的未來，而較少討論長期的規劃。

7. 由於專業的自我中心主義（ethnocentricity）和本位主義（parochialism）的盛行，顯示公共行政的科際整合仍有一條艱辛漫長的道路要走。

8. 對企業採取強烈的反對態度：在許多的與會者的論文及評論中，均顯示出對資本主義與企業加以蔑視的態度。然而，美國的成功亦來自於民主制度與資本主義之間的奇妙而緊張的關係，因此，公共行政的挑戰之一，即建立在其與企業、非營利組織等所能提供最佳服務的社會「接合」點上。

9. 對人事體系的限制感到不耐，因此強烈要求改革人事制度，撤換能力不足的管理者，建立有期限的雇用制度，擢升最好的員工，及加強員工的生產力。

10. 不願提及科技的問題；在許多的爭辯中，科技被批評要比被誇讚為多，甚至其不被視為改善公共服務的工具；然而電子信箱、人工智慧的盛行卻是有目共睹，只好將之拖延至下一世紀再說，而非積極處理。

11. 不願正視政府應做的種種細節，即使行政人員在行使職權時不可避免地會控制政策議程，但是行政與政治之二分法似乎存在和運作良好。

　　總結兩次新公共行政會議的結果，似可歸納如下：1968 年第一次明諾布魯克會議的主題為相關性、反邏輯實證主義、不滿意學科的狀態、改變與創新、改善人際關係、調和公共行政與民主政治、顧客取向和社會公正等，1988 年的會議，則包括許多相同的主題，特別是倫理、社會公正、人際關係以及調和公共行政與民主政治。但是，仍有數個新的主題，尤其是領導、憲政和法律的觀點、科技政策和經濟或市場邏輯，而且對實證主義採取較不敵視之態度和對社會科學與政策科學的應用較具開放性。因此 1988 年會議最好被形容為強調修正、理論精進和問題解決取向，以對比於 1968 年會議試圖將公共行政予以徹底重新界定的激進風格（Frederickson & Marini, 1998: 1803-1804）。

　　再者，根據 Frederickson & Marini 的回顧，此些議題特徵對公共行政的持續性影響如下（Frederickson & Mrini, 1998: 1804）：

1. 公共行政研究重點已從傳統重視機關的管理轉移政策的議題上。如學校教育素質、法律的執行成效以及環境的品質等皆已成為一種「分析單元」（units of analysis）或政策議題。此種公共政策途徑的興起，對政府的品質產生明顯的影響。

2. 除了過去所強調之效率與經濟外，增加了社會公正作為政策立場的立論基礎或合理化觀點；法律的平等保障，對那些法律的制定者與執行者都是同等重要。

3. 行政中立的觀點被拒絕之後，何者為行政人員所應支持、信仰和執著者將成為問題之所在。

4. 政府的倫理、誠信和責任再度成為公共行政強調的重點。終身職的行政官僚不再如 1950 年代晚期和 1960 年代初期，被認為僅是政策之執

行者，如今其角色應為公眾信託者，為民眾公平地分配成本及利益，盡可能提供最好的服務。

5. 新公共行政學者認為，當公共需求改變時，政府機關卻遠比提供的功能和目的來得長久，無法適時酌增或酌減，因而產生許多駢枝機構。是以，裁撤不需要或無效率的組織或方案，是行政上一項殊榮的責任。也因而有關「精簡管理」（cutback management）的文獻亦有長足發展。

6. 變遷而非成長，已成為更重要的理論問題。當回應的政府在成長（當新需求非常清楚）和衰退（當機關提供的服務不再是重要）時，管理變遷，而非只是成長，已成為公共行政效能的標準。

7. 有效率的公共行政是在主動的與參與的公民意識系絡中加以界定的。

8. 50 年代和 60 年代決策制定的研究是行政的主要課題；然而，到了 70年代，如何執行決策將成為更困難的挑戰，是以執行理論和行動理論應被發展出來。

9. 理性模型的正確性和層級節制嚴明概念的有用性，已受到嚴厲的批判與挑戰。

10. 雖然多元主義（pluralism）持續地被廣泛用來解釋公權力運作之有效設計，但它已無法成為公共行政實務的準則了。

第四節　科層官僚制的取代：新公共管理

但是自 1990 年代開始，隨著時代的轉變，傳統公共行政理論所建立起的科層官僚組織，對於當代複雜多變的問題捉襟見肘，再加上政府資源的短缺致使官僚僵化的問題一一浮現。因此學者休斯（Owen E. Hughes）認為自 1990 年代之後，一項新的公部門管理模式已出現在大部分先進國家中。這個新模式有不同的化身，包括：管理主義（managerialism）、「新公共管理」（new public management）、市場導向的公共行政（market-based public administration）、「後官僚典範」（post-bureaucratic paradigm）或「企業型政府」（entrepreneurial government）（林鍾沂、林文斌譯，2003: 63）。

　　此即，自 1990 年代開始，世界各國皆掀起了一股政府再造的風潮，不但政府層面，就連民間社會皆對這股的再造風潮的預期效應寄以厚望。然政府再造的「新公共管理」意涵為何？ 根據波利特（C. Pollit）的描述，主要特點有四：1. 對那些無法直接轉換為私人所有權的公部門部分（準市場）大膽而廣泛地使用類如市場的機制；2. 以強力的組織和場域分權從事服務的管理與生產；3. 藉不斷地宣傳達成改善服務品質的強調；和4. 用一貫堅持對使用者／消費者個別服務的期待予以更多的關注（cited by Shafritz, Russell & Borick, 2007: 319）。

　　再者，對新公共管理研究頗負盛名的胡德（C. Hood），亦指出新公共管理的要點為：1. 授權公部門的管理者逕行「臨場的」專業管理，以便進行組織主動的、透明的、裁量的控制，達成確定責任動線的課責精神；2. 重視績效的明確標準與衡量：透過訂定清楚的目標與績效標準來正視目標達成的效率實現；3. 注重產出的控制：依據績效的衡量作好資源的分配，著重成果取向，而非程序的遵守；4. 轉移公部門產品由分支單位負責：將大型組織分割成公司化的單位，俾讓各單位有獨立的預算與職責基礎，並透過組織內部和外部的特許制度（franchise arrangement）來獲致競爭優勢；5. 引發公部門的更多競爭：透過雇用制度、投標程序和其他相互競爭的制度來達成降低成本和提高服務的關鍵；6. 強調管理實務的「私有化型態」和「彈性的雇用和報酬」：將私部門多年來實施有效的管理工具應用在公部門之中；和 7. 講究資源使用的更多戒律和簡便：透過縮減直接成本、提高工人戒規、嚴拒工會要求、減低順從成本等方式來查核公部門的資源要求，並以較少成本提供較多服務；他並將新公共管理的核心信念描述如下：將焦點放在管理而非政策，以及績效評價與效率上；將公共官僚結構分解為許多附屬機關（agencies），各機關之間根據使用者付費的基礎進行互動；利用準市場（quasi-market）和簽約外包（contracting out）的方式來塑造競爭環境；削減成本；以及一種強調產出目標、限期合約、金錢誘因以及自由空間的管理型態（林鍾沂、林文斌合譯，1999: 3）。

另者，歐斯朋（D. Osborne）與蓋伯勒（T. Gaebler）在 1992 年出版的《新政府運動：如何將企業精神轉換至公務部門》（*Reinventing Government: How the Entrepreneurial Spirit is Transforming the Public Sector*）一書中，提出企業型政府如何運作或治理的十項原則，俾能將官僚體系改變為富有創新精神的行政機構（Osborne & Gaebler, 1992；劉毓玲譯，1993: VII-VIII）：

1. 導航式的政府：政府的職能在於引導領航（steering），而非親自操槳。

2. 社區性的政府：政府將更多的決策權和公共服務的提供，回歸社區自主處理。

3. 競爭性的政府：競爭機制是紓解官僚體制運作失靈的良方，政府應將競爭的觀念注入公共服務與產出之中，以取代傳統獨占而造成的保守、浪費與無效率。

4. 分權式的政府：政府應將決策權下授以增加員工的自主權，同時在適當的監督下，充分分權，讓地方政府發揮因地制宜的功能。

5. 前瞻性的政府：政府能夠以遠見來治理國家，並重視事先的防範優於事後的彌補。

6. 任務導向的政府：政府應以目標和任務為導向，而非以法規命令為驅力，並注重任務的優先次序以便集中精力有效運用資源。

7. 結果導向的政府：政府應對其施政結果負責，並以此作為績效評量的標準。

8. 顧客導向的政府：政府的服務要以滿足顧客（人民）的需求為優先，政府的施政績效和品質應由顧客（人民）的滿意度決定。

9. 企業導向的政府：政府除了節流外，更要注重開源。

10. 市場導向的政府：政府面對不同的公共問題，可透過市場機能的自律調理，以舒緩政府機構官僚化的現象。

簡單的說，在新公共管理看來，科層官僚組織所提供的服務總是品質低劣，同時亦無法符合消費者的需求或期望。基於新右派「私人就是

好的；公共就是壞的」哲學，不僅指出國家官僚組織應依比例地減少，若無法如此，私部門的管理技術就該引進（楊日青、李培元等譯，1999: 565）。

在實務上，晚近各國政府推動的政府再造措施，舉其犖犖大者有：紐西蘭的「行政文化重塑運動」（Reshaping Administrative Culture）、「邁向公元 2010」（Path to 2010）；英國的「續階計畫」（Next Step Program）、「效率小組」（Efficiency Unit）、「公民憲章」（Citizen's Charter）、「服務品質競爭」（Service Quality Competition）、「跨部會解除管制小組」（Departmental Deregulation Unit）；德國的「新領航行政模式」（Neues Steuerungs Modell, NSM）、「行政彈性工時」（Administrative Flexible Time）；法國的「行政現代化政策」（Administrative Modernization Policy）；荷蘭的「行政自動化」（Autonomisation Reform）；瑞士與奧地利的「新公共管理」（New Public Management）運動；美國的「國家績效評鑑委員會」（National Performance Review, NPR）、「勵革實驗室」（REGO Lab）；加拿大的「公元 2005 年新制文官」（Public Service Reform Act）；我國的「政府再造行動綱領」；以及中共的「國家職能轉換方案」（轉引自林鍾沂，2002: 165-166）。

由於世界各國競相推動政府再造，彷彿在行政職能的實務運作上經歷了一場寧靜革命，Shafritz, Russell & Borick 便將此一改革類比為 1789 年的法國大革命「自由、平等、博愛」的口號，而顯示出「流程再造」（reengineering）、「充分授能」（empowerment）及「企業精神」（entrepreneurialism）是政府再造的基本訴求與改革重點（cited by Shafritz, Russell & Borick, 2007: 311）。

大致說來，政府再造的提出，其被人肯定的地方，乃是它為因應過去經濟不景氣、財政惡化和正當性危機等險惡環境，企圖克服雙環困境（catch-22 situation），提出解決良方，希望釋放官僚，治理工作更具彈性、創新與回應，並導入民間活力，運用授能手段和非營利組織等來執行服務傳輸功能，以使政府不必事必躬親，而擺脫萬能政府困境，實現「小

而能，小而美」的自由市場和新保守主義的理想。然在另一方面，政府再造雖在達成企業型政府，卻有行政權集中之勢，相對剝奪了立法權的疑慮；再者，太重視民營化、市場化的結果，降低了政府的天職乃在促進平等的社會責任，而將國家淪為所謂「空洞國家」，而且無形中也極易造成市場上買得起與買不起之有錢者與無錢者的階級劃分。第三，若是一味跟著西方國家模糊的感覺走，而不能自我檢討、自我創生、自我指涉，恐怕再造的成就不會太大，效果不易發揮。和第四，大部分的行政業務係屬質而非量的表現，若無法發展適當的衡量指標，則不但難以比較績效的優劣，更因重視短期效益，忽略長期效果，而偏離了公共利益的本質。

　　相較於此，古塞爾（G. T. Goodsell）亦認為新公共管理，尤其是Osborne & Gaebler的《新政府運動》一書將公共行政描述為過時的產物，頗不以然，並認為：我們不應是再造政府，而應是「再發現政府」，他並提出再發現政府的十個原則來和再造政府的十個原則相互對峙和抗衡（Goodsell, 1993: 86-87）：

1. 民眾應透過選出的代議士而非企業家來監管政府；
2. 政府旨在服務公共利益，而非創造沒有花完的剩餘或養成企業家的自我性格；
3. 政府必須依憲法和法律來運作，而非只植基於任務陳述；
4. 政府和企業共創伙伴關係應只停留在資深制的伙伴上；
5. 政府應該彈性和創新，但亦須公開的課責；
6. 政府應要求績效結果，惟亦應尊重實踐它們的員工；
7. 在政府中，個別的管理行為必須符合平等機會和公開檢查的非私己的理想；
8. 法規簡化雖好，但不能傷害了對等待遇（comparable treatment）和正當過程的原則；
9. 財政限制的減輕是可接受的，但非減少對公帑監管的條件；
10. 公共問題處理應有創意，但絕不是對那些獲益者的百般屈就。

　　當然，在對新公共管理的一來一往的批評中，於此擬聊贅數語。在東方文化尤其儒家文化的思惟中，若能讓賢者與能者在位，賦予相當的權限為民謀福利，是個值得追求的期待，是以儒家向來就相當重視「階層」關係，唯如何避免有權者濫權，才會著書立論，講究「內聖外王」之道。如今，現代的國家性質丕變，政府因應民眾需求的能力有待加強，企業家型政府的構想，不但有其時代背景，亦為提升國家競爭力所必需，因此若能建構民主政治的官僚企業家，則是優質行政的表現，也符應了儒家行政文化的大致思惟，此其一。

　　在新公共管理中，細加分析，又可分為兩大派別，其一是先前雷根政府與柴契爾夫人的新保守主義思想，他們主張政府本身是問題，因此應利用民營化、市場機制達成對科層官僚制的斥責（bureaucratic bashing）。徹底地裁減機關、人事與預算，使政府不再是萬能政府，而由「看不見的」市場機能提供治理的功能；另一是柯林頓政府較重視削弱科層官僚制（banishing bureaucracy），將行政運作從法規、程序、節制體系和官樣文章中解放出來，並利用企業家精神、創新冒進態度、市場競爭機制，達成顧客滿意的服務。個中對民營化雖有憧憬，卻也顧慮不少，而不再加以堅持。這種新右派觀點的轉變，往往促使若干的行政學者對政府再造由完全的反對轉變為審慎的支持，此其二。

　　就行政改革的辯證思考（dialectical thinking）言，新公共管理提出科層官僚制運作的缺失，而思以市場機制、治理理念來加以取代，可是支持科層官僚運作之道的學者，卻認為傳統行政仍有其基本的美德，不能一味漠視，然而它們各走極端，各有是非，其實解決之良方，是要在彼此對立的方案中找出超越和整合的途徑，誠如麥克勞林和戴維遜（McLaughlin & Davidson）在《心靈政治學》（Spiritual Politics）所說：「最深沉的真理經常在一種較高的統一中包容對立的狀態」，個人亦認為若能具備辯證思維，則很容易跳脫單面的想法與互不退讓的對峙，然而這種「對立的整合」，卻不是我們慣有的思考和運作方式，而且我們也非常欠缺此種思維應持有的「心靈修練」，畢竟新典範所應具備的，是從一種涉及形式的外在觀點移向一種專注於較深層原因的內在觀點，此其三（林鍾沂，2002: 176-177）。

第五節　科層官僚制的復甦：黑堡宣言與新公共服務

　　被號稱為「制度背景的新公共行政或明諾布魯克觀點」之黑堡宣言，其創始者是美國維吉尼亞理工學院暨州立大學公共行政與政策中心教授萬斯來（Gary L. Wamsley）（宣言的首席作者）。

　　正當在 1970 與 1980 年代美國正進行政黨交替執政時，其政治體系正瀰漫著一股反官僚、反權威、反政府與批判官僚的風氣，政治人物對常任文官毫不留情的批判甚或視為政策失靈的替罪羔羊。在人事任免上，更是以黨派與意識形態為依歸，這種贍徇營私、不問能力的作風以及其對民主治理所造成的傷害，令 Wamsley 感到憂心忡忡，在與同仁顧塞爾（Charles T. Goodsell）、羅爾（John A. Rohr）、懷特（Orion F. White）與沃夫（James F. Wolf）等五位教授交換意見後，發現大家都有類似的感觸與看法，為了進一步溝通觀念與交換意見，他們以 Goodsell 的書──《為科層官僚制辯護》（*The Case for Bureaucracy*）作為楔子，以腦力激盪的方式對公共行政的提出一些基本看法。討論過程令大家十分興奮與滿意，為了將此成果與公共行政學術界與實務界分享，他們決定撰寫這份宣言，全名為〈公共行政與治理過程：轉變政治對話〉（Public Administration and the Governance Process: Shifting the Political Dialogue），並將其簡稱為「黑堡宣言」（黑堡係採用維吉尼亞理工學院暨州立大學之主要校址所在地而命名）（轉引自林鍾沂，2002: 702-703）。

　　在討論「政府和美國對話」（government and the American dialogue），首先黑堡學者認為若要讓美國對話能夠進入一新穎而有意義的階段，在美國的政治文化中，有關公共部門和行政人員的有害神話須加修正，例如：美國科層官僚制的大部分民眾並非不滿意他們所受到的服務和處置，事實上，大多數的民眾都會覺得滿意；在公部門生產力增加的比率並不明顯地比私部門為低，甚至，整體上它可能較高。

　　繼而，黑堡學者認為若美國不能以一新的思考、談論和行動方式去面對「公共行政」，可能就會對政治體系中的病症和政治經濟中的重大問題束手無方。

　　第三，假如美國的公共對話若集中在政府處理事務上是否擁有一些角色或如何去降低此些角色，然在我們的世界、行為和行動中的實際卻需要「如何（行動）？」以及「何種（行動）形式最為有效？」的問題，那麼面對漸增的全球性依賴非但不能維繫和活化美國的工業和自然資源，亦不能改善美國民眾的生活品質。換言之，我們必須將美國對話從「政府」的性質與角色重新聚焦於「公共行政」的性質與角色。這種從公共行政「是否」扮演角色之問題轉移為它到底應採取「何種形式？」之問題，正是美國對話的精細卻是關鍵的改變。

　　最後，黑堡學者指出公共行政作為美國對話轉移的一部分，雖有其爭議，但因其擁有管理技能且能運用此些技能於政治系絡之核心和經驗，而應被視為一項重要的社會資產。

　　再者，在探討「公共行政的獨特性格」（the public administration's distinctive character）時，黑堡學者首先採取了多年前謝爾（W. Sayer）所言：在所有不重要的地方公共行政與企業管理彼此相似，以及 Carl Friedrich 強調：行政才是政府的核心，而指出行政體制不僅是一般的管理系統，而係在政治的系絡下來執行公共事務，因此：1. 行政人員並不從事市場與利潤的爭奪，而是與其他在政治和政府過程中之參與者，從事管轄權、正當性及資源的爭鬥；2. 那些和行政體制互動的人員會對公共行政懷有特殊的認知、期待和效果層次（例如：消費者和公民，或供給者和利益團體彼此間就有極大的差異）；3. 行政體制所必備的技能、關注焦點及核心任務與私部門的管理迥然不同。

　　其次，黑堡學者呼籲行政體制應自我意識地來自於和正視於制度施為觀點（an Agency Perspective）。他們並對制度施為意指成在所有層級的行政部門中業已成型，並以追求公共利益作為行動利具（the instruments of action）之制度。甚且，他們認為制度施為觀點不但是適當的，而且是有必要的。乃因許多的機關或行政人員是專業化知識、歷史傳承、經得起時間考驗之智慧與（最重要的）若干程度共識的寶庫和受託者；非但如此，有了制度施為觀點才能使得行政人員履行其職務時有了「重心」或「座標」，以及植基於此一穩固的基礎，去建構廣泛的公共原則和價值，即去

考量公共利益。基於此種制度施為「能動性」的觀點，黑堡學者認為過去的公共行政太拘泥於默順隱與委屈求全的政策執行角色，並毫無反抗地成為政治腐化和無能的代罪羔羊，一方面對於治理正當性的合理聲明（the rightful claims to legitimacy）怯於表達，另一方面又對建立民眾信賴感的相關作為猶豫不決。

黑堡學者深自期許，公共行政不僅應對機關的政經歷史有深刻的體會，更應以公善的考量來平衡對產出的過度重視，非但不應汲汲於有危害長程公共利益的政策結果，更應防杜對基礎建設和能力（尤其是未來公善）帶來不利的短線「作用」；尤其認為公共政策分析和計畫評估雖被聰明地使用，而有助益於履行公共企業和顯示機關的績效，但它們本身卻非目的；政策分析、計畫評估和決策過程如果未能接受制度施為觀點和核心管理過程，則它們對良善的行政體制不但有害，且與自身的目標不相一致。

最後，黑堡學者認為公共利益的達致，應涵蓋下列數種決策作成和政策制定的心靈習慣：1. 試圖處理問題的多元面向，而非刻意選擇其中的少數；2. 將長期的觀點納入審議之中，並平衡太過短視的自然趨勢；3. 考量受影響個人和團體的不同需求與條件，而非只持單一立場；4. 處理更多而非更少的知識和資訊；和 5. 認知「公共利益」雖有爭議，但非毫無意義的。尤其最後一點，將公共利益視為可受公評的，可為公共行政帶來如下實務的和有利的結果：1. 養成試驗性的步驟和實驗性的行動，而非典型的「解決方案」或「反對方案」；2. 培養對目的和手段的好奇心與對話；3. 促成具「學習性」與回應性的個人和制度；4. 培養對鉅細靡遺的「宏觀設計」（grand design）加以審慎的懷疑；5. 達成個人對全國性公共利益對話所擔負的獨特責任和潛在貢獻的更多了解；6. 引發對公共對談的字義更多的注意。

在此期待下，公共行政的憲政運作，除於總統、國會、法院在相互爭執時，擁有「自由開火的領域」（the free-fire zone）外，並應達成如下的承諾：1. 行政人員應與其服務的民眾訂有莊嚴的協定；2. 行政人員應同意以勝任能力來服務民眾，期朝向公共利益和維持治理的民主過程；和 3.

行政人員的勝任能力應受諸憲政傳統、法律、及民眾之共同歷史的活力所規範和圈限。相應之下，他們要扮演如下的角色：

　　（1）憲政秩序的瞭解者與捍衛者；

　　（2）社會治理過程的受託者以及正當而重要的參與者；

　　（3）睿智的少數，而非吼嚷的多數或有權的少數；

　　（4）不同機構的利益平衡輪；

　　（5）擁有專業地位的道德和超驗執著者（transcendent commitment）；

　　（6）民眾參與的促進者。

　　為此，行政人員應致力於 1. 實踐（praxis）：批判的意識性行動和目標追求；和 2. 反省（reflectiveness）：對所採取的行動加以深思熟慮和批判評估，以從經驗中學習。再者，此二者不但是導向超驗目標所必須，而且是行政人員以高雅和莊嚴的態度服務民眾之平日目標，以及尊重民眾、自己和同事所必須（Wamsley et al., 1990: chap.1）。

　　針對新公共管理的批判並企圖拯救科層官僚制的治理角色，與黑堡觀點有異曲同工之妙，要算是登哈特夫婦（Janet V. Denhardt & Robert B. Denhardt）所倡導的「新公共服務」（The New Public Service）。誠如 Denhardt & Denhardt 在《新公共服務：服務，而不是掌舵》（*The New Public Service: Serving, not Steering*）一書的前言中所言：作為一種挑戰，它旨在我們認真細緻並且批判性地思考什麼是公共服務，為什麼公共服務很重要，以及引導我們的行為內容和行為方式應該是何種的價值觀。我們不僅要讚頌公共服務的特色、重要性和意義，而且還要考慮如何才可能更好地實踐這些理想和價值（Denhardt & Denhardt, 2003: XI；丁煌譯，2004: 17）。

　　再者，不同於新公共管理主張驅逐科層官僚制與空洞化國家，Denhardt & Denhardt 更形指出構成新公共服務理論核心與實質有兩個主題：1. 促進公共服務的尊嚴與價值；2. 重新肯定民主、公民權和公共利益的價值觀，作為公共行政的卓越價值觀。甚至，他們希望像「民主」、「公民」和「自豪」這樣的語詞不僅在我們的言談中而且在我們的行為中都要比像「市場」、「競爭」和「顧客」這樣的語詞更加流行。畢竟，

公務人員並不提供顧客服務，而是提供民主（Denhardt & Denhardt，2003:
XI；丁煌譯，2004: 17-18）。

　　簡單來說，新公共服務是根植於民主公民權（democratic
citizenship）、社區與公民社會模型（models of community and civil
society）、組織人本主義與新公共行政（organizational humanism and
the new public administration）以及後現代公共行政（postmodern public
administration）等觀點所建構的。新公共服務強調民眾回應性以及公民參
與的過程，回歸（美國）政府設立的初衷而非僅在於追求效率、生產力等
理性的表現，強調憲政價值以及對人性問題的探討，由人性觀點反思社會
核心問題，真正地了解並回應公民需求，以符合民主理論對政府的期待，
其基本理念如下（Denhardt & Denhardt, 2003: 42-43；丁煌譯，2004: 40-
41）

1. 服務於公民，而不是服務於顧客：公共利益是就分享價值進行對話的
   結果，而不是個人自身利益的聚集。因此，公務員不是要僅僅關注顧
   客的需求，而是要著重關注於公民並且在公民之間建立信任和合作關
   係。
2. 追求公共利益：公共行政官員必須促進建立一種集體的、共同的公共
   利益觀念。這個目標不在於找到由個人選擇所驅動的快速解決方案，
   而是要創立共同的利益和分享的責任。
3. 重視公民權益勝過重視企業家精神：致力於為社會做出有益貢獻的公
   務員和公民要比具有企業家精神的管理者能夠更好地促進公共利益，
   因為後一種管理者的行為似乎表明公共資金就是他們自己的財產。
4. 思考要具有戰略性，行動要具有民主性：滿足公共需求的政策和方案
   可以通過集體努力和合作過程，得到最有效並且最負責地實施。
5. 承認責任並不簡單：公務員應該關注的不僅僅是市場；他們還應該關
   注法令和憲法、社區價值觀、政治規範、職業標準以及公民利益。
6. 服務，而不是掌舵：對於公務員來說，愈來愈重要的是要利用基於價
   值的共同領導，來幫助公民明確表達和滿足他們的共同利益求，而不
   是試圖控制或掌控社會新的發展方向。

7. 重視人，而不只是重視生產率：如果公共組織及其所參與其中的網
　絡，能夠基於對所有人的尊重而通過合作和共同領導之過程來運作的
　話，那麼從長遠來看，它們就更有可能獲取成功。

　　關於傳統公共行政、新公共管理與新公共服務之間的基本差異，
Denhardt & Denhardt 綜合歸納如表 2-2 所示。

　　在探討了新公共管理與新公共服務的理論發展之後，不禁令人回憶
起行政學之父 W. Wilson 曾言：「行政的領域是企業的領域，它應從政治
的即興之作與爭執中掙拖出來」，和哥倫比亞大學教授 Wallace Sayre 說
過：「在一切無關緊要的要向上，企業與政府行政是相似的」。這兩種
相反的論調，一是強調行政的去政治化，另一是主張行政的政治化。就
前者而言，認為行政應將企業管理的基本原則、方法或技術引用到公共行
政中去，俾使行政運作更為科學化、理性化和效率化，而後者則強調公共
行政應致力於在獲取公共利益的實現，誠如 David Hart & William Scott 言
簡意賅的說到：「更重要的是，企業管理的價值，並不適合公共行政的任
務，維持雙方的管轄界線是有好處的，而且私人領域的價值不應侵犯公共
領域。公共行政的目標，乃在提升本國公民之法定權利，關於此點，在開
國宣言中已經載明，而且在決策與法律中亦對之詳加闡釋。身為公共行政
人員，僅為精通行政技能是不夠的，他們必須時時刻刻記取獨一無二的公
共使命」（轉引自林鍾沂：2002, 21-22），就在這種行政管理化與行政政
治化的兩極對立中，行政學者們亟思調和兩者而達成統合綜效的結果，
例如：早年 Chester Barnard 在《主管人員的功能》（*The Functions of the
Executive*）一書中即在擺脫行政與管理的糾葛而以「主管人員」的功能發
揮作為整合的企圖。其實這樣的努力也未曾間斷過，而今新公共服務的倡
導，若能再加上些許的管理方法，達成 Denhardt & Denhardt 所云的「思考
要具戰略性，行動要具民主性」，便能跨出整合的方向，為行政的治理化
提供堅實的理論藍圖。

表 2-2　傳統公共行政、新公共管理、與新公共服務的觀點比較

	傳統公共行政	新公共管理	新公共服務
主要理論基礎和認識論基礎	政治理論，早期社會科學提出的社會和政治評論	經濟理論，基於實證社會科學的精緻對話	民主理論，包括實證方法、解釋方法和批判方法在內的各種認識方法
普遍理性與相關人類行為模式	概要理性，行政人	技術和經濟理性，經濟人或自利的決策者	戰略理性或形式理性，對（政治、經濟和組織）的多重檢驗
公共利益的概念	公共利益是以政治上加以界定並且由法律來表述的	公共利益代表著個人利益的聚合	公共利益是就共同價值觀進行對話的結果
公務員的回應對象	當事人和選民	顧客	公民
政府的角色	划槳（設計和執行政策，這些政策集中關注的是一個在政治上加以界定的單一目標）	掌舵（充當釋放市場力量的催化劑）	服務（對公民和社區團體之間的利益進行協商和協調，進而創建共同的價值觀）
實現政策目標的機制	通過現存的政府機構來實施項目	創建一些機制和激勵結構進而通過私人機構和非營利機構來實現政策目標	建立公共機構、非營利機構和私人機構的聯盟，以滿足彼此都認同的需要
負責任的方法	等級制－行政官員對民主選舉產生的政治領導者負責	市場驅動－自身利益的積聚將會導致廣大公民團體所希望的結果	多方面的－公務員必須關注法律、社區價值觀、政治規範以及公民利益
行政裁量權	允許行政官員擁有有限的裁量權	有廣泛的自由去滿足具有企業家精神的目標	具有所需的裁量權，但是裁量權應受限制並且要負責任
採取的組織結構	官僚組織，其特徵是機構內部自上而下的權威以及對當事人進行控制或管制	分權的公共組織，其機構內部仍然保持對當事人基本的控制	合作性機構，它們在內部和外部都共同享有領導權
行政官員和公務員的假定動機基礎	薪金和收益，文官制度保護	企業家精神，縮小政府規模的理念願望	公共服務，為社會做貢獻的願望

資料來源：Denhardt & Denhardt, 2003: 28-29；丁煌譯，2004: 25-26。

第六節　科層官僚制的整合：治理的轉型

　　1999 年全美公共行政學會（ASPA）成立優先議題之專案小組（task force），來檢視美國公共行政和行政人員所面對的主要議題，發現美國公共行政部門正在進行快速的變遷，而其中有三個核心要素：1. 政府和公民社會的關係日趨複雜；2. 聯邦政府的責任正逐漸轉移到州政府和地方政府，甚至社區組織的身上；和 3. 要想管理這些關係需要更多的能力（Callahan, 2007: 194）。Donald F. Kettl 亦云：「在超過一世代裡，美國政府正進行一項穩定卻不被注意的轉型，傳統的過程和制度慢慢被基本議題給邊緣化了，而在這同時，新的過程和制度（經常是非政府的部門），卻成為公共政策的核心關鍵，為執行這些工作和服務時，美國政府愈來愈需要與其他的政府層級、私人企業和非營利組織分享責任了。」甚至他接續道：「所有層級的政府雖然發現新的責任卻無法有效管理它們。……當問題浮現時，他們第一個本能反應就是重組組織或加入新的程序，但這都未符實際，美國政府的績效——效能、效率、回應與課責，只能倚賴把這些問題加以分散開來（Kettl，2000：488）。」

　　治理的意涵為何？對 Robert O. Keohane & Joseph Nye 而言，治理意指引導和限制團體集體性活動的過程和制度，其中包含了正式和非正式的部分。相較之下，政府則是種權威性的行動，並創造了正式的職責。A. W. Rhodes則對治理提出了七種內涵：1. 作為公司治理的治理（governance as corporate governance）；2. 作為新公共管理的治理（governance as the new public management）；3. 作為善治的治理（governance as good governance）；4. 作為國際互賴的治理（governance as international interdependence）；5. 作為社會控制論系統的治理（governance as a socio-cybernetic system）；6. 作為新政治經濟的治理（governance as the new political economy）；7. 作為網絡的治理（governance as networks）。在敘述治理的七種意涵之後，Rhodes並將治理簡要定義為：「自我組成的組織間網絡」，而歸納其特性如下：

1. 組織間的互賴：治理要比政府來的廣泛，它包含了非國家的行為者。國家界線的變遷意味著公、私和自願部門間的界線之轉移與滲透。
2. 網絡成員的不斷互動：此乃導源於他們需要去交易資源和協商共同的目的。
3. 如遊戲般的互動（game-like interactions）：它係植基於信賴，並以網絡參與者所協商和同意的遊戲規則為規範。
4. 享有不受國家控制的高度自主性：網絡並不向國家負責，它們是自我組合的。惟國家雖不占據主權位置，但它可以直接地和不完整地引導網絡（Rhodes, 2000: 55-61）。

　　除了上述兩種對治理的簡要描繪外，其實治理的基本意涵還可歸納如下：

1. 多元的利害關係人（multiple stakeholder）：公共問題不能由政府當局片面解決，而是有賴各方人員與組織的合作，它們包括非營利組織、國際組織、非政府組織、社區團體、利益團體、政府的契約者、政府的伙伴及其他政府單位等。
2. 規則與回應：在利害關係人的互動中，有了規則之遵循才能減少彼此間的衝突，促進協議的達成。此外，治理的作用乃在回應利害關係人的各種需求，俾使它們更易對網絡產生忠誠，達成貢獻滿足的平衡關係。
3. 除了新公共管理所強調的市場機制外，也應重視政府原有的層級權威，以及在公民社會中所形塑出的網絡關係。
4. 透過諸如透明、誠信、課責、協商與廉潔作為網絡治理的有力連結機制。

　　治理雖已成為社會科學的核心觀念，唯對公共行政產生何種影響？學者們的討論漸呈多元，而能提出較為言簡意賅的精闢見解，非 Kettl 莫屬。在 Kettl 看來，行政關乎調和（coordination），而二十一世紀的調和則意味著搭橋（bridge-building）。在治理的轉型中，需要一座以嶄新而富想像力的方式所搭建的新橋樑，對此，Kettl 提出搭橋的 10 項治理原則

如下（Kettl, 2002: 168-171）：

1. 層級節制（hierarchy）與權威（authority）無法也不會被取代，但它們必須更加適應治理的轉變。自有人類歷史以來，即曾運用層級節制與權威方式調和出對複雜問題的解答方案，而二十一世紀的治理問題並不會扭轉此一基本事實，層級節制與權威仍將持續地提供民主政府有關協調與課責的策略。

2. 複雜的網絡必須置於層級節制組織之頂端，而且它們必須以不同的方式加以管理。儘管層級節制雖有其持久性，但管理者仍應調理治理工具以因應日趨主導行政作為的組織網絡，唯在運用層級節制以管理這些網絡時，會經常伴隨著由權威機構（authority-driven structure）所管理的傳統方案（traditional programs）。

3. 公共管理者必須更加依賴人際間和組際間的過程，俾作為權威的補充（甚或替代）。儘管層級節制與權威有其缺點，但它們仍是提供用以組織和控制行政人員行為的穩定有用的機制。當管理者愈是依賴網絡時，他們就愈需尋找協調行動的替代或補充；再者，當這些網絡愈是非正式化或動態性時，管理者就愈需要新的機制。傳統的行政主要是透過組織結構來形塑行政行動，唯行政行動更具流動性質時，行政人員更應該從結構轉向為槓桿的過程。

4. 資訊是治理轉型最基本也是最必備的要素。雖然財務和人事系統等的許多過程，提供了控制與影響的潛在能量，然而，資訊在二十一世紀的政府中才是最為基本的治理元素。隨著電腦化的資訊科技與電子化政府的擴展，以及愈來愈多的政府工作牽涉到跨組織的互動，資訊成為最有效的橋樑，甚而資訊科技更使得即時且無疆界的溝通成為可能，而這樣的溝通確為統合二十一世紀的工作之所需。

5. 績效管理可為監控模糊不清的界線提供有價值的工具。在不同形式的資訊中，績效取向的資訊最為重要。當多元組織共享著產生公共方案的責任時，公民、政府管理者或民選官員很難決定究竟是誰在負責什麼，而誰又應對最後的結果做出何種貢獻。以績效為基礎的管理系統可藉由下列方式來強化行政作為：允許行政人員在服務網絡的成員中

為廣泛的結果分配責任；評估網絡中的每一部分如何支持公共政策的廣泛目標之成果；鼓勵民選官員檢視他們的政策決定和體系形成的結果間之連結。有鑑於此，績效管理並不只是管理網絡的潛在機制，同時也是一種課責的工具。

6. 透明度是對政府運作獲取信任且具信心的基礎。透明化的溝通（在及時內每個人都可接觸到的）將可增進民眾對政府工作的信心（confidence）與信任（trust）。隨著全球企業的崛起，許多民眾害怕私人權力會吞噬公共利益，再加上漸增的權力轉移，也讓他們擔心有關經營公共計畫的決策會旁落在看不見的（invisible）和非政府的幽徑裡，而當這兩種恐懼感結合時便會減損民眾對政府工作的信心與信任。惟隨著資訊科技的發展，包括網際網絡以及電子化政府，將使政府的作為與方式能更快速且廣泛地為民眾所獲知，而有助於增強民眾與非政府間的關聯。

7. 政府需要投資人力資本（human capital）藉使員工的技能夠迎合他們必須完成的工作。然而，有許多的工具需要高技能的層次，尤其是政府的管理者在從事折衝協調時更是如此。再者，這些技能時常與過去所發展的命令與指揮技能大不相同。因此，為了管理因治理轉型所搭建的橋樑，政府的人事體系勢必要重新改組，以便雇員擁有工作上所需的技能。許多二十一世紀政府的任務，特別是種關鍵性的協調挑戰，將是核心的、以人為本的挑戰（the core people-based challenges），為解決它們，需要一個能在行政體系中折衝協調不斷改變力量的有技能管理者。

8. 治理轉型需要一套廣泛參與公共行政之新策略與手段。儘管美國共和制度期望透過民選官員來實施由上而下的行政課責，但民眾已逐漸的期待來自行政體系及其員工所推動的由下而上的回應。就某部分而言，這股浪潮是出自私部門所講究的顧客服務運動；另一部分則來自1960 年代大社會計畫授權公民並使該些計畫得以回應民眾的需求。隨後崛起的電子化政府和其他跨界溝通的形式也在促成這種由下而上的回應。當民眾獲取影響與溝通的新管道時，他們就愈不需依賴高階

官員作為問題解決者，而更能直接接觸到影響他們的方案管理者，爰此，這應對公民與政府間的連結加以重新思考。

9. 公民責任已成為政府中之非政府伙伴的工作（the job of government's nongovernmental partners），這一現象對民眾與營利和非營利組織間的關係而言亦是同樣的真實。不論是由政府或非政府組織提供服務時，政府需要更為有效的機制，以確保民眾都能獲得相同基本的、一致的對待。政府中的非政府伙伴將不再是被雇用來維持傳統任務的代理者，而是變成為公共服務的提供者，它已擔負著如何對待民眾的責任；爰此便需發展出一套促進責任、彈性和效率的機制，以確保非政府的伙伴者在提供服務時不會犧牲民眾冀求從政府中所得到的基本標準，而這也是憲法對人民的承諾。

10. 美國需要為衝突管理設計出新的憲政性策略。治理的基本轉型與其說是在創造全新的典範，不如說是在舊有典範的頂端上鋪陳新的問題。這樣的籲求，並不在於創造新的憲法，而在於從舊有的憲法中找出的新的策略。美國憲法已被證明能從歷史中發展出相當的活力，但間歇性的新壓力則會形成新戰術之需求。美國的開國元勳們造就了一部能夠適應環境變動的憲法，而國家的領導者亦應在面對新的壓力時同樣具備管理適應的能力。一個世紀以來，進步年代（the Progressives）所設計的型態不只形塑了政治和經濟間的關係，同時也塑造了行政權力與政治權力間的關係，特別是當經濟權力侵蝕了公共利益，這些的適應就會呈現。十九世紀末進步時期的政府改革便是由這些問題所引發的，而二十世紀末政府所面對的壓力也是由同樣的問題所激發的。

　　總之，在當今探討行政變革中，最為顯著的改變之一，莫過於公民社會的崛起，使得政府的運作不再是昔日由政府負起單獨而單一的責任，而是向民間社會或多或少的傾斜，過去主張政府應提供「從出生到死亡」無所不包的服務之萬能形象也頓然公開地被討論、質疑和批評，致使有關政府應與第三部門、非營利組織、民間企業、地方社團形成利害關係者的網絡組織（networked organization）或多部門的伙伴關係（multisector patnership）業已成為行政研究和實務中普遍的認知。

第七節　結論

　　多年前，著名組織理論學者 Warren G. Bennis 曾撰文預告了科層僚制的滅亡，Charles Handy 亦借用古希臘的神祇，說明了工作型態變動下的組織，將從著重秩序與理性的角色型文化阿波羅神（Apollo）轉向崇尚專業的任務行文化雅典娜神（Athena）或信奉個人化自由的存在型文化狄俄尼索斯（Dionysus）（羅耀宗譯，2006）。在我看來，雖然他們帶來了對組織運作許多寶貴觀念的啟蒙，卻也只是假設性的預言。歷史告訴我們，每當人類面對生命的災難和文明的重大工程建設，著實需要龐大的組織，方可為之。例如，歷史的文明發跡，大多孕育在河域的兩旁，過去祖先不但要面對野獸的威脅，更要經歷洪水的危害，唯有靠著有效的龐大組織與管理，方能轉危為安。同樣的邏輯亦延續著，911 事件發生時，美國即成立了有史以來規模最大、人員最多的國土安全部（Department of Homeland Security）來處理和預防恐怖攻擊和相關的危機。另者，過去和現代的偉大工作，如萬里長城、金字塔、外太空探索、空中巴士等，在在都需要連結數以萬計的人力和不同的組織運作，因此 Shafritz, Russell & Borick 意有所指：「組織的成就並不亞於工程和科學的成就」（Shafritz, Russell & Borick, 2007: 228），而我們似可將之修正為「許多重大工程和科學的成就，大多來自於組織的成就」。就此說來，預告科層官僚制的死亡可能言之過早，唯 Dwight Waldo 曾經預言在未來的社會，韋伯式科層官僚制將被更具彈性卻更複雜的大型組織所取代，而他所形容的「後科層官僚的」（postbureaucratic）社會，應是種較有可能的選項。

　　再者，從科層官僚制在公共行政理論的發展上，雖然歷經了褒貶不一，有時被痛責，有時被讚揚，但其運作的原型（prototype）或傳統，應非權力「主宰者」，而是權力「賦予者」，唯其仍可在被授與的權力與職責中，從事行動意圖、權威決策、和某種具推論性手段部屬來展現制度施為的一面並透過不斷探索的工匠精神角色，創造更多的公共價值，將服務人群的行政達成「追求極致，成就非凡」的理想，則是在轉型變動中，我給科層官僚制的定義與定位。

本章參考書目

丁煌譯，J. V. Denhardt & R. B. Denhardt 原著（2004），《新公共服務：服務，而不是掌舵》，北京：中國人民大學。

吳育南，（1993），《韋伯論理性官僚體制的弔詭》，東海大學公共行政研究所碩士論文。

林金榜譯，H. Mintzberg & B. Ahlstrand & J. Lampel 原著（2006），《策略巡禮》，台北：商周出版。

林鍾沂（1994），《政策分析的理論與實踐》，台北：瑞興。

林鍾沂（2002），《行政學》，修訂二版，台北：三民書局。

林鍾沂、林文斌譯，O. E. Hughes 原著（2003），《公共管理新論》，台北：韋伯。

陳蒼多譯，C. McLaughlin & G.. Davidson 原著（1998），《心靈政治學》，台北：國立編譯館。

楊日青、李培元、林文斌、劉兆隆等譯，A. Heywood 原著（1999），《政治學新論》，台北：韋伯。

葉啟政著（2004），《進出「結構－行動」的困境：與當代西方社會學理論論述對話》修訂二版，台北：三民書局。

潘東傑譯，John Naisbitt 原著（2006），《奈思比 11 個未來定見》，台北：天下文化。

劉毓玲譯，D. Osborne & T. Gaebler 原著（1993），《新政府運動》，台北：天下文化。

蕭全政等譯，N. Henry 原著（2003），《行政學新論》，台北：韋伯。

羅慎平譯，P. Dunleavy & B. O'Leary 原著（1994），《國家論》，台北：五南圖書。

羅耀宗譯，Charles Handy 原著（2006），《阿波羅與酒神》，台北：天下文化。

Callahan, Kathe. (2007), *Elements of Effective Governance: Measurement, Accountability and Participation.* Boca Raton: Taylor & Francis Group.

Denhardt, Janet V. & Robert B. Denhardt (2003), *The New Public Service: Serving, not Steering*, New York: M. E. Sharpe.

Denhardt, Robert B. & Janet V. Denhardt (2000), "The New Public Service: Serving Rather than Steering", *Public Administration Review*, Vol. 60, No. 6, (Nov/Dec).

Etzioni-Halevy, E. (1985), *Bureaucracy and Democracy: A Political Dilemma*. London: Rout-ledge & Kegan Paul.

Frederickson, H. G. & F. Marini (1998), "Public Administration, New", in J. M. Shafritz (ed.), *International Encyclopedia of Public Policy and Administration*, Vol.3 Boulder, Colorado: Westview Press, 1801-1805.

Frederickson, H. G. (1971), "Toward a New Public Administration", in F. Marini (ed.), *op. cit.*

Frederickson, H. G. (1997), "Comparing Reinventing Government Movement with the New Public Administration", *Public Administration Review*, Vol. 56, No. 3 (May/June).

Kettl, Donald F. (2002), *The Transformation of Governance: Public Administration for Twenty-First Century*. Baltimore, Maryland: The Johns Hopkins University Press.

Gerth, H. H. & C. W. Mills (eds.) (1991), *From Max Weber: Essays in Sociology*. London：Routledge Press.

Goodsell, C. T. (1990), "Public Administration and the Public Interest," in G. L. Wamsley *et al.* (eds.), *op. cit.*

Guy, M. E. (1989), "Minnowbrook II: Conclusions", *Public Administration Review*, Vol. 49, No. 2 (March/April).

Henry, N. (1999), Public Administration and Public *Affairs*. New Jersey: Prentice-Hall International, Inc.

Hughs, O. E. (1998), "New Public Management," in J. M. Shafritz (ed.), *International Encyclopedia of Public Policy and Administration*, Vol. 3. Boulder, Colorado: Westview Press.

Kass, H. D. & B. L. Catron (eds.) (1990), *Images and Identities in Public Administration*, Newbury Park: Sage Publications.

Kirkhart, L. (1971), "Toward a Theory of Public Administration," in F. Marini (ed.), *op. cit.*

La Porte, T. R. (1971), "The Recovery of Relevance in the Study of Public Organizations," In F. Marini (ed.), *op. cit.*

Marini, F. (1971), *Toward a New Public Administration*, New York: Chandler.

Marini, F. (1971), "The Minnowbrook Perspective and the Future of Public Administration ," in F. Marini (ed.) *op. cit.*

Moore, M. H. (1995), *Creating Public Value: Strategic Management in Government.* Cambridge, Massachusetts: Harvard College.

Morgan, Gareth (1998), *Images of Organization.* the Executive ed. San Francisco： Berrett-Koehler Publishers, Inc.

Rhodes, R. A. W. (1997), *Understanding Governance: Policy Networks, Governance, Reflexivity*, and Accountability. Buckingham: Open University Press.

Rhodes, R. A. W. (2000), "Governance and Public Administration," In Pierre, J. (ed.), *Debating Governance: Authority, Steering, and Democracy.* Oxford, OK： Oxford University Press.

Rosenbloom, David H. & Robert S. Kravcbuk (2002), *Public Administration: Understanding Management, Politics, and Law in the Public Sector*, Boston： McGraw-Hill Higher Education.

Shafritz, Jay M., E. W. Russell& Christopher P. Borick (2007), *Introducing Public Administration*, 5th ed. New York: Perason Longman.

Shafritz, J. M. (ed.) (1998), *International Encyclopedia of Public Policy and Administration*, Vol. I-4. Boulder, Colorado: Westview Press.

Wamsley, G. L. et al. (1990), *Refounding Public Administration*, Newbury Park, California: Sage Publications.

第三章 行政學與行政法學

第一節 公共行政與公法間的「鴻溝」

行政學與行政法學的研究對象相同，均為公共行政，二者之研究領域理應關係密切，惟發展迄今，誠如國內公法學者黃錦堂所言，兩者間存有主要學者留學國不同（台灣公法學深受德國系統影響，而台灣之公共行政學者則多留學美國）、用語不同、寫作議題不同、學科傳承不同、主要教科書內容有別的情形。在行政法學者綿密的外文註釋與援引國內判決，不斷專業、複製、再生產中，行政法（學）孤立於行政學矣！（翁岳生編，2006: 88-89）行政學與行政法學二者各自發展，彼此之交流與互動過少，跨此二領域之研究更是少見。英國學者 D. Oliver & G. Drewry 曾感嘆地表示：公法與公共行政間存在「鴻溝」並「缺少合作」（金自寧譯，2006: 146），在英國截至目前為止，行政研究很少注意公法，仍缺乏與新公共管理相應的新公法之發展的討論，此類討論已遲到太久了（Oliuer & Drewry, 1996: 56）。美國也存在行政學與行政法分途發展的情形，美國公共行政的演進，威爾遜在 1887 年發表〈行政的研究〉一文中強調公共行政是一管理的領域，於 1926 年出版之第一本美國公共行政教科書，懷特（White）之《公共行政研究介紹》（*Introduction to the Study of Public Administration*），亦強調此領域之基礎是管理非法律，1940 年代以後許多屬於法律的發展才陸續出現，迄 1990 年代中期，始可在行政的思想與實務中發現清晰與強固的公法思想（Rabia et al. eds, 1998: 655）。我國行政法學者黃默夫亦觀察道：「讀法律系的可能對『公共行政』涉獵不深，讀公行系的可能對『法律』望之卻步，於是造成無法雙向溝通，甚至產生排斥現象。」（黃默夫編著，2002: 27）

在行政學領域，吾人皆知可從管理、政治及法律等角度研究公共行

政，[1] 惟從國內主要行政學教科書之內容，不難發現從法律角度研究公共行政者幾乎付之闕如；反之，國內行政法之主要教科書，也很少提及行政學領域之發展。[2] 美國學者 D. Rosenbloom 也觀察到許多行政學的教科書，很少注意到行政法的部分（Rabin, et al. eds., 1998: 595）。

筆者試圖以本章作為開端，希望架起行政學與行政法學研究間的橋樑，促使二者彼此能相互借鑑、相互理解、相互學習與激勵，期能共同成長。本章首先探究行政與行政法間之關係，進而了解行政學與行政法學二學術領域間的交集與歧異，期盼能從上述之探究中得到啟思，進而導引出未來研究的可能發展方向。

第二節 行政與行政法之關係

壹、紅燈與綠燈理論

關於行政與行政法之關係，英國法中有「紅燈與綠燈理論」（red light and green light theories），該理論起源於 1984 年倫敦政經學院教授 Carol Harlow 與 Richard Rawlings 出版之《法律與行政》（*Law and Administration*）一書，引起英語系行政法學者之關注，其理論內涵是將行政法的性質及相關問題的不同觀點分成「紅燈論」與「綠燈論」兩大陣營（羅豪才主編，1998: 403）。

一、紅燈論

Rawlings 將認為政治權力和行政管理都應嚴格服從法律，行政法的目的在於束縛和控制國家權力的理論歸類為「紅燈論」，其特點為懼怕行政權力、積極限制行政權力，司法權對行政權進行嚴格控制（羅豪才主編，1998: 403-406）。

---

[1] D. Rosenbloom & R. Kravchuk 的著作 Public Administration: Understanding Management, Politics, and Law in the Public Sector 即為從管理、政治及法律等角度研究公共行政典型的代表作。

[2] 台大教授黃錦堂先生與高雄大學教授廖義銘先生可能是少數例外。

　　「紅燈論」以控制為導向、較為保守（楊偉東譯，2007: 5），主要代表人物是牛津劍橋法學派的戴雪（Dicey）、史密斯（Smith）和韋德（Wade），他們所認為的行政法觀點為：行政法的目的在節制和控制國家；其次，行政法的首要宗旨，在於要把政府的權力控制在法律的框架內，以便使人民的權利免受權力濫用之害，政府的動力引擎不能任它狂奔。上述理論要旨就行政與行政法之關係可知，紅燈論係站在一「控制」行政的角色。簡言之，紅燈論即向行政權力亮紅燈，尋求法院對政府的控制（羅豪才主編，1998: 404）。

二、綠燈論

　　「綠燈論」以自由或社會為導向，注重效率性，主要代表人物是倫敦政經學院派學者，有詹寧斯（Jennings）、拉斯基（Laski）、基瑞福（Griffiths）、羅伯遜（Robson）等（楊偉東譯，2007: 7），他們主張的行政法觀點為：行政法是全部有關行政之法，而不限於控制行政權的法；行政法決定當局的組織、權力與義務。持此理論的行政法學者主要研究興趣和領域：首先是研究制度的實際運作，換言之，焦點係在研究政府各項活動程序的有效性。其次是認為應縮小法院的影響，因法院被此派學者視為社會發展的障礙，而且法院對行政權力的控制是非代議性和不民主的，他們認為法院的每一個決定都包含價值判斷，當法院把司法程序強加於行政時，對政策或政治性問題做裁決時，法院乃在用自己的價值判斷來取代正當決策者的意見。

　　綠燈論者對行政法之定義：行政法是有關行政管理的法律而不僅僅是控制行政權力的法律。此種定義強調法律和行政間的相互關係，而不一味強調行政服從法律。在一定條件下，法律服務於行政也未嘗不可。行政法的作用不再是干預國家的阻力，而是便利於政府活動。如此也就需要對司法的作用進行重新評價。

　　由上述可知，綠燈理論對行政權力而言，是一種相對寬容的理論。首先，他們默許國家干預的現實，強調程序的效率性和議會立法、行政管

理的優先性；其次，綠燈理論者更關心事務運作的事實而不是抽象的行政法價值，強調應該進一步檢查現實法律制度的運作狀況是否和現代國家發展相適應；第三，綠燈理論者往往極力縮小法院的作用。綠燈理論者傾向於透過政治途徑，實現內在的、預期的控制（羅豪才主編，1998: 407-409）。

綜上所述，紅燈論是主張「司法中心，控制至上，傾向保守」，是指控制、節制行政權的理論，而綠燈論則強調「行政中心，效率至上，視野較廣」，是維護、保障行政權的理論[3]（黃默夫編著，2002: 26-28；張越編著，2004: 176）。

貳、行政與行政法間關係

有關行政與行政法關係的論述，除紅燈與綠燈理論之提出外，筆者綜合相關文獻，認為二者間之關係，主要有以下四項，茲分述如下：

一、「依法行政」是法治國行政之指導原則

誠如大陸學者高小平所言：「行政是國家政令的推行，因此其整個過程就不能隨心所欲，而必須依據各種法律和規定進行。即使在封建專制社會，國家行政活動也是一件極其嚴肅的事情，官員在執行公務時都必須有充分的法律依據，否則就要受到嚴厲的懲罰。在現代法治社會，政府的活動更是受到法律的嚴格限制，不得超越規定的範圍，否則就構成侵權行為，會受到法律制裁。」（高小平，2003: 138-140）此即法治國行政之最高指導原則「依法行政」的原則。確實執行此原則，在實質上是要求行政主體正確、執行法律及履行其為人民服務與為公益服務的任務，可保證行

---

[3] 英國學者 Harlow & Rawlings 亦提出「黃燈論」，屬於一種中間立場，欲調和紅燈論與綠燈二理論之觀點，既保留法律的監督作用，同時也注重其作為行政必要元素的貢獻。（金自寧譯，2006: 146）黃燈論借用紅燈論與綠燈論向加強行政法的「防火」與「救火」功能發展（黃學賢主編，2006: 179；羅豪才主編，2004: 255）。Denis Galligan 提出類似理論，稱之為「唯名主義者」理論（金自寧譯，2006: 146）。

政權力有規則、有秩序地行使（楊解君主編，2002: 34）。

　　「依法行政原則」是法治國家的重要理念，也是現代行政法存在的最主要基礎（翁岳生，1997: 225），「依法行政原則」指行政機關之行為應受法律約束，乃支配法治國家立法權與行政權關係之基本原則，亦為一切行政行為必須遵循之首要原則，該原則包括二項子原則「法律優位」與「法律保留」原則。

　　「法律優位原則」又稱為「消極的依法行政」原則，係指法律優於行政行為，行政行為或措施應受法律之拘束與指導，不得牴觸法律。[4] 換言之，行政機關之行為不得違反現行有效之法令，也不能違反行政法上的一般原則。[5] 此一原則，一方面確立所有法規範的位階，法律高於行政命令或行政規章；另一方面則確立行政行為在消極面有不牴觸法律之義務（即任一行政行為不得牴觸現行有效之法律）。申言之，此項原則一方面含有規範位階之意義，即行政命令與行政處分等各類行政行為，在規範位階上皆低於法律，亦指涉子法不得逾越母法或子法不得增加母法所無之限制。此外，法律優位原則並不要求一切行政活動必須有法律之明文依據，只須消極不違背法律規定即可，故稱為消極依法行政原則。

　　「法律保留原則」又稱為「積極的依法行政」原則，係指重要的事項，應由法律規定，或未經法律授權，不得逕以命令定之，或是指行政機關為行政行為須有法律授權，即積極要求行政機關之行為必須有法律依據（中央法規標準法第 5 條、第 6 條）。[6] 此原則目前已發展至「層級化法

4　良以立法機關代表民意，且法案之審查係經公開、辯論及三讀之程序始完成，其正當性、妥適性、嚴謹程度以及被大眾信賴之程度，均被認為較行政作用高，故法律具有其崇高性，應以法律為主，行政為從。

5　目前有關行政法上的一般原則，已明文規定於行政程序法中者，有明確性原則、平等原則、比例原則、誠信原則、信賴保護原則、一體注意原則等。詳行政程序法第 4 至 10 條。

6　此原則之法理為法律係由人民所選舉之代表所制定，具有民意基礎、符合民主的要求，且法律須經立法院三讀通過，制定方式較行政命令嚴謹，因此，重要的事項，應保留給法律規定。此外，大法官經常在解釋中闡明「法律保留原則」之精義，以釋字第 514 號解釋為例，大法官認為現代法治國家所應遵循的「法律保留原則」，亦即在權力分立的架構下，行政權（機關）不得單獨恣意地訂定行政命令（規則），藉以侵害人民權利。凡係涉及人權利義務，均應透過「法律」或經法律明確授權所訂定的「法規命令」方能加以規範，亦即將此一權力交付予立法者，或僅能經由立法者作有限度的授權。尤其涉及侵害人民之自由及財產等基本權利，必須透過法律方得加以限制之，此即「法律保留原則」之精義。

律保留理論」（包括憲法保留、法律絕對保留、法律相對保留、非屬法律
保留，即分別等級之保留，詳大法官會議釋字第 443 號解釋）。[7]

二、行政法是行使行政權力之界限

　　行政法的主要目的之一為有效的監督與制約行政權力之行使（包含控
制行政裁量），避免公務員濫用權力，侵犯人民權益及確保責任（Rabin
et al. eds, 1998: 693；張越編著，2004: 158; Rosenbloom & O'Leary, 1997:
29-33; Cooper et al., 1998: 75）。因行政人員不僅提供服務，事實上亦是管
制者，例如：發放各種執照，包括建築、營業、執業等執照，及管理食品
衛生、管理電視、頻道、核能、金融、消費者安全，此外，行政之目的亦
在確保市場功能正常或適當運作、確保產品與服務安全、確保新科技的安
全、保護環境、管制人員之雇用、確保人民生存等（Rabin et al. eds, 1998:
595）。因此，權力相當大，且行政從本質上言是一種行使公共權力、管
理公共事務、謀求公共利益、承擔公共責任的管理活動。公共權力代表著
國家的意志，為大多數公眾所認同，具有很高的權威性和很強的約束力，
它以國家的合法暴力工具，如警察、軍隊、監獄等保證其行使（江超庸編
著，2001: 14），故需加以監督限制。

　　另隨著社會生活和社會分工愈來愈複雜化，政府管理的內容和範圍
愈來愈擴展，介入人民日常生活範圍廣泛、影響深遠，因此，愈須加以限
制，避免公務員濫用權力，侵犯人民權益。對行政權力之行使加以限制的
界限，即為行政法。

　　行政法對行政權力的限制，可分為「實體限制」與「程序限制」二

7　「憲法保留」是指某些事項相當重要，只能由憲法加以規定，即使是立法機關亦不得制定法
　律加以限制，亦即積極要求國家機關之行為，必須有憲法之依據，例如：國體與政體的決
　定、中央政府體制究採內閣制或總統制等。「國會保留」（或稱絕對法律保留）是指某些特
　殊事項僅能由立法者「親自」以法律決定，不得授權行政機關以命令處理。「法律保留」
　（或稱相對法律保留）是指傳統的法律保留，固然要求保留範圍內的事務，應以法律定之，
　但並不禁止立法者在不違反授權明確性要求的前提下，立法授權行政機關以命令方式規定。
　「非屬於法律保留」指執行法律之細節性、技術性次要事項得由主管機關發布命令為必要之
　規範，雖因而對人民之權益產生不便或輕微影響，尚非法律所不許（汪宗仁編著，2000: 93；
　李惠宗，2007: 33-34）。

部分：有關「實體限制」的方式，例如：透過司法審查制度，由大法官會議或各級行政法院介入審查行政行為的合法性與妥當性、制定行政法規明定權利義務關係的內容與界限，或訂定各項標準，由行政機關須據以執行。「程序限制」則是指行政行為須遵守「正當法律程序」（due process of law 或 procedural due process）的限制，重視基本的公平性（fundamental fairness），亦即在任何行政過程中，個人均應有免於受政府不當行政手段（如欺騙），或是不合法過程剝奪其生命、財產，與自由的固有權利（呂育誠等譯，2002: 31）。其內涵以我國行政程序法為例，包括：受告知權（right to be informed）、聽證權（right to be heared）、公正作為之義務及說明理由之義務等（黃默夫編著，2004: 132-135）。[8] 主要目的為確保行政行為遵循公正、公開與民主之程序，以保護任何人不受恣意行政之侵害（Perry, 1996: 116）。

三、行政法是行政的工具

　　行政法包含不同的概念與程序，除是行政的法律界限，要求行政人員擔負法律責任，同時對行政人員而言，也是完成行政任務有用的工具（Cooper & Newland eds., 1997: 106; Surur & Sunkin, 1997: 168）。例如：遵行行政規則可協助行政人員做決定、提高效率、減少恣意、改善士氣，當機關之決定有被質疑時，提供防衛等。（Perry, 1996: 116, 134）同時，為確保行政機關公正從事（act fairly）與合理（reasonably），並解決行

---

[8] 所謂「受告知權」係指行政程序之當事人或利害關係人有即時獲悉與其利害相關之事實及決定的權利。其類型有三：第一，預先告知：行政程序法第 39 條（行政機關為調查事實及證據，得通知相關之人「陳述意見」）、第 55 條（行政機關舉行聽證前，應以書面通知當事人及其他已知之利害關係人，必要時並公告之）、第 102 條（作成不利處分前應通知處分相對人「陳述意見」）。第二，事後告知：行政程序法第 43 條（行政機關為處分或其他行政行為，應將其決定告知當事人）、第 100 條（書面行政處分，應送達相對人及已知利害關係人；書面以外行政處分，應以其他適當方法通知或使其知悉）。第三，救濟途徑之告示：第 96 條第 1 項第 6 款（書面行政處分應表明「不服行政處分之救濟方法、期間及其受理機關」）。所謂「聽證權」係指當事人得就指控或不利決定進行答辯或防禦，其目的乃在於行政機關作成決定前應給予當事人答辯或說明的機會。其可分為聽證（正式的聽證權）與陳述意見（非正式的聽證權）二種。「公正作為之義務」的內容包括：迴避制度、禁止片面接觸及組織合法等（黃默夫編著，2004: 132-135）。

政爭議，需依靠司法審查、設定良好的行政標準（setting of standards）、程序及救濟程序（包括訴願、行政訴訟）等，均與行政法有關（Oliver & Drewry, 1996: 55）。因此，行政法實為達到善治之工具。誠如大陸行政法學者應松年與朱維究所言：「法律是國家實施行政管理的主要手段和武器。通過立法活動，包括行政立法，國家使統治階段的意志形成為人們必須遵守的行為規則；同時，行政管理也必須依法進行，才是有法律效力的管理，使行政管理成為將產生法律後果的行為，並且具有國家強制力。」（應松年、朱維究主編，1991: 5）

四、行政法課予政府與行政人員法律責任

公務員依法行使公共行政權力、管理公共事務、代表和實現公共利益、相應地必須承擔公共責任，這是天經地義之責（江超庸編著，2001: 5-9）。一般而言，行政法律責任體系主要有二部分：一是國家應負擔的法律責任，依據原因不同，又可分為損害賠償[9] 與損失補償責任；[10] 另一是公務員違法失職時應擔負的各種法律責任，包括：民事責任、刑事責任

---

[9] 我國之國家賠償責任可分為二類：公務員違法行為之國家賠償責任及公共設施瑕疵之國家賠償責任。國家賠償法第 2 條第 2 項規定：「公務員於執行職務行使公權力時，因故意或過失不法侵害人民自由或權利者，國家應負賠償責任。公務員怠於執行職務，致人民自由或權利遭受損害者，亦同。」依此規定，國家或其他公法人之公務員違法行為之國家賠償責任，又可區分為積極行為與消極不作為（即公務員怠於執行職務）兩種。關於公共設施瑕疵之國家賠償責任，依據國家賠償法第 3 條第 1 項：「公有公共設施因設置或管理有欠缺，致人民生命、身體或財產受損害者，國家應負損害賠償責任。」

[10] 行政上之損失補償責任是指行政機關基於公益之目的，合法實施公權力，致人民之生命、身體或財產遭受損失，而予以適當補償之制度，與上述國家賠償針對行政機關違法侵害行為所生之賠償責任，有所不同。申言之，基於社會連帶之觀點，人民依法對於國家社會負有一定程度之社會義務，是以，行政機關基於公共利益，合法行使公權力，造成人民生命、身體或財產上之損失，如該損失屬於人民社會義務之範圍者，人民自應予以忍受，不生補償之問題。若超出人民應負擔之社會義務範圍，而屬於人民的特別犧牲，政府自應給予合理之補償（詳大法官釋字第 400 號及第 440 號解釋）。

及行政責任。[11]

　　綜合而言，現代行政與行政法間之關係相當密切，二者絕非相互排斥與相互抵抗，而是相互依存與良性互動。行政法是關於公共行政的法（石佑啟，2003: 1；鄒榮主編，2004: 1），公共行政的改革與發展勢必對行政法產生影響，為行政法學提供新的研究課題，影響到行政法學的研究範圍（石佑啟，2003: 4）。相對的，行政法學的研究與發展亦值得行政學研究密切關注，二者之研究不應相互孤立與隔絕。

第三節　行政學與行政法學之交集

　　行政學是對行政相關現象與事實，做方法性、系統性、客觀性、創新性、綜合性的科學研究所獲得的原理、法則與系統的知識（吳定等著，2006: 11）。行政法是國內公法之總稱，行政法迄今沒有一部統一的法典，反映了行政的多樣性與複雜性。其規範的對象為行政權，規範的內容是行政組織、行政行為與行政救濟等，除規範行政機關及其行為外，亦規範行政主體與人民間之關係，目的是確保行政權的合法性與適當性，並使人民的合法權益不受公權力恣意侵害。行政法學是研究行政法原理原則之科學，說明國家行政應如何受法律之拘束，並說明行政法應如何適用，以達成國家行政作用之目的。行政法學的學科旨趣，在於檢討行政應如何受到法的拘束，以確保人民的基本權利。因此，行政機關的行為中，凡涉及人民權利或義務者，均應成為行政法學科的討論課題（翁岳生，2006: 7）。

　　行政學與行政法學實是一體的兩面，關係甚為密切，大陸學者應松

---

[11] 公務員違法失職時應擔負民事責任、刑事責任及行政責任，其中「民事責任」是指公務員執行職務，因故意或過失不法侵害他人權利，所發生之損害賠償責任而言。亦可分為二類：公務員從事私經濟行政之行為——適用民法規定；公務員執行職務行使公權力之行為——適用國家賠償法規定；「刑事責任」是指公務員之行為，違反刑事法律而應受刑罰制裁之責任；「行政責任」指公務員違反法規所定之義務，由行政機關或司法機關依法予以處罰之謂，行政責任又可分為懲戒處分及考績處分（亦稱懲處）二種。前者規定於公務員懲戒法，後者則由公務人員考績法及其他相關法規（如警察人員人事條例、交通事業人員考成條例等）加以規定。

年與朱維究即曾表示：闡述或研究行政法，首先應把握行政的涵義與特徵，從法律的角度研究行政管理的科學，就是行政法學（應松年、朱維究主編，1991: 1, 6）。大陸學者楊海坤更表示：行政法學和行政管理學有著「天然」的聯繫，它們「本是同根生」，同屬於行政科學的範疇，都以「行政」作為其產生的基礎、研究的對象和服務的目的（楊海坤，1992: 26）。

　　相比之下，西方行政法學要比行政學誕生稍早些。從總體上看，兩者的形成與發展過程開始呈混合狀態，繼而各自獨立，但一直是互相依存、相互促進的。行政管理學和行政法學都以實現行政管理的科學化、民主化、現代化作為最終目標。行政管理學要從紛繁複雜的行政現象中找出活動的規律，要將最新手段和技術引進行政管理領域，它以整個行政管理過程和全部管理行為為其研究對象，因而對行政問題的研究更全面、更生動、更活躍。其研究目的則主要探索行政現象的規律和行政管理的方法，以完善行政管理機制，提高行政效能。

　　行政法學則以行政法律關係和制度為其研究對象，著重研究個人、組織和國家關係之間的權利義務關係，研究如何透過行政立法、行政監督等主要環節使行政活動制度化、程序化、規範化，從而確立行政機關和公民在行政法上的地位，做到行政權依法運用、防止濫用權力，以保障公民的合法權益。行政法學和行政管理學雖然分屬於法學和政治學兩個學科，但它們密切聯繫，互相配合，不可截然分割（楊海坤，1992: 27）。

　　惟今日學者大多說明其相異點（陳敏，1999: 25；翁岳生編著，2000: 75；葉俊榮，2000），甚少探究其相同點或二者之交集，其主因可能是將之分到不同的學科上研究，逐漸形成井水不犯河水的現象。因此從探討兩者的相同點，或許可找出新的研究方向。

　　行政學與行政法學之相同點，至少有四項：

一、研究對象相同

　　行政學與行政法學之研究對象均為「行政」（應松年、朱維究主編，

1991: 5），舉凡行政機關的行政行為、公務員的管理、行政組織的職權等皆是兩者共同的研究對象，所不同的是使用的「用語」不同而已，例如行政學稱行政機關的職權為「權限」，而行政法學稱為「管轄權」；行政學中稱「行政業務委託外包」，行政法學中稱為「行政委託」等。因此，可以說行政學與行政法學是從不同的角度、不同的觀點研究行政的現象。

二、研究方法或態度相同

行政學與行政法學所採用的研究方法大致相同，不外乎：歷史研究法、法律研究法、制度研究法、個案研究法等，亦即兩者皆以科學、客觀的研究方法對行政的各種問題進行研究，不過我們仍發現仍有程度上的不同，如行政學目前比較重視計量，許多研究都以行為研究法進行，將許多資料分析後歸納為原理原則（即主要採歸納法）；而行政法學係以理論推演之演繹法為主要研究方法，採用三段論法或五段論法[12]為主要思考方式，鮮少進行實證研究。兩者各有所長，但歸根究底皆是科學客觀的研究。

三、研究之最終目的相同

雖然行政法學之研究目的，在追求行政行為之合法性與適當性，注重正義與公平，而行政學研究之主要目的在追求行政效率。事實上目前行政法學的研究也開始重視行政效率的問題，例如行政程序法制定的目的之一即是希望提高行政效能；行政執行法關於公法上的金錢給付義務之強制執行特設法務部行政執行署專責機關為之，都是基於行政效率的考量。行政學的研究也日益加強正義與公平，例如：新公共行政學派及黑堡宣言的主

---

[12]「三段論法」是指將法規或法律原則視為大前提，事實視為小前提，具體之行政行為或法院裁判乃結論。前大法官吳庚認為三段論法稍嫌粗糙，可作更細緻的分段解析，乃提出「五段論法」如下：（一）確定重要之事實關係：指對於與個案有重要意義之構成要件事實，經由證據認定過程加以確定；（二）確定與事實關係相當之法規條文，即在眾多法規之中，尋找合適之條文；（三）確定法條之涵義，解釋之作用在此出現；（四）判斷事實關係是否與法條涵義所導出之概念相吻合，即所謂「涵攝」之過程；（五）最後作成具有特定法律效果之處置。

張（吳瓊恩，2006: 86-87；林鍾沂，2005: 151；吳定等編著，2006: 225、240；曾冠球、許世雨譯，2007: 37-57），尤其是公共政策的研究中，公平一直都是研究的焦點，如教育政策在制定時，就必須考量教育機會的平等、決定公務員薪俸及考績時，亦須注重公平。可看出兩者最終的目的相同，一方面在追求行政效率，另一方面也在追求公平正義，亦即人民權益的保障，至於如何在兩者間找到平衡點，則是未來應努力研究的方向。總之，行政學者與行政法學者追求的目標相同，均係維護行政利益和人民利益間之平衡（羅豪才主編，1998: 410）。

四、研究之客體相同均為「公共領域」與「行政行為」

兩學術領域皆以「公共」及「行政」為其研究焦點，行政法學以公法及行政行為為其對象，而行政學則以公共事務為研究核心。換言之，二者皆係以「公行政」為其研究對象之科學（陳敏，1999: 27），除少數例外，如行政法學亦有探討民法適用公法的問題（即第三人效力說），而行政學雖也有研究私法組織者，兩者皆甚少觸及私領域，而以「公領域」為主要之研究對象。屬於公領域中部分議題是此兩學術領域之學者共同關切者，例如：公共性、公共利益、行政裁量等（陳新民，1996: 129-180；城仲模主編，1999: 79-116）。

五、行政法的研究範圍與研究方向須配合行政學的發展

行政法的研究範圍與研究方向，必須配合行政學的發展，行政法的理論亦需竭力跟上公共行政領域的變化，二者不可相互隔離。主要的原因為行政法是行使行政權力之界線，此項界線應隨著公共行政範圍之變化而調整。例如：在行政組織法方面，近年來各國政府均倡議行政組織鬆綁、政府再造，行政主體從單元化走向多元化，除了傳統之中央與地方行政機關，還出現獨立機關、行政法人、第三部門（非營利組織），甚或私人或私人團體在接受政府委託行使公權力之範圍內，亦視為行政機關（參照行政程序法第 2 條第 3 項）等現象，在行政法制方面，即需研究修憲配合此

項發展（參照憲法增修條文第 3 條第 3、4 項），並制定新的行政組織法以為因應（參照中央行政機關組織基準法）；另為配合行政學中新公共管理理論，以顧客為導向之行政發展，行政客體（相對人）的法律地位提升，行政部門需重視正當程序之踐行，行政機關在做成影響人民權益之決定前需給予當事人參與或陳述意見之機會，行政機關亦有說明理由與教示救濟之義務。在行政作用法方面，過去主要採用命令性、強制性、單方性的行政方式達成行政目的（主要為行政處分），目前行政之手段多樣化，除上述傳統之行政方式，還出現許多非強制性、雙方性的行政方式，例如：行政事實行為、行政契約、行政合同、行政指導行為等，在行政法制上就需有相應之規定，我國即有行政程序法之制定與施行；在大陸還成立軟法研究中心進行相關研究。在行政救濟方面，從過去僅針對強制性、單方性行政行為（行政處分）提供救濟管道，迄今亦對非強制性、雙方性或多方性之行政行為提供救濟的機會。

最後，吾人可說行政學與行政法學是相互為用的，行政學的效率與治理研究可供行政法理論研究的參考，行政法學的人權保障與依法行政，則又是行政學追求效率的界限。

第四節　行政學與行政法學研究的交流

截至目前為止，筆者認為有關行政學與行政法學的交流存在以下若干問題，值得吾人省思：行政學與行政法學二者同樣關心公共行政，關係理應十分密切，但二者之間，至少在我國而言，存有用語不同、價值有異、學科傳承不同、主要教科書內容有別的情形；兩方學者難以相互理解、對話、欣賞，誠屬可惜。

一、行政學與行政法學缺乏交流會產生弊端

美國雪城大學教授 D. Waldo 曾關切行政法在行政學領域缺席的情形並提出警告：行政學領域中明顯反法律的偏誤是「危險的不合時宜與自

我打敗的」（dangerously obsolete and self-defeating）（Lynn & Wildavsky eds., 1990: 256）。筆者認為此二領域的研究若相互隔絕，會產生以下不良後果：行政學界若不注意行政法學的發展，可能忽略行政法對行政組織、制度與行為之規範，致提出之建議無法落實，進而流於空論，甚或違反現行法令；反之，若行政法學不注意行政學界的發展，可能出現行政管理的手段與方式愈來愈多樣化、多元化行政主體的出現（包括：行政法人、獨立機關、私人或私人團體接受政府委託行使公權力等），是否有部分行政行為造成損害，但無法納入救濟範圍，或許多行政行為缺乏法規規範，致無法落實依法行政之法治國基本要求，甚或出現行政法規無法跟上行政實務發展的情形等。

誠如上述，行政法是行使行政權力之界限，行政法的研究自應隨時注意行政學的發展而調整此項界限，因此，行政學的發展與走向實影響行政法學的研究範圍與走向。

二、應強化公共行政學界與行政法學界之交流與對話

公共行政的研究不可忽視法律面的影響與研究成果，相對的，行政法學的研究亦不可忽視行政學界的努力，兩學界人員間應定期辦理學術研討會，雙方進行有系統的學術對話，交換研究心得，相互觀摩研究方法、研究心得、研究途徑、研究主題、研究發展方向與最新研究成果，才能彼此學習、共同激盪腦力，應能引發相乘的學術成效與進展。

三、制定或修改重要行政法規，應納入行政學界的意見

日後制定或修改重要行政法規時，如：行政程序法、行政罰法、行政執行法、訴願法或行政訴訟法等，均應納入行政學界的意見，不僅只由行政法學界人員負責，才能使行政學界與行政法學界均有機會，為修訂出更切合理論與實務需求之行政法規而共同努力。

四、應強化跨行政學與行政法學領域的研究

美國最高法院法官曾表示：「在本國無人能高於法律，均須守法，任何人違法均須接受法律之制裁」，然而對行政人員過多的規範，又可能影響行政效率，此項兩難的議題應如何取得均衡，實需行政學與行政法學二領域之學者共同研議解決（J. Rabin, et al. eds., 1998: 663）。此外，屬於跨此二領域可共同研究的議題尚有：得討論行政之理想圖像（指導理念）、建制原則，或甚至進一步建立行政組織、行政行為、行政程序、行政控制（行政爭訟法為其中的一部分）等之實質指引（翁岳生編，2006: 89）；目前行政學之重要發展趨勢，如以顧客為導向、分權、解除管制、全球化治理、重視民主行政等，現行規範行政權力運作之行政法規能否配合，應加以研究。

同時，行政法學領域也已進行反省，認為行政法學必須向行政學取經，舉凡「解除管制」、「組織再造」、「政府瘦身」等行政合理性議題，將是行政法學日後必須積極研究的領域（翁岳生編，2006: 29）。大陸的行政法學者也表示，行政法學需吸收行政學的研究成果，才能對行政立法、行政執法、行政司法、行政法制監督的實踐產生積極的指導作用（石佑啟，2003: 35）。

五、行政學與行政法學存在基本歧異研究不易匯流

依據筆者觀察發現，行政學與行政法學存在一些基本歧異，致二領域之學者難以對話：首先，二者對人性的假設不同，行政學傾向主張性善論（信任人性），因此，鼓勵分權、授權與授能給行政人員，希望公務員為人民做得愈多愈好；行政法學傾向主張性惡論（不信任人性），因此，要求行政人員需嚴格遵守依法行政原則，此種對人性的主張會讓行政人員覺得綁手綁腳施展不開，因深怕動輒違法，無法順利領取到退休金，故行政行為傾向消極保守；其次，二者之思考方式不同，行政學較常採用歸納法；行政法學則較常採用相反的思維方式——演繹法；再者，二者之訓練也不同，行政學經常採用量的研究法，進行實證研究；行政法學則較常採

用質的研究法（屬於法釋義學的研究），少有量的研究法之訓練。二者間雖存在不少基本差異，若二領域研究者經常交流，應可更完整地觀察到公共行政現象之全貌，進而可激盪出更新的研究方向與主題。

　　法律只是行政的一個面向，另還有管理與政治面向（Rabin, et al. eds., 1998: 693），惟我國行政學之研究長久以來傾向管理與政治面向的探究，忽略法律層面的探討。行政法是關於公共行政的法（石佑啟著，2003: 4），故對公共行政的理解與認識不同，會導致行政法學的研究範圍亦有所不同，行政學與行政法學研究之關係密切，在我國行政學與行政法學界，此方面之認知似仍不足，未來仍可再強化。

　　事實上，行政法與公共行政的關係不是一成不變的，而是處於不斷演進之中，行政法學應該全面、動態地考察公共行政變遷中所出現的法現象，找出其中存在的法律問題，並探究相應的解決辦法，以推進行政法制建設（石佑啟著，2003: 16），並重視行政學理論與實務之發展；行政學界也應強化公共行政關於法律角度與層面的探究。希望藉由此文之拋磚引玉，強化行政學與行政法學二領域之交流與跨域研究之推展。

本章參考書目

石佑啟（2003），《論公共行政與行政法學範式轉換》，北京：北京大學出版社。

江超庸編著（2001），《行政管理學案例教程》，廣州：中山大學出版社。

吳定等編著（2006），《行政學》（上）（下），台北縣：空中大學。

吳庚（2007），《行政法之理論與實用》（增訂十版），台北：作者自印。

吳瓊恩（2006），《行政學》（增訂三板），台北：三民書局。

呂育誠、陳恆鈞、許立一譯，D. Rosenbloom & R. Kravchuk 原著（2002），《行政學：管理、政治、法律的觀點》，台北：學富文化，初版。

李惠宗（2007），《行政法要義》（三版），台北：元照。

林鍾沂（2005），《行政學》（初版），台北：三民書局。

金自寧譯（2006），《行政法的範圍》，北京：中國人民大學出版社。

城仲模（1999），《行政法之一般法律原則》（一），台北：三民書局。

翁岳生（1997），《法治國家之行政法與司法》，台北：月旦。

高小平（2003），《行政學》（第一版），上海：上海人民出版社。

張越編著（2004），《英國行政法》，北京：中國政法大學出版社。

陳敏（1999），《行政法總論》，台北：三民書局。

陳新民（1996），《憲法基本權利之基本理論》（上），台北：三民書局。

曾冠球、許世雨譯，H. George Frederickson 原著（2006 年），《新公共行政學》（初版），台北：智勝。

黃學賢主編（2006），《行政法學名著導讀》，北京：中國政法大學出版社。

黃錦堂（2006），〈行政法的發生與發展〉，載於翁岳生編，《行政法》（三版），台北：元照。

黃默夫編著（2002），《行政法四十講：趨勢分析與實務講座》，台北：作者自印。

黃默夫編著（2004），《行政法—新體系與問題解析》，台北：作者自印。

楊海坤（1992），《中國行政法基本理論》，蘇州：蘇州大學。

楊偉東譯（2007），《英國行政法教科書》（Leyland, P.,& Anthony, G. 原著），北京：北京大學出版社。

楊解君主編（2002），《行政法學》，北京：中國方正出版社。

葉俊榮（2000），《行政案例研究與研究方法》，台北：三民書局。

鄒榮主編（2004），《行政法學》，上海：人民出版社。

廖義銘（2002），《行政法基本理論之改革》，台北：翰蘆。

應松年、朱維究主編（1991），《行政法與行政訴訟法教程》，北京：中國政法
　　大學出版社。

羅豪才主編（1998），《現代行政法的平衡理論》，北京：北京大學出版社。

羅豪才主編，Carol Harlow & Richard Rawlings 原著（2004），《法律與行政》，
　　北京：商務印書局。

Cooper, P., & Newland,C. (Eds.). (1997), *Public Law and Administration*. San
　　Francisco: Jossey-Bass Publishers.

Cooper, P. et al. (1998), *Public Administration for the Twenty-First Century*. Fort Worth:
　　Harcourt Brace College Publishers.

Lynn, N., & Wildavsky, A. (Eds.). (1990), *Public Administration:The State of the
　　Discipline*. New Jersey: Chatham House Publishers, Inc.

Oliver,D., & Drewry,G. (1996), *Public Service Reform*. New York: Wellington House.

Perry, J. L. (1996), *Handbook of Public Administration* (2nd ed.). San Francisco: Jossey-
　　Bass Publishers.

Rabin, J. et al. (Eds.) (1998), *Handbook of Public Administration*. (2nd ed.). New York:
　　Marcel Dekker.

Rosenbloom, D. & O'Leary, R. (1997), *Public Administration and Law* (2nd ed.). New
　　York: Marcel Dekkler, Inc.

Surur, A. & Sunkin, M. (1997), *Public Law*. New York: Longman.

第二篇

行政組織理論

第四章　行政組織理論的演進

第一節　行政組織理論的基本觀念

壹、組織與組織理論

「組織理論」（organizational theory）者也，針對人類運用「組織」此一觀念進行人力運用的既有經驗，以有系統的研究方式加以歸納演繹，所得具有內在邏輯關係的命題群，可藉此改善組織面對的實際問題，也可以成為知性探索的內容。對「企業管理」的實務來說，組織理論直接提供促進生產效率的各種想法，是主要的管理工具面向之一；對「公共行政」的實務來講，組織理論除了有助於機關行政效率的提升，也和如何透過具象的「政府組織」，實踐憲政價值、民主價值有關。對歐洲某些傳統來說，公共行政討論以法統治的理念，還包括「科層統治」（bureaucracy，或譯官僚體制）的理念（朱愛群，1987; 1993）。

「組織」是具象的，也是意象的；業師張潤書將組織區別為四個方面來了解（1998: 121-123），信為足夠。組織就是結構，「組織結構」（organizational structure）指的是人員與工作事務的配對安排，安排什麼人做什麼事，或什麼事由什麼人來做，因此我們稱「人與事相適」的設計。由於組織待處理的事務不止一種，僱用的成員不止一人，就會發生許多「事與事」的關係、「人與人」的關係，因此組織結構指的又是組織為使工作任務順暢進行，為使人員協同合作，精心設計的一種「人際關係」型態。換句話來說，組織結構單純是一種人力分工的問題，隨著組織規模的擴大、人員的增多，而產生區分部門單位、劃分權責層級的需要。

人類初始運用組織的觀念，其目的來自有計畫的勞務分工（division of labor），使事有專屬、人有專責，所以組織的基石就是「職位」（position）和「人在職位上執行職務」；「職務」（duty）即在職者應該履行的工作內容與範圍，為進行工作而享有運使用組織資源的權

力，因有權力而課以盡心盡力的責任（responsibility）。眾多工作內容相似、應用之技能相似的職位，為使在職者工作行為不致偏離預期之表現（performance），並為方便控制管理，而聚集為單位或部門。各個單位或部門設置一個與機關產出並非直接有關的管理職位，課以工作統籌和人員監督的責任，這種控制權力係得自機關合目的授予，而非源自於管理者本身的屬性，故此一指揮權力謂之「權威」（authority），並形成一對多或上對下的權威關係網。另在「控制幅度」（span of control）的限制下，主管人員所能統領之部屬與事務數目畢竟有限，故某一單位所能容納的職位和人員也受到限制，連帶影響到單位和部門的規劃。組織因工作性質的區別所為有計畫的分工，稱之為「水平的分化」（horizontal differentiation）或「部門化」（departmentalization）；組織因究責的需要所為有計畫的管理事務分工，稱為「垂直的分化」（vertical differentiation）或「層級化」。我們可以從機關的組織圖表中，發現這些刻意命名的諸部門單位，具有命令服從關係並形成等級差別的「層級體系」（hierarchy），這就是具象的組織。

根據經驗，組織的部門化加快「專業化」（specialization）的速度，因人員從事的工作被派定在有限的範圍之內，實務操作浸淫日久則熟能生巧，較快速有效的處事理則和方法自然形成。同一單位內的人員朝夕相處相濡以沫，密切的感情交流與頻繁的思想溝通，也會產生心理上的化學變化，即形成團體的我族意識（we-group feelings）。這些社會心理的構成，就是內部人員組織認同的歸趨，也是可供辨識的機關組織文化特色。組織層級化所架構出來的命令服從關係，也勢必形成某種人員信服的組織文化，才能有效降低上級對下級發布命令的「交易成本」（transactional cost）（Williamson, 1975）。專業意識、組織認同、組織文化等等，就是意象的組織。

簡單來說，組織設計（organizational design）係指組織為有效實現其成立目的（營利或非營利），對於部門間的關係、層級間的關係、人與人的關係、人與事的關係，如何透過制度加以妥善安排的一種選擇。現代的組織設計常和組織策略的調整發生關係，所以也稱為「組織重組」

（reorganization）；機關因功能、業務的調整，而有部門單位增刪整併的作法即為一例，機關為減少管理成本、縮短決策程序，也可能發生層級的縮減。新創的機關就其組織法源，設置部門、單位，乃至職位，既有的機關為強化回應能力和行政效率，也可能進行定期或不定期的組織重組。即如前述，職位乃組織的基石，組織設計通常和「工作設計」（job design）的動作同時開展；工作設計指的是依據工作分析（job analysis）所得資訊、按任務作業流程的區劃，設定某一職位的工作內容，並賦予相關的職權職責。工作設計並非只是針對某一單獨的職位作業，而是就某一具有完整事功特性的任務區劃其分工的型態，創造其間人際合作的關係；故工作設計的重點不僅是人與事相適，更是人與人相配合。從實務來說，機關通常就現任在職者進行「工作評估」（job evaluation），復根據設定的人事政策，重新賦予在職者工作權責，也就是「工作再設計」（job redesign）。

貳、行政組織的特性

　　公共行政與企業管理是不是兩種不同的行業，答案應該是肯定的，因為我們已經習慣用兩種不同的「名」來稱說；公共行政與企業管理是不是兩種不同的社會實務，答案也是肯定的，因為這是社會結構功能分工的自然結果。近一點來看，代表行政實務的公共組織和代表企管實務的私人組織，在所有權和經營的資金來源兩方面也大異其趣：前者屬人民大眾（或謂政治社群）所有，資金得自稅賦的蒐集；後者則為企業主或投資大眾所有，資金來自於消費者的費用支付。深入一點來看，如果我們同意不同的社會實務各有其不同的運作規範和控制機制，則公共組織的運作屬於政治系統的範疇，受政治勢力的影響，而私人組織屬於經濟系統的範圍，按照市場的法則來運作（Dahl & Lindblom, 1953）。以下根據 Boyne 氏的分析架構（2002），引申討論公共組織實務方面的特性：

一、環境的複雜程度較高

　　就組織經營所須考量的利害關係人數目來說，公共組織面對的環境變項顯然較為複雜，不只有政治系統中的公民大眾、民意代表、利益團體或是媒體輿論，還包括行政系統中的各級機關與各級政府。公共組織面對是無法以市場區隔的觀念加以選擇界定的選民，所謂民眾的需求往往是相互矛盾衝突而非統一的，使組織的策略制定顯得較為困難。再者，公共組織也不像私人公司是上下一體的，其間存在太多相互競合的依存關係，如行政與立法部門的制衡關係，行政機關各部會的資源競爭關係，中央與地方政府的政策網絡關係，地方政府間的資源競爭關係，這些複雜的互動關係，加深了行政決定的非理性程度。

二、環境的穩定程度較低

　　現代的企業可以透過垂直整合、策略聯盟、或是市場定位的方式，加強其對環境變化的控制。但隨著資訊流通的發達和民眾對公共事務的涉入，公共組織面對的是對需求的認知不穩定、政策偏好時常改變的動態環境。再加上民主定期選舉的壓力，使公共組織高層的決策過程，瀰漫短期的視野和象徵性的口號。

三、受不特定社會事件影響的程度較高

　　若以系統論的概念架構來說明，公私組織都受到政治、經濟、社會、文化等一般環境的影響，亦各有其應行關注的特定環境因素；但對公共組織來說，一般環境與特定環境是不容易區分的，兩者皆可能產生直接性的影響，因此無法明白劃定組織與環境的交切面。公共組織的作為不但動見觀瞻，受社會行動者多方矚目，亦需留心注意各種不同的社會事件的發展，任何風吹草動皆可能寢假成為公共問題。這種特性，不惟說明了公共組織吸納社會事件的責任，更突顯公共組織處理不特定危機的管理能力的重要性。

四、組織目標設定的凝聚程度較低

公共組織不像營利企業可以明確的利潤收益為目標，並成為課責的具體標準，所謂公共利益的目標不但是意義模糊的象徵性符號，也可能只是一種道德訴求。雖然現代政府的公共目的可以歸納為七種（吳定等，1996: 285）：1. 保障民眾生命財產與權利；2. 確保民生物資供應無虞；3. 照顧無依民眾；4. 促進經濟穩定均衡成長；5. 提升生活品質與個人成就機會；6. 保護自然環境；7. 獎勵科學技術發展，但這些任務被分派到不同的機關、不同層級的政府，進一步落實為具有指導性的操作化目標的過程，則與企業政策的形成大相逕庭。公共組織政策目標的設定，不是理性分析下因果關係的確定，而是為調和利害衝突的政治妥協結果，故欠缺目標間的邏輯一致性。公共組織目標的指導作用，必須依賴從抽象的立法原意到具體行政規則的層級過程，故其手段與目標間的因果關係不易確定。

五、組織績效考評的合理性較低

對私企業組織來說，資源使用的效率性是達成獲利成長目標的方法，具有工具理性的價值；公共組織因為目標抽象的特性，不易設定績效考評的標準，而效率是有關設備、技術、速度等投入與輸出的比率關係，可以數字、客觀化的方式來表達，所以往往被視為機關運作的目標，亦因此使得公共組織合理的績效考評較為困難。試以警察機關為例，效率的硬性指標（如：破案率）實在無法敏銳反映機關的效能表現（如：公民對治安良好的感受）。再多的效率指標（如：開單告發的比率、破案率）也無法取代效能的成果，因為再多的交通違規告發永遠比不上將違規車輛攔下施以安全行車的觀念教育；再高的破案率永遠比不上確實的犯罪防治工作，而這些品質上的努力很可能無法反映到以數據形式表現的統計報告。再者，行政作為可供民眾評斷的事功成就，其性質永遠是「事後的」，公共問題的發生是事後的，政策的干預也是事後的，而要求所有的政策利害關係人對政策執行產生比較正面的評價，亦不切實際。當公共組織績效的最終裁判者——公民，面對發散的組織目標、模糊的績效標準時，大多只能按照

「例外管理」的原則來進行，即挑出做錯的、做不好的，而非針對做對的、做好的。

六、組織結構設計的彈性程度較低

一般來說，公共組織結構設計的「官僚體系化」程度較私企業組織為深，但這點並不是公共組織的原罪，而有根本的必要性。在依法行政的原則下，公共組織的權威範圍與行使方式、組織的設計與人員配置，皆須有法定的基礎，並受法規的限制。這種設計的目的，一在形成對公共組織外部民主控制的條件，一在建立公共組織內部行政課責的機制。也因為這種結構的特性，公共組織決策的可擇方案範圍較為狹窄，管理制度的改變較無彈性，各階層管理者的自主空間有限。

參、行政組織設計的課題

什麼才是最好的組織設計，並無定論；一般來說，主要和組織規模的大小和實際發生的管理問題有關，而二者又與組織發展的階段有關。我們可以相信，組織成立的時間愈久，其規模（財務收支的量與雇用人員的量）愈大；而組織規模的大小，各有其不同性質的管理問題。從組織生命週期的理論來看（Greiner, 1972），組織設計確無唯一至善之道，其要領在覺察管理問題於未發之初，即早進行結構的調整；所以我們可以說，組織設計是管理的有效工具之一。組織設計的調控課題，可以歸納為下列幾點：

一、分化與整合的平衡

所謂組織分化（differentiation）係指，組織為實現其目標，而將資源和人力配置到各個任務單位（即職位、單位、部門）的一種過程；因此，形成各式各樣的「任務－權威」關係。組織分化的目的無他，一為有效的分工，二為養成專業能力。具體來說，組織分化的結果就是職位的形成、

部門的區分、層級的劃分。組織分化的目的固為加快專業化的速度，但專業分工一旦成熟，卻又會引起「本位主義」的毛病：觀念溝通的障礙、知識分享的障礙。此時，則需從結構調整中謀求整合。整合的機制從簡單到複雜有：1. 安排職位層級較高的人員負責跨部門單位的整合；2. 鼓勵各部門主管面對面，開誠布公來溝通；3. 指定較資深的主管，賦予其協調跨部門事務的權力；4. 就個別專案活動，成立任務小組或專案協調會議；5. 打破部門專業分工，改採容納多種專業背景成員的團隊組織結構；6. 進行流程再造或組織重組。

二、集權與分權的平衡

隨著組織規模的擴大，權力向上集中的趨勢在所難免，可以使組織群體的力量集中、如臂使指。但權力的集中伴隨「恐龍癥候群」的現象：拉長了組織應變反應的時間，組織的行動遲緩無效。過度集權化的毛病，可以透過逐級授權來解決，將應變調整的權力授予各級管理者，甚至基層人員。就生命週期的觀念來看，過度的分權也會引發失控的問題，如此則權力回收向上集中的現象又會發生。是故，組織權力的結構必須來回往復調整，俾控制在效益最大的範圍之內。

三、標準化與機動調適的平衡

組織初生的階段，一切從頭開始無所依據，皆憑人員視實際的情況彈性調整。久而久之，從嘗試與犯錯的經驗中累積有效的辦事方法和訣竅，這些知識就會成為「標準作業程序」（standard operation procedures, SOP）。制度化的終極目標就是標準作業程序的出現，可以有效節省從頭嘗試的成本，也可以確保服務的品質水準。但成熟的標準化有會使人員昧於現實狀況，一心只想求得方便簡省，終而使標準作業程序與現實問題脫節，機關的各項做法與服務對象的需求愈來愈遠。這個時候別無他法，唯有要求人員一切重新來過，才能有效應對嶄新情況。同樣地，組織亦須敏銳覺察這種來回往復的循環問題。

根據上述三種課題的討論，我們可以將組織設計簡化為兩種參照點，一個稱為「機械式組織」（mechanic organization），其特徵為：強調專業分工、以層級節制為整合機制、權力向上集中、要求標準化的作業。另一個叫做「有機式組織」（organic organization），其特徵為：採跨專業的團隊工作型態、權力分散到各階層、鼓勵人員嘗試並尋找新的有效辦法。

第二節　行政組織的知識管理系統

接續二十世紀末「組織學習」（organizational learning）管理思潮而來的就是「知識管理」（knowledge management）的觀念；這些想法將1960 年代開始的「系統理論」，推向組織未來可能發展的另外一面；使組織設計的焦點不再只是反應現在遭遇的問題，使工作設計的重點不再只是針對既有事務的勞力分工。若從現代管理理論的演進過程看，不難發現其中轉折的脈絡。二十世紀初的科學管理使我們脫離經驗法則的泥淖，確認了制度與結構對工作行為的導引作用；1930 年代的行為主義，雖然沒能使管理科學更加科學，卻帶來了社會與心理面向的激勵因子。1960 年代以前的管理思想是封閉式的鳥籠理論，系統論的思維開啟管理者對外在環境影響的關切；然而權變論的被動適應觀仍然無法滿足我們想要掙脫環境桎梏的衝動，於是有 1980 年代創訂環境（enacted environment）的策略思想（Weick, 1979），組織變革、組織學習、策略管理、創新管理成為當代管理的主導觀念。當環境決定組織行動轉向組織調控環境影響，且成為管理專業的共通圖像，當決策者重新回到決策過程中的主體地位，「知」與「識」就成為組織運作最主要的活動，知識也成為組織最重要的資源。而知識管理的概念即為：組織為處理新的知識運用方式與舊的知識運用方式之間的衝突，所為之變革管理（change management）（De Long & Seemann, 2000）；也就是機關組織有目的、有計畫的，針對知識的獲取、分享與應用的一種管理作為。我們從這個位置，重新審視傳統行政組織理論下組織設計的合理性。

壹、行政組織知識的形成

　　行政機關根據預擬的組織法制，設定組織目標並成立各部門，主要係以任務的性質類型為標準，形成功能式的部門分化。功能結構得以促進部門工作專業化與專業認同的發展，也能有效降低控制成本、提高控制效益。另一方面，部門設計代表機關所選擇的簡化環境因素，透過功能執掌與特定環境因素的一對一關係，創造出穩定的環境特質；而固定的功能職掌也規範了各部門感知環境變異的面向與獲取資訊的來源。換言之，機關透過法制規範的功能部門來分派，接收環境刺激的窗口與獲取知識的來源（knowledge pool），並交付知識創造的任務，因此，各功能部門擁有專屬的知識領域（knowledge territory）。知識領域形成各部門對特定類型知識的所有權與財產權，限制特定類型知識的流動界域，也反過來成為部門判斷何者為有用知識（useable knowledge）（Lindblom & Cohen, 1979）的標準，各功能部門內的知識類型單一化現象發生了。

　　此外，行政機關組織知識的形成也符合March氏等人的解釋：組織透過經驗的選擇、詮釋與記憶活動，形成組織知識，再從過去有限的經驗事例中以摹擬的方法來處理現在所遭遇的問題（Levitt & March, 1988: 319-340; March, Sproll & Tamuz, 1991）。公務員面對嶄新的業務，不可能信賴憑空想像出來的作業規定，他總是在期待第一次的幸運；經歷多次的錯誤嘗試後，從失敗的經驗中學習到行得通的問題處理方式，這個訣竅不但是個人的知識，也終將例規化為標準作業程序。成熟的例規法制化後，知識應用就成為過去經驗再現的一種活動，將所有不同的狀況都視為同一問題來處理，而部門的專業化發展就是精煉並維護已經建立起來的知識領域。行政機關的知識領域觀念，對其人力資源管理制度產生幾個影響：

1. 在人事分類制度方面採行功能專業發展取向的職系職組區分。
2. 在人員甄補方面，初任或升等考試的類科及內容，與功能業務保持一定的對應關係，而這個對應關係在考選的實務上就是與特定知識類別的對應關係，如人事行政類科與人事行政學。

3. 在人員的訓練方面，訓練的規劃與課程設計與功能業務保持一定關係，也與特定的知識類別保持對應關係，反映到訓練的實務，也包括訓練班別的區分與參訓對象的選擇。

4. 在能力發展方面，強調單一路徑的生涯規劃、鼓勵「株守一部」，如人員的晉升與調任，除了簡任十二職等以上與委任二職等以下人員外，其升調皆受同一職系職組的限制。

5. 在高級文官的養成方面，強調候選人的年資與基層歷練。

貳、行政組織知識的儲存及應用

　　為了發揮功能專化的效益，作業的標準化（standardization）是必經的途徑，標準化可以減少試誤的成本並確保作業的品質與效率。標準化的具體表現就是各種類型的文書、法規與檔案資料，標準化的要求使行政機關偏好成立可藉由閱讀、言傳、指導的單向方式來溝通傳遞的外顯知識（explicit knowledge）（Polanyi, 1962）；反過來，可以文字符號化、可以言傳的知識才具有正當性。因為功能結構與標準化的影響，知識有計畫的被分門別類地儲存在各部門，而為了維持部門作業的一貫性（consistency）與公平性（impersonal），各部門必需嚴守知識領域的專業戒律，如此形成行政機關的「書牘知識主義」：部門根據業務區分各擁獨門絕活的法規彙編。在這種情況下，個人的知識（見）被刻意忽略，管理者也會壓抑人員對法規知識不適用的質疑。若仔細分析行政機關的知識應用特質，其與依法行政的觀念不無關係。依法行政影響所及的行政機關知識脈絡可以圖 4-1 表示。

　　在這種脈絡關係下，公務員並非沒有自由裁量的空間，而是他必須堅信：法之手段－目的關係是嚴密的，只要根據法規來做，其間的因果關係自然會發生。這種視為理所當然的假定可能會產生手段取代目的（goal displacement）的偏差，也可能產生執行人員將所有不同的個別情況套入同一方式來處理的行為傾向（如圖 4-2）。如此，則公務員的責任在維持機關知識庫的完整性而非改造知識。

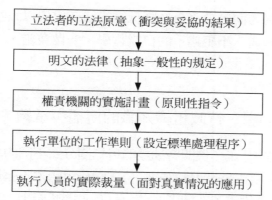

資料來源：作者自製。

圖 4-1　行政機關的知識脈絡

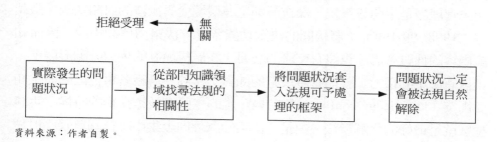

資料來源：作者自製。

圖 4-2　行政機關人員應用知識的過程

　　行政機關的知識書牘主義與知識體系特徵，對其人力資源管理產生幾項影響：

1. 在人員任用方面，強調「人與事的配合」，職務說明書不但規定了人員的工作內容，也規範了個人知識基礎（knowledge base）的範圍。
2. 在考選的評量標準與訓練成效的評估方面，偏重在應考者或參訓人員對法規的熟稔成度，如人事行政類科與考銓法規。
3. 在績效考核方面，所稱工作考核一項，主要反映受考者取用法規知識的效率與遵從法制程序的程度。

4. 在生涯管理的方面，公務員為降低因違法或違規以致妨礙仕途發展的風險，可能養成「不犯錯」的自處哲學：多做多錯、少做少錯、不做不錯。

參、行政組織知識的傳播與承續

為遂行有效的分工，機關將抽象的目標劃分為不同的功能部門，並往下形成包含具體工作任務與權責的職位。職務說明書不但規定了在職者知識基礎的範圍，也約束了在職者的角色行為，因此產生「受社會角色限制的經驗學習」（March & Olsen, 1976）。這種現象同樣發生在組織各層級之間，造成「知識分享的區隔」：策略層是與外在環境保持互動的開放系統，管理層是半開放系統，操作層則是與環境變異無涉的封閉系統（張潤書，1998: 99-100）；層級間的決策功能各異，決策價值觀不同，因而知識內容的性質各異，也沒有交流的必要。在層級節制的權力分配形態下，誰擁有決策的權力，就擁有做決定的知識；當同一層級各單位之間發生知識衝突（knowledge conflict）的時候，誰的主張應該被採納的時候，訴諸權威就是最好的化解辦法。由是，決策知識權向上集中，機關首腦不但是組織知識正當性的仲裁者，也是組織知識最後的擁有者。

行政機關運作的程序與技術特性（technology）也決定其知識傳播的型態。根據 Thompson（1967）的理論，行政機關的各部門之間呈現一種波及式的任務互依關係（pooled interdependence），一如銀行的放款部與外匯部，共用組織資源但彼此獨立運作；如果各部門的績效可以分別予以評量，這種關係型態就能減少協調整合的成本。但問題是，行政機關各部門獨立運作的程序是一種因法制而創設出來的假象，實務上各部門的運作有可能會是「接續式的」（sequential interdependence）前後手關係，或是「互惠式的互依關係」（reciprocal interdependence）。如果還堅持功能結構的任務關係，就會形成 March 和 Olsen（1976）二氏所謂的「散漫的聽眾學習」，各功能部門內只有封閉式的知識傳導，跨部門間的知識不可能交換流通。

　　此外，標準化的要求除了造就格式化的知識進入窗口（各業管單位），格式化的知識（法規與公文），格式化的知識處理（偏重描述分析、降低主觀詮釋），也造成格式化的知識流動管道（向上用簽呈報告、向下用文稿指示、平行用會文溝通）；特別是跨功能的會文，由於欠缺協調的責任要求機制，往往流於形式上的知會，或成為個人解除責任的藉口。凡此，都可能構成行政機關「知識的非人稱化」（impersonality of knowledge），機關內流動的只有客觀的資訊事實，而沒有供人主觀詮釋其多重意義的知識；機關內只發生單純的資訊傳遞，而沒有複雜的知識分享活動。以上行政機關知識傳播的特性，對其人力資源管理產生幾種影響：

1. 在訓練體系的規劃方面，傾向分職務階層辦理訓練、分職務性質辦理訓練、分機關分部門辦理訓練、分主管與非主管辦理訓練。

2. 同一單位內的職務代理制度不易發揮功效，當每個人都在固守其職責內容時，代理制度只會增加管理的交易成本，而不會發生能力擴展的效果。

3. 在職務銜接訓練方面，職務銜接在於交代工作內容、法規程序等外顯知識，忽略只能透過操作、意會、體悟的互動方式來形成共通理解的「默會知識」（tacit knowledge）。

肆、行政組織的知識更新

　　組織知識的內容不可能一成不變，不論從人員個體還是組織整體的層面來說，當績效落差（performance gap）（Downs, 1967: 191）發生，將刺激組織知識的解構與再建立。行政機關的知識更新的特質可以就以下幾個方面分析。首先，從外在環境來看，由於法定組織架構的更動不易，而行政機關又偏好以功能結構來降低環境的不確定性，於是形成一種為機關所創定的簡單穩定環境特質。面對簡單穩定的環境，機關為達成任務而需要從環境取得資訊的「資訊負載」（information load）（Farace, Monge & Russell, 1977）就比較低，組織用於處理意義明確且數量稀少的資訊，

其資源規劃就會比較少，分配於處理環境變異的資源較少或是機關指定單一部門來處理環境變異的問題（如研考單位），則組織知識更新的可能性就會比較低。其次，由於行政機關的任務目標受法制嚴格規範與政策賡續的影響，再加上預算政治過程中的漸進主義傾向（Lindblom, 1959: 78-88），大多只能進行單回饋圈的學習（盧偉斯，2002b: 221-248），僅限於手段與策略層次的知識更新。

　　再從行政機關經驗學習的社會習慣來說，例規化的知識式除了具有穩定組織目標的作用外，還可能產生惰性（inertia）的現象（Cyert & March, 1963: 47-82），組織面對環境變化還是根據經驗法則「邊看邊找」，一方面蒐集資料找尋問題的原委，另一方面按照過去的老辦法試著來加以處理，往往低估了環境變化的可能影響。而短期來看，組織適應環境的能力是單一而不必要是全面性的，但如果組織因循經驗學習的方法，習慣將注意力放在少數幾個關鍵性的活動能力上，就會形成組織學習職能專化（specialization）的現象。Lave 和 March（1993）的研究顯示，學習速度較快、較成功的部門將排斥其他部門學習的必要性，學習功能專化的替代效應同樣發生在層級之間。如此，知識更新的活動將只會發生在少數的部門或階層，而不易造成整體性的變革。

　　最後，組織政治的角力也會提高知識更新的門檻。第一道門檻：即如前述，由於決策知識向上集中，知識更新活動將挑戰機關首腦的知識專有權；第二道門檻：知識的更新還得經歷組織內得勢團體（dominant coalition）利害關係的層層過濾（盧偉斯，1998: 37-52）；第三道門檻：法規更迭、做法改變將加重人員適應的負擔，容易形成刻意的抗拒。以上行政機關知識更新的特性，對其人力資源管理具有幾項意涵：

1. 在人力甄補與教育訓練方面，如何處理因組織社會化所造成機關人員同質性過高的問題，如何提升公務員處理跨功能部門與環境界面相關問題的知能。

2. 如何處理因永業保障、人事新陳代謝過慢，所形成知識權威過於集中的現象。

3. 單一生涯規劃與強調年功資歷的高級文官養成，可能減弱其知識創新
的領導能力，造成知識更新的失衡。

4. 如何從誘因制度著手，提高公務員知識更新的意願和能力。

第三節 行政組織疆界的拓展──行政網絡組織

壹、從「網絡組織」到「行政網絡」

伴隨二十一世紀全球化時代的到來，企業為提高其價值創造能力，
並為分攤風險的緣故，對組織外在的國際環境，已從迎合當地市場特性
的「多國策略」（multidomestic strategy），轉向全球分工的策略（global
strategy），「網絡組織」（network organization）即為相應的組織設計選
項，「耐吉」（NIKE）公司的全球佈局即為顯例（Jones, 2001）。其實，
網絡分析的概念一直是社會學研究的重要途徑，也是組織分析的重要觀
點之一（Borgatti & Foster, 2003: 991-1013）。而從行政實務與理論的辯證
關係來看，政府機關為有效推動行政計畫，在法制權威之外，運用各種
非正式的社會關係，影響利害關係人的態度與行為，以促進施政作業的
流暢性，即可謂之行政網絡（administrative networks）的應用。這種過
去被視為無法言傳的行政竅門，到現已成為行政機關善用社會資源的重
要能力指標。O'Toole 氏也認為，這種網絡應用的事實，在公共行政的理
論研究上不能等閒視之，反映了行政機關在負有直接提供服務的責任與能
力財務有限的雙重壓力下，找尋勞務和財務資源分攤對象的一種可能性
（1997: 46）。筆者也曾嘗試從台北市政府和桃園縣政府的經驗分析中，
建構相關的概念和理論（盧偉斯，2005; 2007a）。

臺灣公共行政學界有關網絡的研究亦非等閒視之，討論的範圍大致可
歸為三類：1. 行政網絡是「治理典範」的實踐形式。當由政府主導並提供
公共財的統治習慣，普遍出現政府失靈與市場失靈併發的現象時，非政府
部門的成熟成為供給公共財的另一可擇方案。這種非以政府為中心，而能
正視社會部門在政策形成與執行過程中的積極功能，並形成政府、市場、

第三部門共治的合夥關係，就成為行政理論思維與行政實務作法的另一出路；2. 政策網絡是政策分析和政策執行分析的概念架構。隨著治理的典範移轉，以國家為中心的政策活動理解顯得不夠深入；換個角度來看，政府機關可以和利害關係團體發展常態性的互動關係，進行溝通協商乃至資源的交流，由是形成互相依賴的政策行動聯盟；3. 網絡是地方政府間建立合夥關係的初始階段。網絡的概念可以具體描寫中央與地方政府間、地方政府間的合夥關係結構。從動態面來說，合夥關係形成的初期較為鬆散，參與者在試探彼此間資源依賴的程度，而這種非正式的網絡關係有朝制度化發展的趨向，以強化合作的實質內容。要之，網絡概念在公共行政研究的應用範圍不外治理理論、政策網絡與公共管理三方面（O'Toole, 2004: 309-329），臺灣則較少公共管理面的探討；就網絡理論的分析層次來說，可別為巨觀（國家與社會領域消長）、中觀（政府與利害關係團體的互動）、微觀（機關組織間的交往活動）三種層次的探討（蔡允棟，2002: 47-76），臺灣則較少微觀層面的探討。

貳、行政網絡的概念架構

人類經營社會生活，人與人之交往在所難免；既謂「交往」，兩造的對象是前提一，有來有往的接觸「互動」是前提二，交往活動具有隱性或顯性的目的是前提三，交往的過程是否含有權力的內容則非屬必要條件。此一兩造（或衍為多造）間的交往行動，英文稱為「結網」（networking）。行政機關與機關外營利公司或非營利部門的交往，大體上可視為具有特定且可明示的目的，否則只能當做是機關人員的私領域行為；但反過來說，行政機關的結網活動往往需要透過人員個別的行為來達成。這種以行政機關為主體，透過結網的行動，所形成公私部門間互助合作的關係系統，即可稱之為「行政網絡」。行政機關就其選定之目的（政策目標）發動結網的活動，主動選擇交往的對象，並希望互助合作的結果最起碼能滿足機關的需要；從行政的特質來說，行政互助的範圍大抵侷限在公共服務生產與傳輸的部分，管制與仲裁的部分，因事涉公權力的行

使，較少為之。行政網絡的參與對象，就結網的政策目標來說，可稱為「利害關係人（團體）」，但在結網的過程中也可能納入政策規劃之初被認為不那麼利害直接相關的其他「行動者」，網絡理論統稱之為「結點」（nodes）。若將結點的觀念加以引申，行政網絡亦可指稱不同層級政府間、同一層級政府間，單一機關所屬各分支機關、部門、單位間的互助合作關係。機關就其特定目的而與行動者所建立起來的關係之內涵稱為連帶（ties），一如人際交往之親疏遠近，連帶關係有鬆散緊密之分，也有正式非正式之別；連帶也是一種「場域」，愈正式的連帶，其中的行動者愈不容易自由選擇進出；而政府機關因部門分工的設計，大部分形成的是一種「功能式的連帶」（Tsai, 2002: 179-190）。

　　從組織的系統論來說，在輸入、轉換與產出的三個活動部分皆有決策必須考量的利害關係人，所稱利害關係者係指彼等皆有貢獻組織所需之可能，而組織亦握有刺激彼等持續貢獻之誘因。組織認知學派認為，這些利害與共的關係可以是主觀認知的結果，可以透過策略選擇來「創訂」（enact）環境（Weick, 1979）。如果行政環境因素是機關主動認知的結果，則行政環境的內容是流動的；因為環境具有流動的特質，所以行政網絡的構成是一種以行政機關意圖為中心，主動認知與選擇的結果。這種認知作用影響行政機關的結網活動：1. 誰是應該結網的對象？彼對我的可能貢獻為何（結網的判斷標準）？貢獻的可能性有多高？我對彼提供的誘因為何？此種貢獻與誘因衡平否？誘因之成本如何估量？2. 相反的，這種有關判斷標準與計算方式的認知也將發生在結網的另外一造，因此兩造或多造間合作關係的形成，繫於彼此間認知的溝通與合意。同時，相互期望與結果實現間的落差，也可能將影響此種認知合意的平衡，網絡關係隨之與時俱變。這就是何以論者普遍認為：行政網絡形成的前提是參與各造對共同使命的認知（Agranoff & McGuire, 2003; Mandell, 1999: 4-17），精確來說應該是參與各造對共同使命的想像，在這點上行政機關擁有一定的主導優勢。

　　再從系統的環境論來說，機關在結網的過程似有必要考量「網絡界限」（network boundary）的問題。為降低環境不確定性對組織決策品質

的影響，環境的複雜程度（complexity）有必要加以控制，即減少應予考量環境對象的數量，並降低各環境對象間複雜的互動關係。如果這個命題有效，是否意謂行政網絡結點的數量應有一定的規模，而各結點間的互動應有一定的範圍（網絡交疊性），以免牽一髮動全身。此外，環境的動態改變程度（dynamism）也將影響決策的不確定性，為降低相關風險，是否意謂行政網絡的應用較適合短期的行政計畫，是否比較適合於較低層次的方案執行或活動舉辦。

　　談到這裡，我們可以發現將行政網絡當成名詞來看是一種方便，當成一種動態的變遷過程較為恰當。江岷欽等人（2004）的研究認為，地方政府間的組織伙伴關係具有生命週期的特性，從非正式的網絡關係朝制度化與結構化的方向發展，終於網絡的瓦解或網絡的重組。按此，用最簡單的話來說，成局之網絡稱之為「網絡結構」，具有如下的特性：網絡參與者擁有共同的使命、行動者間互相依存、並發展出獨特的平等結構關係（Keast et al., 2004），這種用法適合我們進行結構功能主義的分析與事後論成敗的分析。總之，行政網絡的概念架構包括結點與連帶，在成形的過程中結網或解網活動伴隨發生，網絡參與者間的認知交流是影響結（解）網的關鍵因素；而就認知因素來說，還須要處理機關內個人認知、團體認知到組織認知的分析單元問題，

參、行政網絡組織的管理

　　根據資源依賴理論的論點（Pfeffer & Salancik, 1978; Thompson, 1967），組織對環境（其他組織）的資源依賴是無可避免的，而管理的目的即在有效控制此種依賴的關係；依賴的關係並非絕對的，除了有單向的提供－獲取關係，也存在供需兩造間相互期待回應的雙向影響關係。在行政網絡的共生式互賴關係（symbiotic interdependencies）（Pfeffer & Salancik, 1978: 114）中，存在共生關係的創造與維繫兩項管理課題。即如前述，如果行政網絡是一種認知合意的過程且以資源交換的實際為後盾，則行政機關在爭取網絡核心地位（network centrality）的組織政治

（Pfeffer, 1981）過程中享有一定的優勢：1. 執法的權威角色，行政機關不但是國家權威的具體代表，在遂行仲裁和管制的行動過程中累積一定的社會公信力；2. 政治正當性，因此行政機關在匯聚社會資源和動員社會人力方面，擁有組織的尊榮特權（organizing prestige）；3. 議程設定，行政機關是公共事務處理的主體，擁有較豐富的資訊來源和較全面的決策視野；公部門為公不為私的中立角色，也很容易成為公共議程的先驅者與主導者；相對的，私部門跟從行政機關的議程，更可以取得社會道德與倫理形象的回報。要之，機關在行政網絡中確實擁有不可計量的本質性資源與無形的交換籌碼，亦因此，在以行政機關為中心的網絡中發展層級關係非但可能也屬必要。行政機關維繫共生關係的做法可簡要歸納為下列三項（如圖 4-3 所示）。

公共組織的可信賴社會形象是與生俱來的先天特質，不假他求亦毋須多花成本，這也是公部門在社會資源市場上的核心競能所在，但各機關的歷史表現仍使這種社會資本的累積存在相當大的差異。Selznick 氏（1949）的經典研究中提到，田納西流域管理局（TVA）如何以其公部門的中立地位，透過「吸納」（co-optation）的方法出面主持地方性的合作計畫，創造共榮共利的願景。臺灣的公部門從最弱到最強有幾種可能做法：1. 透過授與網絡參與者榮銜（如各式各樣的「顧問」或「委員」）來吸納；2. 出面組織外圍團體（如警友會、社區發展協會）來吸納；3. 提供網絡行動者參與決策制定的機會來吸納；4. 針對反對者或疏離者進行政治利益的交換以贏取支持。最後，就是透過正式契約來確定聯盟的關係與交換的標的，這種方式成本較高，也存在背信的風險。

（授予榮銜、外圍團體、參與決策、政治利益交換）

資料來源：作者自製。

圖 4-3　行政機關維繫共生互賴關係的選項

第四節　行政組織設計的特性

壹、行政組織設計的緊箍咒？

　　行政組織與一般營利企業確有不同，管理理念和設計實務雖可相互借鑑、學習增長，但在本質上實有發展獨立理論之必要。Rosenbloom 氏即謂「公共行政（應該被看做）是為圓滿立法、行政、司法政府部門的整體性社會功能，而運用管理、政治與法律理論的一連串活動過程。」（1998: 6）換言之，我們可以分別從管理、政治與法律的觀點來了解行政活動，這三種認知的途徑分別導引出不同的行政價值觀，管理效率、民主回應、權利保障三種價值如何調合平衡，在行政組織的設計實務中一直是頭痛的問題（Gortner, Mahler, & Nicholson, 1997: 51-80），但卻也造就了行政實務的「美藝」特質。以下簡要討論行政組織設計的三種特性：

1. 機關組織設計服從「法律保留」原則，與效率和民主價值相衝突。法治國家透過依法創設的機關組織來治理，官署和官員在執法的詮釋裁量過程中，亦需秉遵法制程序以免干礙人民權利，這種要求限制了機關對公民需求的即時反應；而組織法制限定的政策目標和功能職掌，亦束縛了為效率價值、為民主價值而應為之組織再設計的彈性空間。此外，為免行政機關貪瀆、濫權、循私舞弊，而有機關內、機關外雙重查核機制設計的必要，因此「同一功能、重複設置」這種有違管理效率價值的做法，乃成為公共組織設計的必要之惡。

2. 機關組織設計的本身，具有「目的理性」的特質。人類透過組織的觀念運用大規模人力，不論是為了促進效率、生產力，還是確保品質改善、提供可預期性，都說明了組織的工具理性價值。但對於公共組織來說，組織設計就是目的，與憲政所揭示對人民的承諾有關；而選任組成的各級政府當局，更被期待透過新設的機關（如行政院「客家委員會」、「原住民委員會」），或機關重組（如台北市政府「觀光與傳播局」），宣示公共資源移轉分配的政治承諾。這些組織命名和政治符號運用的重要性，甚至超過了追求卓越或競爭力的考量。

3. 機關組織的設計，深受「政治文化」的影響。企業透過常態的組織改組或部門創設，向顧客表明服務流程再造的改善做法，但政府組織架構的更張，卻會牽動人民使用公共服務的固有習慣。一如成文法制發揮穩定的社會行為規範般，法制化的公共組織部門架構，將成為人民如何認識並使用政府機關的基本認知架構，其內涵的政府功能與近用管道一旦為大眾接受並成為社會記憶，任何的改變非止引起民眾不快、難適應，更可能造成失望、挫折與疏離。所以，公共組織理論的研究，無法忽略機關部門傳承沿革的因素。反過來說，法制化的公共組織部門架構，也成為選任或政治任命的行政首長，如何認識並使用政府機器的基本認知架構。彼等首長在有限任期內為實現其政見，並在組織法制不易更動的實況下，不是倚重某一部門單位，造成組織資源分配的傾斜，就是擴增某一部門單位的該管業務事項，加深「形式主義」的現象。這種「同一套機器（組織架構）、同一組人馬（常任文官），卻有不同的運用方式」的政治文化，也常構成公共組織設計的理則失調。

貳、「適性的」組織設計

在組織法制逐漸鬆綁的現在，行政機關透過策略規劃與組織設計進行改造並非不可能。若從環境特質對資訊處理的影響來看，面對簡單穩定環境的組織，組織偏好以功能區劃與固定規則的理性方式來處理資訊，俾降低溝通協調的成本、促進專業化的效率。組織知識循層級系統由上往下流動，知識分散在各功能部門，因此而形成權威性的「集體心智」（collective mind）（Walsh & Ungson, 1991）。相對來說，面對複雜易變環境的組織，則選擇以跨部門的鬆散結構和彈性的人際互動來詮釋資訊，俾從多種因果關係中找尋對策。由於決策過程倚賴各階層執事人員的主觀判斷與即時的問題解決，知識反而是以由下而上的方向移動，知識也多儲存在個別工作者的知能與技術。如果以知識體系的特性，即組織知識的制度化程度為縱軸，知識更新的代理人（個人對集體）和知識更新的發動方

向（由下而上對由上而下）為橫軸，可以得到圖 4-4 的知識管理結構類型區分。

依制度化程度與知識更新類型兩個構面，所區分的四類管理結構，我們可以借用 Daft 和 Huber 二氏的理論（1987）來加以命名。傳統的官僚組織（traditional bureaucracy）指涉的是前述行政機關的組織特性。進取的官僚組織（extended bureaucracy）即 Mintzberg（1983）氏所稱「專業的官僚組織」（professional bureaucracy），組織高度仰賴業務核心（operating core）的專業表現來運作，如學校、醫院、銷售為主體的公司。此類組織面對複雜但穩定的環境，因各部門的互依程度低，採行功能結構較易發揮效果，也因為組織績效以專業表現為核心，採行分權結構比較合適。自我設計的組織（self-designing organization），係指面對簡單但易變的環境特性，組織必透過結構的彈性設計來降低風險，另一方面為即時處理環境變動的問題，採取集權式的結構來加快決策速度，如製造業。實驗型的組織（experimenting organization），係指面對複雜且易變的環境，組織需要以鬆散的結構、彈性組成的專案團隊來處理問題，以分權的結構授權部屬進行新方法的實驗與改善，如高科技產業。這四種理念型的知識管理結構，

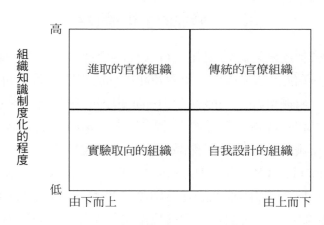

資料來源：作者自製。

圖 4-4　知識管理結構類型的區分

其內涵茲比較說明如表 4-1。

　　若將知識管理當成規範性的命題來處理，將忽略不同性質的組織其所面對的獨特問題，前述四種結構類型的選擇也是一樣。在策略規劃的過程

表 4-1　四種知識管理結構的內涵與比較

分析項目 ＼ 類型	傳統的官僚組織	進取的官僚組織	自我設計的組織	實驗取向的組織
環境特性	簡單且穩定	複雜但穩定	簡單但易變	複雜且易變
知識形成				
知識領域性	部門領域性強	部門領域性強	部門領域性弱	部門領域性弱
知識層級區隔	層級間各有專屬	層級區隔不明顯	層級間各有專屬	層級區隔不明顯
決策知識權	向上集中	向專家集中	向上集中	成員個別裁量
知識規則	作業例規與法制化	作業例規與法制化	行動共識的達成	行動共識的達成
知識儲存				
儲存要求	標準化	標準化	視情況彈性調整	視情況彈性調整
儲存所在	正式的文書紀錄和法規	正式的文書紀錄和法規	文書紀錄與人員識見	文書紀錄與人員識見
知識應用	經驗規則的套用，理性事實分析，依賴外顯知識	經驗規則的套用，理性事實分析，但強調未來取向	主觀的詮釋與問題診斷，即時發展新規則，依賴默會知識	依賴理性分析與經驗比對，也靠主觀判斷與即時創新
知識傳播				
知識流動	部門內與層級內	部門間封閉，但層級間開放	部門間開放，但層級間封閉	部門間與層級間皆開放
知識非人稱化	程度高	程度高	程度中	程度低
人際關係	人際接觸需求低	人際接觸需求較高	人際接觸需求高	人際接觸需求最高
知識更新				
學習類型	單圈學習	單圈學習	雙圈學習	雙圈學習
資訊負載	較少	中度	中度	高度
學習專化程度	集中在少數部門	集中在中低層級	集中在中高層級	不發生專化現象
更新權力分配	由上而下自主性低	由下而上自主性高	由上而下自主性低	由下而上自主性高
組織結構	功能結構與集權	功能結構但分權	彈性結構與集權	彈性結構並分權

資料來源：作者自製。

中「環境因素」是唯一的自變項，就資源依賴理論（resource dependencetheory）來說，組織對環境的依賴既然是不可逆前提，則如何降低對環境的依賴，或是如何控制環境的穩定程度乃是規劃的重點（Pfeffer & Salancik, 1978）。行政機關雖然面對不可逆的共同環境特性，如政治回應與法律保障的限制，卻也有各別不同的特定環境界面，根據環境界面的特性找尋恰適的結構安排才是規劃的重點；所以由中央首腦機關統一訂頒的知識管理策略並不恰當，同理，同一機關內不同部門的知識管理也應該有不同的樣貌。

在這樣的理解前提之下，行政機關的策略選擇就會顯得比較明確。進取的官僚組織表示需要考慮的環境因素眾多但變化不大，則組織可以維持部門間的知識領域區隔，以各別對應處理不同的環境問題；為產生品質較優的決策，則應開放層級間的知識流動，以發揮組織內部專家的整合性力量；較適合此類的行政機關如業務協調機關、計畫幕僚機關、研究訓練機關。自我設計組織代表需要考量的環境因素較少但變動快，則應打破部門間的知識領域，促進知識交換與共識形成以集中力量；決策知識權向上集中並配合機關首長幕僚功能的強化，則有助於賡續政策方向與決策效率；較適合此類的行政機關如業務執行機關、司法警察機關。至於實驗取向的組織，對新成立的行政機關來說應該比較合適。

第五節　「稜柱型」社會的再現

國內公共組織理論研究的先驅彭文賢，在他最近的文字中提到兩個重要的觀察：「公共行政學理的發展……和其他學科的社會科學，同樣是依循著宏觀到微觀、微觀轉向宏觀的發展軌跡，在前進中時而相生，時而互補……」（2007: 1）。公共組織理論的遞嬗，從十九世紀末 M. Weber、W. Wilson 等有效統治體制的研究，進入二十世紀組織內管理制度和對策的探討，而世紀末則以「政府再造」為標籤的管理主義運動收場，引發更多有關「治理」的思考；要問應該從「公共組織理論」中知道些什麼，我想任何人都無法等閒視之。

　　彭文賢的第二個觀察是，公共組織研究的思潮，從十九世紀的「浪漫主義」、歷二十世紀的「現代－理性主義」，到現在的「後現代主義」。這種轉折可能的學習意義是：傳統的理論沒有死去，C. Branard（1938）的經典在二十一世紀依然閃耀光輝，而我們試圖去修正 M. Weber 官僚體制對現實組織設計的影響，但非完全放棄其理念；人群關係學派的後繼者如 C. Argyris 和 P. Senge 在理性主義的世界中，往返於「客體－穩定社會」和「主體－激變社會」的假定分析之間，賦予浪漫主義思想更多現代的意義（參看盧偉斯，2007b）。這種表面混雜但須細膩理解的公共組織理論論述，相信將對大多數的學習者造成困擾，簡單的講法是，組織理論就像人身成長，現在的組織理論似乎看不到（或看不起）傳統理論的交待，那是你已經將他們當成常識，視為理所當然了。複雜的來講，組織理論就像人格成長，如果你想真誠的了解另外一個人，你不會只想知到「現在的他」，你會有更多的興趣追索「過去」如何造就現在的他，因為這樣的了解才是完整的，這樣的了解才是負責任的。

　　照著這種興趣的路子，生活在當代台灣社會的我們，在共同的社會歷史記憶條件下，在公共組織理論現實與理論往反驗證的努力過程中，未來可能遭遇到些什麼？有兩種現象值得我們注意：1. 組織符號解放的影響：在組織法制鬆綁的觀念已被接受的現在，上從 2004 年「中央行政機關組織基準法」有關中央政府部會的彈性設計與重新命名，下至縣市各級地方政府早已開展的局處功能整併和重新命名，這種行政變革的合理性依據為何？這種改變的預期目標為何？是政策宣示、提高效率，還是改善品質？對機關所屬各級單位的重組形成何種連動的影響？對公民大眾認知政府實體存在、使用公共服務、接受行政管制又造成何種影響？這些理論和實務辯證後的組織設計，即將接受更多實踐的檢證，而你我都是不可或缺的參與者。2. 工作執掌的解放：隨著組織設計的調整，個別人員的工作執掌勢必更易，這種改變很可能是一群工作內容到另一群工作內容的移轉。如果前面公共組織知識管理系統解構的討論可以接受，工作再設計的可循模式就不能只限於工作內容的調整，為轉變管理者對工作控管的認知，為解凍部屬對固定知識領域的認知，「去工作化」（de-jobbing）的觀念必須普

遍流行；如此則「職位分類制度」的精神將遭受嚴峻挑戰，公務員生涯的一元到多元體系發展理念（參看彭文賢，1996: 216-229）也勢必認真考量。

　　若從組織理論的基本原則來看，我們運用部門化設計誘發專業職能發展，職位分類制度也確定了工作者的專業內容，這些都符應了二十世紀社會專業分殊化的現實需求。但曾幾何時，培養多種工作才能以提高「可被僱佣可性」（employability）已成為現在年輕人就學時的憂鬱；政府機關愈來愈多以「活動」辦理來彰顯政績的作法，也使「行政網絡」的運用成為常態；而跨機關部門、跨社會部門的臨時聚合，使法定組織設計愈來愈招架不住，公務員的核心能力也被迫朝向更多「不務正業」的方向。這些圖像背景對公共組織來說，都是甩脫不去的陰影，當 50 年前 F. Riggs（1961）用詰聱難懂的字眼來分析東南亞的發展行政時，是否想像得到，他的「稜柱型」社會樣態又再度重現江湖！

本章參考書目

江岷欽、林鍾沂（1995），《公共組織理論》，台北縣：國立空中大學。

江岷欽、林鍾沂（2003），《公共組織理論》（修訂再版），台北縣：國立空中大學。

朱愛群（1987），《官僚體系》，台北：作者自印發行。

朱愛群（1993），《論行政病態現象及病態矯治原理》，台北：三鋒出版社。

林鍾沂（2001），《行政學》，台北：三民書局。

吳定、張潤書、陳德禹、賴維堯（1996），《行政學（二）》（修訂三版），台北縣：國立空中大學。

吳瓊恩（1996），《行政學》，台北：三民書局。

吳瓊恩（2004），〈公共行政學發展的探究：三種治理模式的互補關係及其政治理論基礎〉，收錄於吳瓊恩、周光輝、魏娜、盧偉斯合著，《公共行政學》，台北：智勝。

郭建志（2003），〈組織文化研究之回顧與前瞻〉，《應用心理研究》，第 20 期。

彭文賢（1983），《組織原理》，台北：三民書局。

彭文賢（1996），《組織結構》，台北：三民書局。

彭文賢（2007），〈邁向後現代的公共行政〉，2007 台灣公共行政與公共事務系所聯合會年會暨第三屆兩岸四地「公共管理」學術研討會論文，台北：世界新聞大學行政管理學系。

張金鑑（1957），《行政學典範》，台北：中國行政學會。

張金鑑（1991），《行政學典範》（重訂四版），台北：中國行政學會。

張潤書（1998），《行政學》（修訂初版），台北：三民書局。

雷飛龍（譯）（1964），《行政學》（初版），台北：正中書局。

蔡允棟（2002），〈新治理與治理工具的選擇：政策設計的層次分析〉，《中國行政評論》，11 卷 2 期。

盧偉斯（1998），〈組織政治與組織學習〉，《中國行政》，第 63 期。

盧偉斯（2002a），〈台灣公共行政研究的進程〉，張金鑑教授百齡誕辰紀念學術研討會（11.20），台北：中國行政學會暨政治大學公共行政學系。收錄於張金鑑教授百齡誕辰紀念會暨學術研討會論文集。

盧偉斯（2002b），〈論行政機關知識管理的策略與行動－組織學習的觀點〉，《公共行政學報》，7期。

盧偉斯（2005），〈行政網絡的管理－台北市區公所的經驗〉，第三屆「台灣公共行政與公共事務系所聯合會」年會暨「公共行政的變遷與挑戰」學術研討會（6.18），台北：國立台北大學公共行政暨政策學系。

盧偉斯（2007a），〈行政網絡的文化途徑探析－公部門與社會協力合作的意義網絡〉，「公部門與公民社會發展」學術研討會（6.12），台北：國立台北大學公共行政暨政策學系。

盧偉斯（2007b），〈阿吉瑞斯（Chris Argyris）－組織學習之父〉，《行政學名家選粹（二）》，台北縣：國立空中大學。

顏良恭 （1994），《典範概念與公共行政理論－科學哲學的應用與反省》，台北：時英出版社。

Agranoff, Robert and Michael McGuire (1999), "Managing in Network Settings," *Policy Study Review*, Vol. 16, No. 1.

Agranoff, Robert and Michael McGuire (2003), *Collaborative Public Management: New Strategies for Local Government*, Washington, DC: Georgetown University Press.

Barnard, Chester I. (1983), *The Functions of the Executive*. Cambridge, MA: Harvard University Press.

Borgatti S. P. and P. C. Foster (2003), "The Network Paradigm in Organizational Research: A Review and Typology," *Journal of Management*, Vol. 29.

Boyne, George A. (2002), "Public and Private Management: What's the Difference？" *Journal of Management Studies*, Vol. 29, No. 1.

Burrell, Gibson and Gareth Morgan (1979), *Sociological Paradigms and Organizational Analysis*. London: Heineman.

Cyert, Richard M. and James G. March (1963), A Behavioral Theory of the Firm. Englewood Cliffs, NJ: Prentice-Hall.

Daft, Richard L. and George P. Huber (1987), "How Organizations Learn: A Communication Framework," in N. DiTomaso and S. Bacharach (eds.), *Research in the Sociology of Organizations*: Greenwich, CT: JAI Press.

De Long, David and Patricia Seemann (2000), "Confronting Conceptual Confusion and Conflict in Knowledge Management," *Organizational Dynamics*, Vol. 29, No. 1.

Dahl, R. and C. Lindbloom (1953), *Politics, Economics and Welfare*. Chicago: University of Chicago Press.

Denhardt, R. B. (1984), *Theories of Public Organization*. Monterey, CA: Brooks/Cole.

Denhardt, R. B. (2004), *Theories of Public Organization* (4th ed.). Belmont, CA: Wadsworth/Thomson.

Downs, Anthony (1967), *Inside Bureaucracy*. Boston, MA: Little, Brown.

Farace, R. B., P. R. Monge and H. M. Russell (1977), *Communicating and Organizing*. Reading, MA: Addison-Wesley.

Gortner, Harold F., Julianne Mahler, and Jeanne B. Nicholson (1997), *Organization Theory: A Public Perspective* (2nd ed.). Fort Worth, TX: Harcourt Brace College Publishers.

Greiner, L. (1972), "Evolution and Revolution as Organizations Grow," *Harvard Business Review*, July-August.

Harmon, Michael M. and Richard T. Mayer (1986), *Organization Theory for Public Administration*. Boston, MA: Little, Brown.

Jones, Gareth R. (2001), *Organizational Theory: Text and Cases* (3rd ed.). Upper Saddle River, NJ: Prentice-Hall.

Lave, C. A. and J. G. March (1993), *An Introduction to Models in the Social Sciences*. Lanham, MD: University Press of America.

Levitt, Barbara and James G. March (1988), "Organizational Learning," *Annual Review of Sociology*, No. 14.

Lindblom, Charles E. (1959), "The Science of Muddling Through," *Public Administration Review*, No. 19.

Lindblom, Charles E. and David K. Cohen (1979), *Usable Knowledge: Social Science and Social Problem Solving*. New Haven, CT: Yale University Press.

Mandell, Myrna P. (1999), "The Impact of Collaborative Efforts: Changing the Face of Public Policy Through Networks and Network Structures," *Policy Study Review*, Vol. 16, No. 1.

March, James G. (1991), "Exploration and Exploitation in Organizational Learning," *Organization Science*, Vol. 2, No. 1.

March, James G. and Johan P. Olsen (1976), *Ambiguity and Choice in Organizations*. Oslo, Norway: Universitetsforlaget.

March, James G. and Herbert A. Simon (1958), *Organizations*. New York: John Wiley & Sons.

March, James G., Lee S. Sproull and Michael Tamuz (1991), "Learning from Samples of One or Fewer," *Organization Science*, Vol. 2, No. 1.

Mintzberg, Henry (1983), *Structure in Fives: Designing Effective Organizations*. Englewood Cliffs, NJ: Prentice-Hall.

O'Toole, Laurence J., Jr. (1997), "Treating Networks Seriously: Practical and Research-Based Agendas in Public Administration," *Public Administration Review*, Vol. 57, No. 2.

O'Toole, Laurence J., Jr. (2004), "The Theory-Practice Issues in Policy Implementation Research,"*Public Administration－an international quarterly*, Vol. 82, No. 2.

Pfeffer, Jeffery (1981), *Power in Organizations*, Boston, MA: Pitman.

Pfeffer, Jeffery and Gerald Salancik (1978), *The External Control of Organizations: A Resource Dependence Perspective*, New York: Harper and Row.

Polanyi, Michael (1962), *Personal Knowledge: Toward A Post-Critical Philosophy*. New York: Harper Torchbooks.

Riggs, Fred W. (1961), *The Ecology of Public Administration*. New Delhi: Asia Publishing House.

Selznick, Philip (1949), *TVA and the Grass Roots*, Berkeley, CA: University of California Press.

Simon, Herbert A., Donald W. Smithburg, and Victor A. Thompson (1956), *Public Administration*. New York: Alfred A. Knppf.

Thompson, James (1967), *Organizations in Action*, New York: McGraw-Hill.

Tsai, W. (2002), "Social Structure of 'Coopetition' within a Multiunit Organization: Coordination, Competition, and intraorganizational Knowledge Sharing," *Organization Science*, No. 13.

Weick, Karl (1979), *The Social Psychology of Organizing* (2nd ed.), Reading, MA: Addison-Wesley.

Williamson, Oliver E. (1975), *Markets and Hierarchies*, New York: Free Press.

第五章 行政組織的變革理論

第一節 變革的時代

　　「變」是我們每個人在日常生活中所最常經驗到的一件事。「世事多變」、「生命無常」似乎最能形容此種「善變」的生活常態。組織在面臨迅速而不規則的變動環境時，如果無法及時因應並採取一些變革的措施，那麼，組織便極可能遭到淘汰而消失。本章試圖從變革本質的釐清，進而討論從事變革所能採取的策略以及技術，最後探討如何針對變革的成效加以評估。

壹、變遷的事實──以「知識驅動時代」為例

　　談論現今世界各種變遷的事實，論者常有不同的描述，例如：市場競爭的全球化、環境問題已成為影響這個世界的重要因素，以及健康已成為全世界各年齡群共同關切的問題，甚至氣候暖化，所將帶來對人類的威脅等。但是，個人覺得國內文化大學林燦螢博士在一篇題為〈績效管理新趨勢──企業觀點〉的論文中，所提出來的「知識驅動時代」的各種新趨勢，最能鮮活地描述變遷的事實，以下即引用他的卓見（林燦螢，2007：4-6）：

一、地理疆界區隔界線趨於消失──全球化

　　科技的發達與交通的便利大大的縮短實體空間的距離，地理疆界的區隔不再是造成延宕的原因。許多業務的處理僅在滑鼠點兩下的情況下就能完成；快遞物流的便捷，使得實體物資的運送不再曠時費日，地理疆界區隔界線趨於消失。以前的競爭只是區域性競爭，企業產品流通於個別經濟區域，現今在網際網路協助下，使得企業的產品能夠銷售於各個國家，再

加上 WTO（世界貿易組織）的規範，更使企業競爭全球化。

二、無形資產與有形資產區隔界線趨於消失——虛擬及流動化

　　無論是企業或個人，所擁有的財富常由實體轉換為虛擬的數目字，所以資產的移動就只是一堆數目字的移動，其流動的頻率與速度便超過以往。企業重要資產由房地產、機器設備轉為著重人才競爭力、創新能力及知識管理，也就是逐漸由有形資產變為無形資產。面對新經濟的來臨，面對企業虛擬化、網際網路蓬勃發展，要清楚了解企業所需要的不再只是有形的資產：如房地產、機器設備，而更需要擁有網址。例如 Ebay，藉由網址進行網路交易而成立。所以企業虛擬化就是企業以網址為代表。

三、職場與家庭區隔界線趨於消失——無空間化

　　網路及行動電話的發達造就了許多工作上的方便，同時也改變了上班族的做事方法。工作不僅僅是在職場上進行，幾乎如影隨形的跟著上班族跑，再加上企業國際化的結果，使得大部分的上班族必須全天候的工作，並且隨時隨地運用高科技的工具進行經營管理。於是，工作職場與家庭生活的界線逐漸的消失，每位上班族，幾乎連在家裡都必須工作。如此將使原本制式化的上班空間，大量工作從辦公室、廠房及店面門市向家庭方向延伸。工作與休閒生活將無法明確加以區隔。

四、白晝與夜間工作區隔界線趨於消失——無時間化

　　企業國際化的結果，促使本地的公司必須利用晚上時間與歐美地區的分公司進行聯絡協調，甚至討論開會；相反地，歐美地區的上班族亦需利用當地晚上的時間與東方的同事討論或開會。人類長久以來日出而作、日落而息的工作型態，將逐漸演變成全天候的工作模式，白晝與夜間工作區隔界線趨於消失。

五、雇主與員工區隔界線趨於消失——伙伴化

大部分的企業為了能提高員工的忠誠度，以及留任優良的員工，經常採用員工入股或分紅入股的方式，使員工持有公司的股票。時間一久，員工將因擁有公司的股票而兼有雇主的身分，使傳統上所謂勞方與資方的區別變得困難。另外，科技的發達、企業營運型態的急速變化、成本的考量等因素，也促使企業不得不採用如部分工時、外包、人力派遣各種人力運用措施，以致造成了多變化的勞動型態，雇主與員工的關係多樣化且模糊化，形成伙伴關係。

六、學習與工作區隔界線趨於消失——學習工作一體化

企業為了提升人員的能力，常必須辦理各種訓練，員工也必須主動進修學習方能應付工作職場的各種變化。以往在學校所學的，往往不足以應付工作上的需要，因此，一旦進入職場便必須加緊學習，所學的東西往往比在學校時來得更深又廣，企業變成是上班族求學的一個場所，上班族在就業期間也是在學習，於是學習與工作區隔界線趨於消失。

七、營利與非營利事業區隔界線趨於消失——社會公民化

營利事業組織（profit organization, PO），除了追求利潤以維持組織的永續經營外，必須隨時關心與組織密切關聯的社區、環境、生態及社會，以協助營利事業的成長與發展，同時避免遭受相關環境的反撲。相反地，非營利事業（non-profit organization, NPO）似乎以服務社區、環境、生態及社會為主要目的，但是要能持續提供關心與服務，組織本身的經費來源必須無缺，致使許多非營利事業必須講求對價服務，以確保非營利事業體得以常存。因此，我們發現營利事業體逐漸往非營利事業方向運作，非營利事業則逐漸往營利事業靠攏。社會公民化逐漸變成大家共同追求的標的，PO 及 NPO 的區隔界線將趨於消失。

八、不確定性及互動、互賴性增加

由於通訊網路的無遠弗屆,已將世界聯結成一體,只要任何地方出了問題,就會影響到其他地區,例如:九一一事件不但重創美國經濟,更連帶影響全球經濟;亞洲的金融風暴,連帶影響全球金融;金磚四國的一舉一動,牽動各國的經濟神經。各個區域的變化與不確定性,隨時引起全球經濟的變化,交互影響演變,更增加許多的不確定性。

貳、促發變革的原因

通常,組織的變革不會是憑空發生的,它必定是受到某些因素的刺激而促成的。一般探討促發變革的原因,大都分為二大類:(一)組織外的因素,也就是環境的因素,包括:政治(political)、經濟(economic)、社會文化(socio-cultural)與科技(technological)因素,合稱為 PEST(Senior and Fleming, 2006: 17-30)。另一類則為組織內的因素,包括組織成長、策略、組織重組等。以下略加討論:

一、組織外的因素(PEST)
(一)政治因素

1. 政府的立法(如民營化的政策)
2. 政府的意識形態
3. 國際法
4. 戰爭
5. 當地的法令
6. 貿易聯盟活動等

(二)經濟因素

1. 競爭者

2. 供應商

3. 匯率

4. 就業情況

5. 薪資水準

6. 政府經濟政策

7. 他國的經濟政策等

（三）社會文化因素

1. 人口的趨勢（涉及顧客與員工）

2. 生活風格（型態）的改變

3. 技能可獲性（skills availability）

4. 對工作及就業的態度

5. 性別的問題

6. 對少數族群的態度

7. 對環境的關心

8. 企業道德等

（四）科技因素

1. 資訊科技（IT）／網際網路

2. 新的生產流程

3. 流程的電腦化

4. 運輸、通訊科技的變革等

二、組織內的因素

（一）組織成長

　　組織為了追求成長與發展，必須不斷地求新求變，因此，促發內部的變革乃是極其自然的事。

（二）提高績效的壓力

績效的提高是組織生存的必要途徑。為了能提高績效，便必須在組織內從事一些必要的改革，以期能精益求精，不斷進步。

（三）管理階層的抱負

組織的經營管理階層者為組織許下諸多願景時，必須思考實現其抱負的方法，變革是必經的途徑。新官上任三把火，也可歸為此類。

（四）策略

組織為達成目標，便必須實施各種必要的策略，而變革措施即是策略中的主要手段。新的行銷策略所帶來的通路變革即為一例。

（五）人力結構改變

由於外在人口結構的趨勢，造成組織人力結構的改變，因此組織在人力資源的運用上便必須採取一些變革的措施以為因應。工作的重新設計便是一例。

（六）新技術（設備）的導入

組織為了引進新的科技，當然必須採取一些變革措施，以資配合。工廠設施（layout）的改變即為一例。

（七）組織結構重組

為了因應外在環境的變化，組織結構的重組乃是必要的，因此即可能連帶激發一些相應的變革。人員的調整或裁減即為一例。

第二節　變革的本質

個人或組織在面臨變革的情境時，首要之務便是分析變革的本質，因為唯有在確定了變革的本質後，我們才能決定其可能的強度與衝擊，同時也才能思考應採取何種因應措施或解決的方法（策略與技術）。在這方面，英國格拉斯哥大學商學院的佩頓（Robert A. Paton）教授與倫敦布魯諾大學的麥克卡爾曼（James McCalman）博士這兩位學者具有獨到的見解，特別值得在此引介（Paton and McCalman, 2000）。

壹、變革光譜

首先，他們提出了一個「變革光譜」（change spectrum）的概念。彼等依據「變革環境的複雜性與變異性」與（complexity and variability of the change environment）程度與「人員與系統的交切」（people／system interface）程度二個構面，發展了一個變革光譜的模型，如圖 5-1。

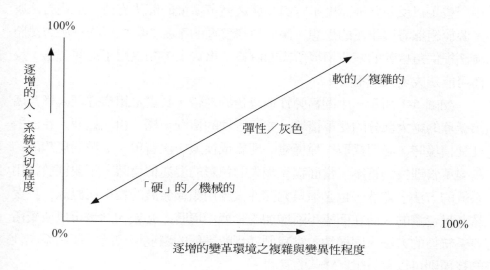

圖 5-1　變革光譜圖

在圖 5-1 中，變革光譜區分為二個極端與一個中間地帶：

最「硬」（hard）的這一端（左下端）所屬的變革純屬技術性或機械式（technical or mechanistic）的變革問題。其特徵為：具有相當程度的靜態變革環境、清楚且可量化的目標與限制（constraints）、效果立等可見、時期短（short time scale）、最少人機交切（man-machine interface）。簡言之，即是一種純科學的或工程的問題。當然，此種極端在組織中並不常存，因為當我們進一步深入探討時，會發現總存有某種人的交切（human interface）。

而在光譜另一個最「軟」的一端（即右上方），我們發現，它的變革情境具有百分百的人員取向（people orientation）。其特徵為：目標和時間長短均不清楚、受影響的環境（affected environment）具高度動態性且難以指認，績效量數（performance measures）格外的主觀性。此趨向「軟」端的典型絕大部分都是一些涉及私人關係與情緒反應的問題。當然，此種極端在組織中亦不常見，因為大部分的人或團體總會與一些具有物理性（physical nature）的系統接觸。對於此光譜較「軟」這端的問題，必須應用一些足以反映此種高度不定與動態之變革環境的解決方法。這些方法應是源於組織發展學派的思想。源於科學管理的系統的與機械的解決方法將無法提供這些軟的變革情境所需的解答。事實上，如果用了這些方法，反而可能造成更大的不安。

如圖 5-1 所示，中間富彈性或灰色的地帶，其實是組織經理人經常所須處理的絕大部分的變革情境。如同管理的情況一樣，組織經理人在面對此種情境時，必須採取一種權變的理論或模型。沒有單一學派的思想能夠為變革管理找到答案。當面臨充滿人的色彩的混沌情境時，不要懼於採用系統的方法，當然，也必須足夠彈性去應用組織發展的技術與概念，只要認為是合適的。而在面臨不斷增加的動態環境時，必要的話也可以放棄所有系統性的方法。同樣地，當我們遇到較靜態的環境情況時，運用系統性的技術則可以有益組織變革的管理。

貳、變革的定位

由以上所述可知，變革的本質隨著變革情境的不同而異。因此，變革推動者（change agent）在從事組織變革之前，首要工作便是確定一項變革在變革光譜中的位置。佩頓教授與麥克卡爾曼博士針對「軟」、「硬」兩種問題的特質，提出了深具啟發性的見解，頗有助於釐清與辨識變革的本質以及確定一項變革在變革光譜中的位置。兩種問題的特質，列表如表 5-1：（Paton & McCalman, 2000: 23）

依據表 5-1，個人甚至是組織的變革推動者便不難就問題（或變革）的特質，決定變革在變革光譜中的地位。

三、「特洛皮克斯」測試

為了能及早得知一像變革的衝擊與規模的大小，以便決定變革最適當的解決方法，佩頓教授與麥克卡爾曼博士發展了一個稱為「特洛皮克斯」的測試方法（TROPICS Test），介紹於後（請見表 5-2）：

表 5-1　「軟」、「硬」問題的特質分析

硬的／機械的問題	軟的／複雜的問題
1. 目標、限制以及績效指標大都可量化	1. 至多，只有一些主觀的、彼此相關的與半量化的目標
2. 環境傾向於靜態性	2. 環境傾向於善變且複雜
3. 時間長短已知且相當的確定	3. 時間長短總是混沌不明
4. 變革的環境受到良好的保護，顯少與外界互動	4. 變革的環境未受保護，常有許多內外部的互動
5. 問題或變革常能被清楚且簡潔的界定	5. 問題或變革的特徵不易加以界定
6. 問題或變革可用系統／技術方式予以界定	6. 問題或變革可用人際／社會方式予以界定
7. 獲致解決方法所需的資訊相關地確知	7. 資源的需求未確知
8. 潛在的解決方法很有限但關於這些方法的知識則可得	8. 具有廣泛的多種解決方法，且彼此均相關
9. 能採取各種結構性的途徑以產生結果	9. 無顯而易見的解決問題的明確方法
10. 對於解決未來問題的最佳方法很容易獲得共識	10. 對於解決未來問題的方法與對問題的共同認知並不存在

資料來源：Paton and McCalman, 2000, p. 23.

表 5-2　特洛皮克斯測試

特洛皮克斯因素			解決方法（傾向於）
時間量尺	被清楚界定／短至中期 A	界定不清楚／中至長期 B	A：硬的 B：軟的
資源	被清楚界定且相當的固定 A	不清楚且變異的 B	A：硬的 B：軟的
目標	明確的且可量化的 A	主觀的且曖昧的 B	A：硬的 B：軟的
認知	被受影響者所共同持有 A	產生利益的衝突 B	A：硬的 B：軟的
興趣	有限的且界定良好 A	普遍的且異定不良 B	A：硬的 B：軟的
控制	掌握在管理群手中 A	管理群以外的人共同 B	A：硬的 B：軟的
來源	源自內部 A	源自外部 B	A：硬的 B：軟的
硬的（以 A 表示）：指以系統為基礎的以及機械式的解決方法 軟的（以 B 表示）：指一種「組織發展」（OD）的、複雜的解決方法			

資料來源：Paton and McCalman, 2000: 324.

　　TROPICS 是以下幾個英文字的字頭字：

　　T：time scale　　（時間量尺，即時間的長短）

　　R：resources　　（資源）

　　O：objectives　　（目標）

　　P：perceptions　　（認知）

　　 I：interest　　（利益）

　　C：control　　（控制）

　　S：source　　（來源）

一、表 5-2 內容的說明

1. 測試因素共有七項，即（1）時間量尺；（2）資源；（3）目標；（4）認知；（5）興趣；（6）控制；（7）來源。

2. 因素顯示的狀況區分為二類：A 與 B。

3. 解決方法：即變革技術的趨向，同樣分為二類：

（1）硬的（以 A 表示）：指以系統為基礎的以及機械的解決方法。

（2）軟的（以 B 表示）：指一種「組織發展」（OD）的、複雜的解決方法。

二、使用方法示例

（一）甲案：時間量尺 A，其他因素皆為 B

此一狀況代表一種緊急情境，亦即一種面臨危機的情境。需要採取組織發展的途徑，但時間量尺卻指示必須採取立即的解決方案。因此，先採取一種能立竿見影、快刀斬亂麻式的果斷行動以度過眼前的難關，隨後再繼之比較長期的教育與文化變革以贏得新情勢的認可。

（二）乙案：來源 B（即變革來自於外在），其他因素皆為 A

此一狀況代表一種系統受到來自外在的技術變革，可能是一種製造者技術更新的結果。因此，可採取系統途徑來執行變革，再加上技術與維護人員的短期教育訓練計畫即可。

第三節　變革的策略與技術

策略是解決問題的手段或途徑。依據前述對變革本質的分析，變革的策略可以採取硬、軟二種。以下進一步說明：

壹、兩種策略

一、硬策略

針對硬的、機械式的變革問題所採取的策略——系統性的策略。

特性：1. 目標與效標均極明確、可量化：設定的變革目標以及衡量目標是否達成的效標均相當的明確，且都可以量化。

2. 能做理性的決策：做決策時，較能依理性（rationality）原則，將效果最大化。

3. 能做邏輯的思考：由於問題較單純，故比較容易做邏輯的思考與推理。

4. 較不涉及人的問題：此類變革所涉及的問題，基本上與「人」較少關係，而大部分是涉及到「事」的問題。

5. 針對組織的某一部分：此類變革大都只牽涉到組織的某一部分（人或單位）。

6. 可於短期內達成目標：此類變革通常比較容易於短期內達成目標，也就是看到具體的結果。

7. 解決組織冰山的上層（看得見的）問題：許多學者如 Don Hellriegel, John W. Slocum, Jr. 與 Richard W. Woodman 等（1998）均將組織視為一座冰山（iceberg）。冰山的上層是一些看得見的正式的部分，如技術、結構、法令、規章等，下層則是一些看不見的非正式的部分，如態度、人格、衝突等[1]。硬策略主要就是在解決組織冰山上層的問題。

二、軟策略

針對軟的、複雜性的變革問題所採取的策略－組織發展的策略。

特性：1. 目標與效標均不易量化：由於變革的性質較複雜，故目標與效標均不易明確，也就不易量化。

2. 較難做理性的決策：由於變革涉及人的因素較多，故較難依理性的原則做決策。

3. 較難做邏輯的思考：理由與上一點相同。

---

[1] 有關組織冰山的概念，請參考：吳復新、江岷欽、許道然（2004）。組織行為（修正二版）。台北縣：國立空中大學，頁30。

4. 涉及很多「人」的問題：此類變革所涉及的大部分與「人」有關，故較複雜、難做。

5. 針對組織的全部（各階層人員）：此類變革所涉及到的幾乎是組織內的所有人員，包括各階層的人員。

6. 通常不易於短期內達成目標：由於人的觀念、態度與行為的改變無法一蹴可幾，故變革常須花費較長的時間，不易於短期內達成目標，也就是看到成果。

7. 解決組織冰山的下層（看不見的）問題：如前所述，組織冰山的下層涉及的主要是「人」的問題，故常是隱藏而看不見的。此類策略就是在解決這一些看不見的問題。

　　了解了組織變革的兩種策略後，接著要探討的便是在兩種策略之下，在實際從事組織變革時，我們可以採用哪些可行的干預技術。

　　所謂干預技術（intervention），是指一套由變革推動者與被服務對象針對問題本質所選擇應用，藉以調整或改變被服務系統的關係，增進組織效能的結構化活動（吳定，1989: 73-74）。以下，就兩種策略所採用的幾種重要干預技術略加介紹（Cummings and Worley, 2005）。

貳、硬策略（系統性）干預技術

　　有關硬策略（即系統性）的干預技術，其種類可說相當的多，限於篇幅，本章僅擇以下二種最常用的技術加以扼要的說明。

一、結構設計（Structural Design）

　　組織結構在於描述組織的整體工作如何劃分成不同部門，以及這些部門如何協調以完成組織的任務。

（一）組成要素

　　任何組織結構均係由以下三個要素所組成：

1. 複雜性（complexity）：指組織分化的程度（degree of differentiation），包括垂直分化（vertical differentiation）（即層級化）與水平分化（horizontal differentiation）（即部門化）二種。垂直分化愈多，則所分的層級便愈多。同樣地，水平分化愈多，則所形成的部門便愈多。兩者合起來即可顯示結構的複雜性程度。

2. 正式化（formalization）：指組織靠法令規章來指導員工行為的依賴程度。法令規章愈多，即代表組織愈正式化。

3. 集權（centralization）：指決策權力集中於高階管理人員的程度。當決策權力轉向低階管理人員時，則稱為分權（de-centralization）。

（二）設計的權變因素

從事組織結構的設計時，必須考慮下列五項權變因素（Cummings and Worley, 2005: 275）：

1. 環境：指組織外在環境的複雜性與變化性程度。

2. 組織規模的大小：當組織規模尚小時，結構必然簡單，而當規模逐漸變大時，結構便應適度的調整以資因應。

3. 技術：組織結構與組織所賴以完成任務的技術息息相關。

4. 組織策略：組織結構的形式必須隨著組織策略的不同而變化。

5. 全球性營運：隨著組織營運的全球化，組織結構自然亦將有所不同。

（三）結構設計的五種形式

1. 功能式結構（functional structure）

組織結構依不同的功能而形成許多的部門。其優缺點及權變因素如表 5-3 所示。

2. 事業部式結構（divisional structure）

組織結構依完成某一特定任務（如：產品、服務、顧客或地域）所需的資源與功能而形成一個自給自足的（self-contained）事業部（division）。

但通常在事業部之下仍然有許多功能式的單位。其優缺點及權變因素如表 5-4 所示。

3. 矩陣式結構（matrix structure）

組織結構依產品發展或專案（project）協調的需要而形成一個以產品（或專案）為主，以原來的功能部門為輔的獨立單位，其主管通稱為專案經理（project manager）。其優、缺點及權變因素如表 5-5 所示。

表 5-3　功能式結構的優、缺點及權變因素

優點	缺點	權變因素
1. 強調技能專化 2. 減少稀有資源的重覆，並且充分運用資源 3. 提供專業人員生涯發展機會 4. 因上司與部屬能分享專業技能故能促進溝通並提高績效 5. 在同一專業領域內專業人員可互相切磋	1. 強調例行性的工作 2. 經理人員易於產生狹隘的觀點，因而限制向上晉陞的能力 3. 降低部門間的溝通與合作 4. 部門間的互賴性加重，使協調與工作排程更形困難 5. 模糊了對整體績效的最後責任歸屬	1. 安穩而確定的環境 2. 小或中的規模 3. 例行性技術，功能之間具互賴性 4. 以效率為目標，講究技術品質

資料來源：Cummings and Worley, 2005, p. 276.

表 5-4　事業部式結構的優缺點及權變因素

優點	缺點	權變因素
1. 確認部際互賴性的來源 2. 有助於強調整體績效與服務客戶的取向 3. 容許技能與訓練的多元化與擴展 4. 確保部門主管的最後責任歸屬，因而有助於授權與授責 5. 強化部門的凝聚力與對工作的投入	1. 技能與資源可能被浪費 2. 限制專業人員從部門以外晉陞的機會 3. 阻礙同一專業領域內的專業人員相互切磋的機會 4. 增加對人員必須擁有多重角色的要求，因而產生壓力 5. 強化部門目標而淡化組織的整體目標	1. 不安穩、不確定的環境 2. 大的規模 3. 功能間具有技術的互賴性 4. 以產品專業化與創新為目標

資料來源：Cummings and Worley, 2005, p. 277.

表 5-5　矩陣式結構的優缺點及權變因素

優點	缺點	權變因素
1. 所有專案均可獲得專業與功能的知識 2. 可彈性運用各部門所保有的人才 3. 可經由專案經理間的強制溝通而維持不同部門與專案小組間的一致性 4. 確認並提供處理組織內合法且多重權力來源的機制 5. 可藉由強調功能或專案而適應環境的變遷	1. 如無事先存在的管理文化的支持，不易引進此種結構 2. 因指派人員至專案部門而增加角色曖昧性、壓力與焦慮 3. 產品（專案）單位與功能單位如無權力平衡機制，則整體績效將降低 4. 由於對專案人員的要求不一致，可能導致有礙生產力的衝突與短期的危機管理 5. 可能產生獎勵政治技能而非技術技能的情況	1. 產品需求與技術專業化的雙重心 2. 對高度資訊處理能力的壓力 3. 對資源共享的壓力

資料來源：Cummings and Worley, 2005, p. 280.

4. 流程式結構（process structure）

　　組織結構依核心流程，如產品發展、訂單實現（order fulfillment）、業績創造與客戶支援等而形成一個多學科的團隊（multidisciplinary team）。其特點有以下幾項（Cummings and Worley, 2005: 281-282）：

（1）流程決定結構：此種結構通常以三至五個關鍵性的流程為基礎，這些流程即是組織的主要任務。流程設有「流程主事者」（process owner），他（她）負責流程的績效目標與任務的執行。

（2）工作增加價值：為提高效率，此種結構同時簡化與豐富化工作流程——藉由消除非必要的工作與減少管理層級而簡化工作，但卻將許多工作組合起來，使團隊得以執行全部的流程而使工作豐富化。

（3）團隊（team）是最基本的：此種結構的主要特徵在於團隊的設立。團隊負責一切工作，從執行任務到策略規劃。團隊是自我管理，當然也負責目標的達成。

（4）顧客決定績效：此種結構裡的任何團隊，其基本的目標就是讓客
　　　戶滿意，所以團隊績效的好壞取決於顧客是否滿意。

（5）團隊依績效而獲得酬勞：績效的好壞取決於顧客的滿意與否以及
　　　其他目標是否達成。團隊酬勞重於個人獎勵。

（6）團隊與供應商以及顧客緊密相連：透過指派的人員，團隊與供應
　　　商及顧客具有及時而直接的關係，以便了解與回應他們的急切需
　　　求。

（7）團隊成員資訊充足、訓練良好：為成功地執行任務，團隊成員必
　　　須具有充分的資訊，如顧客與市場資料、財務資訊等，而且具備
　　　良好的問題解決與決策的能力以便隨時派上用場。流程式結構的
　　　優缺點及權變因素如表 5-6。

5. 網狀式結構（network structure）

　　此種結構主要在於管理多重組織或單位間之多元、複雜且動態的關
係。這些多重組織或單位中每一個組織或單位皆專一於某種特殊的業務或
任務。其組織形式，如圖 5-2 所示。

　　網狀式結構的優缺點及權變因素如表 5-7 所示。

表 5-6　流程式結構的優缺點及權變因素

優點	缺點	權變因素
1. 將資源集中用於滿足顧客 2. 常能大幅地改進效率與速度 3. 能迅速適應環境的變化 4. 減少部門間的界限 5. 增加了解整體工作流程的能力 6. 提高員工的投入 7. 因較少間接的結構（overhead structure）而降低成本	1. 可能威脅中層主管與幕僚專業人員 2. 需要調整（改變）命令-控制的心態 3. 重複稀有資源 4. 需要處理橫向關係以及團隊的新知識與技能 5. 在團隊中做決策的時間可能較長 6. 如果流程指認錯誤，可能導致效果不良	1. 不確定且變動不居的環境 2. 中到大的規模 3. 非例行且高度互賴的技術 4. 顧客取向的目標

資料來源：Cummings and Worley, 2005, p. 282.

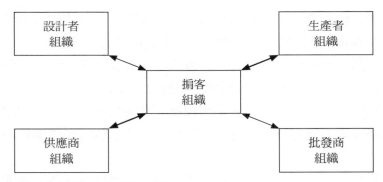

資料來源：Cummings and Worley, 2005, p. 285.

圖 5-2　網狀式組織

表 5-7　網狀式結構的優缺點及權變因素

優點	缺點	權變因素
1. 對動態環境具有高度的彈性與適應力 2. 創造一個「最中之最」的組織以便將資源集中於滿足顧客與市場的需求 3. 使每一個組織能充分發揮自己的獨特能力 4. 能夠快速的全球性擴張 5. 能夠產生績效的成果	1. 管理許多自主性組織之間的橫向關係並不容易 2. 要求成員放棄自主性以加入此網狀式組織並不容易 3. 維持此種網狀式組織的成員身分與利益恐有問題 4. 可能讓伙伴有機會獨得專利權知識或技術	1. 高度複雜且不確定的環境 2. 各種規模的組織 3. 以組織專化與創新為目標 4. 高度不確定的技術 5. 全球性營運

資料來源：Cummings and Worley, 2005, p. 287.

二、組織精簡（Downsizing）

　　組織精簡，作為一種干預技術，係指組織有計畫地減少組織中的職位及工作，亦即縮減組織的規模。

（一）推行組織精簡的步驟

　　一般而言，成功的組織精簡措施大都依循以下的步驟：（Cummings and Worley, 2005: 290-292）

1. 釐清組織的策略

首先，組織的領導者必須指出組織的策略為何，並且說明組織精簡與組織策略有何關係，其目的在告知組織成員，精簡本身並非目的，而是達成策略目標的一項重組過程（restructuring process）。在整個過程中，領導者應讓員工有機會表達關心，提出問題並且必要時能獲得諮商。

2. 評估精簡方案並做抉擇

策略一旦清楚了，整個精簡方案便可提出，同時加以評估。一般而言，精簡可透過三個方法來做（請見表 5-8）。但一項特定的精簡方案則可同時涵蓋三種途徑。人力縮減措施目的在於短期內減少員工的人數，方法包括自然耗損（即遇缺不補）、鼓勵提早退休、轉業服務與資遣。組織重設計在於調整組織的結構以便為下一個階段的成長預做準備。此一方案屬中期措施，可透過合併組織的部門，消除管理階層以及重新設計工作來達成。系統的重設計（systemic redesign）是一長期性的措施，目的在改變組織的文化與策略取向。它可以包含改變組織內每位成員的責任與工作行為，鼓吹持續改善使之成為組織的一種生活方式。

表 5-8　三種組織精簡的方案

方案	特點	措施示例
人力縮減	目標：人頭的減少 短期內執行 促成一種過渡	自然耗損（遇缺不補） 調職與轉業 鼓勵提早退休 資遣
組織重設計	目標：組織變革 中期內完成 促成過渡，以及潛在的徹底改變（trans-formation）	刪除有關職能 合併部門 去除層級 刪除產品 重新設計工作
系統的重設計	目標：文化變革 長期內完成 促成徹底改變	改變責任 所有相關部分都參與 鼓吹持續改善與創新 簡化與精簡變成生活的一種方式

資料來源：Cummings and Worley, 2005, p. 291.

　　不幸的是，有些組織常選擇像資遣等顯而易見的方法，因為比較能快速執行。此舉會產生一種恐懼與防衛的氣氛，因為大家都只注意誰會被迫離開。如果能夠檢視整體的方案並考慮組織整體的情況，而不只是考慮某一部分的話，將可以緩和這種恐懼的氣氛。再者，如讓員工參與此種精簡方案的話，則更能具有正面的效用，因為它能激發一種迫切感，進而想出資遣以外的其他實施方案。參與可讓員工更清楚精簡是如何進行的，因而能夠增加變革成功的可能性，亦即不論採取什麼措施，員工均會認為是合理而公平的。

3. 執行變革

　　此一階段即是組織人員裁減的執行。以下幾個實務的作法可供參考以確保執行的成功。第一，執行命令由上而下確實掌控。做一些困難的決策在所難免，寬廣的視野有助於克服人們保護自己業務或門戶的本能；第二，明確指出無效率與高成本的領域作為精簡的標的；那些眾所周知的人力閒置的領域如果絲毫未受影響，將會大大打擊士氣；第三，將某些特定行動與策略連結起來。讓大家知道，重組活動只是組織改善績效方案的一部分而已；最後，經常透過各種媒介與員工溝通。此舉將使員工保有暢通的資訊、降低他們的焦慮，使他們較易專注工作。

4. 照顧留任的與離開的員工的需要

　　大部分的精簡措施最後都涉及到人力的減少，因此，對於不論是留任或要離開的員工都必須給予關切與照顧。對於留任而言，勢必增加工作的負擔，再加上對於此次資遣以及未來可能被資遣所產生的焦慮，極有可能發生學者所稱的「倖存還者症候群」（survivor syndrome）：自顧（self-absorbed）與逃避風險行為。這種人常存下一次會被資遣的恐懼，對工作不熱心，對未來無確定感、對管理階層有戒心，對被資遣的同事有內疚感。

　　對於這些留任人員，組織可以提供更多的溝通，告知組織未來的願景是什麼，有些什麼目標與策略。強調他們的工作表現對組織目標達成的重要性，使他們有一種被重視的感覺。當然提供他們從事新工作所需的訓練

亦是照顧的一項方法。高階主管可以透過讓更多的員工參與決策來強化組織給予員工的重要訊息：員工對於組織未來的成功與成長是重要的。

　　而對於被迫離職的人員而言，組織應提供一切必要的協助，包括：轉業諮商（outplacement counseling）、個人與其家人的諮商、整套離職金方案、尋找新工作的協助，搬家的服務以及工作的再訓練，提供這些協助的目的就是期盼離職者能快速過渡到新的工作。

5. 以組織成長計畫作為精簡措施的「完結篇」

　　組織精簡的最後一個階段就是推行一個組織的更新與成長計畫。許多研究顯示，未能盡快推出一個成長的方案，常是精簡計畫失敗的主因。在推行更新與成長方案時，組織必須讓員工知道方案的內容以及他們在其中的角色。雖然在精簡過程中，員工們經歷了一段艱難的日子，但他們需要確知這個更新的方案能讓組織向前行。

（二）精簡的結果

　　許多實證研究的結果顯示，組織精簡的結果大多數是不好的[2]。例如：一次對 1,005 家實施精簡的公司所做的調查顯示，只有不到一半的公司指出，他們達成了當初所設定的成本降低目標。只有 22% 的公司獲致所預期的生產力利益，因而大約有 80% 的公司必須重新聘請一些已被解職的員工。另一項對 1,142 家實施精簡的公司所做的調查結果顯示，只有三分之一的公司達到生產力的目標。

　　此外，此項調查亦顯示，在員工個人方面產生許多的問題，如壓力與疾病的增加、自尊心的喪失，信任感與忠誠度的降低以及婚姻與家庭的危機。另外，調查的結果亦顯示，組織精簡在財務績效方面並未獲得有利的結果。例如，210 家實施資遣的公司，其資遣後第一年的財務績效雖然有所改善，但第二年並未持續。這些結果顯示，資遣可能產生初期的財務績效改善，但這些利益卻只是短暫的，且無法維持未資遣前的水準。

---

[2] 以下的研究報告資料，係引自 Cummings and Worley (2006), pp. 292-295.

　　以上的研究發現似乎說明了組織精簡並非一項有效的干預技術，但是 Thomas G. Cummings 與 Christopher G. Worley 二位學者（Cummings and Worley, 2005: 295）卻提醒，對於這些結果的解釋應加小心；因為，第一、這些調查為主的研究，其資料皆來自於人力資源的專業人員，這些人對組織精簡本來就抱持比較不好的看法。

　　第二，有關財務績效的研究可能包含了一些偏誤的公司樣本（biased sample of firms）。因為，假如接受調查的公司原本就經營不善，那麼只靠精簡自然不可能改善其財務績效。有些經驗的研究支持了此種觀念，因為績效不良的公司比績效良好的公司當然更可能從事組織精簡。第三、這些令人失望的結果可能與精簡案的執行方法有關。有一些公司，如佛羅里達電力與光學公司（Florida Power and Light）、奇異公司、摩托羅拉、德州儀器、波音、克萊斯勒與惠普等公司，在精簡後皆有不錯的財務報酬。許多研究顯示，那些採行適當的

　　干預技術或前述五個步驟從事精簡方案的公司皆有不錯的結果，不論是在個人或組織整體方面。可見，精簡措施的成功與否可說與推行方法的是否有效以及資遣規模的大小或層級減少（delayering）的多寡息息相關。

參、組織發展的干預技術

　　同樣限於篇幅，只選擇二種干預技術略加介紹。

一、調查回饋法
（一）意義

　　調查回饋法（Surver Feedback），係由調查（survey）與回饋（feedback）二者所組成，而調查原本是一種以調查方法所從事的研究，故亦稱為「調查研究」（survey research）（French & Bell, 1978: 23）；回饋則係指一種調查結果的運用，即將調查研究的結果，讓被調查者知

道，以從事必要的改善活動。總之，調查研究與回饋即是一種使用「態度調查」（attitude survey），並將調查結果的資料（data）以「研習營」（workshop）的方式回饋給被調查者，以便研擬出一些解決問題的方案，從而改進組織績效，促進組織發展的一系列活動與過程。因此，一般均將調查回饋法視為一種 OD 的干預技術。

更詳細地說，調查回饋法是「組織發展」裡一種應用最廣的全系統（system-wide）或全組織（organization-wide）的過程干預技術（process intervention）。它透過調查方法，蒐集組織（或單位）的資料，然後將此等資料加以整理、分析，隨之將這些資料回饋給組織成員，讓他們得以運用這些資料來診斷問題，並擬定一些解決或改進這些問題的行動計畫或方案（Huse and Cummings, 1985: 179）。從前項這個定義可知，調查回饋法此一干預技術乃是由以下三個步驟所組成的一種過程：蒐集、分析以及回饋組織的資料。簡言之，調查回饋法涉及的活動就是：（1）資料蒐集（data collection）；（2）資料回饋（data feedback）。

（二）理論基礎

一般而言，我們在解決一項問題時，首先必須有事實資料做依據，如此才能就問題加以分析，找尋癥結所在，而後擬出對策付諸實施；這正如同醫生要替病患治病一樣，必須先做一些診斷的工作，例如：先詢問一些病情並做許多必要的檢查（如驗血、驗尿、量血壓、體溫等），然後才能找到病因，並對症下藥。上述醫生為了診斷所做的一些檢查，其實都是屬於調查的工作，目的在於獲得真實的客觀資料。

通常，我們對於企業的經營，都會要求以數字表示盈虧，例如：會計上的損益表與資產負債表等是，因為可用數字表示的東西，才會被認為比較精確，同時較易把握事實的真相，當然也更易說服別人。對於事業經營雖是如此，但是對於人的管理，我們卻往往沒有一套客觀，可用數字表示的資料，來作為我們改進的參考，因此，在管理上我們便往往只憑直覺和臆測做決定。例如：當我們聽到有少數人在喊公司的待遇不如別人，我們

或許會以為這個問題已經相當嚴重，因為喊的人的聲音總是特別的大。但到底喊的人有多少，或情形真有那麼嚴重，我們卻不知道。此時，如果我們能夠經由實際的調查，把喊的人的數量確認出來，那麼，我們便可以知道此事的實際情況。所以，事實資料的蒐集實為解決問題的基礎。

接著，我們便可將這些可靠的事實資料，讓大家知道，以便在經過一番討論後，擬定一些因應的對策（如果認為必須有所行動的話），以改善目前的情況。如果調查結果證實，實際情況與所想像的（或傳聞的）情況相差甚大，則同樣必須將這些實情告訴大家，以消弭不確實的傳聞並證明事實的真相。

以上所述，大致可說是調查回饋法最簡單的理論基礎。

（三）特點

學者麥基爾（M. E. McGill）指出，調查回饋法具有以下幾個特點：

1. 「調查」是組織發展的診斷層面，而「回饋」則是干預層面，對於回饋資料中組織問題的了解愈深入，便愈容易形成具體的行動計畫。然而，採取行動與否，則完全是組織的權利，它並非調查回饋法必須且不可避免的結果。
2. 調查回饋法是一項相當周密而結構化的計畫。
3. 調查回饋法採由上而下的取向以造成整個組織的改變。
4. 調查回饋法通常包括探討組織成員的人際關係層面，並將此資料予以回饋。然而卻不企圖去改善員工的人際關係。
5. 調查回饋法是逐步實施、循序漸進，而非一蹴可幾的。
6. 不論是實際的問卷調查或是回饋會議的進行，皆須耗費時間，然而如果調查回饋法的計畫訂得緊湊而詳實，便可節省許多的時間。顯然地，當員工的參與增加，則費用必然增加。不過，一般而言，在所有組織發展的技術中，調查回饋法的花費仍為適中。
7. 調查回饋法中的「調查」過程係「顧問中心」（consultant-center）取向，亦即由顧問指導問卷的實施與組織問題的診斷。然而，「回饋」

的過程則屬「案主中心」（client-center）的取向，俾使組織能擬定自己的行動方案。

8. 調查回饋法的效果如果是以「過程」（process）的效標來評估的話，也就是如果從組織中所蒐集到的資料能夠有效地傳達給組織的成員，那麼此一調查回饋即被視為成功。因此，它所強調的是回饋的過程，而非回饋之後所產生的行動本身，這也就是何以調查回饋並不保證將會有任何行動的最大理由。然而，此種被動（坐而言卻不知起而行）的特性卻也是它最常為人所詬病之處。

（四）過程

　　綜合多位學者（Golembiewski and Hilles,1979; Golembiewski, 1979; Cummings and Worley, 2005；司徒達賢，1981: 143-144）的見解，調查回饋法的過程可歸納成以下的六個步驟：

1. 組織之最高階層以及成員代表共同參與事先的規劃工作，以決定調查之重點及問題之方向。通常，外界顧問也應被邀請參與這一階段的工作。

2. 向各單位之各成員發出問卷，要求填答。在規模太大的組織，固然可以利用抽樣的技術，但為了激勵與士氣的目的，最好能運用普查的方式。

3. 資料回收後，外聘的顧問即進行資料分析的工作，並將資料有意義地加以列表。他（她）同時也必須要建議下一步診斷的途徑，並訓練內部有關人員在分析資料上的技巧。

4. 資料分析後的回饋工作，通常由組織的最高階層開始。這裡所謂的最高階層可能是組織的負責人，也可以是最高階決策團隊，也可能是由高階人士組成的一個專案小組。

5. 當最高階層根據回饋之資料進行分析與診斷以後，就應該依據診斷之結果發展改善的行動計畫，同時也應計畫一下應該如何向更下一階層去回饋這些資料。這些工作完成後，即應召開下一階層管理人員的會

議，以進行回饋與診斷的工作。

6. 在較大的組織裡，資料之回饋通常隨著組織層級而逐漸細分化。易言之，就是從最高階層開始（最高階層可以看到全面的問題），將他們所看到的問題，依性質與範圍，細分到其下的各個部門，而各部門也就其所分配到的有關資料，進行診斷分析並擬定行動計畫，然後再將資料細分下去。這樣一層一層地細分下去，直到組織的最基層為止。此處所謂細分仍然包括了共用資料的可能性，也就是說，一個部門應分到與它有關的所有資料，不論此一資料是否也已經分給了其他部門。

　以上的過程，可歸納為圖 5-3 模型圖。

（五）調查回饋法的效果

　在美國，調查回饋法的應用極為廣泛，包括：企業組織、學校、醫院、政府機構（聯邦政府與州政府）以及軍方。[3] 一項最重要的調查回饋法的研究名為「公司之間的長期研究」（The Intercompany Longitudinal Study），係針對 15 家公司的 23 個組織中的 14,000 人（包含白領與藍領工作）的五年長期研究。在 23 個組織中的每一個組織，均採用相同且重

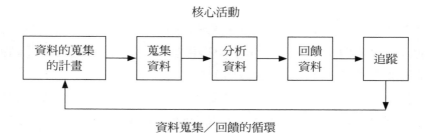

核心活動

資料的蒐集的計畫　→　蒐集資料　→　分析資料　→　回饋資料　→　追蹤

資料蒐集／回饋的循環

資料來源：Nadler, 1977, p. 43.

圖 5-3　調查回饋的過程模型

---

[3] 以下的研究報告資料，係引自 Cummings and Worley (2006), pp. 238-239.

覆的評量方法。此研究比較調查研究法與其他三種 OD 的干預措施：人際的過程諮商（interpersonal process consultation）、任務的過程諮商（task process consultation）以及實驗室訓練（laboratory training）。結果顯示，調查回饋法的效果是四個中最好的，而且是唯一「與大量的全盤性組織氣候的改變」有關的干預措施。

其他的研究結果，也大都顯示調查回饋法的效果是好的。例如，有一個研究結果顯示，如生產力、成本與缺勤率等的結果變數（outcome variable）方面有 53% 的研究報導具有正面的效果，而有 48% 的研究指出，在過程變數（process variable），如員工的開放性、決策與動機，具有正面的效果。

二、團隊建立
（一）意義

團隊建立（Team Building）長久以來一直是組織發展中一項核心的干預技術。它係指許多能幫助團體改進其完成任務的方法，同時增進他們的人際關係與問題解決技術的計畫性活動（planned activities）（Cummings and Worley, 2005: 230）。

（二）目的

依據 Richard Beckhard（1969）的說法，團隊建立有以下四大目的，依序是：
1. 設定或釐清團隊目標（goal）與目的（objectives）。
2. 決定或釐清團隊成員的角色與責任。
3. 設立或釐清團隊的政策或程序。
4. 改進人際關係。

（三）活動

團隊建立的活動可依據活動所涉及的層級與取向（level and

orientation）而加以區分。如表 5-9 所示，團隊建立的活動可以集中於以下三個層級：（1）一個或以上的個人；（2）團體的運作與行為；（3）團體與組織的關係。而活動的取向則可分為兩大類：（1）診斷；（2）發展。

（四）團體活動（會議）的基本規則

　　美國學者 Gary N. McLean 教授提出了以下幾項從事團隊建立活動的基本規則（ground rule）可供參考（McLean, 2006: 167-168）：

1. 有備而來。
2. 準時開始，並且依程序表準時結束，除非（偶而）大家同意延長。
3. 按照議程進行且每次議程均限定時間，最好不超過 30 分鐘。
4. 會議前，隨會議主旨分發議程與所需資料以及預期成果。
5. 紀錄所有會議的內容，包括擬採取的行動。
6. 發言時，使用第一人稱，如「我想……」、「我覺得……」、「我希望……」等。
7. 承認別人已有的貢獻（即表達的意見）
8. 陳述不贊成（同意）的理由，而不是歸因（不可損人也不能做人身攻擊）。

表 5-9　團隊建立活動的分類

活動層級	活動取向	
	診斷	發展
一個或以上的個人	工具（問卷）、面談並回饋給成員以了解團體成員的風格與動機	教導 360° 回饋 第三者干預技術
團體運作與行為	調查、面談以及團隊會議以了解團體的過程與程序	角色釐清 使命與設定目標 決策過程 規範的變革
與組織的關係	調查與面談以了解團體與組織在何種情況下具有關係	策略性規劃 利害關係人分析

9. 公開自己的議程，及早說出你要的與需要的。

10. 傾聽別人的發言，如有不清楚，應重述你認為別人所說的內容。

11. 分享個人的感受，即使可能導致衝突。以「我……」的話語來面對，而不要使用「歸罪」（blaming）（如都是因為……）的語氣或字眼。

12. 對於團體的過程，如有回饋（如反映的意見、想法等），可以提供出來。

13. 儘量參與（而非主導或逃避）。

14. 針對議題參與討論並貢獻意見。

15. 避免分散注意力（如接電話、開啟信件、竊竊私語等）。

16. 以共識法（consensual model）做決策。

17. 確認與會人員資格，邀請來賓發言如果他們有助於達成任務的話。

18. 以這些基本規則為基礎，極力讓會議進行順利。挑選一位監督者（monitor）（以觀察誰違反這些規則）。

19. 依據議題的出現與情況，隨時增刪這些規則。

20. 假如有成員因急事缺席，應請一位出席者將會議的最新進展告訴那個人。

（五）團隊建立的效果

依據 Cummings and Worley（2006）綜合許多學者的研究報告指出，團隊建立的效果不一，有的研究報導正面的效果，有的研究則認為效果並不是那麼的好。[4] 例如：有些研究指出，在人員的感受、態度與績效量數（performance measures）上，具有正面的效果。另一個研究結果顯示，團隊建立對於生產力、人員離職與成本降低具有半數以上的正面影響。

而有的研究則顯示較少正面的效果，特別是無法得到績效改進與團隊建立具有強烈關係的結論，原因是研究設計不夠嚴謹以及干預時間較短。另外，由於團隊建立通常都與其他干預措施一起實施，因此，很難將團隊建立的效果與其他干預措施的效果予以分離。為此，有二位學者做了地下

---

[4] 以下的研究報告資料，係引自Cummings and Worley (2006), pp. 140-141.

礦工的現場研究，試圖將團隊建立所產生的生產力效果與目標設定（goal setting）所產生的生產力效果予以區分。結果發現，團隊建立對績效的品質有影響，而目標設定則與績效的量有關。對此種不同影響的解釋是：此涉及礦場工作的本質，因為績效品質的改進比績效數量的達成更為複雜、無規則可循以及必須彼此依賴。此一結論顯示，團隊建立對於團體的績效改善，特別是對複雜的、無規則可循的以及互賴的工作，很有助益。

第四節　變革成效的評估

變革措施是否奏效乃是變革管理中至為重要的問題，因為任何變革在正式推行之前，必定設有所欲達成的目標，而目標是否達成？達成的情況為何？這些問題都必須在變革實施告一段落之後予以坦誠的檢視，變革成效的評估（或評量）正是檢視目標是否達成的主要依據。然而令人遺憾的是，成效評估似乎常被變革管理的推動者所忽略，因此，本節即針對變革成效評估的問題，加以探討。

壹、評估的意義與重要性

一、意義

何謂評估（evaluation）？論者間對評估一詞的確切意義似乎沒有一個大家都一致同意的看法（Fitzpatrick et al., 2004: 5）。合著《方案評估》（*Program Evaluation*）一書的費茲派崔克（J. L. Fitzpatrick）等人將評估定義為：「關於一些經得起考驗之標準的辨識、釐清以及應用，以便決定受評對象在這些標準下的價值。」（the identification , clarification ,and application of defensible criteria to determine an evaluation object's value in relation to those criteria）（Fitzpatrick et al., 2004: 5）。組織發展學者貝哈德（Richard Beckhard）與哈瑞斯（R. T. Harris）將評估定義為：「一系列的、資訊蒐集的與分析的活動，目的在於提供那些負責變革管理的人一

項對變革措施之效果與（或）進展情形的滿意評鑑。」（a set of planned, information-gathering, and analytical activities undertaken to provide those responsible for the management of change with a satisfactory assessment of the effects and/or progress of the change effort）（Beckhard and Harris, 1977: 86）。

　　另外，研究組織變革評估的著名學者伍德曼（Richard W. Woodman）教授則對組織變革評估做這樣的定義：「評估組織變革意指，發展一項蒐集資訊的系統性方法，此一方法足以對一項組織變革計畫的結果進行評估。」（To evaluate Organizational Change essentially refers to developing a systematic method of collecting information that will allow an assessment of the outcomes of an organi-zational change program.）（Woodman, 2005: 37）。

　　由上述幾位學者的看法可知，組織變革的成效評估就是，針對組織所推行的變革計畫（或措施），從事一項系統性的活動，以便評估推行結果的有無與優劣。

二、評估的重要性與困難

（一）重要性

　　為何組織變革的成效評估非常重要？學者與實務工作者提出了以下許多頗具說服力的理由：

1. 決定未來是否繼續投資於變革

　　變革並非憑空而得，而是必須耗費許多組織的資源，因此，變革的成效為何？是否有其價值（即投資相對於報酬是否值得）？當然必須加以評估，以便決定組織是否應該繼續投資於變革。換言之，如果變革的成效不明，則如何說服組織繼續此一投資？所以，成效評估便成為一項有力的說服工具。

2. 作為改進干預措施的參考

　　評估的結果可以提供一種回饋的資料，包括干預措施的執行過程以及

其立即的效果如何等，此等資料可作為評估干預措施進展情況以及計劃下一個干預措施如何進行的參考。

3. 評估結果的好與壞具有不同的作用

評估的結果如果是好的，則顯示干預措施產生了預期的結果，如此即可研究如何將此變革予以制度化（institutionalize），使其成為組織正常運作的一部分；反之，如果評估的結果是不良的，那麼可以告訴我們，當初對組織問題的診斷可能有重大瑕疵，不然就是用錯了干預措施。這種資訊可以促成以後更審慎的診斷以及尋找更有效的干預措施。

4. 改善變革措施在組織裡的形象

變革措施在組織中往往備受質疑，甚至是遭到抗拒的，因此，如果能經由成效的評估顯示它對組織的貢獻，則自然可以改變組織成員對變革措施的不利態度，而增進其形象。

（二）困難

從事變革成效的評估，在組織中往往也遭遇了以下的許多困難：

1. 許多決策者認為評估不必做，因為他們認為，結果好壞往往是自明的（self-evident）；有的則認為變革的效果難以用科學的方法加以評估；另外，還有決策者認為所花的成本與時間可能太高而不值得這樣做。

2. 組織中的成員有時也持否定看法。成效評估往往必須對組織成員做訪問或問卷調查。因此，他們便覺得浪費了他們寶貴的時間，甚至是妨礙到他們的工作（例如無法如期完成自己的工作而要加班或延遲下班）。

3. 有的研究者認為，成效評估很難做，因為要在干預措施與結果間找尋真正的因果關係（cause-effect relationship）很困難。

4. 變革推動者（如外來的顧問等）可能太在意名聲，因為如果變革成效不彰的話，對他們是一種打擊，因而不會積極敦促從事變革的組織去做成效評估。

貳、評估的方法

變革成效的評估，涉及兩個重要的問題：一是評量（measurement）的問題；另一是研究設計的問題。

一、關於評量方面

首先，要探討的是以什麼東西作為評量的標準，此即效標（也就是量數）的選擇；其次是好的效標應具備哪些特性？以下分別說明：

（一）效標的選擇

就硬策略的干預技術而言，使用以下的效標來評估變革的成效，應該是極為適當的。

1. 財務績效量數

以傳統的財務績效量數（financial performance measures）來衡量變革的成效，計有以下幾種指標（Graetz et al., 2006: 307-308）：

（1）股價表現（績效）（share price performance）。

（2）市場占有率（market share）（顧客滿意度）。

（3）整體績效量數（overall performance measures），例如，普通股權益報酬率（return on equity）、整體資產報酬率（return on total assets）、營業額成長率。普通股權益報酬率是最常用以顯示整體績效的比值。

（4）獲利力量數（profitability measures）：淨獲利率（稅前利潤除以營業額）、稅後獲利率／營業額、營業費用／營業額，最後這一項是衡量有效的變革管理的較佳指標。

（5）現金流量（cash flow）：此為一種時間趨勢的絕對值而非比值。獲致較佳的現金流量是管理績效良好的一項重要指標。

（6）預算：假如預算能將變革計畫所預定的輸入與產出之數量計入，那麼達到預算目標自然是衡量績效的一項良好指標。

（7）注意事項。

關於以上的財務績效量數，有幾點注意事項必須加以說明：

（1）在評估變革的績效時，我們須要使用長期的財務資料，而不只是本期與上期的比較而已。三到五年的趨勢分析可以降低反常事件（atypical event）的影響。

（2）財務績效量數對於區分績效成果）究係來自於有效的變革計畫抑或來自於經濟情勢、產業環境或組織策略等的改變，有很大的困難。

（3）為了解某種特定財務結果背後的過程，今日的分析者經常尋找將各種管理活動或過程的非財務量數與財務績效量數整合的技術。

（4）上述財務績效量數的一大難處就是，它們彼此之間常無一致性。例如，為增加市場占有率與顧客滿意度常須降低產品售價，如此一來，便會損及獲利力與普通股權益報酬率（以及股東的滿意度）。

2. 行為量數

可分為二類：工作參與（以下前三項）與工作績效（以下後二項），列舉如下：

（1）缺勤率（每月）：缺席總日數／平均工作人數×工作日

（2）流動率（每月）：總離職人數／平均工作人數

（3）意外事件率（每年）：意外事件總數×200000／全年工作時數×以100位全職工人的時數（40小時×50週）為基礎

（4）生產力（每人）：總產出（產品或服務）／平均工作人數

（5）不良率（每人）：總不良品（廢料 + 顧客的回收 + 重做 − 修復（金額、單位或小時）／平均工作人數

（二）良好效標的特性

1. 具操作性定義：指效標能指明所需的經驗性資料為何，如何蒐集以及

如何能從資料轉變成資訊，例如上述的財務績效量數與行為量數即有此特性。

2. 好的信度：效標必須是可靠的，亦即可代表某一變數的真正價值，例如汽車的台數即確實可以代表汽車工人的生產量。

3. 好的效度：指效標能真正反映它所要反映的東西。例如，汽車的台數不見得是衡量生產力的正確效標，因為它無法顯示成本的數字，而成本也是生產力的重要指標。

二、關於研究設計方面

　　就軟策略的干預技術而言，變革成效的評估涉及行為的面向，例如，工作滿足感的增減、工作倦怠感（burnout）的高低，甚至是組織承諾（organizational commitment）的有無等，因此，評估時必須使用研究設計。

　　組織變革或組織發展乃屬行為科學的範疇，殆無疑義。而行科學的研究設計，一般可分為實驗設計與準實驗設計，以下略加說明：

（一）實驗設計（experimental design）

　　實驗設計又稱為真實驗設計（true experimental design），在此項設計中，實驗是經由實驗組與控制組的設立，而對於實驗的內部效度（internal validity）能加以相當的控制。另外，實驗組和控制組均以隨機抽樣方式選定，故實驗結果具有相當程度的外部效度（external validity）（指可以類推至其他相似情況的程度）。

　　實驗設計，就建立因果關係（causality）而言，是一種最有力的研究設計（Campbell & Stanley, 1966）。一般而言，當研究者要確定一項研究是否產生真正的效果時（此即內在效度的意義），實驗設計可說是一種最理想不過的評估方式。就內在效度而言，實驗設計具有「組織研究」中最高的內在效度。（Woodman et al., 2005: 194）一項研究設計必須符合下述幾個標準，始能被認為是一種實驗設計：1. 研究者必須有能力直接控制至

少一個獨立變數（以組織變革而言，干預本身就是獨立變數）；2. 必須能夠產生控制組（control group）或條件；3. 無論實驗組或控制組，在分派個人、小組或單位（組織）時，必須是隨機的（random）；4. 研究的受試者之數量必須充足以便能隨機取樣或分派。（Kerlinger & Lee, 2000）。實驗設計一直被認為在組織變革的領域裡是不可能的，因為在現存的組織中無法隨機分派個人或小組（Bullock & Svyantek, 1987）。

（二）準實驗設計（quasi-experimental design）

1. 內容

　　基於上述的理由，社會科學的研究便比較常採行準實驗設計。雖然它可說是一種不完全的實驗，且對於內在效度也未能充分控制，當然外部效度更受到相當程度的限制。

　　準實驗設計應具備的條件是：

（1）長期衡量：重覆且持續一段相關長的時間去衡量干預的結果。最好在干預措施實施前即開始蒐集資料，並且持續直至產生結果。

（2）比較單位（控制組）的設置：即設置一個實驗組（接受干預措施者）與控制組（未接受干預措施者）。雖然在組織中很難找到完全一樣的二個組，但如果二組在人員組成與工作職掌上極其類似的話，即可作為比較的基礎。

（3）統計分析：所得結果，應盡量以統計方法去做分析，以排除結果係由隨機誤差或機率所造成的可能性。

2. 準實驗設計的實例

　　民國 74 年，政大吳定教授與筆者共同在當時的台北市古亭區公所與雙園區公所從事一項為期半年，名為「組織格道發展技術應用於行政機關」的研究。當時由於樣本無法以隨機抽樣選取，而且必須以整個團體為調查對象，故即採用準實驗設計，以古亭區為實驗組，以雙園區為控制組。依據坎貝爾（Donald T.Campbell）及史丹利（Julion O.Stanley）兩位教授的分類，準實驗設計有六種，其中的一種：不相等控制組設計

（noneqivalent control group design）即是本研究所採用者。茲將該研究設計敘述於後：

（1）基本型式：此種研究設計的基本形式，可用圖形表示如下：
（Campbell & Stanley, 1963: 13-22; 34-40）

$$實驗組：01 \times 02$$
$$控制組：03 \times 04$$

其中，「0」代表衡量（measurement），「X」代表研究對象受實驗事件的曝露（exposure）或處理（treatment）。而我們所要衡量的對象即為此種處理所產生的效果。「……」虛線表示其上下二組（即實驗組與控制組）在特質條件上是不相等的，因為無法用隨機分派的方法分組之故。

研究對象分為二組，即在虛線之上的實驗組和其下的控制組。

兩組研究對象在「處理」前後均分別做了衡量，此即實驗組的 01 及 02 與控制組的 03 及 04。

（2）比較項目：02 和 01；04 和 03；02 和 04

（3）基本假設：$01 \neq 02$；$03 = 04$；$02 \neq 04$

（4）統計方法：t 檢定，其步驟如下：

A. 虛無假設 H_0：$X_1 = X_2$（X_1 及 X_2 分別為實驗前後領導型態的平均數）(以一種「主管 領導型態問卷」調查所得的結果)

B. 對立假設 H_1：$X_1 \neq X_2$

C. 顯著水準（雙尾檢定）$\alpha = 0.05$

D. 建立臨界域：$T > t_{0.05}（n - 1）$（此為查表t值）

E. 根據樣本數 n，計算統計量 T 的值。

F. 結論：若 $T > t_{0.05}（n - 1）$，則拒斥 H_0，並判定實驗組主管在實驗 前後所做之領導型態自我評估有顯著性差異；反之，接受 H_0，並判定兩者無顯著性差異。

本章參考書目

司徒達賢（1981），《組織診斷與組織發展》，台北：帝略印書館。

吳定（1989），《組織發展：理論與實務》，台北：天一圖書公司。

吳定、鄭勝分、李盈盈（2005），《組織發展應用技術》，台北：智勝。

吳復新（1999），〈調查回饋法〉，孫本初、吳復新、夏學理、許道然著，《組織發展》，台北縣：國立空中大學。

林燦螢（2007），〈績效管理新趨勢－企業觀點〉，《政府部門人力資源績效管理研討會論文》。淡江大學公共行政學系主辦，台北市公務人力發展中心。

Beckhard,R. (1969). *Organization Development:Strategies and Models*. Reading, MA: Addison-Wesley.

Bradford, D.L., and Burke, W.W. (eds.) (2005). *Reinventing Organization Development:New Approaches to Change in Organizations*. San Francisco, CA: Pfeiffer.

Burke, W.W. (1994). *Organization Development:A Process of Learning and Changing* (2nd ed.). Reading ,MA:Addison-Wesley.

Cummings, T.G.and Worley,C. G. (2005). *Organization Development and Change* (8th ed.). Mason, OH:South-Western.

French, W.L. & Bell, Jr. C. H. (1995). *Organization Development: Behavioral Science Interventions for Organization Improvement* (5th ed.). Englewood Cliffs, NJ: Prentice-Hall.

Golembiewski, R. T., & Hilles, R. J. (1979). *Toward the Responsive Organization: The Theory and Practice of Survey/Feedback*. Salt Lake City,UT : Brighton Publishing.

Golembiewski, R. T. (1979). *Approaches to Planned Changes*, Vol.1 & 2. NY:Marcel Dekker.

Graetz, F., Rimmer, M., Lawrence, A., & Smith, A. (2006). *Managing Organisational Change* (2nd Australasian ed.). Sydney: John Wiley & Sons Australia.

Hellriegel, D., Slocum, J. W., & Woodman, R. W. (1998). *Organization Behavior* (8th ed.). St. Paul, MN: South-Western.

Huse, E. F. & Cummings, T. G. (1985). *Organization Development and Change* (3rd ed.). St. Paul, MN: West Publishing.

McLean, G. N. (2006). *Organization Development: Principles, Processes, Performance*. San Francisco: CA: Berrett-Koehler.

Nadler, D. A. (1977). *Feedback and Organization Development:Using Data-Based Methods*. Reading, MA: Addison-Wesley.

Paton, R.A. and McCalman, J. (2000). *Change Management:Guide to Effective Implementation* (2nd ed.). London: Sage.

Senior, B. and Fleming, J. (2006. *Organization Change*. (3rd ed.). London:Prentice Hall.

Beckhard, R.,& Harris, R.T. (1977). Organizational Transitions: Managing Complex Change. New York: Addison-Wesley.

Bullock, R.J., & Svyantek, D.J. (1987). The impossibility of using random strategies to study the organization development process. Journal of Applied Behavioral Science, No. 23.

Campbell, D. T., & Stanley, J.C. (1966). Experimental and quasi-experimental designs for research. Chicago: Rand McNally.

Fitzpatrick, J.L., Sanders, J.R., & Worthen, B.R. (2004). Program Evaluation: Alternative Approaches and Practical Guidelines (3nd. ed.). Boston: pearson.

Graetz,F.,Rimmer,M.,Lawrence,A., & Smith,A. (2006). *Managing Organisational Change* (2nd Australasian ed.). Sydney:John Wiley & Sons Australia.

Kerlinger, F.N.,& Lee, H.B. (2000). Foundations of behavioral research (4th ed.). Fort Worth, TX: Holt, Rinehart and Winston.

McLean, G.N. (2006). *Organization Development: Principles, Processes, Performance*. San Francisco: CA: Berrett-Koehler.

Woodman, R. W. (2005). Change, evaluation. In N. Nicholson, P. G. Audia, & M. M. Pillutla (Eds.), The Blackwell encyclopedia of management: Organizational behavior, 2nd ed., Vol. 11. Oxford, UK: Blackwell.

第三篇

行政組織人力資源與財務管理

第六章　行政組織的人力資源管理

　　面對二十一世紀全球化、速度化與知識化的時代趨勢，提升競爭力是全球國力競賽的重要指標，伴隨全球競爭態勢與政府改造風潮，強調全觀性（holistic）與目的性，運用創新及彈性化的人力資源管理策略來取代傳統人事行政，似乎已成為政府行政組織最新發展趨勢。先進國家如美國、英國、加拿大、紐西蘭、澳洲等國政府，在 1990 年代政府改造運動中，即師法企業引進各項策略性人力資源管理措施，將人力資源管理與組織目標及其他管理方式串連起來，進而達到提升績效的目的。根據瑞士洛桑國際管理學院（IMD）所發表的「世界競爭力年報」（http://www.imd.ch/wcy），2008 年台灣總體競爭力為 55 個受評比國家中的第 13 名（較前一年進步 5 名），而「政府效率」一項則由前一年第 20 名提升為第 16 名，顯見政府效能是當前提升國家競爭力的一項重要工程，而政府人事體制及人力素質則是影響政府效率與政府改造成敗的關鍵因素。

　　我國政府人事制度的特性是高度法制化，各項人事措施均有立法依據，屬於傳統的人事行政（Personnel Administration），包括考試、任用、考績、級俸、陞遷、獎懲、保障、撫恤、退休及訓練等行為與措施。根據我國憲法第 83 條所定考試院為我國最考考試機關，其法定職掌包括：考試、任用、銓敘、考績、級俸、陞遷、保障、褒獎、撫恤、退休、養老。憲法增修條文第 6 條則因養老性質屬於社會福利而改歸行政院（社政主管機關）掌理，予以刪除，並因性質與實務運用需要共區分成三項：

一、　考試（含公務人員及專技人員）。
二、　公務人員之銓敘、保障、撫恤、退休（含法制及執行事項）。
三、　公務人員之任免、考績、級俸、陞遷、褒獎之法制事項。

　　準此以觀，我國行政組織人力資源管理，除銓定資格以及敘定級俸等銓敘事項，泛指一切有關政府公務人員選、用、育、留等相關事宜。

第一節　核心能力

　　核心價值是公務人員應具備的重要工作觀念及精神,「主管職務管理核心能力」代表擔任主管職務者,達成有效管理目標所必須具備之人格特質、態度觀念、知識及技術等。是故,無論主管或非主管人員、中央或地方公務人員,皆須具備核心能力,始能充分發揮主權受託者的角色。

壹、核心能力的定義

　　所謂「核心能力」(Core Competency)係指用以執行某項特定工作時所需具備的關鍵能力(李聲吼,1997),透過對於關鍵因素的掌握可協助組織降低成本或提升價值,進而形成組織的競爭優勢。因此,核心能力可視為競爭優勢的基礎。沈介文(1999)整理多位學者的意見,認為核心能力包含下列四種特性(以下各學者之說法均引自沈介文之專文):

1. 核心能力是一種累積學習的結果,例如 Prahalad & Hamel(1990)就指出,核心能力是組織由過去到現在所累積的知識學習效果(learning)。

2. 核心能力是一種獨特的競爭優勢,例如 Fiol(1991)、Collis(1991)和陳彩繁(1995)等人都認為,核心能力為相對於競爭者的公司特有優勢。

3. 核心能力是一種整合的綜效,例如 Hamel & Heene(1994)與 Tampoe(1994)都認為,核心能力是組織內多種技術的整合。

4. 有效的核心能力必需具備可應用性,也就是企業能根據其核心能力,廣泛地發展出多樣化而有利基(niche)的產品,並應用於市場(Watson, 1993; Tampoe, 1994; Hamel & Heene, 1994)。

　　歸納上述特性,核心能力對政府行政人員而言,是一種依職系、官等不同所獨有的能力,這些能力透過持續性的學習,能夠廣泛應用於實務工作上,充分發揮功能。

貳、核心能力的作用

核心能力的作用可區分為兩種層面，其一為個人層面，在於創造個人的獨特性，讓每位員工有一定的價值與重要性，亦即使個人更不容易被取代。對組織而言，在於實現組織的願景。透過「願景－策略目標－重要核心業務－核心能力」的連結，如同金字塔（如圖 6-1 所示）型態，形成一連串「目的－手段」的連結關係，願景代表的是抽象的未來藍圖，透過策略目標及重要核心業務的轉化，由具備核心能力的人員來加以落實，當組織願景達成時，政府施政效績與整體競爭力亦會提升。

在行政組織中，願景具體化成為施政方針，施政方針依業務性質轉化為各行政組織及單位的實質業務，再由各司其位具核心能力者予以執行，繼而綜合各個行政人員之執行成果，層轉上級，逐項完成目標，達成組織願景。

參、核心能力管理模式

核心能力管理模式乃依組織層級與分工特性的需求，針對員工於職位上所須具備的關鍵能力進行定義以及相應行為的描述，一方面使其確保是

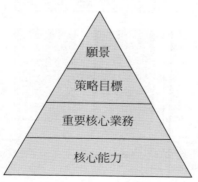

資料來源：行政院人事行政局。

圖 6-1　核心能力的作用

類能力能與組織的願景及價值相契合,另一方面,則能使其與組織內部各項人力資源管理活動(如:考選、任用、獎懲、績效評估、陞遷、訓練發展、接班人計畫等)產生連結的一套管理做法(如圖 6-2 所示)。例如:透過核心能力的建構,在考選方面,可作為未來考選、任用人才時之參考;在教育訓練方面,可就個人能力較差的部分加以補強,以厚植人力資本;此外透過核心能力與績效管理的連結更可作為後續薪資、陞遷、獎懲之參據。

運用核心能力管理模式,可以有效的將核心能力結合組織承諾,並透過公務人力資本分析,找出公務人員既有能力與應具能力之落差,以建立整合性人力資源管理系統。以有系統的管理,建構成評估組織中是否具備核心能力以及如何提升公務人員核心能力之方法。

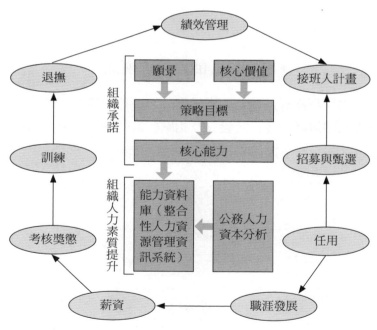

資料來源:行政院人事行政局。

圖 6-2　核心能力管理模式

　　根據公務人員保障暨培訓委員會（簡稱保訓會）的調查，簡任官等的共通能力為 41 項、薦任官等為 38 項、委任官等則為 29 項。簡任官認為最重要的前五項為「協調能力」、「創意思考」、「危機管理」、「創造價值與前瞻性」、「系統性思考」；而薦任官與委任官認為最重要的前四項能力均為「情緒管理」、「協調能力」、「溝通技巧」、「人際關係」，而第五項的能力分別為「危機處理」與「團隊合作」，如表 6-1 所示。

表 6-1　各級公務人員全球化能力重要程度指數比較表

官等 排序	簡任	薦任	委任
	能力項目	能力項目	能力項目
1	協調能力	情緒管理	情緒管理
2	創意思考	協調能力	溝通技巧
3	危機管理	溝通技巧	協調能力
4	創造價值與前瞻性	人際關係	人際關係
5	系統性思考	危機處理	團隊合作
6	業務敏銳度	團隊合作	問題解決
7	問題解決	基本法令律知識	終身學習
8	策略性思考	創意思考	危機處理
9	策略規劃	業務敏銳度	基本法律知能
10	營造良好組織氣候	系統性思考	表達能力
11	績效管理	策略性思考	公務倫理
12	情緒管理	創造價值與前瞻性	資訊應用
13	人際關係	問題解決	工作執行
14	政策制定執行評估	終身學習	行政中立
15	跨域協調	衝突管理	人文素養
16	了解員工	行政中立	文書處理
17	引導變革管理	工作執行	顧客服務
18	多元思考	英語能力	知識管理
19	國際觀	跨域協調	英語能力
20	政策行銷	表達能力	時間管理
21	行政中立	知識管理	品質管理
22	了解並掌握環變化	公務倫理	生涯規劃
23	衝突處理	品質管理	組織學習

表 6-1　各級公務人員全球化能力重要程度指數比較表（續）

官等 排序	簡任 能力項目	薦任 能力項目	委任 能力項目
24	鼓勵參與接受建言	人文素養	工作計畫研擬
25	終身學習	資料蒐集分析運用	國際觀
26	英語能力	國際觀	簡報技巧
27	專案管理	顧客服務	政府組織體系
28	人文素養	公文製作	會議籌辦
29	工作諮詢	工作計畫研擬	國家展望
30	公務倫理	時間管理	
31	影響員工	預算編列與執行	
32	重視多元價值	組織學習	
33	知識管理	生涯規劃	
34	資料蒐集分析運用	方案設計	
35	談判技巧	國家展望	
36	媒體溝通	簡報技巧	
37	品質管理	會議籌辦	
38	組織學習	政府組織體系	
39	國家展望		
40	預算編列與執行		
41	簡報技巧		

資料來源：作者根據保訓會「建構簡薦委任非主管公務人員共通能力研究」資料統計。

　　我國公務人員核心能力之運用，委任官等職務內容傾向作業性、事務性，應具備人際互動職能，以與內外顧客合理互動；薦任官等職務內容繁、責任重、所需資格條件高，除具備人際互動職能外，尚須具備危機管理能力，始能以權變、彈性方式處理臨時性事務；簡任官等，為我國高級文官，應具備遠見及前瞻性、全方位思考能力，才能引領屬員達至組織目標。

第二節　人事人員

　　政府再造過程中，傳統人事部門與人員的角色逐漸由管制功能轉為

配合組織策略發展的策略性人力資源管理。是項轉變，導致人事人員服務的多元化，對於人事專業能力的重視與日俱增，人事人員必須具備基礎能力，方足以因應多元化的職務內容。

壹、人事機構的地位

　　各機關辦理人事業務之單位，統稱為人事機構。我國人事機構在性質上一方面係屬各機關的幕僚單位之一，受各主管機關長官之指揮領導；另一方面在人事業務上又分別為考試院銓敘部或行政院人事行政局的派出單位，受銓敘部及人事行政局的指揮監督。因此，我國人事機構為各機關之幕僚單位，協助業務部門或單位組織目標的實現，另外更具有超然獨立的地位，以貫徹人事業務的執行：

一、我國人事機構具有幕僚單位的性質

　　各機關的人事機構，得協助並輔助首長維繫組織人力資源完整性以實現組織目標，就其幕僚性質則具以下特性：
　　（一）人事機構為事務機構而非實作機構；
　　（二）人事機構為輔助機構而非權力機構；
　　（三）人事機構為協調機構而非管轄機構；
　　（四）人事機構為參贊機構而非決策機構。

二、人事機構具有獨立超然的地位

　　我國人事機構所管轄的業務皆由考試院掌管，雖然仍有行政院人事行政局掌理行政院所屬各機關的人事行政事宜（考選除外），但實際上仍是一條鞭的超然系統，因為考試院可在業務上監督行政院人事行政局，並且當有任何人事法律要提出時，仍由考試院向立法院提出，故我國的人事機構具有獨立超然的地位。
　　惟基於政府職能日漸擴張，現今人事機構除善盡幕僚的角色外，尚應

主動研擬人力運用的措施以配合組織發展的需要。職是之故，現代的人事管理機構，已不再單純的扮演幕僚角色，而係積極從事策略性人力資源規劃的實作及決策工作。

貳、人事人員的角色及職能

人事機構地位的轉變影響及於人事人員角色和功能的轉換，傳統人事人員從監督者、守門員與行政工作者的消極角色轉變成為員工關懷者、變革推動者、服務提供者及策略伙伴等積極角色，而功能也從傳統的處理龐大一般行政事務，轉變成重視解決方案的設計與執行，形成倒金字塔型的結構，如圖6-3所示。

根據美國聯邦政府人事管理局（Office of Personnel Management, OPM）設定的人力資源模式，聯邦人事人員能力包括「策略伙伴」、「領導者」、「員工關懷者」、「技術專家」及「變革顧問」等五種角色，各面向所應具備的內容大致上不同，但各項能力都需具備「口語溝通」的基本能力，才能建立與服務對象的交集。除了基礎的口語溝通能力外，五種角色所需的能力分別為：

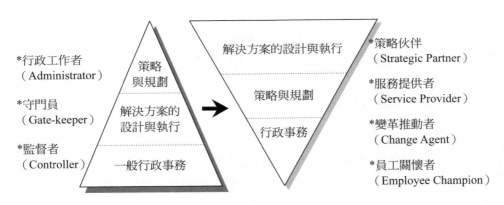

圖6-3　HR 的重新定位（reposition）

（一）策略伙伴（strategic partner）：（1）組織意識；（2）解決問題；（3）顧客服務；（4）容忍壓力。

（二）領導者（leader）：（1）決策；（2）評估與規劃；（3）衝突管理；（4）自我管理；（5）自尊。

（三）員工關懷者（employee champion）：（1）彈性；（2）教導他人；（3）學習；（4）人際關係技術。

（四）技術專家（technical expert）：（1）科技能力；（2）法規、政府與法律體系；（3）人事和人力資源；（4）資訊管理；（5）數理；（6）顧客服務；（7）書寫；（8）閱讀；（9）記憶；（10）細心。

（五）變革顧問（change consultant）：（1）團隊；（2）論證；（3）影響力／協商；（4）廉潔／誠實；（5）創造性思維；（6）容忍壓力。

　　該研究並依據調查結果，建立人事人員的能力地圖（如圖 6-4 所示），認為人事人員的培訓與成長可分為四個階段，在初期見習（試用）階段，應加強對機關任務了解，而在專業歷練階段，則須加強組織覺察、建立共識與諮商輔導能力、培養冒險精神及顧客服務的習慣；晉升至基層

學習	應用	教導	領導
機關任務 相關知識	組織覺察 共識與諮商 創新 冒險 顧客服務	衝突解決 建立信任 配合機關任務 團隊合作 系統思考	組織發展 設計與執行變革 行銷 影響力 瞭解環境 溝通
見習	歷練	基層主管	中高階主管
人事專業能力 人事法規與政策、分析能力、成果評量、多元化管理、運用資訊科技			

圖 6-4　OPM 人事人員角色與能力地圖

主管，則須加強各項管理才能；中高階人事主管則應逐漸了解機關外環境變化，採取各種適應及調整等組織發展方案，以發揮領導功能。

我國人事行政局針對行政院所屬人事人員進行「人事人員之核心能力」調查，發現受訪者認為人事人員核心能力最重要的項目為：「人事法規知識」、「顧客服務」、「建立同仁信任」及「資訊技術」等四項。此一調查，顯示一般公務同仁對人事部門的角色職能之期待，已從傳統人事行政工作，逐漸轉變向人力資源規劃，協助機關任務達成之策略幕僚。

如表 6-2 統計所示，人事人員對於自身所應具有之職能認知中，

（1）簡任人員：溝通協調、顧客服務、人事法規、人力資源規劃、建立信任、創新變革。

（2）薦任人員：人事法規、溝通協調、顧客服務、建立信任、員工協助、資訊技術。

（3）委任人員：人事法規、溝通協調、顧客服務、建立信任、資訊技術、員工協助。

第三節　選才

組織人力因人員離退造成職務空缺，須羅致新血，選用新人。在全球化的時代潮流下，政府為因應各項變革及挑戰，不斷推動興革措施，公務人員的選拔關乎政府人才的羅致及政策執行品質，妥適的人力資源規劃、善用正確的考選方法，方能拔擢真正所需人才。

壹、人力資源規劃

人力資源規劃（Human Resource Planning, HRP）係指組織依據其內外環境及員工的生涯發展二種角度，預估未來組織長短期人力資源的需求，進而做一種有系統且持續性的分析過程。因此人力資源規劃主要目的有二：

表 6-2　人事人員能力認知排序統計

人事人員	簡任		薦任		委任	
	平均	排序	平均	排序	平均	排序
顧客服務	0.673759	2	0.710499	3	0.64611	3
建立信任	0.432624	5	0.534705	4	0.555028	4
溝通協調	0.737589	1	0.753401	2	0.755218	2
人事法規	0.64539	3	0.810255	1	0.813093	1
績效管理	0.283688	8	0.155563	16	0.177419	14
人力資源規劃	0.496454	4	0.267527	9	0.265655	8
挑戰精神	0.141844	19	0.107778	21	0.12334	18
資訊技術	0.156028	18	0.355773	6	0.389943	5
系統思考	0.276596	10	0.189745	12	0.189753	12
多樣化管理	0.141844	19	0.106034	22	0.119545	19
型塑願景及文化	0.191489	14	0.122428	17	0.116698	20
了解機關業務	0.269504	11	0.284269	7	0.26186	9
建立團隊	0.283688	8	0.28044	8	0.296015	7
創新變革	0.375887	6	0.221835	10	0.183112	13
衝突管理	0.212766	13	0.180328	13	0.20778	11
行銷	0.113475	23	0.117544	18	0.105313	23
員工協助	0.297872	7	0.370771	5	0.37666	6
資源連結	0.120567	22	0.116498	19	0.167932	15
影響力	0.177305	16	0.172654	14	0.116034	17
問題分析	0.177305	16	0.111266	20	0.112903	21
了解外在環境	0.141844	19	0.087199	23	0.106262	22
知識管理	0.191489	14	0.201256	11	0.212524	10
危機與風險處理	0.248227	12	0.161144	15	0.166983	16
有效樣本數	141		2867		1054	

一、配合組織的目標，達到最有效率與效能的人力配置。

二、運用員工的生涯發展，設計一項良好的組織計畫。

　　人力資源規劃應先確定組織的目標與策略，繼而從整體環境來思考組織內部的人力配置，因此完整的人力資源規劃流程首先應了解組織目前的人力狀況、目前組織內有多少人力可資使用及對組織未來需要的人力需求

進行預測。

　　當組織完成實際人力供需分析，下一個步驟便是依據兩者的比較結果，擬定一項人力計畫並加以實施。人力供需的比較結果，將產生以下三種情況（如圖 6-5 所示），可採取的因應措施為：

一、需求多於供給時（人力不足）

　　當人力不足時，除希望組織現有員工可以增加或延續原有產出效能外（例：鼓勵加班、鼓勵延後退休），則要透過培養或招募人才等方式，儘快填補人力缺口，例如：聘用兼職或臨時人員、擬定甄選計畫、內升、業務外包、運用閒置的人力等。

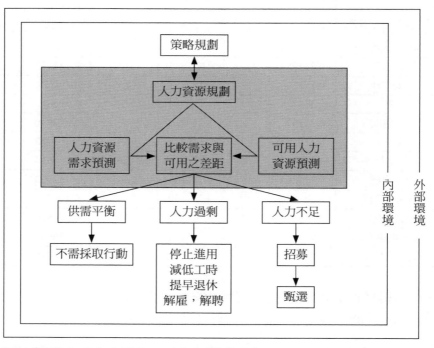

資料來源：參考 Byars, L. L., L. W. Rue, and 黃同圳等（2006）。

圖 6-5　人力資源規劃流程圖

二、供給超過需求時（人力過剩）

當人力過剩的時候，組織希望能降低不必要的人事支出以降低人力成本，不得已時再進行資遣或裁員的動作。故可採取遇缺不補、實施工作分擔、減薪、鼓勵自願提早退休、收回外包工作、鼓勵無薪休假、提供進修與訓練、解雇臨時人員、組織瘦身等方法以茲因應。

三、供需平衡

供需平衡指組織內部的供給與需求目前是達到平穩的情況，並不需要進行調整，因此維持現況即可。每個組織的人力資源規劃的目標都希望可以達到供需平衡的情況。

政府人力資源規劃亦須面對環境因素進行調整。我國政府一向以精簡人力，提升政府效能為主要政策，以規劃最適合理人力規模控管各機關員額數不致大幅增加。遇業務縮減及機關裁併，人員無法立即離退時，則多以「出缺不補」作法來限制各機關擴增員額。惟面臨如全球金融危機所引發失業及後續通貨膨脹等惡性循環，導致市場失靈現象發生，政府則必須對員額管制措施進行檢討，提出彈性、暫時之鬆綁作法，達到「當增則增，應減則減」原則。

貳、考選的意義與地位

政府在執行政策與處理業務的時候，如遇人力不足造成職務缺位情況者，須透過考選甄審（選）選擇適合勝任該職務的人員。而所謂考選即是透過公開競爭原則之考試方法以及內部甄審或外部甄選方式以為國家從眾多的應試者中拔擢優秀人才。公務人員考選階段，即如人事行政大門的守衛，扮演極重要的關鍵地位，倘若守衛不嚴而引豺狼入室則後果難以收拾，這就是行政學所謂「疆界防守」（boundary spanning）的概念。考選目的可歸納為以下四點：

一、選拔優秀人才，造成有為政府

透過公開考試的方式，可以找出真正具有能力的人，而不致於任用一些無本領，僅仰賴關係引領之人。透過考選選出真正優秀的人才來替全民做事，才可以真正造就有為政府。

二、救濟選舉之窮，才俊得以出頭

西方過去的民主政治，重視選舉的結果，往往政府職位被具有財富或權勢之人所掌握，無法有效選賢與能，造成盲從濫選的弊病。

三、促進社會流動，人人可登仕途

以考試來拔擢人才，是現行最民主與客觀之方式，無論每個人的背景如何，皆可以就由公開競爭的考試而成為公務人員，為國服務。

四、消除分贓制度，確保政治清明

為確保我國不會像美國最早的「分贓制度」（spoils system）時期，有許多官員是不需經過考試而是憑藉著政黨或私人關係而進入政府工作，所產生的「一人得道，雞犬升天」的現象，現代民主自由的國家無不實行考選制度，皆希望公務人員要具備工作知識與技能並保持政治清明。

參、考選方法

考選旨在選拔真才，而考選的方式與內容攸關人才甄補是否能夠用人惟賢、真正拔擢到所需用人才。公務人員考試法第八條規定：公務人員考試，得採筆試、口試、測驗、實地考試、審查著作或發明、審查知能有關學歷經歷證明等方式行之。除採筆試者外，其他應採二種以上方式。針對上述規定茲介紹如下：

一、筆試係指以文字書寫或劃記方式使用試卷或試卡作答者。

二、口試係指以語言問答方式評量應考人之知能及有關事項。

三、測驗係指心理測驗或體能測驗而言。

四、實地考試係指以實地操作方式考評應考人之專業技術。

五、審查著作或發明，乃指就應考人檢送其本人之著作或發明之憑證、圖式、樣品或模型等加以審查。

六、審查知能有關學歷經歷證明乃指與所考類、科需具備之知能有關之學歷經歷證件及送審之論文。

　　雖然我國目前考試方式多採筆試為主，部分考試兼採口試方式為之，另部分特殊性類科尚需透過實地考試外，無論透過哪些方式進行，只要把握正確性、可靠性、客觀性及廣博性即可。

肆、我國現行考選制度

　　憲法第 85 條規定：「公務人員之選拔，應實行公開競爭之考試制度，……非經考試及格者不得任用。」故欲成為公務人員需經考試來取得資格。根據公務人員考試法規定，凡具中華民國國民，年滿十八歲且符合學歷等積極資格，無不得應考情事者，皆可報名參加，並以分數高低決定是否錄取依序分發任用。

　　根據法律與現行考選制度的特點，我國現行考試體系可以概分為公務人員考試、專門職業及技術人員考試。凡經公務人員考試錄取，經訓練成績及格，試用期滿，經銓敘審定合格實授者，即可取得任用資格；凡經專門職業及技術人員考試通過者，則取得執業資格。以下分述如下：

一、公務人員考試

　　公務人員之選拔，進入政府機關任公職，除若干特別人事制度不受任用資格限制外，不論其為行政工作或技術工作，均須先經國家考試及格，始得任用。以下就考試種類說明之：

（一）高等、普通及初等考試：每年舉行

1. 高考一級：公立或立案之私立大學研究院、所，或經教育部承認之國外大學研究院、所，得有博士學位者，得應公務人員高等考試一級考試。
2. 高考二級：公立或立案之私立大學研究院、所，或經教育部承認之國外大學研究院、所，得有碩士以上學位者，得應公務人員高等考試二級考試。
3. 高考三級：公立或立案之私立獨立學院以上學校或經教育部承認之國外獨立學院以上學校相當學系畢業者，或普通考試相當類、科及格滿三年者，得應公務人員高等考試三級考試。
4. 普考：公立或立案之私立高級中等學校以上學校相當類科畢業者，或初等考試及格滿三年者，得應公務人員普通考試。
5. 初考：中華民國國民年滿十八歲以上者。

（二）特種考試：視用人需要不定期辦理

惟為應用人機關業務需要，對於應考人應考資格（如年齡、學歷、體格檢查）、考試方式、訓練及限制轉調，有較特殊規定。特考多訂有年齡上限，且及格人員在及格後 6 年內，不得轉調申請舉辦特種考試機關及其所屬機關以外之機關任職。

1. 一等特考（相當高考一級）；
2. 二等特考（相當高考二級）；
3. 三等特考（原乙等特考，相當高考三級）；
4. 四等特考（原丙等特考，相當普考）；
5. 五等特考（原丁等特考，相當初考）；

（三）升等升資考試

目的在使現職人員，經由此考試升任高一官等之任用資格，以鼓勵久任；分簡任及薦任二官等考試。

（四）國軍上校以上軍官外職停役轉任公務人員檢覆，已於 91 年 1 月取消積覆改為考試

二、專門職業及技術人員考試

指依法規應經考試及格領有證書始能執業之人員。分為二類，一為高等考試、普通考試及初等考試，二為特種考試。

（一）高等考試

應考資格主要為專科以上學校相當系科畢業者，或普通考試相當類科及格並曾任有關職務滿四年者；具有相當資歷者，得申請減免應試科目。及格方式分為：科別及格、總成績滿 60 分及格，或以錄取各類科全程到考人數一定比例為及格等三種方式。

（二）普通考試

應考資格為高級職業學校以上學校相當科系所畢業者，或初等考試相當類科及格並曾任有關職務滿四年者；具有相當資歷者，得申請減免應試科目，總成績滿 60 分為及格。

（三）特種考試

為適應特殊需要，得舉行特種考試。及格方式除航海人員特考採科別及格制外，其餘均以總成績滿 60 分為及格。

我國現行考選制度，除專技人員考試係按總成績確定錄取分數外，銓敘部及人事行政局於年度開始前或申請舉辦考試時即函送考選部有關考試等級、類科、人數等用人需求，以透過人力資源規劃模式初估正額錄取人數，繼而將榜示錄取人員中依成績高低算至分發機關提報之用人需求人數，如算至需求人數尾數有二人以上成績相同者，皆視為正額錄取。另酌增增額錄取人員列入候用名冊，以供分發機關或申請舉辦考試機關於正額錄取人員分發完畢後，分發任用之需。

　　就考試方法而言，我國考試以評量應考人的學識為主，屬於知識本位考試（knowledge-based examination），未來宜考量將工作內容及人員所需特質等因素納入評量範圍，並適度增加情境模擬、口試等與工作關聯性（job-relatedness）較高的考試方法，以提高考選的效度與信度。

第四節　用才

　　我國公務人員之任用，強調專才專業、適才適所、初任與升調並重，人與事適切配合之原則，考量所欲任用公務人員之品德及對國家之忠誠，並注意有關其學識、才能、經驗及體格，皆應與擬任職務種類職責相當。主管職務並應重視領導能力，分別按其具有之官等、職等任用之。惟為因應新環境的需要，政府各階層人力的運用宜改採多元化的彈性任用管道，使得政府人力運用制度可以強化政策領導能力，加強績效管理。

壹、我國官制結構

　　依我國公務人員任用法第五規定，一般公務人員之官等，分為委任、薦任、簡任；職等區分為第一至第十四職等。其中「官等」係指依任命層次及所需基本資格條件範圍所為之區分，而「職等」則是指依職責程度及所需資格條件所為之區分，共分成十四個職等。

　　我國採用官等職等併立，結合品位分類制（rank classification）與職位分類制（position classification），不同的職等可對應官等，其相互關係如表 6-3 所示。

表 6-3　官職等級對照表

官等	職等
簡任	第十四職等
	第十三職等
	第十二職等
	第十職等
薦任	第九職等
	第八職等
	第七職等
	第六職等
委任	第五職等
	第四職等
	第三職等
	第二職等
	第一職等

貳、公務人員任用方式

公務人員須經公平、公正、公開的競爭考試錄取、訓練合格後，依法派任公職。因此任用為各機關首長對經考選合格之人員派以適當職務的過程，與考選制度有密切的關聯。考選為任用之前奏，而任用為考選之結果。公務人員的任用，至少應具下列資格之一：依法考試及格、依法銓敘合格、依法升等合格；其他有關特殊性質職務人員之任用，除應具有前項資格外，如法律另有其他特別遴用規定者，並應從其規定。

任用可透過以下方式擇優勝任，分別為：

一、內升制

指當機關有職缺時，由內部在職且職等較低的人員來升任的制度。

二、外補制

　　指當機關有職缺時，不由內部的低職等員工中進行升任，而由外界遴選具公務人員資格者以資遞補的制度。

三、折衷制

　　內升及外補之任用制度各有所長，折衷制為考量其相對適用性，在機關有職缺時，部分採用外補制、部分採用內升制。採用何種方式的考量做法有三：

（一）限定界限法

　　先將公務人員等級分為高、中、初三等，任職考試亦分為高、中、初三等。初等考試及格者自初級任起（外補制），但可陞至中等的中間級（內升制）；中等考試及格者自中級任起（外補制），但可陞至高等的中間級（內升制），亦或是初、中等晉升中高等，均輔以升等考試。我國目前升官等考試辦法原則上亦是如此。

（二）規定比例法

　　當機關出現職缺時，規定由內升者及外補者各占一定比例。除此亦可考慮不同官等，而有不同的比例，其最高原則與目的在求得公務人力資源做最妥適的運用。

（三）升等考試法

　　當機關出現職缺時，採用公開招考的方式，機關的現職人員以及其他機關的人員皆可報考。

　　我國公務人員任用制度除初任公務人員採考試任用分發外，其餘以內升與外補並重、甄審以及甄選並採之任用方式。各機關職務出缺時，除依法申請分發考試及格或依公務人員考績法得免經甄審（選）之職缺外，

應就具有該職務任用資格之人員，本功績原則評定陞遷。而各機關職缺如由該機關人員陞遷時，應辦理甄審。如由本機關以外人員遞補時，除特殊人員外，應公開甄選，旨在本人與事適切配合之旨，考量機關特性與職務需要，依資績並重、內陞與外補兼顧原則，採公開、公平、公正方式，擇優陞任或遷調歷練，以拔擢及培育人才。此外，近年來跨部門（cross-sector）人才流動受到重視，如何借重私部門、第三部門經營人才，提升政府績效亦為值得重視的課題。

參、績效管理

績效管理（Performance Management）係指整合目標設定、績效評估及發展成為一個完整的系統，以確保人員的活動及績效表現與組織策略目標一致。而完整的績效管理系統包含三大部分：績效標準的設定、績效評估（performance appraisal）及績效回饋（performance feedback），如圖 6-7 所示。

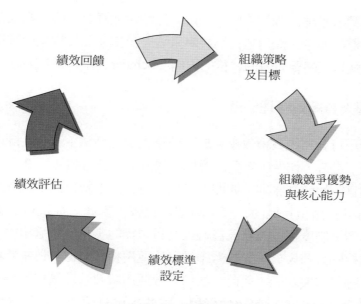

圖 6-7　**績效管理系統**

一、績效管理的目的

績效管理的目的主要有三（Noe, Hollenback, Gerhart & Wright, 2003: 330-331）：

（一）行政管理目的

績效管理的資訊，尤其是績效評估的結果，可提供組織作為薪資、陞遷以及調任等行政管理決策上的參考依據。

（二）員工發展目的

績效管理不僅是評估員工的績效表現，亦希望可以了解員工為何績效不佳的原因，並藉此可以知道需要進行哪些改進才可以使員工績效有所提升。

（三）策略性目的

進行績效管理系統的重要目的之一是希望能將員工的行動及行為模式與組織目標相連結。從角色行為觀點來看，員工在工作環境中被期許的行為表現，就是策略要有效的執行的方向（Schular, 1989: 157-184）。

二、我國人員績效管理制度

我國現行公務人員績效規範於「公務人員考績法」，本「綜覈名實、信賞必罰」之旨，作準確客觀之考核。依公務人員考績法第 9 條規定，考績係以同官等比較為原則，亦即除了機關首長由上級機關長官考績外，其餘人員的考績係和其他同官等人員進行比較。因此，從現行考績法制分析，我國考績制度係以公務人員個人為考績標的，且一體適用中央與地方所有行政機關公務人員，又雖考績結果的運用相當廣泛，但主要仍偏重行政功能，輕忽發展功能，爰此，如何有效運用績效管理策略其另一個重要環節即是發展有效的績效評估指標，這些指標是根據工作需求而產生，

因此與工作密切相關。這些指標會強調組織期望屬員達到的目標，員工也會依據這些指標來決定努力的方向，因此指標必須具有策略一致性、信度、效度、判別能力及具體性（Bohlander and Snell, 2004: 340-342; Noe, Hollenback, Gerhart and Wright, 2003: 333-335），並非隨意制定。例如美國政府現行考績制度即訂定關鍵績效指標（Key Performance Indicator, KPI）或是關鍵成功要素（Critical Success Factor, CSF）以作為公務人員執行職務評核的依據。

我國目前以公務人員考績制度，評估個人工作績效。然而，落實績效管理仍有賴於目標和個人、組織績效指標的因素連結以及準確客觀的績效評估方式，以降低評估者由於主觀認知過多等原因而產生偏誤。最後，尚可透過績效回饋面談以達到促進屬員進步發展的功能，藉由面談過程，主管可將績效評估的結果與相關資訊回饋給屬員，協助其了解自己的缺點為何，並討論出如何進行改善，主管亦可藉此協助部屬去發掘並克服達成績效的可能障礙，因此可以說是促進績效管理系統是否可以發揮功能的一個必要步驟。

第五節　育才

人力資源管理強調透過個人對其職涯發展（career development）的規劃，強化個人對組織的向心力，並透過訓練機制以提升人員能力，建構高績效的組織。

壹、職涯發展

職業生涯（career）就個體而言，係指個人多年來所任職之各種職務的集合。個人在進行職涯發展規劃時，首先須先了解組織的生涯階梯，也就是在特定領域內其組織層級以及各職位間的系統與關聯性，藉以規劃出符合現實的職涯發展路徑，如同金字塔般（如圖 6-8 所示），員工從最底層開始，透過工作歷練、平調或是陞遷方式，培育組織所需人才。而為避

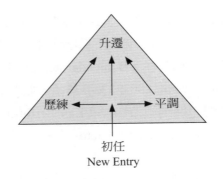

圖 6-8　組織內部流動示意圖

免「彼得原理」（Peter's principle）現象（一個人升至某一職位後，如不經進修訓練，便無法勝任現職或更高的職務），教育訓練乃成為提升人員能力的必要手段。

就組織而言，職涯規劃是對於整體個人職業生涯所做的一個完整程序分析，透過這個制度個人可以了解自己的技能、志趣及其他特質，訂定自己職涯的目標與與完成目標的行動計畫，而在執行計畫的過程中亦可提供自己在發展機會上進行選擇的資訊（Dessler, 2005: 350）。

完整的職涯管理系統須有特定流程與步驟，如圖 6-9 所示。

	自我評鑑 →	現實查核 →	目標設定 →	行動規劃
員工責任	指出改善現況的機會與需求	指出具體可行的發展需求	指出目標及確認發展方式	指出達成目標的步驟及時程
組織責任	提供員工的特長、缺點、與趣及評價等的評估資訊	傳達績效評估結果，以及員工在組織長期規劃下所發展的角色	確認目標是具體的且有挑戰性並可能達成的。致力協助員工達成目標	指出員工達成目標所需之資源，如：課程、工作經驗及人際關係

資料來源：王精文、林佳蓉譯（2005），p. 291。

圖 6-9　職涯管理階段步驟與責任

　　由圖 6-9 可知，員工與組織在每一階段都有自己所要負責和扮演的角色，職涯管理系統必須能連結個人的職涯發展需求與組織的需求，才能有效契合而發揮對個人與組織的正面效果。因此實際上，正式的職涯管理系統並不只加惠於個人，更會讓組織獲得一定的利益。例如讓員工提高平均任期，並降低人員的流動率。

　　我國目前行政組織職涯發展措施可見於公務人員任公職期間之職務輪調、調職及陞遷等歷程，涵括心智成長、知識增進與權位提升等意涵。公務人員陞遷法第 13 條第 1 項規定，各機關對職務列等及職務相當之所屬人員，應配合職務性質及業務需要，實施下列各種遷調：
（一）本機關內部單位主管間或副主管間之遷調。
（二）本機關非主管人員間之遷調。
（三）本機關主管人員與所屬機關首長、副首長或主管人員間之遷調。
（四）所屬機關首長、副首長或主管人員間之遷調。
（五）本機關與所屬機關間或所屬機關間非主管人員之遷調。

貳、訓練

　　訓練（Training）係指「協助員工取得工作所需技能」的方法，藉由此學習過程，員工可以獲得與工作相關之技能、觀念、規則或態度以增進員工績效。而訓練又可依其範圍區分為廣義與狹義：廣義訓練指組織為了「將來」執行業務的需要，而對於組織成員所進行之知識與技能的再學習及心理的重建；就狹義而言，訓練係指為確保員工具備執行業務之能力，組織提供員工所需的各種基本技能及知識，而此提供是為了員工「目前」的工作需要。

一、訓練的種類

　　訓練的種類有很多，主要可依對象、時機及員工職位高低等方式來區分，而每一種訓練方式都有其特別的對象與用意。

（一）依訓練對象區分

1. 新進人員訓練：係針對剛新進入機關服務的員工所進行的訓練活動。
2. 在職員工訓練：乃對於已經於組織內部擔任正職之員工所進行的訓練活動。

（二）依訓練時機區分

1. 職前訓練：職前訓練亦稱之為始業訓練（orientation），專門為組織新進員工所舉辦，內容主要是介紹組織及其工作單位與內容，使新進員工得以盡快了解組織與其所屬單位的工作概況。
2. 在職訓練：在職訓練（On-Job training, OJT）是一種引導員工如何正確的執行工作，並且允許其在訓練人員的監督下去試作的訓練，通常都由資深員工或管理者來向其他員工展示如何執行工作。
3. 職外訓練：職外訓練（Off-Job training）就是在工作外的時間進行訓練。員工離開工作崗位接受訓練，可兼具充電學習、跨機關聯誼、休閒等多方面功能。

（三）依職位高低區分

1. 員工訓練：係針對一般組織屬員所進行的訓練，通常針對該職務所需具備的共通能力和知能所進行的活動。
2. 管理者發展訓練：訓練對象為組織的管理者或高階幹部，內容多為領導能力、溝通協調技巧、危機處理等實體運用訓練。

二、訓練的程序

　　組織進行訓練需有一定的程序與步驟，方可有效達到訓練效果，並且不斷的精益求精，讓每次的訓練都可使組織達到目標。關於建立完整的訓練實施程序，目前行政院訂有「公務人員訓練作業規範」，提供具體的標準與程序，如圖 6-10 所示。

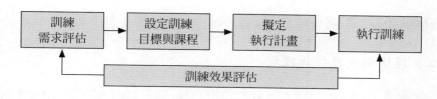

圖 6-10　**公務人員訓練標準模式**

（一）訓練需求評估

訓練的最終目的是要幫助組織達成目標，所以一個組織應該要將有限的資源運用在最有助於達成組織目標的活動與人員上，因此在執行訓練前必須要做需求評估（needs assessment）。需求評估指根據組織分析、工作分析、人員分析等系統性分析的結果，以了解機關與公務人員本身之訓練需求，常用的分析方式如下：

1. 工作分析（Job Analysis）

工作分析是組織人力資源規劃與管制的基礎，主要係為了可以有效運用人力資源，因此進行蒐集、檢視及解析某職位的主要活動，及從事這些活動所需具備特質做客觀性、系統性描述及分析的過程。

2. 技能差距分析（Skills Gapping Analysis）

藉由工作分析的結果，對照屬員是否具有該工作所需的技能，藉由技能差距來判斷是否應進行訓練以消除差距。

3. 績效分析（Performance Analysis）

指評估員工績效，以及決定是否應藉由訓練或其他方式（如轉換部門或調整薪資）來改善績效的過程。

4. 重要程度—滿意程度分析（Importance-satisfactionAnalysis, ISA）

重要程度與滿意程度的矩陣（I-S 矩陣）是在進行 ISA 時的主要工具，用來探討重要程度和滿意程度方面的相互作用所產生的改進機會和策略。利用此矩陣能夠找出最迫切需要修正的項目，亦即指重要程度高和滿

意程度低而言，如圖 6-11 所示。

（二）設定訓練目標與課程

　　在確定了訓練的需求後，就要設定訓練目標以配合需求，如此才可在訓練設計時不會忘記當初為何要進行員工訓練，避免流於「為了訓練而訓練」等目標錯置（goal displacement）（即將達成目標的手段誤置為目標本身）的情況。

　　有效的訓練目標必須說明在訓練完成之後，整體會為組織、部門以及個人帶來那些成果與效益，並且要以書面的方式呈現出來。當訓練的目標是完整且清楚的被界定後，即可依據訓練目標去訂定訓練效果評價之標準，以在訓練進行間有效的進行品質控管及事後對訓練做評估。組織亦可依照此目標去設計適當的教材、內容及教學方法，以達到最好的訓練效果。

（三）擬定執行計畫

　　設定明確的訓練目標後，就要以此研擬訓練的執行計畫或方案，其中

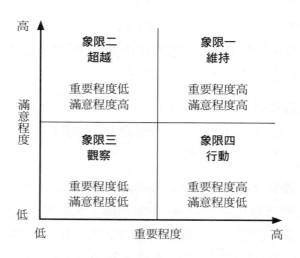

圖 6-11　I-S 矩陣圖

應包括課程規劃、訓練師資之延攬方式、訓練所使用的多媒體器材、訓練場地與布置等。

（四）執行訓練

根據擬定的訓練執行計畫，完整將訓練活動按步驟完整執行，其中應包括：訓練教師選擇、訓練教材編撰、學員之輔導與成果考核、訓練行政資源分配等。

（五）訓練效果評估

在訓練執行完畢後，必須針對實際的訓練學習情況以簡潔或複雜之方式進行評估，讓受訓者與相關單位了解訓練之結果，並作為日後辦理類似訓練，或提供訓練機構間經驗交流之參考。我們可將訓練效果的評估簡單分為四個領域：

1. 反應評估：受訓者對此訓練計畫的喜好程度；
2. 學習評估：受訓者在訓練計畫中學到的概念、知識與技能；
3. 行為評估：受訓者之後的工作行為是否有因為參加此訓練計畫而改變；
4. 結果評估：訓練的最終是否有達到當初所設定的訓練目標。

三、我國行政組織現行訓練進修概況

（一）訓練種類

目前公務人員訓練進修法所定之訓練種類，計有公務人員考試錄取人員訓練、升任官等訓練及行政中立訓練、專業訓練、一般管理訓練、進用初任公務人員訓練及其他相關之公務人員訓練等。

（二）進修之種類

公務人員進修之種類分為入學進修、選修學分及專題研究。其實施方

式如下：

1. 赴國內外專科以上學校入學進修或選修學分。
2. 赴國內外機關學校專題研究。
3. 赴國內外其他機關（構）進修。

　　而上開各類進修時間，另分為全時進修、部分辦公時間進修及公餘進修等三種。

（三）訓練進修辦理方式

　　依公務人員訓練進修法規定，公務人員參加訓練或進修之　辦理方式相關規定如下：

1. 訓練：由各機關（構）學校主動提供辦理，包括機關（構）學校自辦、委辦訓練，或列入該機關（構）學校年度訓練計畫之其他訓練。
2. 進修：由各機關（構）學校選送或由公務人員自行申請參加進修。

第六節　留才

　　政府透過一連串的考選、任用、考核及訓練等方式，為國家羅致人才，如何使這些人才能夠願意長期留任、發揮所長，則須透過激勵因素及俸給制度等配套措施，使其無後顧之憂，盡心盡力為民服務。

壹、激勵制度

　　員工激勵是組織中「古老」而「重要」的管理課題，不論公私部門，都試圖透過適當的激勵措施，以增進人員的滿足感、提高工作績效。許濱松教授在民國 70 年即已指出，發揮我國公務人力資源的工作潛能，提高行政效能，應舉辦員工態度調查，了解員工需要，依據學理擬訂切實可行的激勵方案，方能改進公務員的工作生活，使公務工作更富吸引力，俾能吸引與留住優秀人才，同時使彼等發揮工作潛能，運用智慧，改進行政效

率，使政府機關之行政效能得以充分發揮。

　　而激勵是主管的重要職責，主管若透過良好的激勵手段可以有效的將組織資源做適當的調配，提高員工工作意願、發揮潛力、提高績效。從預期理論來看，激勵員工必須將「努力—績效—報償」連結，讓員工在工作上的努力，經由主管的協助而達成績效，再經過評估制度獲得有形或無形的酬償。

　　我國不同官職等對於激勵因素的要求有些許所不同，例如，委任第五職等公務人員認為能夠影響其久任的激勵因子在於學習新事物的機會、能夠融入團隊、擁有友善志同道合的同事、工作性質得以貢獻社會，並能夠充分享受休閒活動；對於薦任第六職等公務人員而言，除了要有學習新事物的機會、能夠融入團隊、擁有友善志同道合的同事、能夠充分享受休閒活動，重要的是期望這份工作得以穩定並能保障未來；對於薦任第九職等的主管或非主管而言，由於期已屆臨簡任高級文官，其職責程度較高，年資較深，因此工作壓力的免除需求較高，因此倘若能夠免於工作壓力，其對於該職務的認同程度也較高，如表 6-8 所示。

貳、俸給

　　俸給是指國家對經任用之公務人員為酬勞其服務、安定其生活、維持其地位，而定期所給予之待遇。根據公務人員俸給法將相關名詞定義為：

一、本俸：係指各職等人員依法應領取之基本給與。

二、年功俸：係指各職等高於本俸最高俸級之給與。

三、俸級：係指各職等本俸及年功俸所分之級次。

四、俸點：係指計算俸給折算俸額之基數。

五、加給：係指本俸、年功俸以外，因所任職務種類、性質與服務地區之不同，而另加之給與，所以又區分為三種。

表 6-8　各官等激勵因素調查統計表

	平均數排序	薦任第九職等排序	薦任第六職等排序	委任第五職等排序
學習新事物的機會	1	1	2	1
貢獻社會的機會	6	7	9	4
免於工作壓力	8	5	13	11
陞遷機會	11	11	8	14
社會地位	12	13	11	9
發揮個人所長的機會	7	8	6	7
免受監督	15	15	14	10
工作任務的多樣化	9	12	10	8
喜享受休閒活動	4	6	4	5
友善、志同道合的同事	2	3	1	3
成為團隊的一份子	3	4	5	2
高薪	10	9	7	15
穩定有保障的未來	5	2	3	6
擔任領導人的機會	14	14	15	12
參與重要決策的機會	13	10	12	13

（一）職務加給：對於主管人員或是職務繁重或工作具有危險性　的人員之加給。

（二）技術或專業加給：對於技術或專業技能的人員之加給。

（三）地域加給：對於服務偏遠或特殊地區與國外者之加給。

　　我國行政機關公務人員，原則上係依據考選結果而分別訂有相對應職等，並根據公務人員俸給法依照不同的職等而給予本俸，並依不同的情況而有加給，如表 6-9、表 6-10、表 6-11 所示。依據公務人員任用法第 13 條規定：考試及格人員之任用，依下列規定：高等考試之一級考試或特種考試之一等考試及格者，取得薦任第九職等任用資格；高等考試之二級考試或特種考試之二等考試及格者，取得薦任第七職等任用資格；高等考試之三級考試或特種考試之三等考試及格者，取得薦任第六職等任用資格；普通考試或特種考試之四等考試及格者，取得委任第三職等任用資格；初等考試或特種考試之五等考試及格者，取得委任第一職等任用資格。

表 6-9　報考資格與初任資格

考試種類	報考資格	取得職級	初任薪資
高考一級／特考一等	■ 博士	薦任 9 等	$62.390
高考二級／特考二等	■ 碩士	薦任 7 等	$52,690
高考三級／特考三等	■ 大學以上 ■ 普考 3 年	薦任 6 等	$49,550
		委任 5 等	$43,610
普通考試／特考四等	■ 高中職畢 ■ 初考 3 年	委任 3 等	$38,890
初等考試／特考五等	■ 年滿 18 歲	委任 1 等	$31,450
備註	報考資格於技術類科有科系限制		

資料來源：考選部國家考試宣導小組。

表 6-10　公務人員職等、俸點及俸額對照表

委任					薦任				簡任					公務人員俸點	月支數額
1	2	3	4	5	6	7	8	9	10	11	12	13	14		
											四	三		800	59,250
										五	三	二		790	56,190
									五	四	二	一		780	55,480
									四	三	一	三		750	53,330
									三	二	五	二		730	51,910
								七	二	一	四	一		710	50,480
								六	一	五	三			690	49,050
								五	五	四	二			670	47,620
								四	四	三	一			650	46,190
							六	三	三	二				630	44,770
							五	二	二	一				610	43,340
						六	四	一	一					590	41,910
						五	三	五						550	39,050
					六	四	二	四						535	37,980
				十	五	三	一	三						520	36,910
				九	四	二	五	二						505	35,840
				八	三	一	四	一						490	34,770
				七	二	五	三							475	33,700
				六	一	四	二							460	32,630

表 6-10　公務人員職等、俸點及俸額對照表（續）

委任 1	2	3	4	5	薦任 6	7	8	9	簡任 10	11	12	13	14	公務人員俸點	月支數額
			八	五	五	三	一							445	31,560
			七	四	四	二								430	30,490
		八	六	三	三	一								415	29,420
		七	五	二	二									400	28,340
		六	四	一	一									385	27,270
		五	三	五										370	26,200
		四	二	四										360	25,490
		三	一	三										350	24,770
		二	五	二										340	24,060
	六	一	四	一										330	23,350
	五	五	三											320	22,630
	四	四	二											310	21,920
	三	三	一											300	21,200
	二	二												290	20,490
六	一	一												280	19,780
五	五													270	19,060
四	四													260	18,350
三	三													250	17,630
二	二													240	16,920
一	一													230	16,210
七														220	15,490
六														210	14,990
五														200	14,480
四														190	13,980
三														180	13,480
二														170	12,970
一														160	12,470

備註：
1. 各職等表格內黑體字部分為本俸，楷體字部分為年功俸。
2. 各等級俸點折算俸額之數額係分段累計：按其應得俸點在 160 點以下之部分每俸點按 77.9 元折算；161 點至 220 點之部分每俸點按 50.4 元折算；221 點至 790 點之部分每俸點按 71.4 元折算；791 點以上之部分每俸點按 305.8 元折算。如有不足 10 元之畸零數均以 10 元計。
3. 本表自民國 111 年 1 月 1 日生效

表 6-11　公務人員職等及專業和主管加給對照表

官等	專業加給表		主管職務加給表	
	職等	月支數額	職等	月支數額
簡任	14	43,530	14	38,850
	13	40,540	13	31,480
	12	39,320	12	28,380
	11	34,980	11	18,390
	10	32,100	10	12,600
薦任	9	27,620	9	9,330
	8	26,470	8	7,230
	7	23,270	7	5,520
	6	22,280	6	4,530
委任	5	20,260	5	4,020
	4	19,360	4	
	3	19,110	3	
	2	19,050	2	
	1	18,980	1	
本表自 111 年 1 月 1 日起生效				

　　從人力資源管理策略角度觀之，妥適的激勵措施以及適當的俸給制度對於羅致人才、維持人力正常運作等功能方面均具重要地位，完整的激勵措施、俸給福利，始能成為有效的留才管理工具。

第七節　議題與展望

　　行政組織的人力資源管理除了選才、用才、育才、留才等傳統議題外，在全球化風潮下，受到各國政府重視的性別主流及弱勢族群保障等議題，成為組織正義以及管理措施的新興議題。

壹、兩性平權

　　根據我國全國公務人員概況統計，於 97 年底全國公務人員中男性占

62.29%；女性占 37.71%，較 96 年底增加 0.45 個百分點，可以從表中發現女性公務員的人數仍維持一定比例、緩慢增加，如表 6-12 所示。

　　但若以行政機關中各官等女性所占比率來看，委任人員為 54.51%；薦任人員為 45.33%；簡任人員為 22.41%；可見官等愈高，女性所占比率則愈低。如表 6-13 所示。

　　黃煥榮教授指出，性別平衡應是組織必須努力達成的目標，但這種目標不能只透過時間來解決，而應有更積極的作為促使組織結構的改變。當前組織結構對男性有利而對女性不利的情況，並思考如何提升女性的地

表 6-12　全國公務人員人數之比較　　　　　　　　單位：人；%

性別	97 年 3 月底		97 年 12 月底		98 年 3 月底	
	人數	分配比	人數	分配比	人數	分配比
男性	210,568	62.66	210,720	62.29	210,477	62.07
女性	125,456	37.34	127,585	37.71	128,638	37.93

表 6-13　我國公務人員性別之比較

項目別	97 年 12 月底			98 年 3 月底		
	計	分配比（%）		計	分配比（%）	
		男性	女性		男性	女性
全國公務人員依機關性質別分	100	62.29	37.71	100	62.07	37.93
行政機關	100	66.87	33.13	100	66.63	33.37
行務人員	100	85.04	14.96	100	84.87	15.13
民選機關首長	100	89.39	10.61	100	88.96	11.04
簡任（派）	100	77.72	22.28	100	77.59	22.41
薦任（派）	100	54.88	45.12	100	54.67	45.33
委任（派）	100	45.67	54.33	100	45.49	54.51
雇員	100	30.02	69.98	100	30.28	69.72
警察人員	100	95.50	4.50	100	95.27	4.73
公營事業機構	100	72.28	27.72	100	71.92	28.08
衛生醫療機構	100	24.18	75.82	100	24.18	75.82
公立學校（職員）	100	24.43	75.57	100	24.48	75.52

位，及有效地解決其遭遇之困境。是以吾人必須了解性別管理不再只是平等或倫理的問題而已，尤其在面對全球化的競爭環境下，如何有效地甄選、進用及陞遷具有專業才能的人員（不論是女性或男性），使人力資源都能充分運用，將是組織提升其競爭力的關鍵所在[1]。

貳、弱勢族群保障[2]

為落實照顧弱勢族群，促進社會實質的公平正義。考選主管機關自民國 85 年起，即專為身心障礙人士舉辦考試。在原住民就業部分，亦從民國 45 年開始即有相關的考試。

一、公務人員特種考試身心障礙人員考試

考試院於民國 85 年 4 月訂頒公務人員特種考試身心障礙人員考試規則，以便遴用身心障礙優秀人才參與政府部門服務。直至 97 年底身心障礙者任公務人員占全國身心障礙者之 0.46%；占全國公務人員之 1.43%，其中男性 3,121 人、女性 1,705 人，平均年齡 45.77 歲，平均年資 16.97 年。

按教育程度區分，大學以上者占 45.87%；專科占 30.05%；高中、高職以下者占 24.08 %。按障礙類別分，以肢體障礙者 3,090 人最多，占 64.03%；其次為重要器官失去功能者占 12.10%；第三為聽覺機能障礙者占 8.52%，以上合計占 84.65%，如表 6-14、圖 6-12 所示。

二、公務人員特種考試原住民考試

考試院於民國 84 年 12 月訂頒特種考試原住民行政暨技術人員考試規則，以便遴用優秀人才參與政府部門服務。直至 97 年底原住民族任公務

---

[1] 轉引自 97 年 12 月 22 日行政院人事行政局、臺北大學公共行政暨政策學系主辦「從性別觀點看公務人力資源管理的現在與未來」學術研討會－第一場主題：性別議題在公務人力資源管理之理論發展－黃煥榮副教授－論文發表一：公務人力資源管理之性別議題與對策。
[2] 依據考試院相關統計資料，並參考許慶復教授（前考試委員）看法。

表 6-14　身心障礙者任公務人員概況

年別	總計	性別		教育程度				平均年齡	平均年資
		男性	女性	研究所	大學	專科	高中（職）及以下		
92 年	5,646	3,805	1,841	329	1,739	1,744	1,834	44.44	16.48
93 年	5,258	3,502	1,756	311	1,680	1,673	1,594	44.72	16.72
94 年	4,621	3,092	1,529	330	1,486	1,449	1,356	45.29	17.03
95年	4,758	3,132	1,626	380	1,620	1,478	1,280	45.43	17.00
96 年	4,625	3,013	1,612	401	1,618	1,421	1,185	45.70	17.21
97 年	4,826	3,121	1,705	439	1,775	1,450	1,162	45.77	16.97

人員占全國原住民族之 1.35%；占全國公務人員人數之 1.98%，男性 5,077
人、女性 1,616 人，平均年齡 41.32 歲，平均年資 15.82 年。

　　按教育程度區分，大學以上者占 15.96%；專科占 35.92%；高中、
高職以下者占 48.12%，隨高等教育之普及，專科以上程度者較 92 年
底成長 45.45%。按族別分以泰雅族最多，占 24.59%；其次為排灣族，
占 22.78%，第三為阿美族，占 21.17%，以上三族合計占 68.55%，如
表 6-15、表 6-13 所示。

　　行政組織的人力資源管理如何秉持組織正義的理念，透過分配正義、
程序正義以及互動正義促進策略性人力資源管理，不但能改善員工人際關
係、發展員工工作態度、行為、降低營運成本及增進決策或促進制度合法
性，更能使組織達成更高層次的目標，實踐社會價值。

　　我國行政機關人力資源管理具有高度法制化基礎，對公務人員有相當
週延的保障。然而，面對全球化競爭環境，在「分權、彈性、效能」等不
同於傳統的價值要求下，如何透過策略人力資源管理、人事人員專業化、
人力資本、才能管理與評鑑（talent management and assessment）、策略績
效管理等新興工具與方法，提高行政組織人力資源績效，實為當前重要人
事課題。

表 6-15 原住民族任公務人員概況　　　單位：人

年別	總計	性別		教育程度				平均年齡	平均年資
		男性	女性	研究所	大學	專科	高中（職）及以下		
92 年	6,730	5,480	1,250	32	465	1,890	4,343	39.43	14.42
93 年	6,655	5,348	1,307	30	483	1,978	4,164	39.72	14.70
94 年	6,718	5,346	1,372	54	618	2,201	3,845	40.24	15.05
95 年	6,796	5,307	1,489	70	716	2,338	3,672	40.55	15.28
96 年	6,785	5,237	1,548	79	821	2,358	3,527	40.98	15.63
97 年	6,693	5,077	1,616	119	949	2,404	3,221	41.32	15.82

本章參考書目

王精文、林佳蓉譯（2005），《人力資源管理》。台北：雙葉書廊。（Raymond A. Noe 原著，美商麥格羅‧希爾出版）。

行政院人事行政局 http://www.cpa.gov.tw

考試院 http://www.exam.gov.tw

考選部全球資訊網 http://www.moex.gov.tw/

吳秉恩、溫金豐、黃家齊、黃良志、廖文志、韓志翔（2007）。《人力資源管理：理論與實務》，華泰文化。

李聲吼（1997），《人力資源發展》，台北：五南圖書。

李正綱、魏鸞瑩、黃金印（2008），《人力資源管理－新時代的角色與挑戰》 第三版，前程文化。

沈介文（1999），〈台灣科技公關公司核心能力之研究〉，中華民國科技管理研討會論文集。

銓敘部全球資訊網 http://www.mocs.gov.tw/

蔡良文（2006），《人事行政學－論現行考銓制度》增訂三版，台北：五南圖書。

Bohlander, G. and Snell, S. (2004) *Managing Human Resource* (13th ed.). Ohio: South-Western.

Byars, L.L., Rue, L.W., and 黃同圳等（2006），《人力資源管理》第八版，台北：麥格羅希爾。

Dessler, D. (2003)，《人力資源管理》（A Framework for Human Resource Management），台灣培生教育。

Dessler, D. (2005) *Human Resource Management*. New Jersey: Person Prentice Hall.

Noe, R.A., Hollenbeck, J.R., Gerhart, B. and Wright, P.M. (2003). *Human Resource Management: Gaining a Competitive Advantage*, New York: McGraw-Hill/Irwin.

Schular, R.S. (1989) "Strategic Human Resource Management and Industrial Relations", *Human Relations*, 42.

Simon, Herbert A., Smithburg, Donald W. & Thompson ,Victor A. (1950), *Public Administration*, New York: Afred A. Knopf.

Willoughby ,W. F. (1927), *The Principles of Public Administration*, Baltimore: John's Hopkins Press.

第七章　知識管理與人力資源運用

第一節　知識經濟時代與網絡社會

　　由於知識經濟時代（Knowledge economy）的來臨以及網絡社會之崛起，使得當前政府任務環境丕變，政府掌握知識的能力愈強，愈能強化發展的機會。在知識經濟時代，無形的知識已取代有形的土地、資金、勞動等傳統生產要素，其中以人力資本與知識累積為主要生產要素之知識密集產業，為知識經濟之主導者，又此主要包含電腦、電子、航太、生物等科技產業之知識密集製造業，以及教育、通訊及資訊服務業等新興產業之知識密集服務業。申言之，知識取代傳統生產要素，決定經濟的成長與發展，隨著資訊科技快速進步及網路發達，促使知識快速流通和資訊爆炸，如何在變遷的動態環境中，萃取有用的知識並予以加值運用，是組織適存及永續發展的關鍵。當代政府於網絡社會與知識經濟時代中，所需具備的能力或技術主要有三項，即以民眾為核心、完善資訊技術應用及知識管理。就考試院所屬及部會而言，主要負責公務人力資源相關法制與管理，以及衡鑑專門職業及技術人員之執業資格等業務。在知識管理中，如何將考銓人事法制與政策和公務人力資源管理發展相融入與聯結？並進一步尋求公務人力資源與發展的核心與靈魂，以達到知識共享與創新，而相關公務部門推動知識管理的經驗與策略，可否提供公務人力資源管理之改革參考等，是吾人關心的議題。

　　1986 年歐洲經濟合作開發組織首度發表「知識經濟報告」，認為以知識為本之經濟，即將改變全球經濟發展型態。當代政府於網絡社會與知識經濟環境下，知識成為當代政府維持公私平衡關係並有效施政的關鍵要素，民眾需求管理、完善資訊科技應用與有效知識管理成為政府最重要的能力（林嘉誠，2004: 19）。我國在國內大企業台積電、宏碁集團、台塑等都進行知識管理的改革工程。行政院於 2000 年 8 月通過「知識經

濟發展方案」，並於 2004 年頒布「加強行政院所屬各機關研發創新實施要點」，要求各機關首長應運用知識管理方法積極推動研發創新工作，規定行政院所屬各一級機關應將實施計畫函送行政院研究發展考核委員會備查，並督導所屬機關訂定執行計畫。究其本源觀之，不論在探討知識經濟、知識管理與人力資源運用，其核心在人才也。再者，世界經濟論壇（WEF）在 2007 年 10 月 31 日發布 2007-2008 年全球競爭力評比，在 131 國受評國家中，我國排名 14 名，韓國排名第 11 名。依行政院經濟建設委員會（以下簡稱經建會）指出應對我國競爭力退步較大項目（也包括金融市場成熟度、體制、勞動市場效率等）積極檢討。公部門作為政府施政的主軸，自不能自外於潮流，本章主要就考試院及相關公務部門推動知識管理，其在對全球競爭力評比中提升創新（Innovation）及效率（Efficiency）之助益上，加以說明，並進一步論及其與公務人力資源運用之關係。

第二節　知識管理與國家競爭力

壹、知識管理的重要性

所謂知識係指「凡是可以為組織創造競爭利益及價值，並可經由組織發掘、保持、應用及再創造的資訊、經驗、智慧財產」（孫本初，2006: 435）。筆者認為，知識是一種能將資料或資訊轉化為有效行動的思考架構，它是一種資訊、經驗、價值以及專業知識的混合體，能幫助使用者評估與整合新的資訊與經驗，增強其知識與能力，並且能適用於未來不同的情境需要。依據 Maryam & Dorothy（2001: 107-136）認為知識可分五層面分析：是一種心理狀態（a state of mind）、物件（object）、程序（process）、存取資訊條件（a condition of having access to information）及一種能力（capability）。知識就其特徵可分為隱性的、行為導向、由規劃導引支持及變動無常（Sveiby, 1997）。通常知識可分為兩種，外顯知

識（Explicit）與內隱知識（Tacit）[1]，在外顯與內隱型態的交流、互動，即可創造組織的知識層次。當然亦可將知識分成操作性知識與發展性知識（Gilbert & Gordey-Hays, 1996: 301-312）。知識管理的實踐就是要把組織的知識跟個人的知識，無論是外顯或是內隱，將其全部結合、管理在一起，予以具體化以便知識的儲存、分享與再造。各政府機關在推動知識管理過程必須審慎面對之。

再者，知識管理係藉由知識有效溝通、知識轉換、知識擴散、知識創作（造）、知識整合的活動，促使組織內部員工皆能充分體認知識產生、分享[2]與應用之重要性，使個人、團體與組織整體的知識獲得有效管理，並建立分享的組織文化。一般人對於知識管理的認知，認為擁有資料庫及一些資訊設備即為知識管理，然而這僅觸即到知識管理的部分而不是全部，知識管理除了架構性的資訊科技支援，人還是最主要的核心，透過人的分享及應用，知識才能不斷的創新，帶來價值。透過兩者的結合，知識才會如活水一般源源不斷，提供獨特的競爭利基。知識管理必須有計畫與系統性地建立、分享、應用與更新知識，以提升組織的效能與成本效益。知識管理可以定義為 KM =（P + K）S，即透過資訊科技（+）輔助，以及分享精神（S）的實踐，結合知識工作者（P）與其知識內容（k），發揮知識管理（KM）效益。如何將外顯性知識與內隱性知識透過一個模式連結起來，形成知識轉換過程及創新的模式，是知識管理的重點，也是組

---

[1] 外顯知識，是可以客觀地明顯看得到的概念，它具有語言性及結構性，例如：一般的報告書、手冊、紀錄等；內隱知識，是主觀的、不易形式化、非結構性的，它存在於組織與個人團體之間，透過個人的經驗、熟練的技術、習慣等方式表現出來。申言之，知識管理可分為二種模式，一種是知識類型以顯性知識為主，將知識的重心放在資訊系統上，將知識編製成典範，並且儲存於資料庫當中，以便於存取與使用，對於其產品已具標準化或市場階段已進入成熟期等產業較為合用，其優點是可建立知識重複使用的經驗規模，其缺點就是只能提供資料庫中有的知識服務。另一種是知識類型以隱性知識為主，以人為知識核心，希望透過人與人之間的直接接觸來分享知識，資訊系統的主要目的，只是協助知識應用者與知識發展者，緊密地進行知識的溝通，而不僅是用於知識儲存，適用於量身訂製、創新型的產品，優點是可針對待解決的問題，反覆討論而得到更深入的看法，以及效益由內部控制與衡量，缺點是很難將隱性知識系統化。

[2] 知識分享可經由溝通過程完成，或經由學習使人們在資訊分享過程，不但「知其然」，更能「知其所以然」；當然亦可以經由交易過程來達成。詳見可參 R. H. Buckman (2004): Building a Knowledge-driven Organization. (The Mcgraw-Hill Comp.Inc), chap 1.

織管理創造知識，生存發展的關鍵（林嘉誠，2004: 15）。所以，相對應的，有關組織行為學、管理學、資訊科學及人力資源管理學等之應用是必要的，尤其在討論知識管理與人力資源運用上是其核心課題。

　　由於，組織是由眾人組成，為達成共同目的而組成的團體機制，知識可能會在組織中正式或非正式的管道中相傳，也可能藏在不同的書籍、檔案、資料庫、工作程序甚至習慣或組織文化之中。因此如何搜尋這些有用的直覺、經驗以及價值，並將它們轉化為書面的知識，有效地傳播給需要進行決策或行動的個人，如何使處於其中的不同單位與人員以及組織外的利害關係人，都能相互溝通所需的知識，並協調彼此的行動而使組織朝向一定的目標前進，自然成為組織管理的優先課題。所以，知識管理的流程包括知識創造、知識移轉、知識擴散、知識蓄積。考銓機關除就相關人力資源作有效運用與管理外，在考銓政策之制定過程，對於公務人力資源管理法制如何融入知識管理活動中，是決策者重要策略與行動方案的指導方針。為期周延論述，乃輔以行政院人事行政局及行政院研究發展考核委員會推動知識管理的經驗，借供論述其在公務人力資源上之運用。

　　為了推動知識管理，組織要有高投入成本的預期，並需要主管精神與實質上的支持，同時相關的系統環境功能也要配合提升。從今天的組織環境來看，知識管理對於組織成敗的影響更具關鍵性。由於大環境的轉變，組織精簡、決策分權、人事快速更迭以及全球性的競爭與合作，乃是不可避免的組織管理趨勢，因為下列七項因素相互影響，使得知識斷層及知識崩解日趨嚴重（王德玲譯，2003: 17）：1. 知識成為資源；2. 職務性質轉變；3. 資訊爆炸；4. 高流動率；5. 企業縮編；6. 臨時雇員日增；7. 知識管理的需求。二十一世紀新經濟中最重要的四項管理概念：不斷進步、致力提升品質、不斷創新、建立組織學習機制，必須建立在有效的知識管理上。在當前趨勢下成功的關鍵，正是組織中的人所具有的知識，以及組織獲取、累積、分析、傳播與善用這些知識的能力。由於策略聯盟的競合型態需求、管理經驗的傳承需求，以及分散決策權力的需求日益迫切，現代組織的成敗日益依賴其蘊含的核心知識，而此源自於卓越企業的新管理途徑，能幫助組織更有效率與效能地累積、發展、萃取以及分享組織的核

心知識。同樣地，筆者觀察行政機關組織也透過推動知識管理，期以達到留住組織記憶（Organization Memory）適時適切的經驗傳承，增強組織動能，並藉以提升組織績效，強化組織核心能力，配合提升國家整體競爭力。

再以，知識管理的導入，可分為基礎設施結構的評估、知識管理系統的分析設計及開發、知識管理系統的導入及導入後的評估及再改良等階段。在實務運作上，管理者欲將組織形塑成為知識型組織時，必須採行下列作法：1. 完善的教育訓練計畫；2. 建立誘因機制；3. 提供知識分享之途徑；4. 協助成員與專家接觸；5. 形塑樂於學習的組織文化；6. 設置知識執行長（孫本初，2006: 448）。為推動知識管理，組織應該建立一套整合性的支援系統，以支持不同形式的知識內容與分享模式。此外，並應該鼓勵組織人員以各種形式（如會議、專案合作、公文傳遞或 tea time 非正式交流等）進行知識分享與交流，並提供足夠的人力培訓機會，以確立正確的組織核心價值。管理階層須在必要時，調整組織文化與人員的心態，促使組織中的相關人士，都能接受並承諾知識管理的理念。高層主管應該隨時監測相關的活動，進行知識管理工作的績效評估，並獎勵正面的行為與活動。易言之，知識管理在考試院及其他相關政府部門的推展過程，同樣面對的是與領導階層對於知識管理的認識與承諾，以及是否能整合、協調知識管理各結構面向有絕對的關係。茲先就其在公務部門之運用上，依照實務推動的研究，指出知識管理為公部門的知慧寶庫，並彙製如圖 7-1。

要之，知識管理是一種思想（考）與行動的過程，各機關部門在推動過程必須經由知識的彙集、分享與再利用、再分享，以增進組織知識經驗傳承，人力素質提升、建立行政支援系統，達到落實知識管理的效益，增進服務效能。

貳、運用知識管理提升國家競爭力

知識管理，是二十一世紀的管理新風潮，美國政府於 1997 年公布「全球電子商務推動架構」，英國政府於 1998 年公布「1998 年競爭力白

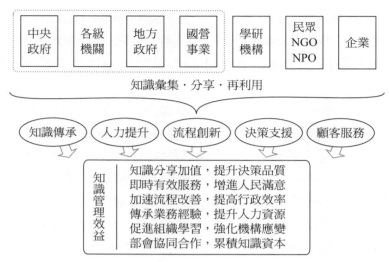

資料來源：劉武，2007: 5。

圖 7-1　知識管理為公部門智慧寶庫之核心

皮書」以及 1999 年公布「推動英國成為全世界最好的發展電子商務環境計畫」，新加坡於 1996 年公布「Singapore One」（S-One）計畫與「智慧島」願景，韓國於 1999 年公布「二十一世紀韓國網路發展計畫」，愛爾蘭於 1996 年公布「實現資訊社會之行動計畫」，紐西蘭於 1998 年公布「前瞻計畫」，韓國於 1999 年公布「二十一世紀韓國網路發展計畫」，日本於 1999 年公布「日本新千禧年大計畫架構」等。我國行政院亦於 2000 年揭櫫政府未來的施政重點，將以「知識經濟發展方案」為重心，並以「十年使我國達到先進知識經濟國家的水準」為其願景。（經建會，2007）。

　　根據經濟合作暨發展組織（OECD, 2003）對其會員國中央政府機關的知識管理實施調查報告，並對照世界經際論壇（WEF, 2007）全球國家競爭力評比排名，全球前五名依序為美國、瑞士、丹麥、瑞典與德國。亞洲國家中，我國落後新加坡（7 名）、日本（8 名）、韓國（11 名）、香港（12 名）。似乎顯示公部門對於投入知識管理的努力程度愈多，其國家競爭力就愈高，如圖 7-2 及表 7-1 所示。

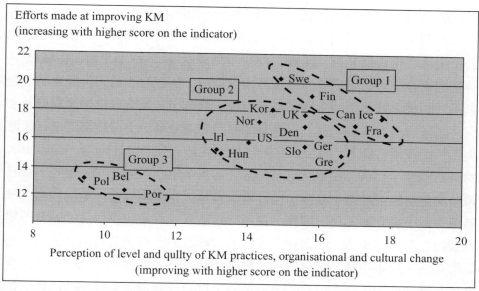

資料來源：OECD 對會員國知識管理實施調查報告，2003。

圖 7-2　OECD 會員國對於投入知識管理的努力程度

表 7-1　世界經濟論壇（WEF）2007 年「全球競爭力指數」排名

國家	排名	國家	排名
美國 US	1	法國 Fra	18
丹麥 Den	3	比利時 Bel	20
瑞典 Swe	4	愛爾蘭 Irl	22
德國 Ger	5	冰島 Ice	23
芬蘭 Fin	6	葡萄牙 Por	40
英國 UK	9	斯洛伐克 Slo	41
韓國 Kor	11	匈牙利 Hun	47
加拿大 Can	13	波蘭 Pol	51
挪威 Nor	16	希臘 Gre	65

資料來源：整理自 WEF 全球競爭力報告 2007-2008, 2007。

依圖 7-2 與表 7-1 顯示在 Group1 與 Group2 國家，其投入知識管理的努力程度高，相對應於全球競爭力指數排名亦較佳。茲再以芬蘭經驗為國

內政府部門研事的重要國家之一，將進一步說明之。

芬蘭是推動知識管理的領先群國家之一，且世界經濟論壇（WEF）公布全球「成長競爭力」排名，2003 年到 2005 年，芬蘭連續三年奪冠[4]。芬蘭國家競爭力的突飛猛進與其將知識管理作為政府改造的重要策略，推動下列四大方針並加以落實，至為相關：其一、知識管理推動範圍擴及中央、區域及地方政府；其二、推動跨部門知識分享，支援跨部門進行策略規劃，提升策略能力；其三、推動「傾聽民眾心聲」（Hear the Citizens）的創新制度，讓專家民眾意見及知識豐富政策規劃所需的知識視野，提升策略規劃及決策品質；其四、提升電子資訊服務的親近性，並能利用各種新興的電子媒介形式提供服務，提高行政效率。芬蘭政府目前知識管理變革獲致之初步成果為：公共管理與知識管理改造已被納為政治的議題；相關的立法、政策建議、指導原則及推動策略已經大體就緒；已明示及隱含地將知識管理納入中央政府的改造策略；以及政府資訊管理部門已經開始推動知識管理相關工作（何全德，2004: 53）。要之，其推動範圍、跨域管理與分享、擴大參與與創新、運用各種傳媒工具加強宣導（傳），暨其獲致成果均可藉供參考。惟以本章限於篇幅，僅限於討論考銓主管相關機關推動情形，並提建議之。

參、建構知識型政府必要性與發展

為因應動態、複雜與多元的知識經濟時代，建構知識型政府是最可能強化政策運作、改善政府施政能力的關鍵。知識型政府的意涵是透過推動政府機關內部的知識管理與研發創新，形塑新的行政或組織文化，並創新既有的政府組織結構、決策制定、溝通協調、服務方式、法規制度以及人力資源應用等模式，進而建立以知識為核心價值的組織架構，運用政府的知識、智慧及創意資本，提供智慧型服務，提升政府的策略規劃能力與豐富質優的公共價值，助益於提升國家競爭力。

---

4 參考世界經濟論壇（WEF）於 2003、2004、2005 年公布之全球「成長競爭力」排名（Growth Competitiveness Index rankings）。

　　知識型政府的特質大致可歸納為學習型組織、知識管理及研發創新等三大構面，如圖 7-3 所示。其一、學習型組織即是將「學習」的動機、成效，應用在「組織」上，使組織發揮最大的功能，目前各機關加強終身學習認證為其主要活動之一；其二、知識管理即是掌握隱性知識與顯性知識的轉化與運用，以擴大組織的知識擴散與分享，並為政府與社會各界擴大接觸與加強互動的絕佳方式；其三、研發創新在高度競爭的知識經濟時代，是獲取競爭優勢的最大泉源。又政府近些年來在推動技術創新、產學研發合作專利權數提高與購買先進技術產品等有相當進展。

　　知識型政府在全世界仍處萌芽期，尚未有大量的成功經驗構建定型的發展模式。林嘉誠（2006: 12-16）提出數項未來可能的發展方向，可供參照：

一、國家基礎建設上從 NII 到 KII

　　KII 建設的重點包括：促進知識、智慧與創意自由跨界流通的知識平

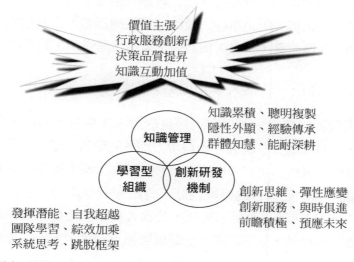

資料來源：劉武，2007: 5。

圖 7-3　知識型政府三大構面

台、激發知識創造、轉換、組裝、整合、保護與利用智慧資本的國家研發創新體系建立、推動多元價值的社會發展、建立知識分享與創意的社會架構與文化、智慧資本、社會資本與創意資本的累積、政府與企業及公民社會的知識價值建立等有關創造無形知識資產高價化的基礎建設。

二、政府角色職能——從「知識機器」到「知識機場」

政府的角色職能將從提供知識經濟發展動力，供應知識原料，並且管理知識流量的一部龐大的、複雜的「知識機器」，逐漸蛻變為一座能夠創造吸引國內及全球人才、智慧、創意在台灣群聚匯集自由流通、起降的「知識機場」或創意的「知識花園」。此涉及政府角色之轉變，其動能來自高效能、高智慧的文官群。

三、政府的任務——從公共事務管理到公共價值創造

知識型政府的主要任務將從公共管理轉型為利用知識創新，為社會創造公共價值的最大化——社會的互信、政策的創新、智慧型的服務、知識導向的決策，洞燭機先的策略能力及時間價值的創造等公共價值。但其核心不外要知「知機而發，不可失機而悔」，達到窮變通久的境域。

四、政府人力運用——從人事管理到智力管理

建立人員跨界流通變動所需的終身學習、多重專長轉換、創新核心能力培育、知識創造分享誘因等助益智力創造的環境，讓每一位公務人員皆蛻變為具備「3Q」（IQ、EQ 與 CQ，C 代表 creativity）的新世代知識工作者，讓渠等都能盡情的發揮創意，貢獻知識生產力與創造力。甚至「4Q」或「5Q」，不一而足。所以，公務人員不但要提升專業能力或培養第二、第三專長外，亦需追求才德兼備與處事圓融，方能因應時需。

五、政府組織運作——從階層組織到「知識化組織」

二十一世紀的政府組織型態，誠如杜拉克（Peter Drucker）所言，仍

然是一個組織分層、階級嚴明的制式化的組織，但將是徹底的「知識化的組織」，是一個知識社群網路林立、管理階級角色重整、知識專業人員匯集、知識與創意跨界自由流通的組織，亦是以知識為核心的知識導向型或知識密集型政府組織。所以，各社群之聯結、協力支援與調控及激勵，是必要建立的機制。

六、從知識管理到「知識治理」

透過知識管理活動、開放性知識交換平台的建立、知識社群的建立、擴大權力的下授與民眾的參與公共政策研議、行政程序的公開與流程透明化等，將有助於「知識治理」的進一步體現。當然，治理在於如何促使決策更接近民意或政府效能目標之達成。

要之，如何由國家上層理念發展方向與具體目標，落實融入機關各層級每一位成員的腦中與行為運作之中，組織成員非僅知悉該機關組織目標，尤其應知道大到知識型政府的發展方向，以及小到知識管理的策略與方法，經由理念心智的改變，達到行政作為的改變，因應變革管理需要。

第三節　公部門推動知識管理概述

壹、知識管理總體層面論述上

在知識管理中，各機關組織應了解內部成員的知能、心態與核心價值外，並能知悉成員的流動或流失率，以為因應組織變革與知識管理的基礎。所以採取建構「知識地圖」（Knowledge Map）的方式，供各機關組織釐清所需，有助於建置知識管理系統。茲以組織層面論述，知識管理價值鏈可分為「知識管理基礎建設」與「知識管理流程活動」，期以提供公務機關在踐行知識管理過程之參考（李嵩賢，2006: 79-96）。

易言之，各機關組織經由建構知識管理系統，可以對組織目標與使命願景進行知識管理策略方向的選擇，並能對各機關的核心能力、價值抉擇

與競爭力優劣進行評估，使機關組織建立高效能的機制，形塑良善運作的行政文化。惟以許多機關尚未能推動，或因機關層級、性質，或因資源有限因素，或因該機關組織決策者的意願？均值得研究之。

　　根據中國生產力中心在 2006 年 8 月的調查，回收 1,288 份中央、地方政府機關及事業機構的問卷，各機關導入知識管理並已建置平台者僅占 22.28%，但其中成效不顯著者達 59.93%。尚未導入的原因，主要為缺乏經費資源、尚未了解知識管理、沒有立即的需求、沒有合適的推動人員、及缺乏導入能力等；而導入成效不顯著的原因，主要為缺乏推動共識、缺乏推動誘因、推動人力不足、缺乏分享文化及缺乏明確推動策略等。中國生產力中心在 2006 年 6 月於行政機關知識管理推動作業研習會的學員意見調查，回收 136 份的問卷，提出推動知識管理的需求，主要為爭取高階支持、中央成立委員會統籌規劃、提供具體知識管理評量指標、及編列足夠的資訊預算等。另中國生產力中心也整理歸納出我國公部門導入知識管理之 SWOT 分析及強化 SO 等成功因素，並消除及控制 WT 等相關因素，如表 7-2 及表 7-3 所示，藉供政府高層推動知識管理策略的抉擇。

表 7-2　我國公部門導入知識管理之 SWOT 分析

優勢（S）	劣勢（W）
1. 電子化政府推動成效顯著。 2. 公務人力素質高。 3. 網路及 e 化基礎建設良好。	1. 政策未明確規定。 2. 高階主管支持度不高。 3. 缺乏誘因及預算。 4. 缺乏標竿學習對象。 5. 缺乏導入能力與技術。 6. 未能與工作結合，增加工作負擔。 7. 缺乏明確的績效評量指標。
機會（O）	威脅（T）
1. 資訊產業基礎雄厚，高科技產品具國際競爭力。 2. 已有公部門成功案例。	1. OECD 調查，知識管理領先國家，其國家競爭力明列前茅。 2. 與台灣競爭激烈的國家如南韓、新加坡政府亦積極導入知識管理。 3. 技術服務業能量無法滿足需求。

資料來源：劉武，2007: 12。

表 7-3 公部門導入知識管理之成功因素

政策面	1. 具備明確政策依據。 2. 高階主管支持。 3. 具有足夠經費。
環境面	1. 已建立分享學習文化。 2. 尋得標竿學習的對象。 3. 導入正確知識管理觀念。 4. 形成全員推動共識。
運作面	1. 具備核心推動成員。 2. 擁有足夠的外部技術服務能量參與。 3. 建置人性化知識管理平台。 4. 與組織績效評量連結。

資料來源：整理自劉武，2007: 13。

要之，任何政府施政的改革，除了強化各層級的動能與心智，形塑共識與目標，更需要能審時度勢，因應變局，當然變的過程應是漸進與可行的變革，如司馬遷所云：世異變則成功大，而變以漸也，理應參採，方能讓改革順利成功。

貳、考試院院本部推動知識管理概述

為因應政府改造及知識經濟時代來臨，考試院暨所屬部會積極建立知識管理系統，俾利經驗傳承與知識轉換，形塑學習型組織，並加強推動電子化、環保、節能、綠色採購等業務，俾提升機關人力素質、工作績效及資源運用。由於院部會業務性質相同，僅其決策內涵層級不同，爰論述考試院本部及其所屬部會外，並就業務相關之知識管理推動情形，扼要述明之。

在考試院院本部部分，為了推動知識管理，促使組織內部員工隱性知識傳承轉化為顯性知識，並運用資訊科技，透過知識庫及搜尋機制之建置，萃取加值成為組織智慧，以尋求組織的永續發展，就事實而言，筆者觀察，由於政黨輪替，各機關高級文官與政務之首長互動產生問題，部分文官有提早退休情形，所以如何留下退休人員的經驗，是重要課題，而知

識管理成為應景的工具之一。

考試院於 2002 年 9 月改組，由於時程與預算因素，爰於 2005 年 8月 26 日業務會報決議推動知識管理工作，隨即擬訂考試院知識管理推動方案據以推行。

考試院推動知識管理的目標，在建構知識管理機制及系統運作平台，將相關業務知識作業及流程完整有效地儲存於知識庫，復經流通、轉換、創造、整合之活動，提高組織經驗及智慧分享與學習能力，以形塑考試院成為創新導向的學習型組織，並藉由強化內部溝通管道的功能，提高行政效率，落實業務改革，以為我國文官法制奠立穩固的基礎，提升國家競爭力。其策略與作法包括：

（一）規劃成立考試院知識管理推動工作小組；

（二）訂定知識管理運作及管理機制；

（三）建置考試院知識管理系統運作平台；

（四）訂定推動知識管理評核獎勵作業機制。

考試院推動知識管理的組織架構，係由知識管理推動工作小組及各知識社群所組成，由知識管理推動工作小組擬定推動知識管理之策略、方法及相關作業規定，並透過各知識社群之運作，以達知識管理之目標。推動工作小組的任務是負責推動考試院知識管理活動之行政支援活動，其成員由知識長、業務執行秘書、技術執行秘書、各社群組長、幹事及指派若干人為秘書組成，必要時得經知識長指派人員加入。知識社群主要負責知識建立、整理、分享與交流等工作，社群成員之分工得視各社群實際運作情況作適度調整，社群組成分為組長、幹事及組員，組長為社群主要負責人，其任務包括：實現社群成立目標，清楚了解考試院推動與經營知識社群的方法；招募組員、分配任務；掌握分析內部與外部的相關資源，包含人與知識物件，並與知識管理推動工作小組保持互動；推動並參與所屬社群之知識管理活動，帶動所屬社群的分享氣氛，並鼓勵組員發表研究心得、提出問題事宜；與組員共同擬定社群計畫書及運作模式；賦予組員分享領導者權限，以便培養團隊領導的能力等。各社群得視需要置幹事一至

二人，協助組長帶領社群運作事宜，作為小組與推動工作小組之聯絡窗口，幹事與推動工作小組密切聯繫及出席推動工作小組之相關會議，並負責社群運作相關庶務及各項聯繫事宜。知識社群組員的任務為：主動積極參與社群的活動；提出創見，並分享所知與心得；對社群應解決之問題，參與研究，提呈物件等。

考試院推動知識管理係由副秘書長擔任知識長，資訊室主任及研究發展委員會執行秘書分別擔任技術及業務執行秘書，再由各社群組長、幹事及指派若干人為秘書，共同組成推動工作小組。該小組於 2006 年陸續召開多次會議，成立「組織改造」、「考銓業務」、「行政管理」、「活動規劃」、「國會公關」、「國際交流」等 6 個社群，分別由 6 位主管擔任組長，並擇定工作核心幹部及成員，各自擬妥初步推動之知識項目，開始啟動運作，各社群知識物件盤點結果於 2006 年 9 月底提推動工作小組進行初步檢視與交換意見，各知識社群系統運作之成果發表，將視年度預算解凍情形適時辦理。各社群成立後分別訂定社群計畫書[5]、年度活動計畫與年度經費運用概算，由推動工作小組備查。各社群應配合推動工作小組規劃之活動，定期舉行社群成果發表會活動，讓各社群成員了解各社群運作情形，並藉此機會不斷擴充社群規模。各社群小組並應定期提報執行情形，由推動工作小組彙整。各社群應隨時在指定的知識管理系統上建置、管理知識物件並更新維護該社群相關資訊。知識物件的管理係由各社群自訂知識物件提呈、審核、儲存等管理事項與作業程序。考試院各社群的議題如次：

一、組織改造社群：1. 人力評鑑：各單位人力配置評鑑。2. 組織結構變
　　革：（1）組織法修正；（2）處務規程修正。3. 員工權益保障：
　　（1）職能再訓練；（2）權益保障。4.憲政功能定位：憲法組織定位

5　社群計畫書之研擬應確定社群之定位與價值，描述社群的整體願景與目標，建立社群對知識管理的共識，訂定社群的職責與角色，建立社群的知識架構，規劃知識地圖及決定知識蒐集範圍。社群計畫書之內容涵蓋組員任務；組員管理制度，包括招募方式與退出機制等；社群運作方式；知識物件管理，如提呈、更新、刪除物件等流程，及智慧資產的整理維護與品質控管；組員激勵機制；社群自我評量機制；討論組員互動機制；智慧資產散布及推廣；辦理組員獎勵事宜等。

改造。

二、考銓業務社群：1. 提院會討論案件：（1）討論案；（2）院會交付審查案件；（3）舉辦公聽會、研討會或座談會。2. 提院會報告案件：（1）報告案；（2）舉辦公聽會。3. 法規命令及行政規則發布（下達）：（1）作業流程；（2）法規命令發布；（3）行政規則發布；（4）行政規則下達；（5）問題及研究。4. 陳情（建議）案件：（1）作業流程；（2）電子郵件案；（3）非本院主管案；（4）本院主管案。5. 證書業務：（1）證書製發；（2）證書補發；（3）證書改（加）註；（4）證書撤（註）銷。6. 組織編制：（1）作業流程；（2）組織相關規定及參考資料；（3）部報院審議組編案；（4）部代辦院函組編案；（5）其他案件。

三、行政管理社群：1. 院會運作：（1）議程；（2）紀錄；（3）院會議案管考；（4）院會其他事項。2. 資訊：（1）管理資訊系統；（2）電腦軟硬體設備；（3）資通訊安全；（4）教育訓練。3. 人事：（1）任免遷調；（2）考績獎懲；（3）退休；（4）差假管理；（5）保險。4. 主計：（1）歲計；（2）會計；（3）統計。5. 編纂：（1）刊物編輯及出版；（2）圖書管理；（3）展覽館。6. 文書：（1）電子信箱；（2）收發文處理；（3）公文管制稽催；（4）檔案管理。7. 總務：（1）採購管理；（2）財產車輛管理；（3）出納管理；（4）工友管理。

四、活動規劃社群：1. 國內考察及參訪：（1）國內考察；（2）參訪活動。2. 國內會議：（1）人事行政會議；（2）研討會；（3）座談會。3. 終身學習：（1）讀書會；（2）專題演講；（3）紀念月會。4. 文康活動：（1）知性之旅；（2）社團；（3）慶生；（4）競賽。

五、國會公關社群：1. 國會聯繫：（1）與立法委員之聯繫；（2）與委員助理之聯繫；（3）與各黨團之聯繫；（4）與立法院職員之聯繫。2. 議案審查：（1）法案審查程序；（2）預算案審查程序；（3）同意權行使程序；（4）業務報告。3. 新聞聯繫：（1）新聞稿之撰擬與發布；（2）新聞聯繫會議；（3）與新聞紀者之互動；（4）記者會之

召開。4.來賓參訪：來賓參訪。

六、國際交流社群[6]：1. I-Visiting：（1）規劃依據；（2）作業流程；
（3）成果彙報。2. I-Learning：（1）相關法規；（2）作業流程；
（3）研習成果。3. I-Conference：（1）相關禮儀；（2）接待事項；
（3）翻譯事項。4. I-Hospitality：（1）接待流程；（2）來訪紀要；
（3）工作報告。

　　考試院知識管理推動工作小組將陸續辦理相關訓練、演講或參訪活動，強化知識管理智能。又為落實辦理知識管理推動工作，各社群運行成果將列為年度績效考評重要參考，期望經由知識管理的推動，達到下列預期效益：1. 建立組織內知識文件產生者之文件製作、分類、管理、搜尋及分享等機制；2. 透過單一介面即可查詢各項業務參考資料或活動內容，強化各單位間的橫向聯繫功能及群組協同作業；3. 利用知識庫查詢功能，提升決策所需資料回應速度；4. 進行工作流程簡化與合理化，據以研訂標準作業程序，並因應環境變遷隨時加以檢討精進；5. 傳承歷任同仁工作經驗，促進知識社群經驗交流，增進主管與同仁間良性互動，發揮腦力激盪，創造集體智慧。

　　要之，知識之累積、成長、淘汰無效知識、創造新的知識，為知識管理永無止境的歷程，未來考試院應持續致力於知識庫之經營管理及系統功能的提升，使知識的累積及汰換更新的歷程能更為便利與快速，除對社群擇優敘獎，以激勵各單位社群組織運作，積極提供各項知識外，亦將於原有之基礎上，積極充實各項功能以支援考銓決策，以達成電子化政府的施政目標。

---

[6] 考試院在 2007 年 11 月起為強化執行秘書的職務發揮激勵與調控機制，擬將國會公關社群與國際交流社群合併，併此敘明。

參、所屬部會推動知識管理簡述

一、考選部

　　考選部倡導考選行政全新思維，如能善用知識管理利器，建立機關分享文化，必能克竟其功。爰訂定推動知識管理實施計畫，其目標為建構考選部知識管理之機制，設置知識管理資訊運作平台，將考選部現有業務相關知識完整且有效的儲存於知識庫，復經流通、轉換、創造、整合之活動，塑造分享文化，提高行政效率，落實業務改革，以新視野、新思維為國家掄取優秀公務人才，提升國家競爭力。為實施本計畫，考選部已依業務核心能力成立六個社群小組，分別為國際事務組、政府改造組、試題分析建檔組、試務改革組、行銷及顧客服務組、e 化組，全力推動此一計畫。其實施策略如次[7]：1. 強化知識管理觀念；2. 建立組織分享文化；3. 執行知識盤點；4. 推動知識管理資訊化；5. 達成知識加值、建立考選智庫之目標。透過知識盤點的統計結果，以專業知識項目為主軸繪製成知識地圖，提供同仁作為激發自動學習之參考。提供最適切之知識交流平台，讓同仁經由簡便使用界面檢索相關資料，並與同仁互相交流學習，激發創意，創造新的知識。透過社群運作，進行知識盤點、知識分享與學習、成果發表，知識創造與分析，復藉由評量與回饋機制，使知識能持續累積，雙向整合，達成知識加值之目標，俾加值後之知識，彙整為考選智庫做為政策擬定之參考。

　　考選部之知識管理計畫係於 2004 年 6 月開始推動，並於同年 10 月14 日提報考試院第 10 屆第 104 次會議，於 94 年 6 月 1 日舉行第一次成果發表會，檢視各社群小組知識盤點成果，於 6 月中旬進行內部行政網知識管理專區之盤點物件，轉換至知識平台之作業，6 月 30 日完成知識平

---

[7] 各策略主要內容如次：觀念的釐清與建立是推行知識管理的基石，爰於知識管理初期辦理一系列專題演講及參與知識管理研習會，以強化同仁知識管理觀念之建立。知識管理成功的關鍵在於建立組織分享文化，亦即將個人知識團體化，團體知識組織化，爰依核心業務區分知識社群，以分享方式使內顯知識外顯化，外顯知識文件化，運用資訊科技，建立分享文化。將現有考選相關知識使用資訊系統進行整理盤點，並分門別類建立目錄以利檢索，

台雛形展示，7 月 1 日上線測試，8 月 1 日知識管理資訊平台正式啟用，未來將依照知識管理獎勵作業要點，進行各社群間之良性競爭，激勵社群積極運作，並建立評量與回饋機制，促進知識管理系統的應用深度及廣度，達成知識加值目標，並將加值後之知識彙整為考選智庫，或做為政策擬定之參考、或做為考試分權化相關之典試與試務工作經驗傳承。由於典試工作經驗與試題題庫作業必須是類如「師徒制」重視內隱知識傳承，所以考選部之知識管理，如何透過經驗分享與傳承，至為重要。

二、銓敘部

　　銓敘部鑑於知識管理為時勢所趨，且為電子化政府之必要途徑，爰於 2003 年度規劃銓敘部知識管理系統，包括建構知識管理基礎平台、開發知識蒐集、分類、整理，搜尋等介面及功能等，以建構知識管理系統之基礎工程。由於知識管理系統屬較新發展之資訊系統，為使系統之規劃功能符合需求，該系統自 2003 年 5 月進行開發，迄 2003 年 12 月順利完成，主要建構完成知識文件管理及檢索等系統。同時，為推動知識管理系統，導入知識管理之觀念及行政機制，銓敘部爰由常務次長統籌擘劃知識管理策略、主持知識社群聯席會議，以協調溝通知識管理系統有關事項，包括討論知識文件基準分類法、應納入知識管理機制之文件等，均依決議由各知識社群積極辦理[8]；

　　銓敘部知識管理系統之基礎工程完成，並進行全員教育訓練以及採購配置各社群組織掃描設備等上線準備作業後，業於 2004 年 3 月 18 日正式上線運作。因知識管理系統要發揮功能，需有相當充實之知識庫，銓敘部

---

[8] 依專業職掌由銓敘部各司室會及退休撫卹基金管理委員會等 17 個單位分別組成知識社群，由各單位副主管負責監督，並自所屬員工內選任適當人員若干組成該社群之工作小組，主要負責各社群主管知識領域相關知識文件、資料之彙整、建置、維護及更新，並參與知識管理系統之開發、測試及執行應用；此外，由資訊室組成行政幕僚小組，負責各項標準之訂定（含資訊作業標準及行政作業標準）、系統之規劃與設計、相關資料之彙整等作業。由於系統開發與行政機制同時進行，使得系統開發完成，各項行政機制亦同時建置完成，縮短系統正式上線運作期程。

各單位之知識社群並持續積極建置充實各社群知識庫，建置之知識包括各單位主管之法規釋例、重要簽陳及文件，以及各項重要參考資料如標準作業流程，圖像資料（無電子檔之重要文件掃描成圖像檔存入）、影音資料等。未來藉由知識的匯集與累積，銓敘部各項組編、銓審、退撫等審查作業，可充分運用知識庫，迅速得到作業所需的各項資訊，做最有效率的處理，以提升行政效率[9]。當然，銓審作業重在效率，但法規則需要有人力資源管理運用的知識與智慧來起草研訂，方能與時俱進，配合人力資源策略與多元化管理的需求。

---

[9]　例如於知識管理系統中，輸入「政務官退職酬勞」進行搜尋，知識庫即會將政務官退職酬勞金給與條例、相關釋例、歷辦簽呈及文件，甚至報章雜誌的相關報導等資料顯示提供參考；另如職務輪調時，亦可利用知識庫快速了解新調任職位之標準作業流程、相關法規釋例、作業上應特別注意事項，以及之前歷辦之相關經驗等，大幅減少人員輪調對單位業務的影響。此外，對於所有鍵入之知識，均可設定開放之權限為全部公開，或僅對同司、同科人員公開，以使資料之運用受到適當的管理及保護。銓敘部並將定期擇定部分社群進行觀摩，擇優敘獎，以激勵各單位社群組織運作。未來各項組織編制、銓敘審查、退休撫卹等審查作業，均可運用知識庫，迅速得到作業所需的各項資訊，做最有效率的處理。

[10]　各具體做法之主要內容為：知識管理係組織整體知識建構與分享文化之建立，其推動成功最重要之關鍵在於全體同仁的參與及正確觀念之建立。據此，培訓所爰先後辦理7場次專題演講，以建立知識管理觀念與社群經營管理技巧；採購知識管理相關圖書，成立知識管理圖書專區；並參訪人事行政局與考選部等機關，以汲取其建置經驗；為順利推動知識管理，培訓所爰成立知識管理推動小組，由培訓所所長擔任主任委員，並設置知識長，由黃副所長國材擔任，及成立 6 個知識社群組，分別為創新成長組、培訓管理組、職能發展組、顧客關係管理組、後勤支援組以及中部園區業務管理組等，全力建置知識物件；知識物件之建立是知識管理的基礎工作。培訓所經數度討論確認各社群之核心業務，盤點整理知識物件，並撰擬與審查物件後，業已分門別類逐步建構完整之知識地圖。未來將賡續使知識物件更加深入完整，並不斷地更新充實，發揮知識物件之功效；為達到知識物件儲存、審查、檢索、分享的目的，建置知識管理資訊系統，以作為各社群意見分享與交流之平台，洵有必要。培訓所知識管理系統業採委外服務方式，於 2005 年 11 月決標，得標公司除知識管理系統外，並提供顧問諮詢服務，以建立完整之知識管理；知識社群成立之主要目的，係經由社員彼此討論，共享知識與彼此之意見看法，讓知識物件更加完整多元，並形塑組織學習文化。培訓所之各知識社群依其核心業務，撰寫知識社群工作計畫，描繪其願景與核心能力，透過社群聚會與網路社群交流機制，營造組織學習分享文化；為鼓勵同仁積極參與知識社群運作與知識物件之建立，培訓所爰訂定獎勵作業要點，以評核知識管理推動成果，鼓勵同仁參與貢獻。培訓所曾於 2005 年 12 月 16 日辦理第一次知識管理成果發表會，選出最佳知識物件優質獎、傳承獎、貢獻獎與團體獎等，以鼓勵同仁持續推動知識管理工作。

三、保訓會

　　保訓會為推動組織及員工之知識管理，落實學習分享與分享學習之組織文化，以提升工作效能，由國家文官培訓所（以下簡稱培訓所）於2005 年 3 月 10 日訂定培訓所知識管理推動方案，以有效推動知識管理，其推動目標為建置培訓所知識定位系統、強化培訓所學習分享與分享學習之組織文化、提升培訓效率與效能。其具體作法如次[10]：1. 知識管理觀念之建立；2. 知識管理專案組織之成立與運作；3. 知識之盤點、審查與建立；4. 知識管理資訊系統之規劃與建置；5. 知識社群之運作與學習；6. 知識管理之績效評估與激勵。要之，保訓會未來將本於知識分享創新之理念，賡續全力推動，俾成為公務人員培訓的知識中心。

肆、其他相關機關推動情形

一、行政院研究發展考核委員會

　　行政院研究發展考核委員會（以下簡稱行政院研考會）肩負提供行政院前瞻性決策建議、周延政策規劃、落實政策執行與評估、推動電子化政府、暢通政府資訊流通運用之責，對於掌握我國政經發展與社會需求的變遷，世界各國政策最新發展趨勢，以及相關社會科學與管理科學知能等相關知識的累積與管理，確有其迫切的必要性。有鑑於此，行政院研考會自 2000 年 8 月開始推動知識管理，其推動策略如次：1. 取得高階主管的認同支持；2. 從核心政策研究逐步擴及全會其他業務；3. 強化知識管理觀念的建立；4. 加強分享知識的聯繫網路；5. 內部知識盤點建構知識管理系統。

　　行政院研考會推動知識管理的方式分三階段進行：1. 第一階段──政策資料支援階段：（1）成立國家安全、政府改造、社會保障、產業經濟、國家建設、教育文化等 6 個政策分組，並由主任委員擔任召集人；（2）撰寫作業手冊，建置專屬網頁，並辦理說明會。2. 第二階段──政策知識管理階段：（1）通過「政策知識管理推動計畫」，健全原有推

動組織，指定副主任委員擔任知識長，並增設「地方發展」政策分組；
（2）擴大參與範圍，強化知識管理認知教育，增強激勵誘因機制，並強
化資訊系統運用。3. 第三階段——推動全會知識管理階段，目前持續進行
中：（1）確認知識管理執行的主要願景：成為國家發展的智庫、行政現
代化的推手、政策創新中心、建構知識型政府；（2）知識管理重大的執
行策略：建立全機關知識分享的組織文化、充分利用科技與業務密切整
合、推動知識管理與業務結合、全面進行知識盤點；（3）藉由訪談、問
卷調查、相關會議及課程講習輔導同仁學習各項知識管理運作之技巧；
（4）由主任委員擔任知識長，並成立知識管理推動委員會、變革促動小
組及知識管理推動工作小組；（5）知識社群除原有的國家安全、社會保
障、產業經濟、國家建設、教育文化，地方發展外，增設跨處室業務的
「電子化政府」及「績效管理」2 個示範知識設群；（6）建構全會之知
識管理系統；（7）繼續進行撰寫知識管理作業手冊、社群運作手冊、講
習課程及資訊系統改進[11]。

二、行政院人事行政局

　　行政院人事行政局（以下簡稱行政院人事局）鑑於知識經濟時代，
追求速度講求創新是競爭力的主要關鍵，為創造組織的價值與提升競爭
優勢，師法美國微軟總裁比爾‧蓋茲（Bill Gates）「數位神經系統」
（Digital Nervous System, DNS）概念，爰於 2001 年底針對「人事行政數
位神經系統－知識管理專案」之規劃進行專案委託研究，以為未來實際建
置及導入之參考依據。2002 年 5 月底完成「規劃人事行政數位神經系統
專案委託研究計畫」建議書後，即於 2003 年初開始委外建置「人事行政
數位神經系統——知識管理專案」。

---

[11] 行政院研考會推動知識管理，除了為達成機關的使命，更期借助其推動經驗，推動建構知識
型政府的新願景，進而提升國家整體的競爭力。未來展望如次：1. 重塑政府機關組織分享文
化；2. 將知識管理深化於組織管理；3. 拓展內外部知識管理面向；4.建構知識型政府的創
新基礎（何沙崙等人，2004: 113-138）

　　行政院人事行政局推動知識管理，於組織架構上由局本部各業務單位及所屬機關副主管（或副首長），及局本部行政單位主管為委員所成立之專案推動委員會，主任秘書為委員兼召集人，不定期召開專案之導入會議或推動委員會議，針對專案之重要事項做決策；並分四階段進行：1. 先導階段：（1）成立企劃處之行政法人化、考訓處之考核獎懲、給與處之待遇三個先導知識社群；（2）完成知識社群計畫書、典範知識物件、社群溝通計畫、及階段性成果報告。2. 擴散階段：（1）對象為企劃處、人力處、考訓處、給與處及資訊室知識社群；（2）建立全局專業知識地圖、啟發知識管理概念認知，以實體課程、經驗分享來推廣知識社群建置運作。3.全面推動階段：（1）擴大社群範圍為九個單位，包括企劃處、人力處、考訓處、給與處、資訊室、地方人事行政處、秘書室、人事室、公務人員住宅及福利委員會；（2）強調追求自我超越、推動系統思考、萃取加值。4.永續維運階段：（1）持續推動社群深化工作；（2）目標營運自主化、知識管理日常業務化、組織學習養成[12]。

　　綜上所述，無論是考銓人事主管機關或其他相關之行政院研考會與人事局，其實務作為上，均在知識管理推動過程，特別留意到：1. 組織文化之形塑與組織結構之調整，如參與及分享的文化，跨單位組合及彼此間之信賴與合作，是知識管理成功的要件；2. 知識管理系統建置中，知識長均由該機關常務副首長擔任，而執行秘書則由該機關研發及資訊主管分別擔任，顯示知識管理的永續發展性；3. 有關知識管理流程建置，重視知識地圖、知識庫的整建，且除立基於 SOP 與文書作業外，更重視隱性知識經驗的建置；4. 充分支持與鼓勵各社群發展的自主性與連結性的衡平，激勵分享與創新，尤其是後者其成長尚有很大的空間；5. 推動知識管理上，

---

[12] 行政院人事行政局推動知識管理的成效如次：1. 同仁熱忱參與，並透過情境模擬、社群成果發表及觀摩學習等方式激盪集體智慧，進而進行組織學習；2. 展現組織知識所在，且作業方法及流程均經合理化及簡化，對於未來業務推動有極大的助益；3. 知識物件豐碩，可達聰明複製，以使初接觸業務人員於最短時間內建立概念並正確、迅速分析個案；4. 同仁工作更為豐富化，增加自我學習機會及成就感，有效提高行政效能，精進為民服務品質。（吳三靈，2006: 34-44）

難免產生機關組織成員之疑慮，諸如：由於鼓勵打破原來建置為原則，是否造成領導權力之分散？鼓勵分享是否造成個人優勢不再之隱憂？知識管理系統e化，是否涉及公務保密的問題？由於「知識螺旋理論」（Nonaka, 1995），產生個人與組織互動學習，但是否造成組織成員強者恆強，弱者恆弱的困境？

　　要之，在知識經濟與全球化競爭時代。公部門推動知識管理是永無止境的工程，是利多於弊的行動方案。政府機關本身推動外，尤應擔負創新知識的隱者，協助民間推動，共同提升國家競爭力。

第四節　公部門推動知識管理暨對人力資源運用之評析

　　茲就知識管理在我國政府部門的持續推展，尤其對於公務人力資源策略管理與法制如何藉由知識管理予以活化，謹提出評估意見與建議：

一、運用知識管理精進公務人力資源管理之分析

（一）整體層面探求知識管理與文官體制功能之評估意見

　　有關公務部門知識管理與公務人力資源運用上，先就整體層面來評析，通常人力資源管理或文官體制在提升政府效能，就體制功能（繆全吉等 1990；蔡良文，1993）要分為：1. 引進與甄補性功能，為經由公務人力資源探勘後，繼之篩選的人力引進工程，最後由各機關首長對考選合格人員，派以適當職位暨決定人才彈性進用及後續之輪調方式的過程。所以，在推動知識管理時，應經由知識社會化、適應及多樣化，來促進考選多元取才、人才任用及工作輪調等。其中未來理想的公務人力，應該是朝向 Peter Drucker 所提出之「知識工作者」來建構，知識工作者意味一個能夠分析、應用資訊，並能創造知識以提供良好之決策方案之人員，不僅能將資料與資訊轉化為有意義的知識，並具有同時解決結構性與非結構性問題之能力（鄭錫鍇，2001: 133-136）；2. 激勵性功能，旨在提升公務人力（行政效率與效能）與工作士氣、工作意願、即經由個人之激勵到促進公

務人員之團體意識。所以，在推動知識管理過程，經由知識管理之實務社群，運用其經驗與網路，可建立組織社群感與相關激勵措施，以及建構非正式團體管理直接、間接協助達成文官體制之激勵功能；3. 發展性功能，在於強化成員工作知能、改善態度、激發潛能及獎優汰劣制、訓練發展與本機關或其他機關之陞遷調免等。在知識管理中，經由跨部門的共享解決問題經驗，來考量多元管理與選擇性僱傭關係，讓人事部門協助機關建立團隊伙伴工作關係，以及組織成員終身學習及績效導向之培訓與發展；4. 維持與保障性功能，即在維持組織中立、公正運作，給予受到違法或不當處分公務人員合理救濟，暨良善退撫制度，以期公務人員退而能安能養，在知識管理過程，建制意見平台，除有知識庫功能，亦能透過資訊、知識、智慧的分享，讓制度建構更完善。

（二）知識管理在人力運用之角色功能的評估意見

知識管理在扮演支持人力資源、人事管理工作者的角色功能上，要為：先能提供知識移轉的平台經驗，供人力資源知識管理經驗交流，並重視資訊、知識、智慧之分享，建立組織學習，以因應知識社會之需求，協力完成文官體制維持性功能；再經由留住特別才具之內隱默會知識工作者，引介人力資源、人事管理工作者，能鼓勵成員規劃生涯發展與協力建立人事快速陞遷制度之指標；復能透過團隊解決問題及共識化知識彙聚之經驗，建構各機關各單位與人事部門多重溝通、參與決策之網絡，及設立知識節點，以期人事政策建構與運作順暢可行；最後經由知識管理活動萃取、創造、移轉、蓄積流程、引導人力資源、人事管理工作者，成為新知識創造、理念萃取，以及轉化行動的戮力實踐者，使其有足夠的學能因應挑戰。

（三）在核心能力與智慧資本之培育與建置的評估意見

為使我國公務人力資源發展在知識經濟時代能著重「核心能力」及「智慧資本」的培育與建置，其前提應著重：型塑機關「知識分享」的組織文化；善用資訊科技力量，建立組織的知識管理資料庫；成立專案小專

責推動智慧資本方案；加強投資各機關人力資源發展工作，以提升公務人員的專業知能；以及系統性運用各機關智慧資本教材，建立網路文官學院（江岷欽、莫永榮，2002: 254-257）。如今考銓主管機關及各相關機關朝此方向戮力推動，對活絡文官政策及提升公務人力素質應有助益。能否全面推動實施是值得觀察分析。

二、公務部門知識管理應再強化之建議
（一）策略管理階層的領導及經費支援

各機關推展知識管理的策略，除賴高層主管具有進行知識管理之意願，並賴其與同仁時投注相當的努力與承諾。故除首長支持與人力訓練之外，各機關應重視對於知識管理的宣傳推廣及經費支持。對於一項新知識管理制度，高層人員的承諾可從其本身參與的程度，以及其提供組織人員參與的時間和其他資源清楚顯現。考試院及所屬部會亦然。知識管理的領導者必須真正認清轉化人員的智慧資產為組織價值的重要性，建立適當的組織基礎架構，以發展這些重要的資產，並隨時在心態與行動上，持續地強化知識管理的文化與環境，創造工作伙伴關係，和諧互助合作與分享知識經驗智慧的氣氛；要營造「權力來自知識分享」、「幫助別人即是成就自己」的氛圍，打破「官大學問大」的迷思，以及「知識就是力量」的非利他觀念。唯有如此，知識管理才有機會茁壯，並為政府的生產力做出積極的貢獻。

（二）強化知識社群型態與型塑知識管理組織文化

知識社群主要是負責知識的建立、整理分享與交流工作，社群成員可彈性分工，組織成員亦可同時加入其他社群。其中社群組織與幹事（或其他職稱），均為社群之靈魂人物，所以在知識管理推動過程中，應賦予渠等一定的裁量空間與資源分配的權責，當然公務部門有考核獎懲制度，由於長期未能訂出在業務創新過程中，可容忍錯誤範圍與規定，加諸規章制度為求穩定，難免失之僵化較無彈性，如何形塑在國家利益與公平正義前

提下，樂於學習、創新、分享的良性互動與競爭的組織文化，是必要的課題。當然多元知識社群推動之初，均以組織最迫切、最有意義或最需解決的議題為優先，如何授權各社群組長裁量空間，容忍可接受的錯誤，以及極富激勵創新之措施，是同時應重視者。

（三）鼓勵組織成員知識分享與確立績效評估標準

目前大多數機關對於人員的績效評估標準，並未涵蓋知識管理方面的表現，也僅有極少數機關會實質地鼓勵組織人員進行知識交流與分享。因此，強化員工知識分享的動機，是當前各機關進行知識管理，亟需改進的第一要務。對組織的領導階層而言，推動知識管理最大的挑戰之一，就是創造出重視與獎勵知識分享的文化環境。建立知識分享的組織目標，即在於融入良性競爭因子，讓組織目標與個人目標能結合，讓組織同仁分享所知，而非僅是輸出其工作成果，讓組織產生改變，其潛力動能才可發揮。不論一項管理改革看起來有多麼理想，對於個別員工而言，只有與其被上級期待的績效有關，才有意義。成功完成組織目標，本身即是組織成員最大成就與激勵，所以報酬不僅在金錢，而是長官的肯定與可能的良性發展。易言之，組織個人因組織而獲致滿足，組織因個人成就而提升組織效能及完成組織任務與目標，並能引導組織適應政經社文科環境的變遷與發展（DeSimone & Harris, 1998: 8-9）。必須藉由知識管理運動，讓考銓人事主管機關轉型，以助益於提升政府行政效能。因此，考銓人事主管機關組織的管理制度應該將知識管理推動的成效，做為管理者與各單位的績效評估標準，同時配合適當的激勵措施，強化正面的知識管理行為。

（四）加強資訊科技與人力同時升級發展

由於世界性電子化政府的趨勢，多數行政機關都已大力投資於資訊科技的建置，諸如：內部網路、知識庫、知識平台、績效評估管理系統、行政決策支援系統，以及檔案管理資訊化，以建構良善的知識管理環境。當然在快速進行資訊科技升級的同時，各機關的領導階層應同時考慮人力

升級的投資。任何組織要在如此多變的環境中成長,日益依賴最接近「顧客」與工作流程的人員。因此,促進人員的思考與創意能力,早已成為現代組織提升競爭力不可或缺的投資。知識管理與資訊管理最主要的相異之處,即在於強調「人」的因素,知識管理旨在蒐集、組織與發展人員的知識、技術與專業能力,公務人力素質提升在於內隱默會知識的養成,對應於資訊系統之儲存與管理外顯運用知識。再者,二者是互為依存的,密切妥適結合科技與人力資源素質,方能促進知識管理活動的遂行與發展。

本章參考書目

王如哲（2000），《知識管理的理論與應用》，台北：五南圖書。

王德玲譯（2003），《延續管理－留住員工的腦袋》，台北：天下雜誌。

江岷欽、莫永榮（2002），〈知識經濟時代公務人力資源發展之探究〉，《行政管理論文選輯》第十六輯，台北：銓敘部。

行政院經濟建設委員會（2007），〈知識經濟發展方案-各國知識經濟發展之補充說明〉，取自行政院經濟建設委員會，網址：

http://www.cepd.gov.tw/m1.aspx?sNo=0002552&key=&ex=%20&ic=，2007.12.01.

考選部（2006）九十五年度考選制度研討會系列三：知識經濟時代專技人員考試研討

會。台北：考選部。

何全德（2004），〈知識型政府的願景〉，《知識型政府》，台北：行政院研究發展考核委員會。

李嵩賢（2006），〈公務機關對知識管理的實踐與應用－國家文官培訓所之經驗分享〉，《考銓季刊》，48 期。

何沙崙、張文熙、周曉雯（2004），〈行政院研考會知識管理的建構與推展〉，《知識型政府》，台北：行政院研究發展考核委員會。

林東清（2003），《知識管理》，台北：智勝。

林嘉誠（2004），〈知識型政府的意涵〉，《知識型政府》，台北：行政院研究發展考核委員會。

林嘉誠（2006），〈知識型政府的意涵與發展〉，《考銓季刊》，48 期。

吳三靈（2006），〈從知識管理到組織學習－行政院人事行政局的經驗分享〉，《考銓季刊》，48 期。

孫本初（2006），《新公共管理》，台北：一品文化。

徐有守（1997），《考銓制度》，台北：商務印書館。

馬曉雲（2001），《新經濟的運籌管理：知識管理》，台北：中國生產力中心。

財團法人中國生產力中心（2006），《公部門知識管理推動現況調查問卷》，台北：財團法人中國生產力中心。

蔡良文（2003），《人事行政學──論現行考銓制度》，台北：五南圖書。

蔡良文、蕭全政（1993），〈文官政策的時代意義與改革方向〉，《國家政策雙週刊》，55 期。

劉　武（2007），〈知識管理在公部門之應用〉，《技術服務業與公部門知識管理經驗交流會議資料》，頁 1-28。

鄭錫鍇（2001），〈知識管理對政府部門人力資源管理之影響分析〉，《考銓季刊》，25 期。

繆全吉、彭錦鵬、顧慕晴、蔡良文（1990），《人事行政》，台北縣：空中大學印行。

蕭佳純（2003），〈從知識管理觀點論學習型組織之建構〉，《人事月刊》，37卷 6 期。

Alavi, Maryam & Leidner, Dorothy, E.(2001), "Review:Knowledge management and knowledge management systems: Conceptual foundations and research issues," *MIS Quarterly*, Vol. 25, No. 1.

DeSimone, R.L. & Harris, D. M. (1998), *Human resource development* (2nded). Fort Worth: Dryden Press.

Gilbert, M. & Gordey-Hays, M. (1996), "Understanding the process of knowledge transfer to Achieve successful technological innovation, *Technovation*, Vol. 16, No. 6.

OECD. (2003), "Conclusions from the results of the survey of knowledge management practices for Ministries/Departments/Agencies of Central Government in OECD Member Countries," *Retrieved*, January 12, 2007, from http://www.olis.oecd.org/olis/2003doc.nsf/3bb6130e5e86e5fc12569fa005d004c/59cd861ba79107e0c1256cbc0041 fcb7/$FILE/JT00138295.PDF.

Sveiby, Karl Erik (1997), "The new organizational wealth: Managing & measuring knowledge. based assats. Berrctt-Koeher.WEF. (2003)," *Global competitiveness report 2003-2004*. Retrieved, January 12, 2007, from http://www.weforum.org/pdf/Gcr/GCR_03_04_Executive_Summary.pdf.

WEF. (2004), "*Global competitiveness report 2004-2005*," Retrieved, January 12, 2007, from http://www.weforum.org/pdf/Gcr/GCR_04_05_Executive_Summary.pdf.

WEF. (2005), "*Global competitiveness report 2005-2006*," Retrieved, January 12, 2007, from http://www.weforum.org/pdf/Gcr/GCR_05_06_Executive_Summary.pdf.

WEF. (2007), "*Global competitiveness report 2007-2008,*" Retrieved, January 12, 2007, from http://www.weforum.org/pdf/Global_Competitiveness_Reports/Reports/gcr_2007/gcr2007_rankings.pdf.

第八章　公務人員的勞動基本權

　　公務人員依法執行職務，並為公共利益而服務，國家也必須對公務人員所扮演的勞動者角色予以適當地尊重，以符合當代民主的公務人員制度。公務人員同時具有國民、勞動者、公務執行者的角色，如何適當地予以調整，確實是公務人員基本人權的核心議題。

　　今日世界各國大多將勞動基本權視為是人民基本權限的一部分，甚至如德國或日本已將其明定於憲法層次中予以保障。但是在勞動基本權的實現上，無論是外國或我國均涉及一個重要的問題，那就是公務人員可否享有勞動基本權的問題。因此，勞動基本權的內涵為何？公務人員與國家間的關係為何？公務人員屬於勞動者嗎？兩者之間關係又為何？一般勞動者所能有的勞動基本權，公務人員是否亦能享有？這些都是公務人員可否享有勞動基本權的問題所在，值得深入探究。

　　鑑於公務人員與國家間的關係近二十幾年來已發生質變，銓敘部為順應世界潮流的趨勢，及保障憲法賦予公務人員有結社的權利，並考量公務人員係依法執行職務，與國家政務及民眾權益關係至鉅之特性，乃自1991年起規劃、研擬公務人員協會法（以下簡稱協會法），歷經近12年終於在各方努力及催生下完成立法，並於2003年1月1日施行。至此，公務人員的勞動基本權正式地以法律形式而受到保障。

　　基於上述，本章以「公務人員的勞動基本權」為題，採文獻分析與訪談法，擬從勞動基本權的內涵、公務人員在勞動關係中的地位等概念的釐清，並參考主要民主國家公務人員行使勞動基本權的經驗，分別說明我國公務人員勞動基本權的沿革、立法過程與現況，以及所產生的問題，最後提出具體的改進建議。為行文方便，本章所提的公務人員在我國係指協會法第二條所規範的人員，至於在外國則泛指一般行政機關的文官。

第一節　勞動基本權的意涵

近代國家產生的原因之一，是由於從啟蒙時代而來的自由思想對於專制的反動，不但影響了國家組織的變動（如民主國家的建立），更影響了國家統治力量的強弱。因此最少干預的政府為最好的政府，自由成為國家最重要的精神，國家的存在成了「必要之惡」（蔡茂寅，1997: 22）。

此種極度限制國家權力之看法，反映在憲法保障基本人權的規定和學說上，無疑地造成排除來自國家不法干涉與侵害為內容的「自由權」之高度發展，從而自由主義的理念表現在勞動關係之中。

由於勞動關係原本具有相當從屬性，在勞動者出賣其勞力之時，其實並非和資方雇用者立於同等的地位，卻造成勞動者只有「失業與飢餓的自由」（許慶雄，1992: 173）。勞動基本理論的興起並為現今各國所接受，即為此一背景下的產物。

勞動基本權係為修正市民自由法原則之實質不平等狀態而來，因在契約自由原則之下，雇用者擁有雄厚的資本，勞動者無法加以對抗，契約自由原則所主張的實質平等無法實現（余德軒，1998: 77）。於是乎勞動者了解到以數量來對抗質量，用團結的力量來與雇用者談判，並利用其唯一的實力憑藉（勞動力的不合作），使其具有與雇用者對等地位以獲取更好的勞動條件與關係。正因為勞動者與雇用者的存在是資本社會必定的事實，勞動基本權於是在二十世紀初以來已逐漸成為人民基本權利，並受憲法保障。

近代憲法保障基本人權，已從昔日人民自由權的消極保障，進而成為積極受益保障，因此當人民生存權及工作權受到威脅時，有權要求國家給予一定之補助及工作機會。惟在資本主義制度之下，要求國家對於每一個人加以直接、具體的生活保障，實際上幾乎不太可能，尤其當個人已獲有機會，面對社會、經濟甚至政治地位極為龐大的雇用者，勞動者欲求生活上的滿足，而欲藉國家力量介入來達成，除制定勞動條件最低基準外，國家不應亦不宜介入干涉。此時勞動者為求勞動條件、社會與文化地位的提升等憲法所保障生存權與工作權之具體實現，因此藉由勞動基本權的行使

與雇用者達到事實上自由平等地位、爭取勞動條件以及經濟地位的改善。

　　勞動基本權是指國家應積極保障在現實資本主義社會中經濟、社會地位居於弱勢的勞動者，能藉由團結實力，站在與雇用者對等的交涉地位上，以實現實質的契約自由原則，並獲得人性尊嚴保障的最基本之手段性權利（許慶雄，1992: 173）。因此一權利實際運作的過程中，分別包括勞動者團結、集體交涉（協商）、集體爭議行動三大部分，因此國內學者通常把團結權、集體協商權、爭議權稱為勞動三權或勞工三權。

　　所謂團結權（又稱組織權或結社權）主要是指勞動者有權籌組工會和加入工會，以及自由不受干涉的經營工會；而協商權（又稱交涉權或團體交涉權）是指勞動者有權可以透過自願組成的工會就工資、工時和其他事項與雇用者進行集體協商，雙方達成協議後簽訂團體協約並依約履行權利和義務；至於爭議權則是指勞資雙方在集體協商發生爭議時，勞動者一方可以有權依法行使罷工等爭議行為（衛民，1999: 266, 270）。

　　陳繼盛（1994: 24）認為勞動者有五項基本權利，即生存權、工作權、團結權、協商權和爭議權。前二者（生存權與工作權）可稱為勞動者個別的基本權，而後三者（團結權、協商權和爭議權）則屬勞動者集體的基本權，後者最終目的仍是要保護個別勞動者的生存權與工作權。

　　黃越欽（2002: 78）認為上述五權要有立體架構的思維，對勞動者而言，生存權在上，工作權在上，為使工作權更落實則賦予團結權、團體交涉權和爭議權；如果相對於資方，生存權在上，財產權在下，而所有權與經營權是落實財產權所賦予資方的二項基本權利。

　　上述勞動三權（團結權、協商權與爭議權）並非各自獨立，而因為促進工運發展，維護勞動者權益之有利憑藉，而團結權更是三權中之基礎，團結成集權，以工會集體之力量與雇用者交涉，交涉不成則採取爭議行為（如罷工）藉以要求締結團體協約，三者環環相扣，相輔相成。換句話說，勞動三權係以團結權為集體協商權之先行或準備行為，爭議權則為爭取集體協商權之手段，而集體協商權才是勞動三權之中心所在（吳蓉蓮，2002: 43）。

第二節 公務人員在勞動關係中的地位

壹、公務人員與國家間的關係

公務人員是否享有勞動基本權，在各國討論之面向與其和國家居於何種法律關係息息相關。而於公務人員相關法制的研討中，學者均曾提及特別權力關係之理念，並認為公務人員享有基本權係因為公法理論上公務人員與國家間的關係，已逐漸從「特別權力關係」轉變為「公法上勤（職）務關係」，甚至為勞動法學者所倡導的「勞動契約關係論」使然。

所謂「特別權力關係」係指公務人員與國家間立於特別的監督關係之上。公務人員以實現國家公益為目的，而國家為使其目的無誤必須要對公務人員加以監督，故關係成立後，國家在權力範圍內，具有概括之命令權，相對人即公務人員負有絕對服從義務，且因特別權力關係為特定人與國家間之特別關係，基於權力所發生的命令，與設定抽象規律之命令有別，所為之各個其體行政行為，亦與基於一般統治關係之行為有所不同（林紀東，1992: 123），故名為「特別權力關係」，相較於大陸法系國家，英美法系國家又稱為「特別權義關係」。

特別權力關係所含蓋之範圍，除公務人員與國家間之關係外，尚有公法上營造物之利用關係（如學校與學生關係），與公法上特別監督關係（即凡國家與公共團體、國家與特許企業、國家委託處理行政事務者等均屬之）（吳庚，1997: 196）。

一般公法學者，皆認為特別權力關係具有以下的特徵：當事人地位不對等、公務人員義務不確定性、沒有法律保留原則的適用、對公務人員有特別懲戒權、不得向法院爭訟。

特別權力關係強調行政主體優位性及公務人員義務的絕對性，自然無法接受以保障公務人員權益為目的，甚至擁有罷工權來和政府議價談判的公務人員團體或工會。然而，特別權力關係的理論淵源於封建時代，已不能反映當前民主化全面發展的趨勢。自第二次世界大戰後，各國立法例即逐漸放棄特別權力關係相關規範（曹俊漢，1995: 10）。特別引起注意

的是西德學者在 1950 年代對特別權力關係的理論展開批判，認為公務人員亦為國民，憲法保障的基本人權，公務人員亦應適用（銓敘部，1993: 70）。

由於理論層面的反省和國內民主浪潮的衝擊，政府開始透過實務層面將「特別權力關係」逐漸演變為「公法上職務關係」，亦即接受了一般學者主張的公務人員與國家的關係乃是立於公法上契約行為的基礎上（曹俊漢、陳朝政，1995: 5）。實務層面有關特別權力關係事項不得爭訟藩籬之突破，首推 1984 年大法官會議釋字第 187 號解釋，先以保障公務人員財產權利為出發點，確認得提起行政爭訟以求救濟，繼之大法官釋字第 201、243、266、298、312、323、338、491 號等一連串解釋，使公務人員與國家關係個案式地逐漸擺脫傳統特別權力關係。由上述大法官會議釋字多案解釋中可知，我國對公務人員身分保障權、勞動權等基本權利也日漸重視，不似以往只偏重公務人員義務之課予而不重視其權利。

吾人認為公務人員認和國家間的關係，雖然在發生法律關係的行為上並不完全相同於雇用行為，然仍和勞動者與雇用者的關係有相當程度的類似性，從而應屬於勞動契約關係的一種特殊類型。惟由於公務人員法制是屬於公法的行政法領域之內和公務人員所產生法律關係的對象是具有高權性質的國家，公務人員身分自然具有「公共性格」，故在一般均將勞動關係與私法契約關係等同視之的我國法制之下，吾人擬採取的看法是將公務人員與國家間的關係視為廣義的勞動關係，因而認為公務人員屬於廣義的勞動者。

貳、公務人員與勞動者的關係

公務員究竟是否屬於勞動者之一，長期以來均為爭執的焦點，雖然日本憲法與德國基本法上均有保障勞動基本權之規定，然仍有爭論存在。一般說來以行政法的角度來看，公務員和勞動者之間應該是不相涉的兩個概念，但是若以勞動法學者的角度來看，則可能將公務員概念包括在勞動者概念之下；因此就公務員是否為勞動者（勞工）的問題，向來有肯定說和

否定說的見解（黃越欽，1991: 96-98）。

一、否定說

　　此說認為公務人員並非一般勞工，故公務人員並無一般勞工所享有的勞動基本權，其理由如下：

1. 公務人員之任用係公法行為之性質，與一般勞動關係之私法契約有明顯不同。
2. 公務人員乃為全國國民或地方自治團體之居民服務，與國家或地方自治團體間成立特別權力關係，身分特殊並非一般的勞工。
3. 公務人員具有「公共性格」，與一般私人企業之勞工不同，為了「公共福祉」，限制公務人員之勞動基本權並不違憲。
4. 近代國家憲法所定之基本人權，乃是用以保障國民對國家權利，公務人員乃代表國家之機關，若承認公務人員屬於勞工而享有勞動基本權，即將使國家不能存立；又近代對勞工的保護，乃針對私人經營之企業中之勞動者而言，使之能與雇主對等交涉，公平分配利潤；惟公務人員乃是為社會服務，國家並非為追求利潤而存在，勞資關係與公務人員對國家之關係全然不同。

二、肯定說

　　其基本理念如下：

1. 公務人員之任用行為之性質，並非國家單方之行為，而屬於契約性質，公法學者及政府方面均強調公務人員之取得係任用行為而非契約關係，乃是前代的想法。
2. 在資本主義制度下，公務人員除了其雇主為國家、地方自治團體或公營事業較為特殊外，其需提供勞動力以換得俸給以供生活的基本性格，與勞動階級之一般勞工並無不同。
3. 基於特別權力關係的觀點來看待公務人員的身分，而否認公務人員和雇主——行政主體間有對立之勞資關係存在，在現行憲法強調國民主

權及基本人權的尊重下，產生嚴重的衝突。所以公務員亦是國民之一，國民享有之基本權，公務人員亦應享有。

4. 就公務人員之「公共性格」而言，並非公務人員所特有，一般勞工諸如私人經營之客運公司司機、瓦斯公司的從業員等，皆是從事公共性格之勞務，與一般民生有重大關聯，故「公共性格」並非公務員人所特有。

以上兩說皆言之成理，否定說從國家政府公權力為出發點，而肯定說則從公務人員權利為出發點來思考，在權衡兩者立論之後，目前主要民主國家基於憲政主義之原則大多承認公務人員之勞動性質。

第三節　主要民主國家公務人員勞動基本權概述

公務人員團體組織的發展，與公務人員和國家關係之轉變，有密切關聯。從主要民主國家對公務人員勞動基本權之規範，呈現出一個共同的趨勢（吳定等，2007: 363）：即初期大多以公務人員欲藉組織對抗或限制政府管理權為由，而予以禁止公務人員的團結權（或結社權），爾後則隨著時代的開放以及公務人員自身權益意識的高漲，而終獲各國以法律明定其勞動基本權之行使，明確承認公務人員團結權，而協商權或部分適用之或另以他途替代，至於爭議權則大多禁止。

茲綜合各方的觀點，將主要民主國家公務人員勞動基本權之行使與限制，予以列表如表 8-1（詳見曹俊漢，1995；莊碩漢、黃臺生等，1997: 11-35；余德軒，1998: 240；黃駿逸，2001: 120-129；吳蓉蓮，2002: 172；趙嘉裕，2004: 261-265；吳定等，2007: 363-372）：

表 8-1　主要民主國家公務人員勞動基本權之行使與限制概況一覽表

權利別\國別	團結權	協商權	爭議權
美國	依聯邦政府勞資關係法規定，聯邦政府受僱者，有權自由籌組、參與或協助任何勞工組織（包括白領、藍領階級）。但聯邦調查局、中央情報局、國家安全局、會計總署、田納西河流域管理局、聯邦政府勞資關係委員會、聯邦僵局處理委員會等單位及軍職人員均不適用之。	公務人員得透過集體談判與資方達成團體協約。但有關禁止政治活動之政策、職位分類之事項、聯邦制定法所規定之政策或事項等，均不得列入集體交涉談判的範圍。	聯邦法律是嚴禁罷工行為，但近年來，如夏威夷州、賓州、佛蒙特州、阿拉斯加州及明尼蘇達州，已陸續立法規定公務人員享有限制之罷工權，例如必須完成一切僵局處理程序，且不得危害公共安全衛生福祉。
英國	公務人員有參加團體（惠特利協議會）之自由，惟加入與否，係屬個人自由。至於屬於地方公務人員之警察官亦有結社權，惟以影響警察勤務條件為目的之團體，則禁止參加。另有警察官身分者亦不能參加警察團體以外之組織。	得與國家訂定團體協約。	法律上尚無禁止公務人員之爭議權或罷工權，但依敕令規定，公務人員參加爭議行為者，應受懲戒處分。
德國	公務人員得基於職業之不同，而組成跨機關之職業團體，類似一般勞工工會，無專屬法律，原則上適用民法相關規定。機關內所有員工得依法自由組織機關公務人員協會。但法院、社會役單位、教會機構及依私法組成之公營企業機構，不得設機關公務人員協會。	除了非屬公務人員之職員及工人外，禁止公務人員與國家訂定團體協約。但為保障公務人員之參與權，另賦予公務人員「參與規範程序」及「職務協商」之替代性措施，前者係規定公務人員協會有權參與規範之制定或變更程序；後者係在法律明文規定之下，機關所有成員得就特定事項，與首長締結合意。	法律未明文禁止公務人員罷工。但基於公務人員有忠實及服勤義務之規定，仍可導衍出公務人員不得罷工、怠工之結果。至於非屬公務人員之職員及工人，享有罷工權，但其罷工仍有「不得危害到公權力機關對人民生命、身體、健康之保護」、「不得危及保障國家來自外力的侵犯」等相關規定之限制。至於是否違反上述限制，由法院審查。

表 8-1　主要民主國家公務人員勞動基本權之行使與限制概況一覽表（續）

權利別 國別	團結權	協商權	爭議權
法國	擁有完整的勞動三權，依據法國文官法第 6 條規定，公務人員均享有工會權，主要以法國自主工聯為主，又分為國家（中央部會）、地方（省、鄉、特別區）、醫院（醫生、護士）等三大類公務人員團體。	擁有完整的勞動三權，得與國家訂定團體協約。	依法國憲法前言規定，公務人員得於法律之限度內，行使罷工權，另法國國家公務人員法第 10 條亦規定，公務人員得在法律規定之範圍內行使罷工權。惟基於公共利益之維護，政府得限制罷工，並決定罷工之性質及其範圍；如認為對公共利益產生重大傷害時，亦得禁止爭議行為之持續進行。
日本	一般職公務人員得依法組織公務員協會（包括國家公務人員法及地方公務人員法所稱之公務人員，但不含公營事業員工），管理職公務人員不得加入一般公務人員協會，但得自組協會。另警察職員、消防職員、監獄職員、防衛廳職員（軍人）及海上保安廳職員，皆無勞動三權。	國家公務人員法明文禁止公務人員與國家訂定團體協約。	國家公務人員法明文禁止公務人員罷工、怠工或從事其他爭議行為。
中華民國	各級政府機關、公立學校、公營事業機構擔任組織法規所定編制內職務支領俸（薪）給之人員，得依法組織或加入公務人員協會，但不包括政務人員、各級政府機關及公立學校首長及副首長、公立學校教師、各級政府所經營之各類事業機構中，對經營政策負有主要決策責任以外之人員，以及軍職人員。	公務人員協會不得向主管機關或相關機關請求締結團體協約。但對於辦公環境之改善、行政管理、服勤之方式及起訖時間等，得提出協商。協商不成者，得申請調解；調解不成者，可申請爭議裁決。爭議裁決結果對爭議當事人及其他關係機關有拘束效力，爭議當事人及其他關係機關亦不得聲明不服。	公務人員協會不得發起、主辦、幫助或參與任何罷工、怠職或其他足以產生相當結果之活動，並不得參與政治活動。

資料來源：筆者研究整理。

第四節　我國公務人員勞動基本權概述

壹、公務人員結社之沿革與現況

一、工會法部分

　　我國公務人員之結社權，在民國 91 年 7 月 10 日「公務人員協會法」公布之前並無專法規範，惟查民國 13 年國民政府公布之工會條例中，曾明文賦予公務人員得組織團體的權利，依當時工會條例第 1 條之規定：「凡年齡在十六歲以上，同一職業或產業之腦力或體力之男女勞動者，家庭及公共機關之僱傭、學校教師職員，政府機關事務員，集合同一業務之人數在五十人以上者，得適用本法組織工會。」條例第 10 條明定工會職掌包括與雇主締結團體協約，第 14 條則明定工會在必要時得根據會員之多數決議，宣告罷工。民國 13 年可以算是公務人員勞動基本權的源頭。

　　惟因軍閥割據致使該項規定無法實施，及至民國 18 年正式制定工會法，其第 3 條規定：「國家行政、交通、軍事、軍事工業、國營產業、教育事業、公用事業各機關之職員及僱用員役不得援用本法組織工會。」明文排除行政機關之職員組織工會之權利，考其制定之背景，應於民國 16 年實施清黨，為避免共產黨操縱工會組織不得不加以限制有關，其後工會法雖經歷民國 20、21、22、32、36、38、64 年等 7 次修正，惟仍沿襲此種限制迄今，即現行工會法第 4 條規定：「各級政府行政及教育事業、軍火工業之員工不得組織工會」。

二、人民團體法部分

　　由於法令之限制，我國對於現職公務人員之結社管制相當嚴格，解嚴以前，並無以現職公務人員為名成立之團體，解嚴以後，77 年起才有退休人員基於聯誼性目的正式申請成立之社團，如中華民國退伍軍人協會、退休警察人員協會、郵政退休人員協進會、電信退休人員協進會、行政公教退休人員協會等，至 84 年，我國第一個由現職司法官及檢察官所組成

的中華民國法官協會，於當年 1 月 21 日正式成立，雖然此一團體係依人民團體法向主管機關內政部申請核准成立，屬於社會團體，與勞動者基於改善自身工作條件、確保共同權益而成立的工會團體，在功能及屬性上仍有相當的距離，惟就保障憲法所賦予之結社權利觀之，仍屬難得的突破。

三、結社現況

　　目前我國公部門人員除公營事業機構員工可依工會法組織工會外，各級政府行政及教育事業、軍火工業之員工組織工會的權利仍在該法第 4 條禁止之列。而以現職公務人員為主體依人民團體法向主管機關登記成立之團體，計有中華民國法官協會、中華民國女法官協會及郵、電、航運、職訓等公務人員所組成之社會團體。另外，教師法於 84 年 8 月 9 日經 總統明令公布後，目前除各級學校得成立各學校教師會外，在全國 25 個縣（市）中，高雄市率先於 84 年成立第一個地方教師會，其後在教改人士的積極推動下，台北市、高雄縣、宜蘭縣、澎湖縣、台中市、台東縣、金門縣、連江縣、桃園縣、台中縣、基隆市、新竹市陸續成立。由於地方教師會的縣（市）數目已達 13 個，超過全國縣（市）總數之一半，全國教師會遂於 88 年 2 月經連署後正式成立。

貳、協會法的立法過程

一、公務員基準法草案時期

　　我國公務人員有權組織「公務人員協會」之開始，係政府研擬制定「公務員基準法」草案時，負責機關為銓敘部，該部有鑒於台灣地區民主化運動的快速發展，人民自主意識普遍提升，社會上不同型態之人民團體紛紛組織成立，以維護自身權益。然而公務人員之權益因在學理上被限制在公法學上之特別權力關係，公務人員自主權未獲得應有之重視，而結社權也被此理論所限制，長期以來被忽略。憲法第 14 條規定，人民享有集會與結社的權利，對於是否應為公務人員所享有，並未有所區隔。同時世

界先進各國對公務人員的權益都在立法例上有所保障，以利益團體方式在法律上有完善的規定。因此，規範公務人員的主管機關銓敘部即在參考各國立法例下，主動研擬有關公務人員權益保障的問題，以成立公務人員團體，而達成提升公務人員的地位與權益的保障。該部於初期著手的途徑不是逕行制定單一的公務員協會法，而是包括制定「公務員基準法」的結構內。從民國 74 年著手進行蒐集各國相關人事法規，將公務人員組織團體的立法例均包括在內。

　　上述相關資料蒐集後，該部即研擬「制定公務員基準法之初步研究」專題報告書，於民國 74 年 9 月 26 日提交由學者專家組成之「銓敘部人事制度研究改進委員會」討論，此一委員會係由各大學法政學者及民意代表組成，應能發揮意見匯集的功能；75 年 9 月該部復洽請行政院人事行政局委託行政院研究考核委員會聘請先生等組成專案研究小組，由吳庚大法官擔任專案主持人，歷時三年之研究，完成「公務員基準法之研究」專案書面報告，該書面報告第十二章共有三十六條條文討論公務人員利益代表機構。

　　復於民國 78 年 6 月間由考試院委員傅肅良先生率團出國訪問考察法、德、義、美、日等五國，回國後完成公務員基準法制考察報告。對公務人員協會的組織亦提出國外實例意見，此時該部亦組成了「公務員基準法草案研擬作業小組」，分別於 78 年 6 月完成第一次草案共計七十七條條文，79 年 2 月完成第二次草案共計九章一百條條文，此一草案在該部人事制度研究改進委員會中亦經學者廣泛交換意見，提供該部於修訂草案時之參考，最終修訂稿共計九章九十四條條文，終於 79 年 5 月 30 日正式提出「公務員基準法草案暨總說明」，報請考試院審議。

　　公務員基準法草案中關於「公務人員協會」之規定列於第八章，共計二十二條條文，明文規定公務人員得組織「公務人員協會」，以爭取合理的工作條件及維護自身之權益。在當時該部即認為：政府應順應時代潮流承認公務人員得享有憲法第 14 條所保障結社自由之權力；同時以明確之規範公務人員協會之組織及活動，使公務人員協會之性質能適應我國之國情，成為政府與公務人員間之良性中介團體。由於規範公務人員協會之相

關條文占該章二十二個條文之多，為使公務人員協會能在公務人員基準法施行之同時，兩法即能相互配合運作，因此，可免除先允許公務人員組織團體，然後才制定公務人員協會法所引起之變數與困擾（銓敘部，1993：181）。

考試院在討論「公務員基準法草案」時，關於公務人員組織團體之問題曾引起相當廣泛的討論。由於「公務人員協會」在我國法制中係屬首創，又由於考試委員對公務人員組織團體認知上有相當大之差異，甚至許多委員一直質疑在現階段是否有必要允許公務人員組織團體。事實上，銓敘部在提報考試院時即考慮到這種意見，而提出了兩套方案加以因應。甲案係將公務人員協會的條文明定於公務員基準法草案第八章即全章二十二條條文，乙案並未將有關公務人員協會的條文列於公務員基準法草案中，以否定公務人員之結社權。該部之所以列乙案，是為了說服較保守之考試委員，該部亦明白這是反民主潮流之作法，不可能為全國公務人員所接受。

在民國 80 年 10 月 17 日銓敘部向考試委員作有關公務員基準法的簡報中，對於公務人員協會這個議題，委員們的共識仍充滿著不同之意見，有的贊成這一新的立法趨勢，有的則主張保留。綜觀整個委員們發言的趨向，贊成制定公務人員協會的委員仍具多數，這是值得肯定的現象。於此同時，行政院人事行政局對於公務人員協會立法事宜亦表達了積極關心與參與的態度。該局曾於 80 年 10 月 29 日以 80 局壹字第 42712 號函銓敘部略以：「本局經就公務人員是否可以結社問題，會同人事革新委員會學者專家審慎進行研究，獲致原則性結論，認為我國目前或爾後政治社會趨向多元化發展，宜允許公務人員組織團體，並經簽奉行政院郝院長核可，納入貴部現在研訂『公務員基準法草案』中之『公務人員協會』專章研議或另為研訂單行法律之參採」，銓敘部對該局之意見亦給予相當程度的尊重。

二、協會法草案時期

銓敘部早在民國 81 年 1 月至 6 月間舉辦 10 場次有關「公務人員基準法」研討座談會中討論獲致共識，公務人員成立團體其必要性。先後兩次委託學者進行專案研究，復於 84 年間委託中央研究院歐美研究所曹俊漢教授等組成專案計畫小組，由曹教授擔任計畫主持人，於 84 年 6 月完成「公務員協會組織與功能之研究」書面報告。該部於 86 年 5 月間由莊政務次長碩漢率領考察團（筆者當時為該團成員之一）赴英國、法國、德國等三國考察，考察主題為英國、法國、德國等國公務員團體之組織、功能與運作及渠等中央主管機構組織變革與功能，回國後完成「英、法、德三國人事制度考察報告」。並於 86 年 8 月 11 日及 9 月 10 日兩次邀請民意代表與法政學者舉行公聽會，匯集相關意見，作為研擬「公務人員協會法草案」之參考。

銓敘部又於 87 年 2、3 月間派員分赴內政部、教育部、行政院勞工委員會相關團體主管機關及台北市教師會、中華民國法官協會、中華電信股份有限公司產業工會、台北律師公會、臺灣電力工會等相關團體進行實地訪談，以吸取相關團體運作及主管機關管理之經驗。「公務人員協會法草案」初稿歷經銓敘部法規委員會十三次會議審查完畢後定案，共計四十六條條文。

銓敘部將上開公務人員協會法草案，於 88 年 8 月 13 日報請考試院審議，考試院於 89 年 9 月 30 日開始審查，歷經九次審查會，最後於考試院第 9 屆第 199 次會議審議完竣，並於 90 年 3 月 17 日由考試院與行政院會銜送請立法院審議，惟迄第 4 屆第 6 會期結束，該法草案因未能完成三讀程序（完成一讀會及二讀會前朝野黨團協商完竣），依立法院職權行使法第 13 條規定，該屆不予繼續審議，必須重依程序提案。為期該法草案能儘速完成立法程序，早日施行，銓敘部參考立法院第 4 屆會期法制委員會審查決議及朝野協商情形，就原草案部分條文酌作修正，在報經考試院審議通過後，於 91 年 5 月 2 日由考試院與行政院會銜送請立法院審議，經立法院交付第 5 屆第 1 會期法制委員會召開第 17 次全體委員會議進行審

查，終於在 91 年 6 月 3 日第 21 次會議審查完竣，經立法院於 91 年 6 月 11 日進行逐條討論完成二讀、三讀審議通過，完成立法程序（立法院公報，2002: 183-273），並經總統於同年 7 月 10 日公布，再由考試院明令自 92 年 1 月 1 日施行。由上述可知，歷經了 12 年漫長時間，亦花費相當大的人力與物力，最後終於完成立法的公務人員協會法，使得公務人員的勞動基本權有了法源的依據，勢將改變政府部門的勞動關係。

參、協會法的特色

綜觀協會法，至少具有下列五項特色（葉長明，1999: 10；銓敘部，2000: 354-357）：

1. 揭示公務人員協會應以「加強為民服務、提升工作效率、維護公務人員權益、改善工作條件並促進聯誼合作」為目的，開創文官結社新里程。
2. 賦予公務人員協會法人地位，並與人民團體、工會組織等，作明顯區隔。
3. 會員採自由入會制，符合世界潮流及憲法精神。
4. 組織模式區分為二級，兼顧公務人員協會功能之發揮、行政機關生態及層級節制之特性。
5. 組織功能係涵括協商權，調解與爭議裁決等機制，惟禁止罷工及其結果相當之行為。

肆、公務人員協會籌組及成立概況

協會法自 92 年 1 月 1 日施行迄今已屆滿5年，各機關公務人員協會在實務上籌組運作之程序，均依據銓敘部訂定之「機關公務人員協會立案申請及許可書查作業規定」及「銓敘部補助公務人員協會經費作業規定」等相關規定，辦理機關公務人員協會之發起、籌組及運作等工作。

依據協會法第 10 條之規定，中央各部及同層級以上之機關總數為

59 個,地方各轄市、縣(市)之機關計有 25 個,截至 96 年 12 月 31 日為止之統計資料,各機關發起、籌組公務人員協會情形如下(銓敘部,2007):

1. 已成立協會者:計 16 個(其中央 13 個,地方 3 個)依序分別為銓敘部(92 年 1 月 15 日首先成立)、僑務委員會、行政院人事行政局、公務人員保障暨培訓委員會、考選部、台灣省政府、教育部、高雄市政府、最高法院、經濟部、監察院、台北市政府、行政院海岸巡防署、總統府、財政部及彰化縣政府。

2. 已經主管機關同意籌組協會者:計 1 個,為行政院勞工委員會。

第五節　檢討分析

依協會法組織團體的制度,從 91 年開始生根、茁壯、到目前的發展,均與公務人員勞動基本權益的保障有著密不可分的關係,因為該團體在屬性上可說是以維護公務人員權益為主的「利益團體」,在體制上可說是得與政府主管機關進行協商的「談判團體」,並扮演著政府與公務人員良善關係的「溝通橋樑」。然而該制度建制實施以來,始終為人詬病之處頗多,因此,如何省思與健全此一制度實有待吾人更深入地予以探究。爰擬先就各主要民主國家公務人員的勞動基本權與我國做一比較,然後再就現行制度予以評述,並進而探討現行制度所產生的問題。

壹、我國與主要民主國家公務人員勞動基本權的比較

由本章第三節「主要民主國家公務人員勞動基本權概述」中得知美國、英國、德國、法國、日本等五國對於其公務人員團結權保障部分,因考量軍人、警察等相關人員的工作性質攸關大眾生命與安全,以及公共利益,均依其國情訂定除外規定(例如:美國與日本)。除此之外,美、英、德、法、日等五國相同之處為均賦予公務人員團結權(我國公務人員得以組織協會,非工會)。而其不同之處則在美、英、法等三國公務人員

得完全享有團結權，德國狹義的公務人員僅能組織協會（亦即僅有結社權），適用民法社團之規定，而非工會。日本之公務人員雖可享團結權（按：日本公務人員之團結體，稱為職員團體），但管理職務的公務人員不得與其他公務人員組織同一團體。

就協商權保障而言，法國公務人員之集體協商權為前述各國中保障最為周全者，並無特別規定。美國聯邦政府及州政府公務人員大多享有協商權，但關於薪資、工時等管理事項屬不得為協商權之對象。英國得與國家訂定團體協約。德國公務人員的集體協商權僅有提供諮詢之權，而無締結團體協約權（此與我國公務人員協會僅有建議權與有限的協商權，惟不得向主管機關或相關機關請求締結團體協約相類似）。日本非現業的公務人員僅有集體協商權（並無團體協約締結權），雖和管理當局得為書面協定，但毫無拘束力。

至於爭議權保障而言，法國公務人員（除保安隊、警察員、監獄管理員及航空管制員之外）享有罷工權，僅須於罷工前 5 日通知即可，可謂各國公務人員之中，勞動基本權保障最多者。美國聯邦公務人員禁止罷工，但在州政府中則有 13 個州允許罷工。英國、德國、日本與我國則禁止罷工，此乃因為公務人員所服勞務的性質具有「公共性」使然，為避免國家行政受到影響致使國家政務停擺，公務人員「應為全民服務」的身分性質較為突顯，故不准許公務人員採取罷工如此激烈的爭議行為。

茲就上述主要民主國家與我國公務人員的勞動基本權予以比較，整理如表 8-2。

貳、我國公務人員勞動基本權的評述

從整體面來看，我國公務人員勞動基本權如以民間部門勞工勞動三權為比較基準，公務人員常被戲稱只有「不完整的勞動權」或「一腳站立的勞動權」而已。有關我國相關法律賦予各類受僱者勞動基本權之比較，整理詳如表 8-3。

從立法過程來看，自 80 年起規劃、研擬的協會法，歷經將近 12 年構

表 8-2　主要民主國家與我國公務人員的勞動基本權比較表

國別 ＼ 權利別		團結權	協商權	爭議權
美國		○ （軍人除外）	○ （涉及管理事項及薪資者除外）	× （13 州允許罷工，惟警察除外）
英國		○	○ （得與國家訂定團體協約）	×
德國		○	△ （無團體協約締結權）	×
日本	現業	○	○ （不可能之資金無拘束力）	×
	非現業	○ （警察、海上保安廳、消防、監獄等人員除外）	△ （無團體協約締結權）	×
中華民國		○ （各級政府機關、公立學校、公營事業機構擔任組織法規所定編制內職務支領俸（薪）給之人員，得依法組織或加入公務人員協會）	△ （有建議權及提出協商事項權，惟不得向主管機關或相關機關請求締結團體協約）	× （不得發起、主辦、幫助或參與任何罷工、怠職或其他足以產生相當結果之活動，並不得參與政治活動）

備註：○ 表示有是項權利；△ 表示有是項權利，但有限制；× 表示無是項權利
資料來源：筆者研究整理

思、研擬、協調、折衝、審議及推動立法，終於在各方努力催生下制定公布，並自 92 年 1 月 1 日正式開始施行，雖然只有 52 條條文，但對於公務人員而言，其意義是至為深遠的。最主要的是有關公務人員的勞動基本權（包括：團結權、建議權及協商權等）正式地以法律型態呈現而受到適度的保障。團結權雖然比民間部門足足晚了 73 年（工會法於 18 年公布施行），也比公私立學校教師晚了 37 年（教師法於 84 年公布施行），但終於能夠改變多年的傳統觀念（如特別權力關係），並克服重重困難，通過

表 8-3　我國相關法律賦予各類受僱者勞動基本權比較一覽表

受僱者身分	法律依據	團結權	協商權	爭議權
民間部門勞工	工會法、團體協約法及勞資爭議處理法	○	○	○
一般行政機關之技工、工友	工會法	✕	✕	✕
教育事業之技工、工友	大法官會議釋字第 373 號解釋	○	○	○
公營事業機構人員	工會法、國營事業管理條例	○	△	○
公私立學校教師	教師法	○	△	✕
公務人員	公務人員協會法	○	△	✕

備註：○ 表示有是項權利；△ 表示有是項權利，但有限制；✕ 表示無是項權利
資料來源：筆者研究整理

立法賦予公務人組織協會的權利，也算是值得欣慰的（在此特別要向參與此項立法工作並付出心力的主管機關與相關人員，表示最誠摯的敬意）。

　　從實質內容來看，公務人員協會法的優點為參考主要民主國家公務人員勞動基本權立法的背景，擇優汰弊，賦予公務人員的團結權與部分協商權。雖無締結團體協約權，但也適度地引入日本職員團體中所謂「請求協商制度」及「建議制度」。雖然論者曾經對此一法律的立法心態提出批評，即「守成有餘，創業不足」，並認為「主管機關其實不必先入為主的採取未執行先防弊的心態」（吳蓉蓮，2002: 184），但是相對於我國公務人員長期以來保守的心態而言，可算是在公部門領域中勞動關係的一大突破。

　　此外，協會法另有一項制度性方面的創舉，那就是對於協商發生爭議時，特設「調解」與「爭議裁決」兩項機制，此項作法突顯協商僵局產生時爭議處理機構的重要性。協會法全文五十二條，其中第 28 條至第 45 條共計有十八條條文，詳細載明協商發生爭議時之處理過程，難怪有論者指出「可見立法者對於公務人員擁有協商權後產生爭議時之警覺與緊張」（衛民，2003: 12）。

參、現行制度問題的探討

如上所述，現行公務人員協會仍存在許多的爭議與問題，因它實在無法滿足多數公務人員的實際需求。茲經筆者以電話或實地訪談各機關相關人員及專家，蒐集與彙整相關意見之後再予以比對確認。茲將現行制度所面臨的問題概述如下：

一、法制作業未盡完備

主管機關銓敘部在研擬協會法之初，即將其定位為與工會法及人民團體法截然劃分之獨立法律，並非上開二法之特別法。由於協會法係新創制的法規，又政府機關及公務人員亦無組織公務人員協會與運作之經驗，因此在法制規定與實務執行之間，難免有所落差及適用上的疑議。該部雖已依職權訂定及發布數種相關規定及函釋，惟就法制作業觀點而言，顯得有些凌亂，似乎未盡完備，此有待主管機關以更積極的態度予以正視與檢討改進。

二、成立宗旨似乎較為消極

協會法第 1 條明定：公務人員為加強服務、提升工作效率、維護其效益、改善工作條件並促進聯誼合作，得組織公務人員協會。雖為宣示性的規定，惟從該條文文字陳述之順序，似乎以「加強服務」、「提升工作效率」為基本前提，「維護效益」、「改善工作條件」為次要目的。整體公務人員勞動基本權的制度設計可說是持較消極的態度，似乎意謂著公務人員結社權係國家給予的一種恩澤（黃駿逸，2001: 100），必須以加強為民服務與提升行政效率為享有該項權力的前提假設，從條文中以「維護」而非「促進」權益似可證明。

三、適用對象與相關名詞的疑義，有待釐清

依協會法第 2 條規定，各級政府所經營之各類事業機構中，僅對「經

營政策負有主要決策責任之人員」有其適用。復依公務人員基準法草案對於上述「經營政策之主要決策責任人員」之說明，係指董事長、總經理、代表官股之董事、監察人及其他對經營政策負有重要決策責任等人員。惟事業機構採取的型態各有不同如台灣電力公司與台灣鐵路管理局，則各事業機構中對經營政策負有主要決策責任之人員究係何指？

又協會法第 7 條明定「行政管理」列為得協商事項，然其定義及適用範圍為何？在該條文說明意旨中並未明確規定。為免將來適用上產生困擾，允宜進一步釐清，以利施行。

四、適用民法有關法人之規定，殊值檢討

依協會法第 2 條及第 3 條之規定，協會因與公共利益關係密切，具備公益性社團之屬性，以民法有關法人之規定為補充。舉凡民法第 26 條、第 28 條、第 33 條、第 34 條、第 36 條及第 56 條等，有關法人之權利能力、侵權行為責任、妨礙監督之處罰、許可之撤銷、宣告解散原因、總會決議無效之宣告等規定，均在援用之列。茲因協會係依附機關而存在，如中央政府進行組織再造、機關裁併將會造成該協會解散、合併或重組等，其會員及財產移撥等相關問題，主管機關允宜及早因應檢討。

五、未許以「職業別」成立協會，值得商榷

協會法第 4 條規定公務人員協會之組織分為機關公務人員協會及全國公務人員協會。以「機關別」及「區域別」為組織模式，雖可避免我國現行工會力量分散的弊病（林明鏘，1996: 255）。惟協會法並未允許與考量如德國公務人員協會以「職業別」與「機關別」雙軌制，使協會成員間易於彼此交流，就共同事項一起努力，而不致發生力量分散之現象（曹俊漢、陳朝政，1999: 3），實為一大遺憾。再者，公共事務內容常涉及許多專業問題，不同專業的人員如何在同一機關協會內達成共識，爭取共同權益，並提升協會應有的功能呢？

六、主管機關似有球員兼裁判之嫌，應予重視

協會法設計各級公務人員協會之主管機關係採二元指導、監督。配合協會之組織模式，將全國及中央層級、地方層級機關公務人員協會的主管機關分別規定為銓敘部，各直轄市政府或縣（市）政府。另協會為會員謀福利所舉辦之事業，如幼稚園、托兒所及其他依法應受各主管機關監督之事業，自應受各該事業主管機關之指導與監督。

銓敘部既為全國及中央層級機關公務人員協會之主管機關，其角色之定位是否矛盾衝突的問題應予重視。從協會法第 11 條、第 11 條之 1 及第 12 條第 3 項等規定中得知，公務人員協會之主管機關其權責，僅為被動與消極性的發給立案證書及圖記、受理立案、以及備查協會章程之修改等事宜。但協會之主管機關或目的事業主管機關對於協會如有協會法第 21 條的情事者（即違背法令或章程、逾越權限、妨害公益情事或廢弛會務），具有相當大的審查權，主管機關之裁量處分勢必影響公務人員勞動基本權利。再者，為祛除公務人員對主關機關球員兼裁判之疑慮，及主管機關在行使協會法第 21 條規定時更具公信力及專業性，於下次修法時不妨考量由具有準司法性質之公務人員保障暨培訓委員會，作為協會之主管機關，似乎是值得思考的方向。

七、參加協會意願不高，殊值探究

依協會法第 9 條規定，我國公務人員協會係採自由入會原則，符合世界潮流的趨勢，但目前在實務上是否會產生所謂「搭便車」（free rider）、代表性不足或組織率偏低等負面問題尚難看出。

公務人員參加協會的意願為何不高？經訪查結果，不外乎下列的原因：心態保守、怕被貼標籤、對現狀滿足、已有保障制度、機關首長未表態、對協會不信任、協會功能有限、無人發起與詢問、目前無迫切需要等。因此，主管機關似應重視此一問題，並找出對策以鼓勵公務人員參加協會。

八、協會成立門檻仍高，未符合實際需要

依協會法第 10 條規定，只要有 30 人發起即可籌組協會，但是第 11 條規定，成立大會的召開卻要招募會員人數已達 800 人或超過機關預算員額數五分一，且不低於 30 人時始得為之。由於中央及各地方機關之人數多寡差異懸殊，協會成立門檻標準亦不一，困難有別，有的人數極少即可成立協會（如公務人員保障暨培訓委員會），有的卻要滿 800 人始可成立（如直轄市、縣（市）政府），因而影響協會的成立。雖已於 94 年 6 月 15 日修正公布協會法第 11 條中降低協會成立門檻（原規定招募會員人數超過機關預算員額數三分之一，始得召開成立大會），惟仍有地方機關反映應再予放寬，以符合實際需要。

九、協商範圍限制過多，實際功能相當有限

協商權的範疇與內容向來是公務人員勞動基本權的核心，團結權的目的在藉集體力量爭取協商權，而爭議權為達成集體協商之手段。協會法第 7 條第 1 項中規定有協商權，尚可謂一大進步的作法。然協會可以協商事項僅有三項：1. 辦公環境之改善；2. 行政管理；3. 服勤方式及起迄時間，範疇極為狹小。復以上述所謂「行政管理」的定義及適用範圍為何？在該條文說明意旨中並未明確界定。目前已陸續籌組成立 16 個協會，為免將來適用上產生困擾，允宜釐清，以利施行。

協會法又於第 7 條第 2 項中明白規定四項不得協商之排除事項，即 1. 法律已有明文規定者；2. 依法得提起申訴、復審、訴願、行政訴訟事項；3. 為公務人員個人權益事項者；4. 與國防、安全、警政、獄政、消防及災害防救等事項相關者。上述所謂「國防」及「安全」各為何？協會法也完全未予界定。如此籠統之排除條款可以說在建制之初，即有意完全否定與此相關之各機關公務人員協會提出協商。從而可知，協會法賦予協會的協商權似乎極為空洞，實際協商的功能自然有限。

十、協商效力受限，功能難以發揮

協會固然可依協會法第 7 條之規定提出協商，然協商結果是否產生拘束效力？依協會法第 30 條規定，公務人員協會與協商案件之主管機關及相關機關協商所獲致之結果，參與協商之機關及公務人員協會「均應履行」；公務人員協會不得向主管機關或相關機關請求締結團體協約。另協會法第 31 條規定，如未完全履行協商結果時，公務人員協會得向其主管機關申請「調解」，此僅為事後的補救措施。蓋因不得締結團體協約，其協商效力自然薄弱，當無任何強制性的拘束力可言，所提出的協商事項勢難順利促成。

十一、協商、調解及爭議裁決之協議機制，有待商榷之處頗多

由於公務人員組織團體要求改善工作條件是對法定勤務之一種紓緩，如果限制其爭議（罷工）權之行使，必須另行設計一套能使公務人員之聲音適當表達與疏通之機制，協會法爰設計一套協商、調解及爭議裁決之協議機制，即協會法對於協會有第 7 條之情事，依第 28 條規定提出協商，第 31 條規定申請調解，第 38 條規定申請爭議裁決。此一協議機制之運作，關係著協會的組織功能能否充分發揮，固屬新制，有待日後實務運作來檢證，惟就法制作業而言，此一機制有待商榷之處頗多，諸如：1. 協會依據協會法第 28 條規定提出協商時，協會法並未規定各該事項主管機關不受理時，該如何處理？2. 第 30 條規定中對於負有履行義務的機關，故意不履行時，其處罰之規定為何？3. 第 31 條規定中亦未見各該主管機關不受理協會提出協商要求的處理方式，主管機關銓敘部宜早日釐清。

十二、經費不足影響協會業務推動

依協會法第 27 條規定，協會經費來源雖列有七款之多，但經訪查結果，目前經費來源主要為入會費、常年會費、孳息、捐款收入及政府補助費等，由於協會運作及舉辦各項活動，均有賴充足之經費，常由於經費有

限，而影響到協會會務之運作、存續與發展。

第六節　改進建議

綜合上述主要民主國家公務人員勞動基本權概述、我國公務人員勞動基本權之行使與限制，以及所衍生的問題，筆者建議應從下列幾項著手，俾使我國公務人員勞動關係法制更為健全。

一、政策思維方面

（一）政府對公務人員勞動基本權應持更開放的態度

現行協會法的制定，已突破既往禁止公務人員組織工會之藩籬，保障公務人員結社自由之用意，俾符合世界潮流之作法，值得肯定。惟從整體面觀之，政府在現行制度設計之初，對於公務人員似乎仍抱持不信任與圍堵的心態，如賦予協會過寬的權利，可能會引發政府部門勞動關係巨大的變化與衝擊，從而造成在領導與行政管理上的諸多困擾，甚至於損害公共利益。

事實上，目前世界發展的趨勢已將公務人員視為勞動者的一部分，公務人員因其勞動從屬性，應被視為廣義的勞動關係，所以對於勞動者的基本權利（尤其是團結權、協商權及爭議權），應視為其固有的基本權利。因此，未來有關公務人員權益法制的立法，似應從勞動者的觀點，來確立其勞動關係調整及定位的基礎，即建立以勞動關係為導向的立法模式。在此一立法模式思維之下，公務人員勞動基本權因涉及公共利益與國家安全而有必要予以限制，但更需要政府行政部門與立法部門的尊重，讓勞動基本權在限制中發揮其應有的功能。換言之，公務人員應該跟一般勞動者擁有完整的團結權、協商權及爭議權，並將爭議權作某種程度限制，而不是完全否定之。

（二）勞動基本權之限制應以功能區分為原則，而非以職務來區分

　　政府在衡量公務人員勞動基本權的限制時，應作「職務」及「功能」性的區別，即以功能來做為判斷其應否受限的標準，如果功能行使的結果會造成公共利益的損害大於公務人員的利益時，才有必要對公務人員勞動基本權的行使加以限制。如果不區分公務人員職務及功能，而一律限制其勞動基本權，似違反比例原則，而形成現代版的特別權力關係。

（三）適時引進共同決定與協同參與制度

　　在理論上，私部門為尊重勞工的尊嚴與地位，採行產業民主制度鼓勵勞工參與，增加溝通管道，進而改善勞資關係。現代政府職能日趨擴大，公務人員業務日趨繁雜，如欲將所有公務人員工作條件之改善事項以法律詳細規定，係為不可能且不必要。筆者建議似可適時引進德國共同決定及協同參與制度（林明鏘，1996: 244, 249；余德軒，1997: 188-190），即所謂團體協約權之替代制度（因為德國公務人員並不如勞工一般享有團體協約權）。

　　「共同決定」係指有管轄權限之機關公務人員協會或其最上級之協會組織或職業工會，參與各最高行政機關制定一般性或法規性之規範，或參與意欲之決定措施而言。只有公務人員協會於準備程序中共同參與，並且經其同意後，行政機關始能做成有關公務人員制度的決定，否則行政機關原則上不能採取其預定措施。

　　至於「協同參與」則指凡符合法定協同參與之事項，行政機關於採取措施前，應先與機關公務人員協會進行共同討論，以便達成彼此互相諒解，並兼顧公務人員協會之共同討論權利。機關公務人員協會雖然有向行政機關提案以及表達意見的權利，然而當兩者的意思不一致時，將此事例移送上級行政機關與更高一層的代表機關交涉，而最終由上級行政機關決定。故協同參與的效力比共同決定來得弱。

二、法制規範方面

（一）積極研訂協會法施行細則

　　為落實公務人員協會法之施行，銓敘部雖依職權先後訂定相關作業規定，在法制作業上仍有不夠完備之處，如能於協會法中增訂授權條款，訂定施行細則，將相關作業規定予以統合納入，將使協會法的法制規範更為健全與完備。

（二）成立宗旨應更為積極

　　協會法第 1 條成立宗旨雖為宣示性的規定，建議採積極的態度將其修正為：「公務人員為促進其權益、改善工作條件、提升工作效率及增進聯誼合作，得組織公務人員協會」。

（三）相關疑義應早日釐清

　　如上所述，相關疑義諸如協會法第 2 條「公營事業機構負有主要決策責任人員」、第 3 條「適用民法有關法人之規定」、第 7 條「行政管理」、第 28 條「各該事項主管機關不受理，如何處理？」、第 30 條「故意不履行，如何處罰？」以及第 31 條「各該主管機關不受理，如何處理？」等疑義，銓敘部應及早因應釐清與檢討。

（四）考慮增加以「職業別」成立協會

　　以職業別作為組織模式，成員有其同質性並能增加認同感，主管機關如能考量允許成立各專業類別之公務人員協會，當能發揮各類別人員的專業性，並能提升該協會應有的功能。

（五）主管機關宜改由準司法性質的機關為之

　　為避免日後公務人員對主管機關球員兼裁判之嫌，以及主管機關在行使協會法第 21 條規定的裁量處分，更具公信力與專業性，建議宜改由公

務人員保障暨培訓委員會作為協會之主管機關。

（六）放寬協會成立門檻

　　由於協會成立門檻過高，截至目前為止僅 16 個（其中中央層級機關 13 個，地方層級機關3個)機關成立協會，距成立全國公務人員協會，尚有一段距離（中央層級機關已達五分之一即 12 個的規定，多出1個，地方層級機關距三分之一之即 9 個的規定，尚差 6 個），致影響全體公務人員的權益。為使全國公務人員協會能早日成立，建議再依機關人數多寡、機關之特性及行政區域大小，訂定不同的成立標準，使其發揮因人、因地制宜的彈性特佳。

（七）擴大協商範圍

　　集體協商在理論上一方面可以充分表達公務人員的希望與建議，另一方面政府機關亦可充分說明自身的立場與想法。就積極意義而言，集體協商除可促進公務人員與政府間雙向溝通之外，更可藉由參與過程增進公務人員對組織的承諾與信任感，甚至經由協商喚醒政府當局對重大勞動關係政策議題的注意與重視（任正明，2005: 81）。

　　公務人員集體協商權內容依現行規定已被限縮，縱使協商不成，有完備的調解及爭議裁決之協議機制，也是屬於「跛腳的機制」，發揮不了其應有的功能。因此，建議擴大協商範圍，諸如考選、職等標準及職務列等表、陞遷、考績、訓練進修、待遇調整、福利事項、退休撫卹基金撥繳費率、保險費率等事項，均可賦予協會協商權。另建議於各人事相關法規所列的委員會組織中，明定協會代表的名額，諸如各機關人事甄審委員會、考績委員會、福利委員會等，委員中至少一名應由協會代表擔任之。

（八）研議並適度開放部分協商事項得締結團體協約

　　為使協會向主管機關或相關機關提出協商的結果，能夠確實履行，建議主管機關研議並適度開放部分協商事項得締結團體協約，使協商的效力

與功能得以發揮。

三、實際運作方面

（一）公務人員應積極參與協會

　　公務人員在過去一直習於當沉默的一群，又因無團結權，對於各項重大人事政策的變革，總是缺乏團體的聲音，無法充分表達多數人的意見，以維護其應應有及合理的權益。反觀，國營事業機構員工及公立學校教師則相當團結，遇到重大事關權益事項的變革，其全國性的組織會立即出面反映其心聲，大多能獲得善意與合理的回應。由於公務人員協會的本質是「集體的聲音／制度性的回應面孔」（Freeman and Medoff, 1984，轉引自衛民，2003: 16），因此公務人員應積極參與協會，使集體的聲音能夠正常地發出，以維護並促進其應有的權益。

（二）加強籌組與招募會員

　　各機關籌組協會的公務人員應該以公私部門工會運動及教師會這些年活動的經驗為師，加強組織和招募會員。

（三）機關首長的支持與鼓勵

　　公務人員的心態大多較為保守，習於依長官指示行事，或常保持緘默，不敢輕舉妄動，以免被貼上標籤，造成不良印象，而影響到陞遷與仕途的發展。機關首長若能於公開場合表態支持，並鼓勵同仁參加協會，將可樹立良好的溝通管道，將有助於該機關協會早日成立與運作。

（四）廣籌經費與爭取補助

　　為利各機關協會會務的運作、存續與發展，各機關協會除應積極招募會員、廣籌經費來源及爭取政府補助之外，各主管機關亦應在國家財政範圍許可之下，每年編列預算給予協會一定金額的補助。

（五）尊重協會會務自主的原則

　　協會法對於協會的發起、籌組、章程、理監事的選任、任期等事項，均已明文加以規定，此有助於協會功能之健全及運作之順暢。為期協會能自主發展，建議主管機關對於日後協會僅作政策與法制層面上的協助與管理，至於日常事務的會務管理事項，應尊重各該協會對其會務的自主管理。

（六）主管機關應再積極地加強宣導

　　協會法公布施行後，銓敘部為期各機關順利推動成立機關公務人員協會，除了以部長箋函請中央及地方關首長關注促成之外，該部也組成輔導專案小組，以應各機關實際需要，另訂定相關作業規定，建置公務人員協會網路專區，並分區辦理宣導等，已盡心盡力。惟協會法施行5年以來，成立機關協會僅 16 個，成效似乎不彰，作為協會法的主管機關應再積極地加強宣導，使公務人員更加了解協會法規及實務作業，俾共同順利推展協會的業務。

本章參考書目

立法院公報（2002），第 91 卷第 42 期（3238）上。

任正明（2005），《公務人員集體協商權之研究－兼論我國相關法制未來應有之發展》，國立中正大學法律學系碩士論文。

任可怡（1994），《美國公共部門勞動關係利益爭議處理制度之研究》，空大行政學報，第 1 期。

江明修（1997），《公共行政學：理論與社會實踐》，台北：五南圖書。

余德軒（1998），《公務員勞動基本權之研究》，國立中興大學法律學系碩士論文。

吳定等（2007），《行政學》（上），修訂再版，台北縣：國立空中大學。

吳庚（1997），《行政法之理論與實用》，增訂三版，台北：三民書局。

吳蓉蓮（2002），《公務機關中勞動者勞動三權之研究》，中國文化大學勞工研究所碩士論文。

李弘仁（1993），《公務員勞動基本權-勞動三權之行使與限制-中日法制之比較研究》，私立輔仁大學法律學研究所碩士論文。

李若一（1999），〈公務人員協會法草案中幾個爭議性問題之說明〉，《公務人員月刊》，第 41 期。

林紀東（1992），《行政法》，台北：三民書局。

林明鏘（1996），〈德國公務員之勞動權-兼論我國公務人員基準法民國八十四年一月草案〉，刊載於彭錦鵬主編，《文官體制之比較研究》，台北：中央研究院歐美研究所。

林奕銘（1998），〈從勞動法觀點論我國公務人員協會入會方式之建構〉，《人事行政》，第 125 期。

施能傑（1999），《美國政府人事管理》，台北：商鼎文化出版社。

莊碩漢、黃臺生等（1997），《英法德三國人事制度考察報告》，台北：銓敘部。

許濱松（2000），《各國人事制度》（全），修訂版，台北：中華電視股份有限公司。

許慶雄（1992），《憲法入門》，台北：月旦出版社。

陳新民（1990），《憲法基本權利之基本理論》，台北：三民書局。

陳繼盛（1994），《勞工法論文集》，台北：陳林法學文教基金會。

黃越欽（1991），《勞動法論》，台北：國立政治大學勞工研究所。

黃越欽（2001），《勞動法新論》，修訂二版，台北：翰蘆圖書出版有限公司。

黃程貫（1997），《勞動法》，台北縣：國立空中大學。

黃駿逸（2001），《美國聯邦公務人員勞動三權之研究－兼論我國考試院公務人員協會法草案》，國立政治大學公共行政學系碩士論文。

葉長明（1999），〈公務人員協會法草案簡介〉，《人事行政》，第 129 期。

銓敘部（1993），《研討公務員基準法草案重要文獻彙編》，台北：銓敘部。

銓敘部（2000），《文官制度改革系列叢書第七輯－公務人員協會法專輯》，台北：銓敘部。

銓敘部（2002），《公務人員協會法草案重點說明》，台北：銓敘部。

銓敘部（2004），《公務人員協會法及其作業規定彙編》，台北：銓敘部。

銓敘部（2007），〈主管機關許可之協會查詢及申請立案籌組之協會一覽表〉，2007 年 12 月 25 日取自銓敘部，網址：http://www.mocs.gov.tw/civils-field/index.htm.

趙嘉裕（2004），《公務員勞動三權之行使與限制-以我國公務人員協會為案例之分析》，中國文化大學中山學術研究所博士論文。

蔡茂寅（1997），〈工作權保障與勞動基本權的關係及其特質〉，《律師雜誌》，第 219 期。

衛民（1997），〈從勞動三權觀點論公共部門教師會協商權與罷工權〉，《人文及社會科學集刊》，第 11 卷第 2 期。

衛民（2003），〈從協商權的角度論公務人員協會的發展空間與限制〉，《公務人員月刊》，第 85 期。

歐育誠（1984），《日本公務人員制度》，台北：湘文印刷事業有限公司。

曹俊漢（1995），《公務協會組織與功能之研究》，銓敘部專案委託研究報告。

曹俊漢、陳朝政（1999），〈公務人員協會制度之比較分析〉（上）、（下），《公務人員月刊》，第 41、第 42 期。

Bekke, H. A. et. al. (1996), *Civil Service System in Comparative Perspective,*. Bloomington: Indiana University Press.

Coleman, C. J. (1990), *Managing Labor Relations in Public Sector*, San Francisco: Jossey-Bass Publishers.

Cooper, P. J. (1998), *Public Administration for the Twenty-first Century*, Orlando, Florida: Harcourt Brace & Company.

Farnham, D. and Horton, S. (1996), *Managing People in the Public Service*, Houndmills: MacMillan Press Ltd.

Freeman, R. B. and Medoff, J. L. (1984), What Do Union Do ? New York: Basic.

Huang, Tai-Sheng (1989), "The Impact of Collective Bargaining on Personnel Administration of State and Local Government in the United States," *The Chinese Journal of Administration*, No.45, (January).

Robson, W. A. (1995), The *Civil Service in the Britain and France*. Connecticut: Greenwood Press Publishers.

Rosenbloom, D. H. (1997), *Public Administration and Law*. New York: Marcel Dekker, Inc.

第九章 行政組織的預算管理與財政

　　政府職能擴張是幾十年來各國的共同趨勢，政治學將之歸因於民主政治多元利益和勝選壓力等過程，經濟學和財政學則使用市場失靈和公共財（public goods）兩個重要概念作為解釋理由（薛光濤、李華夏，1991；胡瑋珊，2003; Larkey, 1981: 157-220; Savas, 2000）。市場失靈認為自由競爭市場機制不會將許多財貨生產過程對社會造成外部負面性納入考量，或者市場機制不願意介入某些服務生產等。公共財指的是兼具集體消耗性與無排他性的財貨或服務，無排他性使得該財貨即使有人願意付費，也無法買下獨占所有權，再加上只要財貨被生產就提供集體消耗性，許多享用「免費午餐」的消費行為自然會出現。因此，私人部門自然缺乏動機生產此類公共財，政府部門就被認為是替代生產者，同時，也需依賴政府提出各種管制、福利或服務工具介入，降低市場失靈對公共利益的衝擊。民眾經由民主投票過程，許多本質上未必是公共財或市場必定失靈的財貨反而逐漸地被認定是政府的責任，所以政府角色也隨之擴張。

　　政府推動各項公共政策和公共服務時，需要依賴資金此項核心的生產要素，期能在資金獲取和良善產品或服務之間得到動態和健全的平衡。政府與公共事務上常稱「財政為庶務之母」或稱「預算是行政的血脈」，即使百年前政府規模仍不大之際，當時所提出 POSDCORB 的行政管理概念中也已將預算活動納為其一，這些都顯示預算與財政是實踐所有公共行政活動的最根本要素。健全的預算和財政活動需依賴妥善的規劃，包括：財政收入與財政支出兩大面向的規劃，這些規劃的工作可以統稱為「財務行政」。本章首先說明政府財務行政的意義，再分別討論預算過程的相關課題，最後扼要分析台灣政府的財政狀況。

第一節　政府財務行政的範疇

在民主政治過程下，財務行政是指政府整體或個別公共部門組織為實現維繫其繼續存在的政策目標，並兼顧特別是立法機關及其成員的需求，對可資運用之財政收入與支出，所做的分析規劃與管理等制度設計與活動。據此，一般教科書的見解中，常將財務行政的範疇再細部區分成幾個主要功能：財政政策之規劃、財務責任、財務職能、財務組織機構與預算過程（李增榮，1991；徐仁輝，2005）。這些要素間的關係其實是很密切的，事實上，廣義的預算過程中就涉及各項財務行政的範疇，例如：預算規模決定即反映財政政策理念規劃的哲學和結果，預算執行過程又與財務管理、財務職能和財務管理組織運作等息息相關。

壹、財政政策

政府年度或長期預算過程的最重要主軸就是設定財政政策方向，所謂財政政策是指民選政治首長們在追求實現向選民揭櫫的重要政策目標下，根據政治與經濟等因素，對於政府財政收入和財政支出的增減及優先次序所為之規劃，期能使政府財務狀況健全。以下再略述其重點：

第一，財政政策是政策導向的活動，這些重大政策是民選政治領袖在競選期間或執政期間向選民所為之政治承諾，也代表著政府角色與介入社會活動的深淺和寬窄，因此，財政政策雖然係以健全政府財務狀況為主體，但是若忽略推動已承諾的重大政策，那麼，在未來的選舉中將須付出政治代價，難以繼續執政。

第二，財務狀況的健全並非指僵化的年度預算實質平衡，即實質財政收入等於實質財政支出，財政不能有所赤字。雖然高赤字是必須避免的財務管理方式，但是在某些狀況下，短期間有赤字發生對政府財務尚不致於構成太大的問題。因此，現代政府中赤字是常見的現象，有時決策者也刻意地運用赤字政策，但重要的是如何不讓赤字的幅度和增長速度失控。

第三，財政政策之規劃必須同時兼從收入面與支出面著眼，僅依賴單

方面的規劃途徑是無法有效地運用財政以達成重大政策目標之理想。譬如說，為推動重大的政策必然使得政府總支出規模增大，若又要避免赤字發生，這時可採用的方式包括如增加政府財政收入，或不增加收入但減少其他事項之支出。再者，政府財政收入面當然需以實際收入為主，減少舉債此類的名目收入，不過，在符合財務自償性或經濟極端不佳等狀況下，舉債也常是可用的途徑。

就財政政策而言，健全的前提總是採取量入為出的政策哲學，符合財政紀律的期待。不過，民主政治環境下，增加收入面總是難以到民眾的支持，民選人員為贏得勝選卻常需對選民提出更多支出面的承諾，因此適度的量出為入也變成是另一種主張。這兩種對立觀點，實際上如何操作，常因國家民主政治發展階段或執政者政治理念等而異。

貳、財務責任與財務職能

財務責任是經由機關內部管理控制方法，例如保存有關財務決策事項的記錄等，使財務管理人員必須負有忠實地運用財政資源之責任。進一步說，政府人員所負之財務責任可分為兩類，一是財務信託責任，指現金出納、財務經理人員應負忠誠責任，減少弊端與損害。另一是財務決策責任，指所有管理人員，而不限於財務人員，必須要能有正確判斷的能力，期使財務決策的錯誤降至最低。

財務職能是指從事財務管理過程的相關功能，至少包括會計、公庫與審計等功能，而每種功能均須訂有相關的作業制度為行事之準則。會計制度是一切財務活動的基礎，藉由會計功能可以了解政府支出與收入的運用是否合於法定程序，並具備行政機關內部審核與事前控制的效果。公庫制度使財政收入和支出金錢有一整體的負責單位，並依一定程序辦理徵收與支用。審計制度是透過行政機關以外機構所進行的收支帳目最終確認，並期有監督之功能。

參、財務組織機構

　　為履行前述財務職能須設立適當的財務組織機構，並建立組織體系。譬如，政府須有稽徵稅捐機構負責稅課之徵收，有專司負責稅課收入與政府支出規模等財政政策擬定之機構，至於這些機構間的關係如何設定？不同層級政府的機構間關係如何？都是為有效完成財務行政目標的重要組織設計。

　　以中央政府為例，行政院是預算和財務行政工作的主體，負責擬訂財政政策，其中，行政院主計處和財政部是兩個最重要的幕僚機關。行政院主計處負責中央政府總預算的編製與審核，並指揮各級政府內的主計單位負責財務職能中的會計功能。財政部主管總預算案中財政收入部分的編製工作，並負責所有稅課之稽徵、公債行政、國產管理與國庫收支管理（委由中央銀行辦理）。監察院審計部則掌理預算決算之審定，並下轄各級政府內的審計單位對各機關執行預算進行稽察和審計，若發現有財務責任失職者，移交監察院或司法院為必要之處分。各機關內部也多設有主計單位，負責協助機關進行預算執行的內部管理和會計事宜。

　　地方政府的財務組織設計模式，和中央政府大致相同。不過，地方政府內部主計單位的人事，需受行政院主計處的直接指揮監督，由此更確保地方政府的財務行政過程都遵循中央政府所制定的相關財務行政法令制度。

第二節　預算本質與預算過程

　　政府財務行政的具體規劃和運作表現在政府預算過程。政府預算的討論觀點非常多元，例如：經濟學、財政學、會計學等途徑，本章主要從政治學和公共行政學角度，先說明預算本質，再討論政府預算運作的過程。

壹、預算本質與民主政治

政府預算是指陳某一政府在未來一段期間內關於其所有收入、支出、活動等財務狀況，及政策目標的資訊文件，此一文件必須經立法機關認可後才具備法定效力。一般說來，預算所規劃的時間通常是以一年為時程，故稱為年度預算。進一步地說，預算此一文件應該含有三類資訊：1. 描述性資訊：預算書內要提供描述在一定期間內政府及其各機關所從事的活動和目的，以及所為之財政支出與收入項目的資訊；2. 解釋性資訊：預算文件內須有解釋機關所從事活動、收支規模和所欲達成目的間的因果關係之資訊；3. 偏好性資訊：預算文件必須包括為何追求所規劃的政策目標以及政策間優先順序的合理化資訊，以顯示執政者對於政府整體資源分配的偏好（Axelord, 1995; Wildavsky & Caiden, 2003）。透過上述三類不同資訊，提供了預算制度對於政府財政收支可以分別產生控制性、管理性和規劃性的功能（Schick, 1966: 243-258）。

從民主政治角度觀之，預算是執政政府表現其政策方向的最具體及最實質的文件，透過預算可以清楚地了解到政府支出的分配方式：哪些政策職能分享最大比例的經費？哪些政策較少？或者哪些項目根本未列經費？而經費支出比例和執政政府所宣稱的施政方針優先次序是否一致？畢竟政策若無實際經費的支應，無異僅是「口惠」而已。其實，在西方民主國家中，選民在大選中的投票實即是選擇支持哪一種財政支出方式，因為主要政黨的施政理念將會落實在預算規劃上。當然，預算內容也指陳政府收入來源的類型和比重等等，這些規劃會直接影響民眾最終可支配所得，也決定收支是否平衡。

再者，由於預算必須經過立法機關認可後才具效力，因此，預算過程就成為是行政機關與立法機關間互動的重要事項。立法機關可以藉由參與預算審查過程，對預算進行刪減、調整或甚至增加支出，一方面為選民看緊荷包，另一方面也為選民爭取必要的經費，達成預算監督控制與溝通的效果。一旦立法機關認可預算，行政部門就依法執行，預算又變成是行政部門向立法部門負政治與法律責任的文件。

貳、預算過程

　　預算過程指的是一個完整的預算週期，包括四個階段：預算編製、預算審議、預算執行和預算決算（黃世鑫、徐仁輝、張哲琛，1995）。其中，通常預算執行期間為一年，自預算執行起始月份後的一年時間，稱為一個會計年度，因此，再加上其他預算階段，一個預算週期所耗費的時間就常超過兩年。對照而言，預算過程四階段也對應政策過程四個循環不已的階段：從政策規劃、政策合法化、政策執行到政策評估，冀使政府財政收支能在周延的計畫與控制下產生最佳運用結果（黃世鑫，1990；蘇彩足，1996 & 1997; Rubin, 2005）。

一、預算編製

　　預算編製是預算過程的最重要階段，一方面是其所須的時間極長，再者，預算審議乃是以預算編製的結果為藍本，所為之調整幅度常屬有限。就多數國家而言，預算案是由行政部門所編製，以美國為例，自1921年後聯邦政府預算也從原本立法部門編製的方式改為行政部門編製，主要理由不外是行政部門較專業，而且預算既是向選民負政策責任的文件，預算也較宜由行政部門負責編製。

　　預算案編製流程主要是如何產生一部包含各個機關經費收支的預算概估，這些概估都是依循預算制度（詳下節）和預算科目而編製。典型的編製流程是「由下而上」，即各機關依其推動的政策計畫，編製經費收支概算，然後由預算主管機關負責彙整，最後提交內閣做形式上的確認，再向立法機關提出預算案，預算編製乃告完成。由下而上編製方法的最大缺點是各機關通常以舊有預算水準為編製新預算的基準，至於其所為之政策計畫和行政首長或所重視者配合與否，反而不是各機關所關切之重點，因此造成總預算有不斷成長的壓力，預算支出和施政方針間也無必然的對應關係。

　　鑑於由下而上的缺失，以及政府可資運用財源趨緊，近來「由上而下」的編製方式正受到強調與採行。由上而下的編製邏輯與由下而上方式

恰好相反，行政首長和預算主管機關先確立各機關應有的施政重點及各機關可能的最高經費支出額度，各機關再依相同原則編製所屬單位的計畫重點和經費限額，此方式的最大優點是在利用經費限制與逐級分配的方式，迫使各機關真正對計畫之優先次序與效率性進行評估，使預算能成為推動政策的有效工具。

　　另外，值得一提的是，預算編製過程中各業務機關的態度通常是傾向於追求成長，期望有更多的預算，但預算主管機關則扮演看門者的節制角色，儘量壓低各業務機關的經費需求概算，學理上所稱的預算政治現象也就由此而生。

二、預算審議

　　預算概算經內閣通過後即送立法機關審議，此即開始預算審議階段。立法機關審議預算的影響力主要受到三個因素影響：審議期程、專業能力、職權範圍。經由立法部門通過的預算稱為法定預算。

　　各國立法機關審查預算的時間不一，英國議會僅有幾天時間審議，美國國會審預算時間長達數月，一般而論，立法機關預算審議時間愈長其影響力也就愈大。其次，立法機關要有專業知能，方能有效地審查既複雜又龐大的預算，否則再長的審議時程也無助於提高影響力。通常，專業能力的提升必須借重專門性預算諮詢機構、助理或外界專家。最後，立法機關對於預算具有的調整權之影響性角色，多數國家的議會對於預算僅能刪減，實際上刪減幅度也有限，因之，議會具有的影響力主要係以刪減預算作為「威脅」手段換取行政機關在某些事項上的讓步；相反地，美國國會對預算具有增加支出和調整預算項目的權力，其影響力也自然彰顯無遺。

　　在民主國家，特別是實行總統制的美國，立法機關審查預算的特色是許多壓力團體（利益團體）的積極介入，遊說民意代表替壓力團體爭取更多的預算或減少預算被刪減的幅度。當參與預算審議過程的壓力團體數目不斷增加，立法機關或個別民意代表所面對的壓力也就愈大，如何折衷調衡各方利益的預算政治過程也充斥於預算審議階段。

　　立法機關視預算案為某種限期性的法律案之一種，預算審議自然也需經準三讀程序，先由立法部門各常設專業功能性委員會分別審查相關行政部門所提的預算案，再經全院院會完成後續程序，期能提高預算審議的專業性。若在預算執行日前仍無法完成審議，立法機關通常需要另訂補救辦法，譬如說延用上年度預算，編製臨時預算或假預算等。

三、預算執行

　　預算案經立法機關三讀通過後就交由行政部門執行，稱預算執行階段，執行期間通常為一年。會計年度開始月份各國不一，例如元月（法國）、四月（日本）、十月（美國）。台灣從 2000 年起由原來的七月改為元月。

　　行政機關執行預算時主要面對的問題有兩項：如何將年度預算轉換成執行預算？如何因應預算編製時未能預測的情勢變化？就第一項問題，各國使用的方法稱分配預算，分配預算是指各機關將立法機關核予的法定預算總額，依計畫實施之進度或其他標準，按月或接季分配可用之經費上限，並送經行政部門預算主管機關（美國是國會撥款委員會）核定。分配預算措施一則有利於行政機關在開始執行預算時可再次就各種環境變化狀況（因為預算編製階段較執行階段常約提早一年），重新為必要之調整，再則有利於控制支出的常態性，避免過早將年度預算用盡或預算一直未執行。

　　當預算執行期間的情境發生變化，與預算編製和審議時所為之預測假設不同時，立法機關通過的法定預算若未能作必要之調整就不足以因應。因應的方式不外有二：其一是維持預算總額不變動，但變動經費的分配，其二是增減預算總額。前一種因應方式包括設立預備金和經費流用兩類作法，預備金是指法定預算內本來即編列未設特定用途限制之支出準備金，為各執行機關和整個行政部門預留一定的彈性財源，不過，預備金的使用仍需依法動支。經費流用是指調整立法機關原核定的經費項目支出數額，譬如將甲計畫之全部或部分經費移為乙計畫之用，或將同一計畫內業

務費之全部或部分移為差旅費之用等，一般說來，流用的項目和幅度都有限制，不同機關間經費的流用通常是被禁止的。第二種因應方式是須增減預算總數，此稱為追加（減）預算，由於為免預算失去其嚴肅性，追加（減）預算通常必須基於法定原因，並經立法機關審議。當然，如果遭遇更特別的狀況時，尚可以採行提出特別預算案的方式因應之。

此外，預算執行過程涉及財務行政中許多重要的範疇，包括：財務收支如何管理的公庫制度和出納管理制度？如何執行經費的對外採購制度，如何監督經費運用合法性和效率性的會計制度？如何對地方政府或民間團體提供補助或捐助等等。所以，預算執行階段可以說是預算過程中最複雜的重心。

四、預算決算

預算週期的最後階段是決算，決算是指對於法定預算執行結果的審核，以確定法律責任之歸屬及預算運用的效能與效率性。決算的流程預算執行機關先就執行經費狀況編列說明，最後再送至立法機關審議。透過這種過程，可以使執行預算者必須忠實依核定之預算動支經費，否則需負法律責任，且決算報告經立法機關審議完成，行政機關就該年度的財務責任也可告解除。再者，決算過程可藉由分析各項預算運用是否能達成預定的計畫目標？是否能以有效率方式達成目標？做為提供行政機關和立法機關未來編製與審議預算的參考資訊。

第三節　預算編製制度

預算本質涉及提供描述、解釋和偏好性資訊，從而成為一套政治與法律文件，這樣的功能能否有效達成實則和預算如何編製的制度設計有密切關係。前節提及預算編製階段涉及的程序和政治面課題，本節則進一步說明如何編製年度預算的制度技術。根據預算制度出現的時間次序，理論上約有五種制度：總額預算（lump-sum budget）、細目預算（line-item budget）、績效預算（performance budget）、設計計畫預算（planning, programming & budgeting system，簡稱 PPBS）和零基預算（zero-base budget，簡稱ZBB）（ Pyhrr, 1973; Axelord, 1995; Smith & Lynch, 2005; Lee & Joyce, 2005）。

壹、總額預算與細目預算

　　總額預算是最為簡單的制度，即給予每一部門一個預算總數，這個總數用在那些項目上均未有所說明，所以在總額預算制度下行政首長和立法機關均完全缺乏控制力，目前已極少被採用。

　　另一種簡易的制度是細目預算，細目預算是根據支出項目目的加以歸類的制度，譬如每一部門預算包括人事費、業務費、設備費、事務費⋯⋯等支出項目構成，但是有關各個項目何以需要某一支出水準之資訊則均闕如，所以細目預算僅具「控制性」功能。正因為制度簡單，但具備最基礎的支出分類功能，相對容易編製和審議，所以對於立法部門和行政部門而言具有很大的吸引力，所以目前這套制度的精神是普遍被採用的（Wildavsky, 1978: 501-509）。

貳、績效預算

　　績效預算可稱為是現代化預算制度的起源，美國聯邦政府自 1950 年起根據胡佛委員會（Hoover Commission）的建議開始推行此制度。績效預算制度是以政府所從事工作的職能類型做為支出編列之制度，預算內容需要提供各項經費支出之目的與目標，為達成某項目標所採各項計畫之成本計算，以及衡量每一計畫的工作績效量化資訊。

　　績效預算的特色在於提供具體工作活動項目、數量和單位成本，由此計算出計畫所需成本和工作績效衡量指標之資訊，這些資訊除了可供決策者利用做更精確的支出控制外，更強調各機構必須將應有的工作活動、工作量、預算支出效率性、績效評估等管理概念納入預算過程。績效預算制

度除了有著控制性功能外,更進一步提供「管理性」功能,因此這套預算制度是目前許多政府機關實際上實施的制度。

參、設計計畫預算

上述績效預算制度的邏輯是,編製預算者接受機關「既定」的職能、重要計畫和活動目標下,設法透過預算編列方式的精細化,使經費支出得到更有效的管理。從政策分析概念而言,此種預算制度忽略了提供最為根本的資訊,即機關為什麼要從事某些職能、計畫、政策?應否追求這些政策目標?是否有更經濟的方案達成所揭櫫之政策目標?為處理這些政策層次或甚至政治價值選擇層次的課題,美國蘭德(Rand)公司開發建立了設計計畫預算制度,美國國防部隨後先引用,聯邦政府則在 1965 年至 1971 年間正式採用。有些論者也將此制度稱為計畫預算制度(program budget)。

設計計畫預算制度是根據政府(機關)整體性和長期性的施政方針體系,逐級由上而下地策訂實施之計畫,並運用系統分析技術編列相關預算之制度。由此可知,設計計畫預算制度是以政策導向與理性決策導向為精神,整合政策設計、執行與控制評估的過程,並以「設計規劃」為重心的制度。具體地說,此一制度包括三個步驟:第一,政府(或機關)整體政策職能目標體系的設計規劃;這是其他預算制度所未重視的特色,在設計目標體系時主要考慮的因素有如民眾需求性、可用資源幅度,而設計的時程兼含長期性與策略性;第二,計畫方案策訂:在政策目標指引下,根據系統分析技術,對可能達成目標的不同計畫方案進行成本效益分析,從而確定和選擇據以推動的計畫,然後再詳細規劃計畫之內容項目、工作活動;第三,預算編列:根據計畫內容和工作活動所須之經費,並依循績效預算制度格式,編列年度預算和未來幾個年度的經費估算。三個步驟環環相扣形成一個系統,有助於對計畫支出的偏好性、效能性和效率性進行評估,因此,設計計畫預算制度同時提供描述、解釋與偏好性的資訊。

肆、零基預算

零基預算制度原為美國德州儀器公司（Texas Instruments）採行，1977 年美國聯邦政府正式引用，但隨著 Jimmy Carter 總統的卸任，此制度即不再繼續被採行。由於僅有不到四年的實施經驗，因此，與其說零基預算是政府實際推行的制度，倒不如說它代表的是一種預算編製的觀念。

零基預算制度是指任何一項新增或既有的計畫，欲獲得預算編列，均需重新受到審查以證明其存在的必要性，不符時宜或不具實益之既有或新增計畫均不予編列預算。由此可知，零基預算下沒有任何支出是可以不受質疑的，這種限期徹底審查的編列原則，使得每項計畫在新年度開始時均被假定為不應繼續存在，故稱為零基。就此意涵，零基預算是以「管理」功能為取向的制度，上一管理階層可根據下一層次的計畫執行單位所提有關計畫為何需要續存的資訊，藉由系統化技術做仔細之審核，使預算支出能達到效率性。

詳言之，零基預算包括四個基本步驟：第一，確立機關之目標體系：這是機關內部最高管理階層的主要任務；第二，建立預算的決策單位：決策單位通常是指機關內各項計畫，即由機關內一級單位負責之計畫，計畫管理者必須為其決策單位之成敗負責；當然，決策單位也可以是方案、業務活動，或小至某一細項工作，大至整個機關；第三，編製決策方案：決策單位管理者就其負責的計畫或方案，詳盡設定預期達成的目標後，就欲採行措施的可能服務和工作水準（通常是有現有水準、最低水準和精進水準三種方案），分別說明所須投入的經費、執行細節和預期效益等資訊；第四，排定決策方案優先順序：各決策單位依據決策方案的重要性先自行排列執行之優先次序，然後均逐級上呈，每一上層主管就其所轄決策單位的方案再排列優先次序，機關最高管理層級為最終決定者，未能列入經費所及的決策方案不予執行或延後執行。

總之，各種預算制度均有其優缺點，所著重的功能也不一。整體而言，愈具理性決策功能的制度，如設計計畫預算，愈能提供詳盡的描述、解釋和偏好性預算資訊，然而其所須的操作技術會愈複雜，操作成本也愈

高。職是之故，理論上較佳的預算制度未必是最適合採用的制度，尚須考慮許多配合因素，如政府規模大小，立法機關運用預算制度的能力等。

第四節　政府財政收入

當政府介入事務增多，在其他情形不變的狀況下，政府支出規模會擴大。那麼，政府可以從哪些管道取得財源呢？就理論與實務而言，政府財政收入來源可粗分為稅課收入與非稅課收入兩大體系，地方政府財政收入上則通常尚仰賴中央政府的補助協助（Reed & Swain, 1997; Mikesell, 2007）。

壹、稅課收入

稅課收入指各種租稅收入，主要有三大類稅基：所得稅系統（對所得課徵之稅，如個人所得稅等），消費稅系統（對貨物、銷售行為或消費支出所課徵之稅，如貨物稅、營業稅、關稅、印花稅等），和財產稅系統（對財產之持有本身及移轉所課之稅，如地價稅、房屋稅、土地增值稅、遺產稅、贈與稅等）。由於稅課收入是各國政府財政收入來源中最重要的一項，下面再介紹兩項有關於稅課的問題：稅課本質與稅課運用。

一、稅課本質

平時常說的「稅課」一辭只是通稱，實際上包括許多不同的稅目，並且因各國而異，譬如幾乎各國均徵收個人所得稅，但像我國就沒有徵收社會安全稅。大體而言，稅課是指國家或地方自治團體基於實現承諾的經濟與社會政策等等任務，對所轄國民、居民或法人，依其經濟能力高低或其他標準強制徵收金錢，同時對被課徵者並無提供特定報償的義務。引申之，稅課的本質有下列幾點：

第一，稅課是國民之強制性義務。國家可以依不同理由對國民徵收稅

課，國民用繳稅行為表示對該政治體系的認同。稅課之徵收都有一定的法定程序，使國民的義務明確，避免擾民苛政，對於未依法繳稅者，國家會處以一定的行政罰或秩序罰。

第二，稅課是國家從社會中獲取經濟資源的主要手段。國家每徵收一塊錢的稅課，此即意味著民間部門減少了一塊錢可用，因此稅課是公共部門對經濟資源重分配的手段。

第三，國家從不同來源取得經濟資源。強制徵收的來源不僅是所得，消費能力與財產也是另外兩類徵收的稅源，由此形成所得稅、消費稅與財產稅三大稅課來源。國家稅課之範圍因此幾乎是涵蓋每一位國民，而非限定於公民或有所得者，例如：剛出生的嬰兒只要其繼承財產，他自然也就成為遺產稅的納稅義務人。

第四，稅課徵收通常以被課徵者的經濟能力為考量之基礎。原則上，經濟能力高者負擔較重的稅，經濟能力低者負擔較輕的稅，這就是稅課公平。

第五，稅課之運用通常是基於一般性原則。在一般性原則下，國民負擔稅課，然後期望從國家那裡得到利益，包括安全保障、物質或服務的提供等。這樣的交易過程，稅課似乎宛如價格，但是和市場商品價格不同的是，該價格不是由供需原則所決定，而由國家政治權力機制依政治過程決定；同時，由於國民繳稅後也不能確知個人是否會得到等值效用的報償，因此無法因稅課過高而不繳納。這與使用者付費或規費等政府收入來源的本質大大不同。

第六，國家徵收稅課的正當性建立在不斷地增進國民公共福祉之基礎。雖然國民基於一般性原則和強制性義務繳稅，自難期望其個別利益能獲得滿足，但是國家若不能善用稅課於提升國民福祉之事務上，終將無法合理化其向民間部門徵收經濟資源之舉，執政者必然會失去選票，喪失繼續執政之機會。

二、稅課制度之運用

租稅政策經常是根據負擔能力原則而設計，使民眾感覺稅課具有衡平性，進而願意自動順服。能力原則指的是社會上經濟能力愈高者，負擔愈多的租稅；經濟能力愈低者，負擔愈少的稅課。目前實際上最常被採用衡量經濟能力的指標是所得多寡。相對於能力原則的是受益原則，亦即主張國民負擔的稅課額應與其自政府所獲得的利益相當，只是由於公共財的單位利益價格實難能確知，因而此原則在稅課設計上的應用就較困難，不過，政府可利用這個理念，從事使用者付費的財政收入設計，或指定用途租稅的規劃。

稅課衡平與否可由「水平衡平」與「垂直衡平」兩個面向衡量之。水平衡平是謂對所得或經濟能力相同者課徵相同的稅課，垂直衡平則指對不同所得或經濟能力者課徵不相同的稅課。根據垂直衡平的概念，理論上就將所得與實質稅率（實納稅負／所得）間的關係分為三種：累進、累退與比例稅制。累進稅制是指高所得層級者負擔的實質稅率較低所得層級者為高；累退稅制是指高所得層級者負擔的實質稅率較低所得層級者為低；比例稅制是指高所得層級者負擔的實質稅率與低所得層級者相同。一般而言，累進稅制總是被認為是較具衡平正義的稅課制度。不過，必須注意的是，究竟高所得層級者負擔的實質稅率要較低所得層級者高到什麼程度？或者不同所得層級的實質稅率應差多少？這些都是爭議極大的問題，政黨因其屬性而常有互異的主張，所以是一種政治選擇過程。

實際上，各國法律所規定的所得稅稅制與財產稅稅制常是累進稅制，而消費稅稅制較偏向比例稅例。由於所得稅是政府稅課收入之大宗，用累進稅制課稅，既合於能力原則，更可藉此進行財富重分配，減低貧富差距過大，是為社會政策實現的重要工具；對財產課以累進稅制，雖然可能有不利於資本投資等經濟活動，但在社會政策的意義上是減少不勞而獲的行為。

值得重視的是，雖然法律上規定的名目稅制常是累進稅制，但政府常基於配合經濟政策或為回應特殊利益團體的需求，另有例外規定，例如

變動各課稅級距的稅率，結果使得名目上的累進稅制，實質上效果未必如此，或者累進效果大幅縮小。另外，更常見的作法是所謂的「稅式支出」（tax expenditures），亦即根據身分、經濟活動等各種原因，免除或減少本來應計入所得總額之所得。稅式支出雖然並非是高所得者才能適用，但他們經常是受惠甚大的團體。稅式支出會減少課稅所得的來源，稅基變小的結果，將使個人或法人適用的最高稅率降低，國家也因之損失稅收。

貳、非稅課收入

除了前述稅課收入外，政府尚可從其他來源獲取財政收入。非稅課收入體系主要包括幾類：企業收入、行政收入、財產收入、公債與賒借收入、補助收入及其他收入（林錫俊，2001；徐育珠，2004），下面分別簡要說明各項收入的狀況。

一、企業收入

政府透過自行經營企業包括公營事業和專賣事業，所得到的收入稱為企業收入。在民主工業化國家中，政府很少自行獨資經營企業，因此企業收入的財源比例極小。我國基於防止私人企業壟斷獨占與民生相關的生產或交通事業等理由，各級政府一直經營龐大的企業，如中油公司、台電……等。不過，隨著經濟自由化和民營化的腳步，政府所經營的企業將逐步減少，這方面的財政收入也自然會日減。

二、行政收入

行政收入係指政府機關因提供特定服務、設施，或設定某種權利，或為達成某種管制目的，對特定使用者或違規者，依成本計算的原則所為之單方強制徵收之收入。通常，行政收入主要包括規費、特許金、特別賦課和罰款四大類。特許金指的是私人部門欲經營某些特定經濟活動時，為先得到政府之許可所須繳納的數額，譬如經營特種行業所交之年費。特別

賦課是政府為公共目的新增或改良舊有設施，再根據受益區域內受益者受益程度，依比例徵收之數額，如道路工程受益費。罰款是針對違反政府法令者所處之賠償數額，譬如：交通違規之罰金、違反刑法被課處的各種罰金、環境污染的罰金等。規費是行政收入中最重要的一類收入，規費為政府向享用特定服務者所收取之特定報償，因此其項目繁多，如民眾到戶政或地政事務所為申請各種文件所需交納的金額，參加國家辦理的各種考試所交之報名費等。

　　晚近，規費和使用者付費（即政府以其提供的具體服務，或以銷售其物品，向受益者收費）的界限模糊化，沖淡了行政收入本來具有的強制性本質，而變成是一種較為近似市場商品的交易本質。使用者付費概念的運用極廣，如：公園、停車場、過橋費、垃圾清理費……等，不過，因為此種作法影響貧窮者享用公共財的機會，又有重複課稅之成分，因此，為減少開徵某些使用者付費的政治上阻力，使用者付費的收入常配合限定用途制度的作法，使這些收入專門用於維護、改善特定的公共財，不能任意移作他項用途。

三、財產收入

　　政府以其財產供作運用所得之收入稱財產收入。財產的種類包括土地、林地和礦產，財產運用的方式則包括政府自行管理而收益，租予私人經營而收益，或政府交付私人經營而獲取收益。因此，以國有土地為例，政府可出售土地取得一次性財產收入，可興建大樓、國宅出租收取租金等。

四、公債收入

　　上述三種財政收入和稅課收入都是實質收入，亦即政府使用這些金錢後無須再負有償還之義務，不過，公債（和賒借）收入的性質就不同。公債是政府以國家信用為擔保發行債券，向人民或其他國家借債，取得財政收入，屆期再為本利償還之支出，因此公債收入雖然是財政收入之一，但

並非是實質收入。正因為公債收入具有需要償還的特性,財政學者均認為發行公債主要應用於公共投資建設方面,期有回收償債之效果,而非用於消耗性不能再生產的支出項目上,如發放人事費用。同時,為了避免過度使用公債為政府財政收入來源,通常法律會訂定政府可舉債的上限。

五、補助收入

補助收入指來自上級政府提供的經費,一般而言,地方政府會依賴相當比例的補助收入。非聯邦體制的國家中,地方政府的稅課收入因為較少,無法充分支應所負責重要基本職能的經費需求,例如:義務教育、治安、消防、社會服務等等,中央政府就會透過補助方式,協助填補短缺。中央政府運用補助款制度,可以降低不同地方政府之間財務狀況有太大的差距,避免區域間財政貧富懸殊所造成的發展不均衡。補助收入有時也會被要求需用於特定用途,其目的則在引導地方政府重視某些業務。中央政府也有時尚要求地方政府需提出配合款方能獲得更大的補助款,由此產生補助款的刺激效果,造成更多經費運用於某些業務上。

第五節　政府財政狀況

政府角色和職能不斷增加的結果,財政收入和支出規模當然隨之擴張。下面說明台灣各級政府整體的趨勢狀況,以及最近的收入和支出方向。

壹、各級政府淨支出與收支變化

根據中央政府總預算資料顯示,包括地方政府在內的各級政府總淨支出規模從 1990 年起急遽擴增超過兆元,目前則已經近 2.5 兆元,中央政府約占其中七成比例。如果就國際上常用來比較政府支出規模高低的指標而言,即其占國民生產毛額比例,圖 9-1 顯示,1995 年後從超過 30% 的

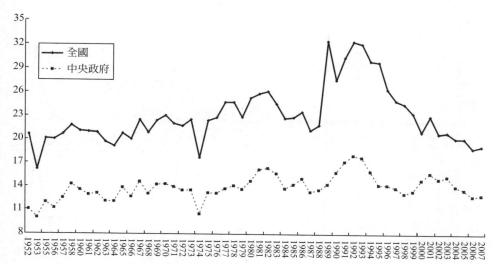

資料來源：根據 98 年中央政府總預算案參考表（各級政府淨收支概況表）計算後製成 1999 前北高市
　　　　政府包括省政府。

圖 9-1　各級政府總支出佔 GDP 比例

比例持續下降至今約略為 20%，這樣的比例和社會福利和社會安全制度完
備的北歐等國家相較，相對仍低。

　　討論支出面的同時需要對照收入面，圖 9-2 顯示各級政府年度淨收支
變化狀況（指總預算、追加（減）預算及特別預算，並扣除各級政府彼此
間補助及協助等重複收支數）。縣市政府一直都是出現支出大於收入，短
缺預估已接近 3,000 億元；台北市和高雄市早期尚有剩餘，現今卻也預估
有接近 800 億元的短缺；中央政府狀況則短缺和剩餘交互存在，近幾年有
較大的剩餘。整體而言，各級政府的淨收支自 2000 年起急速變為負數，
本來有轉趨改善，但近兩年卻又開始惡化，短缺預估超過 3,300 億元。由
於收支不平衡，自然也累積一定程度的債務，迄今各級政府累積未償還
一年以上債務餘額（不含外債）已達 4.3 兆元，主要都是中央政府所造成
的，這樣的規模使得占國內生產毛額（GDP）比例約在 37%。

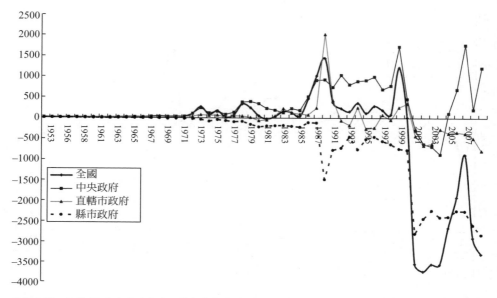

資料來源：根據 98 年中央政府總預算案參考表（各級政府淨收支概況表）計算後製成 1999 前北高市
　　　　政府包括省政府。

圖 9-2　各級政府淨收支（億元）

貳、各級政府財政收支結構

　　各級政府 2009 年財務狀況與收支結構如表 9-1。該表顯示幾個重點，
第一，所有地方政府皆是入不敷出，特別是高雄市和各縣市政府短絀數目
分別占總支出的 48% 和 37%，各縣市政府短差約為 2,800 億元；第二，稅
課收入是各級政府財政收入的主體，縣市政府相對較低，比例約為七成；
第三，中央政府最大支出項目是國防支出，各縣市政府則以教育科學文化
和一般政務支出為前兩大項支出；各級政府均有相當支出比例用於經濟發
展事務上；第四，整體而言，中央政府和台北市政府在社會福利支出上的
支出比例較高；第五，中央政府的法定義務支出比例不低，包括員工退休
撫卹支出和償還債務支出，縣市政府的退休撫卹支出也占了顯著比例。

表 9-1　各級政府淨收支狀況（2009 會計年度）　　單位：億元，%

	中央政府	台北市政府	高雄市政府	縣市政府	合計
歲入	1705.2	1238.6	44.4	460.0	2333.5
稅課	76.1	81.0	76.6	71.1	75.4
營業盈餘及事業	13.5	3.9	1.5	1.6	10.4
規費及罰鍰	4.8	12.7	14.7	8.5	6.1
財產	4.3	1.8	4.4	2.8	3.9
其他	1.3	0.6	2.8	16.0	4.2
歲出	1515.2	188.0	85.4	743.6	2532.2
一般政務	11.3	12.8	15.3	22.1	14.6
國防	20.8	0.0	0.0	0.0	12.4
教育科學文化	17.5	29.8	25.2	30.8	22.6
經濟發展	12.8	22.5	21.2	14.4	14.3
社會福利	18.4	22.5	14.0	13.4	17.1
社區及環保	0.4	6.1	9.8	5.6	2.7
退休撫卹	9.0	2.6	8.3	9.5	8.7
債務支出	8.8	2.6	4.3	1.7	6.1
一般補助及其他	1.0	1.1	1.9	2.5	1.5
餘絀	190.0	−64.1	−40.9	−283.6	−198.7

資料來源：整理自 98 年中央政府總預算案參考表 9-1。

參、中央政府財政收支狀況

　　無論是財政收入面或支出面，中央政府一直占了各級政府總收支的最大比例，因此特別值得就中央政府狀況再加說明。表 9-2 顯示的重要現象包括：

　　第一，中央政府的總支出規模自 1980 年代中後快速成長，當時約3,000 億元的規模，十年後增長至六千餘億元，2000 年起受到台灣省虛級化的影響，規模開始突破兆元，2009 年預算支出已增至 1.8 兆餘元，三十年間成長幅度超過六倍；第二，國防支出一直都是最大項目，但所占比例迅速下降，2000 年起甚至曾達到約 15% 的歷史低點（不過，有些本屬國

表 9-2　　中央政府歲入和歲出政事結構　　　　單位：百億元，%

年度	總歲入	稅課	營業盈餘	總歲出	國防	教科文	經濟發展	社會福利	退撫	債務	補助
1960	0.7	78.2	14.8	0.8	74.7	2.8	1.8	5.3		1.4	7.5
1970	3.0	76.0	12.7	30.7	60.1	6.0	6.7	10.0		7.5	3.3
1980	21.8	77.6	11.4	20.2	40.2	6.8	26.0	12.8		2.2	7.7
1990	70.7	63.4	23.7	67.3	31.3	15.0	16.0	19.4		6.7	2.9
2001	141.7	62.9	19.2	155.9	15.2	16.5	17.8	18.8	7.8	9.7	2.0
2005	146.5	62.7	24.7	156.7	15.9	19.2	15.8	18.2	8.3	7.5	2.9
2006	154.6	67.0	20.6	153.0	15.5	19.8	12.9	19.8	8.8	8.2	2.7
2007	163.5	72.9	16.6	155.2	16.5	19.6	12.6	18.8	8.7	8.0	4.0
2008	162.0	72.1	17.8	171.2	19.0	18.5	12.5	17.4	7.9	7.6	5.6
2009	170.5	73.9	15.1	183.0	17.2	18.7	14.5	17.9	7.5	7.3	5.9

說明：2008 是法定預算，2009 是預算案。其餘為決算數。
資料來源：中華民國 98 度中央政府總預算參考表 6 換算。

防支出之項目被歸在其他類別之支出下）；第三，經濟發展支出比例也曾居重要角色，但近十多年來，比例較低，反而是教育科學文化和社會福利兩大政策領域上的支出比例變成是最重要的財政支出；第四，中央政府債務支出和退休撫卹支出的比例也明顯地增加；第五，歷年來中央政府財政收入兩大來源是稅課收入和國營事業盈餘收入，兩者比例互為消長，目前稅課收入雖已回升至七成以上，但仍須依賴相當的國營事業盈餘收入，這不同於許多工業化民主國家的狀況，後者因不經營公營事業而必須依賴更多稅課收入比例。最後，實質財政收入的成長幅度不大，甚至出現低於財政支出的年增率，中央政府入不敷出問題一直存在，必須依賴發行公債和移用年度歲計賸餘因應之，長期結果自然反應在債務支出比例的提高。

肆、地方政府財政收支狀況

各地方政府的基本財政狀況，顯示於表 9-3。就實際決算數而言，以

表 9-3　地方政府算收支餘絀狀況　　　　　　　單位：億元，%

	歲入出差短 （2007 決算）	歲出 （2009 預算）	歲入出 差短	自有財源 占歲入比例	人事費占 自有財源比例
台北市	232.0	1,454	−93	87.0	29.2
高雄市	−48.9	713	−90	70.3	38.0
台北縣	−24.6	903	0	77.6	70.4
宜蘭縣	−17.3	275	−24	27.8	257.0
桃園縣	−60.5	496	−15	64.8	89.1
新竹縣	−39.2	260	−12	33.1	121.8
苗栗縣	−19.5	199	0	42.9	124.8
台中縣	−27.9	390	−20	51.7	124.9
彰化縣	−16.2	322	−39	54.2	141.0
南投縣	−16.6	198	8	37.9	150.3
雲林縣	7.1	238	−5	45.7	116.1
嘉義縣	−14.2	208	−5	33.8	148.5
台南縣	−10.1	309	0	44.3	129.7
高雄縣	−29.3	317	−27	59.8	114.9
屏東縣	−11.7	268	0	48.9	117.9
台東縣	−6.4	123	−17	38.8	164.4
花蓮縣	−8.6	158	−24	40.7	149.5
澎湖縣	−2.1	80	−11	31.8	171.3
基隆市	−9.7	164	−15	59.6	97.7
新竹市	−14.9	170	0	57.0	82.8
台中市	1.4	355	−49	79.1	82.9
嘉義市	−10.0	106	−14	56.9	107.8
台南市	−27.6	241	−30	68.4	93.0
金門縣	12.2	100	−9	74.0	46.5
連江縣	−1.5	25	−3	26.4	151.2

說明：自有財源指歲入扣除補助和協助收入。
資料來源：財政部國庫署地方財政統計
http://www.nta.gov.tw/ch/08work/inf_a01_main.asp?bull_id=1370, 1368,

最近一個年度為例，除了台北市和金門縣有明顯的剩餘外，其他縣市都是歲入不敷歲出的赤字。就最近的預算案而言，所有地方政府皆是出現短差，需要規劃用債務或賒借等方式彌平缺口。同時，絕大多數地方政府的

自有財源比例都不高，顯示其財政自主性狀況相當不足，造成自有財源尚不足以支應人事費用的窘境，自然需要中央政府提供各種方式的經費補助。

本章參考書目

李增榮（1991），《財務行政》，台北：華視文化。

林錫俊（2001），《地方財政管理要義》，台北：五南圖書。

胡瑋珊譯，（2003），《聰明學經濟的12堂課》，台北：先覺。

徐仁輝，（2005），《公共財務管理》，台北：智勝文化。

徐育珠，（2004），《財政學》，二版，台北：三民書局。

黃世鑫、徐仁輝、張哲琛，（1995），《政府預算》，蘆洲，台北：空中大學。

黃世鑫，（1990），《民主政治與國家預算》，台北：國家政策研究資料中心。

薛光濤、李華夏譯，（1991），《經濟學家眼中的世界》，台北：聯經。

蘇彩足，（1996），《政府預算之研究》，台北：華泰文化。

蘇彩足，（1997），《政府預算審議制度》，台北：華泰文化。

Axelord, D. (1995), *Budgeting for Modern Government*, New York: St. Martin's.

B. J. Reed and John W. Swain (1997), *Public Finance Administration*, 2nd ed.. Thousand Oaks, Calif.: Sage.

Larkey, Patrick D. et al. (1981), "Theorizing About the Growth of Government: A Research Assessment," *Journal of Public Policy*, Vol. 1, No. 2.

Lee, Robert D. and Philip G. Joyce (2007), *Public Budgeting Systems*, 8th ed.. Gaithersburg, M.D.: Aspen.

Mikesell, John L. (2007), *Fiscal Administration*, 7th ed.. Belmont, Calif.: Thomson.

Pyhrr, Peter A. (1973), *Zero-Base Budgeting*, New York: John Wiley & Sons.

Rubin, Irene S. (2005), *The Politics of Public Budgeting*, 5th ed.. Washington, D.C.: CQ Press.

Savas, E. S. (2000), *Privatization and Public-Private Partnerships*, New York: Chatham House.

Schick, Allen. (1966), "The Road to PPB: The Stages of Budget Reform," *Public Administration Review*, No. 26.

Smith, Robert W. and Lynch, Thomas D. (2005), *Public Budgeting in America*, 5th ed.. Upper Saddle River, N.J.: Prentice-Hall.

Wildavsky, Aaron B. (1978)," A Budget for All Seasons? Why the Traditional Budget Lasts.," *Public Administration Review*, No. 38.

Wildavsky, Aaron B. and Naomi Caiden (2003), *The New Politics of the Budgetary Process*, 5th ed.. New York: Longman.

第四篇

公共政策運作

第十章　政府行銷與政策行銷

第一節　政府行銷觀念的本質

壹、政府行銷觀念的興起

Mokwa & Permut（1981）合編《政府行銷：理論與實務》
（*Government Marketing: Theory and Practice*）一書，首次以「政府行
銷」（government marketing）一詞，做為行銷概念運用在政府部門的總
稱。這個用語引起筆者極大的興趣，理由在於當 Kotler & Levy（1969）
提出行銷概念的擴大化之後，隨著「將行銷視為組織功能的一部分」這樣
的論述逐漸被接受，行銷的觀念在各種不同組織的管理領域就如雨後春
筍，各擅一方。丘昌泰（2007: 120）認為行銷管理已是公共管理（Public
Management）當中相當重要的策略管理之一。然而這個行銷觀念的感染
的力，同時也帶來了概念的模糊性。

以公共領域的行銷觀念議題而言，目前見諸文獻之中的共有七種與
政府行銷（Mokwa & Permut, 1981; Lamb and Crompton, 1986）相關的概
念發展。例如：社會行銷（Kotler & Zaltman, 1971; Hastings, 2007）、政
治行銷（Mauser, 1983; Davies & Newman, 2006）、政策行銷（Snavely,
1991；魯炳炎，2007；陳敦源，2008）、公共政策與行銷（Ferrell &
LaGrace, 1975; Journal of Public Policy and Marketing, 1981 迄今）、公共部
門行銷（Coffman, 1986; Titman, 1995; Kotler & Lee, 2007）、地方或城市
行銷（Ashworth & Voogd, 1990; Smyth, 2007）、非營利組織行銷（Kotler,
1975；Sargeant, 2005）。

例如：Mokwa 認為政府行銷是將「公共部門的領域與組織，視為促
進公共利益與福祉的行銷者或業務員，以有效的溝通、價值化與傳遞造福
民眾或顧客（Mokwa, 1981: 3）。」相較於 Kotler & Lee 對公共部門行銷
的定義「以消費者（民眾）為中心的方法，用來幫助傳達民眾的抱怨，改

變他們的感受以及提升政府機構自身的表現。藉由情境分析、目標設立、市場區隔、行銷研究、品牌定位、策略使用行銷工具，以及建立評估、預算和執行方案來發展正式計畫（郭思妤譯，2007: 74）。」兩者在概念上，對於政府與公共部門的差異，並無清楚的交代，在行銷觀念的運用上，是否為同一個觀念[1]。魯炳炎（2007: 63）引用 Stevens（2006: 65）的觀點認為，Mokwa 沒有進一步釐清政府與公共部門的差異，乃因公共事務的領域的複雜性，以至於公共部門的發展呈現龐大、快速與產出的特殊性質所致。

　　至於社會行銷與政策行銷有何不同？政治行銷、非營利組織行銷、公部門行銷與政府行銷又有何差異？地方（城市）行銷與的性質與政府行銷領域有無重疊？公共政策與行銷在研究的重點跟政策行銷的發展方向是否有所區隔？筆者認為對於這些概念的引用，以及彼此之間的差別，目前除了魯炳炎（2007），對於社會行銷、政策行銷與公共部門與政府行銷，有較為具體的整理之外，其他國內外，少有文獻做有系統的辨正整理，以致當對於這些概念運用有所不明，顯有再進一步釐清之必要。

　　本章目的，擬就行銷概念運用在公共事務管理的相關課題，以政府行銷為論述的起點，就其相關性之公共部門行銷（public sector marketing）、政策行銷（policy marketing）、政治行銷（political marketing）、地方行銷（place marketing）、行銷與公共政策（marketing and public policy）、非營利組織行銷（Nonprofit Organization Marketing）等七項概念逐一研討，辨別異同，俾利後學。

貳、公共組織的區別：政府機關、公部門與非營利組織

　　政府（government）與公部門（public sector）是同義字嗎？公部門的範圍包含非營利組織（nonprofit organization）嗎？

---

[1] Kotler & Lee（2007）所出版的《科特勒談政府如何做行銷》，該書的英文書名為 "Marketing in the Public Sector: A Roadmap for Improved Performance"，但譯者在中文部分卻將公共部門行銷與政府行銷混為一談，沒有特別區隔界定政府與公共部門有何不同！

　　根據大英百科全書的定義，政府是「治理國家或社團的政治機構……。」[2] 在 Bealey（1999: 147-149）主編的《布萊克維爾政治辭典》的說法「政府是一種來自國家最高統治權威的抽象統治型態、程度、目的與範圍的表徵。」因此，政府是一個政治機構，這個機構在其有效管轄的範圍之內，制定、執行法律，並且施行有效的管理。廣義的政府包括：立法機關、行政機關、司法機關、軍事機關。狹義的政府僅指行政機關。在單一制國家之中，一個國家的政府又可分為中央政府和地方各級政府。在聯邦制國家之中，政府可以分為中央聯邦政府、州政府與地方政府（丘曉等編，1987: 419）。

　　從上述的定義可知，政府的概念來源起自政治學的觀點。政府是國家構成的元素之一（如主權、領土、人民等），政府同時也是政治權力結構分配的一項結果（如三權分立的原則、中央與地方的分權等）。更由於政府消極的目的在維持社會的公序良俗，積極的目的在促進人民的福祉，因此政府通常被界定是國家權力機關的執行者，具有保衛、輔助、管制、服務的行政職能。是以吾人將政府的履行職能的行政活動稱之為「公共行政」（Public Administration）。我國行政學泰斗張金鑑先生（1968: 7）對於此有簡明扼要的定義：「政是眾人之事，行是執行。行政就是公共事務的推行。」；「公共行政乃是政府官員執行其任務的活動。」

　　但隨著政府職能的擴張與公共議題的日益複雜，有些涉及公共事務的推動與執行，並不全然是由政府機關為之。例如基於政府委託所辦理的業務，如經濟生產的設施，或者是社會福利、文教、醫療事業的經營等等，

---

[2] 由於城邦的擴張及人類科技的發展，政府的職權逐漸變得更為複雜與廣泛。君主極權政體為十六至十八世紀歐洲重要的政府形式。在此種政制下，執行聖旨的協調工作係由一種包括會計員、文書員及分析員在內的新興階級來執行。此一階級的發展形成官僚政治。無論政府是憲政體制還是極權體制，此一官僚政治已成為現代政府有條理的推動政務的重心。在憲政體制下，立法權與執行權分為行政、立法及司法三大部門。任何個人繼續掌握權力的能力，必須受到定期求助於選民的限制。立法委員係由各選區所選出，而政府推行政權的領土係由各選區結合組成，政府首腦不是由全國直接選舉產生（如美國），即是由國會選舉產生（如英國）。」取自大英線上繁體中文版。<http://wordpedia.eb.com/tbol/article?i=030561>. 2008 年 4 月 11 日，

其執行的單位或人員，都不是傳統政府機關所界定的範圍。原因在於自1980 年代以後，有關政府部門過於龐大以及能力相對不足，屢遭批判。理由不外有三：第一，政府規模（Scale）太大，導致施政成本不斷上升，改革者要求政府組織裁併或者精簡；第二，政府範圍（Scope）太大，萬能的政府反而是無能的政府，改革者要求解除管制與民營化來縮小政府職能；第三，政府運作方法（Methods）不當，對於傳統的官僚行政結構已無法令人滿意，改革者建議引進市場自由競爭的治理機制，來活化政府的功能（孫本初，2008: 87）。

　　透過這些行政改革的措施，在政府組織之外，逐漸便有代表政府法人概念的組織產生。例如：英國的執行機構（Executive Agency）和執行性的非政府公共體（Executive Non-Departmental Public Bodies），日本有獨立行政法人，德國有公法人，美國有政府法人（Government Corporation），都直接或間接的擔負公共服務的規劃與執行的工作（行政院人事行政局，2003: 6）。Lane（2000: 15-17）就認為，過去公部門的概念泛指政府的活動與結果，但現代的公部門，其意義則是國家的總體決策過程與產出，透過政府以不同的組織型態，進行消費（consumption）、投資（investment）與移轉（transfers）而藏富（production）於民。

　　根據吳定教授（2006: 62, 159）的見解，「公部門是指政府機關組織和由政府所經營的公營事業機構之總稱。相對於私部門與第三部門的非營利組織而言，主要的功能在於輔導、管制、分配、服務，因此與私部門、第三部門具有很大的差別，其中最大的差別在於公部門具有公權力。」OECD（1997）對公部門的範圍認定有兩種，狹義的公部門是指政府（包含中央與地方政府），廣義的公部門包括公營企業[3]。

　　除此之外，筆者認為，基於前述政府組織的改革趨勢，行政法人也應屬於公部門統稱的概念之中。理由在於透過公法途徑，讓不適合由行政機關執行的事務，由一個與政府保持距離的行政法人來處理，一方面能夠保

---

[3] 轉引自，魯炳炎，《公共政策行銷理論之研究》，頁 64。

有公共性，二方面更能引進企業經營的效率與效能。因此筆者對公部門的定義擬修正為「政府機關以及由政府經營或依公法途徑成立的事業單位與行政法人。」

　　至於公部門是否涵蓋非營利組織呢？所謂「非營利組織」（Non-Profit Organization, NPO），又稱為志願部門（voluntary sector）、第三部門[4]（third sector）或獨立部門（independent sector）。根據維基百科的定義，非營利組織是「是指不以營利為目的的組織，它的目標通常是支持或處理個人關心或者公眾關注的議題或事件，因此其所涉及的領域非常廣，從藝術、慈善、教育、政治、宗教、學術、環保等等，分別擔任起彌補社會需求與政府供給間的落差。」[5] 此外，非營利組織是具有公共利益屬性的民間性、志願性的正式組織，並且不提供利潤的分配給成員，以有別於企業組織的營利性（吳定，2006: 49）。

　　在此定義之下，非營利組織雖然有別於公部門的公權力特性，但卻具有共同的交集，那就是「公共利益」的推動。但非營利組織所獨有的「志願性」特質，也與公部門的特質不同。公部門是政府基於業務推動的需要而成立的機構，雖然政府機關有時為了推動業務之需，必須另組非政府性質的組織，甚至以非營利組織的名義型態，如財團法人、基金會等方式，嚴格來說，這只能歸類到非政府組織[6]而不是正統非營利組織的概念。

　　綜上所述，政府的概念適用於傳統公共行政的環境，在組織的性質上，它是「政治性」的組織，可是在面對推陳出新的各類型公共議題的解

---

[4] 　如果從法理的途徑來區分，政府組織是依公法所設立的法人；企業組織是依民法所設立的營利事業法人；非營利組織是依民法所設立的社團法人或財團法人。學者常以第一部門稱呼政府組織，企業組織稱為第二部門；非營利組織又稱第三部門。

[5] 　摘引自維基百科，2008/4/17，「非營利組織」。網址：http://zh.wikipedia.org/

[6] 　非政府組織（Non-governmental organization，縮寫 NGO）是一個不屬於政府、不由國家建立的組織，通常獨立於政府。雖然從定義上包含以營利為目的的企業，但該名詞一般僅限於非商業化、合法的、與社會文化和環境相關的倡導群體。NGO 通常是非營利組織，他們的基金至少有一部分來源於私人捐款。現在該名詞的使用一般與聯合國或由聯合國指派的權威NGO 相關。而大多數非政府組織（NGO）都會是非牟利（非營利）組織（NPO - Non-profit Organization）2003 年 3 月，綠色和平成員爬到牆上抗議埃索／埃索美孚集團由於一些人認為「NGO」被濫用了，因為它可以涵蓋一切非政府的組織，一些 NGO 傾向於使用民間志願組織（Private voluntary organization, PVO）。摘引自維基百科，「非政府組織」，2008/4/17。網址：http://zh.wikipedia.org/

決機制，公部門的概念應用的範圍較為廣泛，因為它是一個「行政性」的組織。如表 10-1，公部門在法律的地位與法定的名稱上，皆比政府組織的結構更具解決問題的彈性。至於非營利組織，因其具有志願性的的特質，有別於前兩者，但卻又同樣具有推動公共服務的職能與使命。因此，筆者認為，「政府」是「公部門」的核心概念，「公部門」是「政府」的延伸概念，而「非營利組織」是「公部門」的競合概念。

換言之，雖然三者都具備公共利益的特質，差別在於，公部門具有公權力，但非營利組織具有志願性。因此，基於政府職能的發展與行政的考量，政府會以不同的組織結構型態，來推動與執行公共事務，確保公共利益的達成。

如國營事業的台電公司，雖然是公司的結構型態，但就其資金的來源是政府提供的預算，提供的公共服務是關係國計民生的電力輸送；財團法人海峽兩岸基金會，外界簡稱的海基會，負責兩岸人民旅遊商務的代辦公共服務，甚至包含犯罪遣返作業等，雖然屬於民間的財團法人組織，但是預算來源是政府撥付，並且執行的業務涉屬文書認證、商務仲裁等司法職能。這些機構雖然不是政府機關，但是都具備了政府的行政功能。因此公部門的概念運用將比政府概念的運用範圍較為廣泛，較能涵蓋各種不同類型的公共事務議題之討論。

表 10-1　公共性組織的比較表

種類／屬性	法律地位	權力性質	組織性質	法定名稱
政府	公法人	具公權力	政治性組織	中央政府／地方政府
公部門	公法／私法人	具公權力	行政性組織	行政法人／非政府組織財團法人
非營利組織	私法人	不具公權力	志願性組織	財團法人、社團法人

資料來源：作者整理。

第二節　政府行銷的相似概念：社會行銷與公部門行銷

　　社會行銷、政府行銷與公部門行銷都是行銷擴大化的產物，而三者在概念的運用上，因為不容易區隔彼此的差別，致使常常會被當成同義字相互使用（Titman, 1995: 25）。但也有學者認為認為，社會行銷的領域應屬非營利組織的範疇，因為這些志願性的行動並不受政府的管理，且不受政治動機或商業利益的驅動。至於要透過懲罰與獎勵等方式來確保公共利益，傳遞各種公共服務，這種要透過行政官僚組織程序的行銷活動，就屬於公部門行銷或政府行銷（Fine, 1992: 54-55）。

　　鑒於前述，吾人已經對三個組織結構的屬性有所探討與界定，是以對於行銷概念的擴大化之運用，應有不同的意涵。筆者對於這樣的論斷，持保留意見。第一，筆者不認為三個概念是可以交互使用；第二，社會行銷並不能以組織屬性的差別，而將其歸屬於非營利組織。理由分述如下：

　　如果根據 Kotler & Zaltman（1972）最早提出的定義，認為「社會行銷是一種透過設計、執行與控制方案的過程，運用行銷的組合（產品、價格、通路、溝通）與行銷研究，希望能使目標團體接受社會的某些觀念、理想與措施。」換言之，社會行銷的目的在於目標團體接受觀念的改變，並且影響其行為的結果。因此，學者認為只要其理念與目的是在增進公共利益，例如：推動乘車繫安全帶，吸菸有害健康等社會行銷，不論是企業組織、政府機關、非營利組織都可以是執行推動的單位，不應是哪一個組織所能專擅（Rangun & Karim, 1991; Andreasen, 1994）。

　　更何況，Salamon（2001）認為，現代政府的治理觀念，已不再強調大政府與萬能的政府，而是希望政府與民間一起共治共理的新治理（New Governmance），透過社會網絡（Network theory）與協同伙伴關係的建立，協力解決日益複雜難斷的公共問題。因此常見政府與非營利組織一起推動許多具有社會公益的活動，譬如：鼓勵器官的捐贈、垃圾資源的回收等，都不是單一組織型態所能完成。因此，如果說對於社會行銷所促進的公共利益活動專屬於非營利組織，這樣的見解過於牽強。

　　至於公部門行銷與政府行銷有無不同？魯炳炎（2008: 33-34）根據

文獻的整理，認為無論是 Mokwa & Permut（1981）的政府行銷或者是
Crompton & Lamb（1986）、Coffman（1986）、Fine（1992）、Titman
（1995）、Chapman & Cowdell（1998），以及 Kotler & Lee（2007）的專
書，都是將行銷的理論概念應用於政府機構所處的公共部門。而且國內的
學者，較少觸及政府行銷與公部門行銷，多半在於政策行銷的討論居多。
不過筆者仍就國內外相關文獻，有關「政府行銷」的定義作一搜羅整理，
最早提出此一概念的學者是 Mokwa（1981），他認為：「政府行銷將公
部門與轄下的組織，視為促進公共利益與福祉的行銷者或業務員，以有效
的溝通、價值化與傳遞造福民眾或顧客。」（Mokwa, 1981: 19）

　　由上述定義可知，Mokwa 將政府視同公部門的同義字，換言之，政
府行銷與公部門行銷並無二致，只是強調，政府是行銷的推動者與執行
者。國內學者黃榮護（2000: 528）認為「政府行銷的內涵除了在政策形成
之後，消極的運用行銷方法傳遞訊息，化解反彈聲浪，進而改變內外部顧
客想法達到預期行為之外，更應該在政策擬定之前，就積極擔任外界偵測
角色，蒐集內外部顧客的期待與願望，建立大眾參與公共事務的管道。」
這個定義的重點在於強調政府運用行銷的方法，蒐集相關的資訊以滿足內
外部的顧客期待，並沒有進一步界定政府的範圍與部門。

　　吳水木（2006: 11）認為政府行銷「是為公益服務的推廣、促銷活動
和措施，目的在促使人民對政策的了解、轉化為對施政的認同，進而獲民
對政府的支持，從而達成施政成果，增進人民的福祉。」此一定義有兩個
缺點：第一，並沒有界定政府的概念範圍；第二，如果僅把政府行銷的活
動界定在推廣與促銷，那麼就犯了把「行銷當促銷」的概念繆誤。賴建都
（2006: 5）對政府行銷的界定是「從整合行銷傳播的角度，來探討政府的
訊息該如何透過行銷傳播的概念與人民進行訊息的溝通工作。」同樣地，
這個定義也沒有指出與公部門行銷的差別，此外，從行銷傳播的觀點解釋
政府行銷，似乎偏重在溝通，而忽略了傳遞與價格等因素的影響。

　　李丁文（2005: 46）認為政府行銷就是「機關組織將政策、計劃透
過行銷概念，將資訊傳布社會大眾。……並利用有效之定價策略（預算
編列）、傳播方式合行銷通路，以告知、激發、服務國會議員和社會大

眾。」此定義對於政府的指涉較前幾個定義清楚的是，把政府定位在「機關組織」，因此吾人似可推斷，對於國營事業機構與行政法人的單位應已排除在外。此外，這個定義是強調在告知，對於民眾或國會議員行為的改變，並沒有包含在定義之內。

　　至於公部門行銷的概念，最早提出此一概念是 Coffman（1986）。他認為公共部門行銷將「公部門」與「行銷」這兩個最容易令人誤解的名詞送作堆。例如：公共部門這四個字很容易讓人興起「官僚」與「民脂民膏」的印象；而且行銷是我們日常生活當中最容易被濫用的名詞之一，人們常將其與廣告、公共關係甚至是傳播領域的相關概念混為一談。因此要將這個概念作有效的定義並不簡單。他認為公部門行銷就是運用五個正確（five rights），就是公部門必須「將正確的服務，在正確的時間點上，透過正確的價格、正確的方法，提供給正確的市場。」所謂「正確」是指在任何個案中，行銷人員一種綜合的判斷（Coffman, 1986: 7-11）。Coffman的定義強調在行銷的 4P 組合，但對於公部門的界定雖然有 A-Z 的列舉說明，可惜並沒有針對它與政府機關有何區別。

　　Kotler & Lee（郭思妤譯，2007: 74）對公共部門行銷的定義「以消費者（民眾）為中心的方法，用來幫助傳達民眾的抱怨，改變他們的感受以及提升政府機構自身的表現。藉由情境分析、目標設立、市場區隔、行銷研究、品牌定位、策略使用行銷工具，以及建立評估、預算和執行方案來發展正式計畫。」此一定義已經很完整的將行銷的內涵轉化為公部門的運作，可惜的是，Kotler 也沒有進一步區分公部門的範圍在何處。

　　魯炳炎（2007: 67）對公部門行銷的定義為「公共部門的機關與事業，依據政策目標，針對特定標的團體，透過行銷策略、工具組合以及政策措施，以促使發生或提高政策順服之行為。」這個定義的最大優點已經具體指陳公部門的範圍，已經包含政府機關與事業機構，並且對於公部門行銷的目的在於改變標的團體的順服行為，也非常符合政策實施的預期成果。唯一不足的是，缺乏雙向的觀念，僅從公共部門的角度，要求民眾的改變，但未反映出，透過行銷的執行，可以促成政府本身績效的提升與改善的功能。

　　基於前述諸多定義的探討，「政府行銷」與「公部門行銷」，這兩者在行銷概念的運用上是相同的，但在推動行銷的主體是有所不同的。所謂政府行銷應指行銷概念運用在政府機關，特別是指依據公法地位所成立的單位而言，包含中央與地方機關，行政、司法、立法機關。而公部門行銷應以運用在公部門組織或機構之中，包含政府機關在內，擴及於國營事業機構以及具有公權力執行與公共服務特性的非政府組織、財團法人與行政法人。因此兩者的差別不在於其行銷的技術與目的，而在於行銷的推動組織範圍有所不同而已。再者，社會行銷並不必然是由非營利組織來推動，公部門或政府機關都有可能是社會行銷的推動者，兩者的差別在於，政府或公部門可以透過立法與行政措施的手段，而非營利組織因不具有公權力的基礎，因此比較偏重在倡導或接受委辦執行的功能。

第三節　政府行銷的產物：公共政策行銷暨公共政策與行銷

　　公共政策是政府機關運作的產物，當行銷觀念擴及政府的公共事務領域之時，在政策的行銷議題發展上，就出現「公共政策行銷」（Public Policy Marketing）及「公共政策與行銷」（Public Policy and Marketing）。但這兩者有何不同？由於國內文獻的研究大都偏重在公共政策行銷（丘昌泰，1998: 33-40；吳定，2001；張世賢，2002；翁興利，2003；魯炳炎，2007；陳敦源，2008），對於公共政策與行銷的介紹，則付諸闕如！

　　筆者認為前者是將公共政策視為行銷活動的對象，後者是探討政府對行銷活動的管制行為（法律與行政措施）。至於政府為何要介入行銷活動的緣起與方式，與當時行銷觀念擴大化的另一個議題，「行銷的社會責任」有無相關，這方面的文獻探討值得在此一併檢視。因此筆者擬從公共政策與社會行銷的角度，辨正這兩個概念的不同。

　　Dye（1995）對公共政策的定義是：「政府選擇作為與不作為的

相關活動」（Public Policy is whatever governments choose to do or not to do）Ripley & Franklin（1984: 1）：「政府對被認定的問題所採取的聲明與行動」（Policy is what the government says and does about perceived problems.）吳定（2006: 61）引申其義，認為「公共政策具有以下的特點：第一，公共政策是由政府所制定；第二，公共政策是政府機關對某項問題或需求，決定作為與不作為的相關活動；第三，公共政策的主要目的在於解決公共問題或滿足公共需求。第四、政府機關所決定的作為，是以諸如法律、行政命令、規章、方案、計畫或細則及服務等方式呈現。」換言之，筆者認為「公共政策是政府機關針對公共問題所提出的對策，透過政策制定的法定過程，以法律或行政命令等方式，解決公共問題並滿足民眾的需求。」那麼公共政策與行銷有何關係呢？政府為何會介入行銷的活動中呢？

鑑於政府對社會價值的分配，具有最終的決定權。因此，當行銷學界對於行銷活動擴及到社會的公共事務領域時，就有幾項不同的討論面向。其論述的起點來自「企業為什麼要對社會負責任？企業對社會要負什麼責任？」。Bowen（1953）以《企業的社會責任》（*Social Responsibilities of Business*）一書說明企業必須要注意商業行為與社會責任之間的互動關係。例如：做生意可不可以不擇手段只為了要完成銷售的任務？這裡的不擇手段包括強人所難，侵犯隱私的強迫推銷方式，或者鼓動過度的消費觀念，讓消費者買了一些他根本不需要的東西，形成資源的浪費。

1962 年美國總統甘迺迪在其「保護消費者權益致國會特別咨文」（Special Message to the Congress on Protecting the Consumer Interest）中明白揭示消費者的四大基本權利：求安全的權利（the right to safety）、明瞭事實真相的權利（the right to be informed）、選擇的權利（the right to choose）及意見受尊重的權利（the right to be herard）；並強調政府應推動更多的立法與行政措施，以善盡保護消費者四大權力之職責（徐立德，1994: 2）。

Patterson（1966: 12-15）引申行銷主管應該就職業道德（ethics）的立場、法律（law）規範的層面與政治理論（political theory）的主張等三個

層面，擔負起應有的社會責任，而這些觀念的思考都會回歸到消費者的權益與社會公益的考量。

是以，企業對社會要負兩種責任，一個是社會的責任，第二是法律的責任。在社會的責任方面，企業的行銷行為必須要有公平正義的反思與責任的承擔，促使行銷的觀念不能僅侷限在以商業的利潤為已足，將社會公義的法碼放入行銷管理的經營天平秤盤之中。在法律責任方面，企業必須配合政府基於社會公益的保障，從無為放任，管制最少，自由競爭的法律規範，進而演進必須尊重個人消費權益、禁止聯合壟斷行為、避免不當競爭與過度銷售方式，引導行銷的觀念不能僅以限制性的管制規定為底限，更應以積極的態度，回應政府部門所代表的公共利益。

在此發展背景之下，促成了社會行銷觀念的興起。在 Kotler & Zaltman（1971）最早提出社會行銷的定義時，並不包含行銷的社會責任在內。但 Lazer & Kelly（1973）主張社會行銷的概念不僅限於理念的行銷，還應該要包含行銷的社會責任與行銷對社會環境的影響與衝擊，因此有關這方面的概念應該與社會行銷的觀念有所區隔，另以「社會的行銷」（society marketing）稱之。Fox & Kotler（1980）與 Rangun & Karim（1991）認為這樣會容易讓人混淆，既然社會行銷的目的在於強調透過行銷的規劃，造成團體或個人行為的改變，以達成社會整體的利益，對於市場黑暗面（dark side of marketplace）的管制性議題等行銷的社會責任等議題，應另起爐灶，不宜一概而論。

張重昭（1985: 298）認為「社會的行銷」是以行銷活動的社會責任及社會長期利益為界定的基準，不論行銷活動的執行機構是營利或非營利，也不論其行銷的產品是經濟性或社會性產品，凡是涉及行銷的社會責任或社會利益的問題均屬「社會的行銷」（society marketing）之範圍。魯炳炎（2007: 26）引用美國行銷學會的定義，認為「社會的行銷就是行銷的社會責任（social responsibility of marketing）」，言簡易賅，正可呼應社會行銷的概念與行銷應承擔的社會責任有所區隔。

密西根大學商學院因應此一發展趨勢，在 1982 年創立 Journal of Marketing Public Policy，但因它的刊名與 1932 年創刊的《行銷期刊》

（*Journal of Marketing*）有所雷同，因此第二卷後改名為 *Journal of Public Policy and Marketing*，簡稱 JPP & M。這份期刊的發行呼應了行銷對社會責任探討的議題，如同其首任主編 Kinnear（1986: 1）所言，「JPP & M 將以發展成為行銷學中一個公共政策議題研究成果之頂尖發表場所。」

　　Sprott & Miyaki（2002: 105-125）在回顧這份期刊所收錄的文獻之中，認為其研究的焦點主要著重在消費者（如消費者對食品營養成分標示的反應）、行銷者（廠商如何在不同的政府管制政策下運作）以及政策制定（政府機關如何規劃行銷活動的政策）。而研究的主題則分為消費者保護（protection of consumers）、競爭與行銷者的保護（protection of competition and marketers）、政策的規範與政策制定（policy and policy making）、社會議題（society issue）。

　　我國政府在消費者保護法通過之前，對於商品行銷行為與消費者保護的措施，基本上是散見在各個法規當中，如民國 61 年的化妝品管理條例、62 年的農藥管理法、64 年的食品衛生管理法、71 年的商品標示法、80 年的公平交易法以及 82 年的藥事法等。但為順應消費者基本權利保障的國際趨勢，於 83 年經立法院三讀通過消費者保護法。依該法第 3 條規定，政府應實施下列措施、制定相關法律，並定期檢討、協調、改進有關之法規及其執行情形：

（一）維護商品或服務之品質與安全衛生，及防止商品或服務損害消費者
　　　之生命、身體、健康、財產或其他權益。
（二）確保商品或服務之標示、廣告、度量衡符合法令規定。
（三）促進商品或服務維持合理價格，合理包裝及公平交易。
（四）扶植及獎助消費者保護團體、協調處理消費爭議、推行消費者教
　　　育、辦理消費者諮詢服務，以及其他依消費生活之發展所必要之消
　　　費者保護措施。

　　因此，我國對於行銷與公共政策的議題研究與發展，主要是偏重在政府機關的研究刊物，如行政院消費者保護委員會，出版《消費者保護研究》，針對消保法所關心的各項商品競爭規範與廠商行銷行為，政府在行

政措施與法令的見解，進行討論。每年發行一期，目前已經發行十三期，雖然內容上均能維持學術規範，可惜並無太多學界相關領域參與，現階段比較屬於是屬於政府出版品性質。雖然如此，可是消費者保護研究，在性質上，已經可以等同於行銷與公共政策的研究範疇。

至於公共政策行銷的發展部分，根據魯炳炎（2007: 77）的說法，國外確切使用公共政策行銷的學者，有兩位代表人物。一位是美國學者Snavely（1991），在美國公共行政評論期刊中發表〈政府部門的行銷：一個公共政策的模式〉（Marketing in the Government Sector: A Public Policy Model）。另一位是荷蘭學者 Buuma（2001）在歐洲行銷期刊發表〈公共政策行銷：公部門的行銷交換〉（Public Policy Marketing: Marketing Exchange in the Public Sector）。

嚴格來說，Snavely 並沒有對何謂政策行銷下定義，他的觀點主要在於政府部門如何運用行銷管理的工具與方法，效法企業，將「行銷策略制定的元素」轉化為公共政策制定的過程。例如在產品上，是以服務與管制性這兩種政策為起點，將行銷工具的 4P 轉化為人員（people）、法制（legal and authority）、政策分析（policy analysis）、告知與教育（inform and education）、服務（service）及成本（cost）等六項，而後再進入政策制定的程序。

反觀 Burrma（2001: 1288）就有明確定義，政策行銷是「政府運用各種政策工具，以便促成社會行動者產生行銷交換活動與回應，並且符合政府期待行為的一套規劃與執行的過程。」筆者認為，Burrma 點出政策行銷的重點在於政策工具的使用，以及期待行為結果的改變，也就是政策的順服。

至於國內學者部分，較為周延的定義有，吳定（2003: 302）認為「政策行銷是政府機關與人員採取有效的行銷策略與方法，促使內部執行人員及外部服務對象，對於研議中或以公共政策，產生共識或共鳴的動態過程，對外並採取適當的行銷工具，透過多元參與、溝通對話，宣導說服等方式，取得服務對象的支持，其目的在於增加政策執行成功的機率，提高國家競爭力，達成為公眾謀福利的目標。」魯炳炎（2007: 61）對政策行

銷的定義為「政府部門的機關與人員基於政策系絡環境與利害關係人分析，區隔不同的政策群體，訂定行銷目標、定位政策產品與服務，透過差異化的政策行銷策略工具組合，辨識、預測以及滿足社會公眾的需求，以最早的權威手段，與公民、私部門或非營利組織之間。完成「需求滿足—政治支持」的價值交換關係，以實現政治目標，並因勢利導，促成特定社會行為的動態過程。」

　　陳敦源（2008: 270）認為政策行銷是「政府部門為了爭取民眾對施政的支持，應用資訊蒐集、資源整合、推銷、宣傳與評估等技巧，賦予公共政策及其機關適當意義，並予加值化、符號化以及便捷化的過程謂之。」

　　因此，根據上述學者對於政策行銷的定義，吾人可以明確的了解如下；第一，政策行銷的規劃者一定是具有代表公權力性質的政府機關或公部門；第二，政策行銷的目的在於換取民眾對於政策的認知改變與支持；第三，政策行銷的手段是運用行銷的觀念與技術，選擇適當的政策工具，以促成民眾交換行為的產生；第四，政策行銷強調因應不同標的團體的需求，而有不同的行銷組合策略。

　　歸納上述有關政策行銷，公共政策與行銷這兩者的區別，筆者認為，政策行銷的研究焦點著重在於政府機關運用行銷的觀念與使用行銷組合的管理工具，透過政策工具的規劃與執行，提升政策執行的成功機率，以及標的團體的政策順服（policy compliance）。而公共政策與行銷的研究是將焦點放在政府如何透過政策的制定（大部分屬於管制性政策），對於行銷活動所衍生的公共問題，特別是在消費者基本權利的保障，提出解決的措施。

第四節　政府行銷的異次元概念：政治行銷與地方行銷

　　所謂異次元概念，是指立體空間的差異，當行銷在政治領域、行政領域以及地方經濟領域的不同空間系絡下，把行銷套在政治與地方經濟發展的概念之中，產生兩種與政府行銷類似但又不同的「政治行銷」與「地方

行銷」。筆者認為這兩個概念的發展領域，其實與前述從組織屬性的發展取向，是截然不同。

對政治行銷而言，在還沒有行銷概念擴大化的論述之前，政治的競選活動就已經存在了，政治人物贏得選票，取得執政，因此選舉需要行銷嗎？再者，在許多地方政府面臨地方產業沒落，人口外移的現象時，就已經採取各種招商引資的公共建設，來活化地方經濟，請問這也需要行銷嗎？但吾人更要問，適合何種環境趨勢，以及更有效率的管理方式，能夠讓政治人物或政黨、地方政府，增加其競爭力，換言之，運用行銷的概念或管理方法時，對於這些領域的研究，是否有著不同的思維方向？筆者擬從引介行銷到政治與地方政府的原由與應用的層面，做一分析，以便於與政府行銷的概念有所區隔。

壹、政治行銷的概念與範圍

Kelley Jr.（1956）是首次使用政治行銷概念的學者[7]，這個時間，比 Kotler（1969）提出行銷觀念擴大化還要早。之後，Kelley Jr. 在《公共關係與政治權力》（*Public Relations and Political Power*）一書中，進一步使用行銷的字眼，意指「說服」（persuasion），用來取代一次大戰後，媒體在民主社會發展下，一個強調社會控制的新觀念。之所以強調控制的本質，在於政治行銷的概念，多多少少與宣傳的概念有著交互影響的現象與作用。理由在於在民主社會之下，政治宣傳的概念，常常會被質疑其真實性；因此愈來愈多的行銷界的專家，尤其是廣告界的，都涉入了政治行銷的領域。

政治行銷發展的說明要從美國劃時代的總統選舉活動開始的。我們可以從 1960 年甘迺迪與尼克森的總統競選中，甘迺迪如何聽從了公共關

---

[7] Kelley, Jr., Stanley 在 1956 年在布魯金斯研究中心的贊助下，針對美國企業與利益團體、政黨等運用公共關係影響政治決定的主題，出版名為《公共關係與政治權力》（*Public Relations and Political Power*）一書。文中在談到公關人員與政黨政治的關係時，就提及行銷研究的調查對於政黨的民意調查具有啟發與影響的作用，以及說服的觀念。（Kelley Jr., 1956: 28）。

係專家的建議，贏得了候選人電視辯論的勝利，以及為何會輸了廣播辯論的歷程，來尋找政治行銷的起源。儘管缺乏強有力的證據，1960 年的辯論，開啟進入了一個競選的新時代，電視的影響力與形象功率的都大大的影響到選局。而 1968 年尼克森的勝選，則是利用了紐約麥迪遜大道的廣告，標示著行銷在總統選舉中具實質影響的開始。

　　因此，什麼是政治行銷？在政治學的領域中並沒有明確的答案，吾人只能從其快速擴增的相關文獻中，概略描繪出，焦點是集中於選舉人與政治溝通之上的，並且常見以不同的名稱出現，諸如「政治行銷」（political marketing）、「政治管理」（political management）（Faucheux, 1995）、「包裝政治」（packaged politics）（Franklin, 1995）、「促銷政治」（promotional politics）（Wernick, 1991），與「現代政治溝通」（modern political communications）（Marrek, 1995）。這反映出了此領域的多樣性觀點與可發展性；至少在 20 年前，除了美國之外，政治行銷一詞甚少出現在學術期刊中。

　　Scammel（1999: 719）認為「政治行銷是一個民主的政黨或候選人為了當選所運作的狀態，而且它並不同於以往的政治推銷的型態。……其關注面向從競選活動擴大至高層政治策略的擬定與政府及政黨管理。」

　　Lees-Marshment（2001: 692; 2004: 9）從政治行為的觀點認為「政治行銷是政治組織採用企業組織的行銷技術與觀念（如行銷研究與市場導向）來完成其設定的目標。其研究的焦點在於政治組織或個人與行銷活動之間的相關關係。這些組織包含了國會、政黨、慈善團體、行政官僚與媒體。政治行銷的產品為法律的規定、會議的決議與政策。而這個市場的參與者有公眾、各選區的選民、各社團的成員、納稅人與監督者。而目標在於贏得選舉、透過選舉改善其權益以及爭取更好的待遇。」

　　上述兩位作者的政治行銷的界定，反映出廣義與狹義的政治行銷範圍。Scammel 的見解是將政治行銷的推動者限定在政黨與候選人，目的在於贏得選舉，取得政權。但 Lees-Marshment 從政治行為的角度，界定只要其活動的目的在於透過政治過程，促進個人或團體的利益時，任何類型的組織所運用行銷的技術與概念，都可界定為政治行銷的範圍。

　　為了避免行銷概念無限上綱的擴大，進而失去其討論的焦點，筆者認為政治行銷的範圍應從其源起的角度，也就是政黨政治活動的觀點出發，將政治行銷的概念限定在政黨的競選活動較為恰當。理由在於，根據Scammel（1999: 719-723）政治行銷的相關研究歸納，大致可以分為三個方向：

　　第一是競選活動：有政治科學背景的研究者一般會把政治行銷定位在競選活動的研究上，例如：Harrop & Miller（1987: 240）將競選活動為選舉的一種型態，是政治科學文獻研究上的一段差距。因為早在電視時代以前的選舉，都是由大量的志工、遊說活動、傳單、組織會議、造勢的集會組成，因此都是一些勞動力密集、低技術事務的決策。而現代的競選活動則是資本密集，依賴較少量的志工、管控競選運作的方向、增加其對媒體與行銷領域專家的依賴，較少與選民做面對面的溝通，並且把影響的對象設定在中間選民身上。

　　第二是政治溝通：在政治溝通的文獻中傾向於將政治行銷視為一個更寬廣的過程觀點，它主要被視為媒體與傳播科技發展的反應。在此，對競選活動解讀轉變為：在政黨運作的體系中選舉的重要性漸增、選民的多變性、媒體漸增的重要性（特別是電視），都設定了公開辯論的議程和影響到選民的選擇。但這與前述競選活動不同的地方在於，「競選活動研究」是強調競選活動對選舉結果的重要性；政治溝通則是著重選民與民主過程交涉的後果。

　　競選活動的手段與結果相同重要，主要的目的都在於是否有能力去壓制或者是增強社會某部分人的意見，以及促使旁人的支持與分化人民對政府的順從。而政治溝通則將現代政治與媒體視為一緊密交錯的狀態，其行動、意圖、和過程必然會相互影響；其核心問題在溝通傳達的品質，存在於追求穩定與民主的系統之架構下。政治溝通途徑在相關的競選研究中占據了相當重要的地位，就其重要性來說，它領導了議程的設定。

　　因此，就政治溝通的研究取向，是試圖去量化與估量競選活動與媒體的效果：媒體議程如何設定？競選活動利用媒體影響到選民的知識、態度與政黨取向的程度？而政治行銷對政治溝通的反應則是透過行銷的倫理的

討論，訂出規範性的論題。

　　第三是行銷管理：這個觀點來自於管理學與行銷學。 Kotler、Philip 與 Kotler、Neil（1999: 3-40）認為競選活動有行銷的特質，而商業銷售員與政治推銷員的相似性遠勝於其差異性。政治行銷就行銷一般，包含了進行價值交換的賣方與消費者，政黨與候選人提供代表人民陳述意見的機會，而人民則提供支持（投票）作為回報。政治行銷不只是提供行銷架構來分析選舉活動而已，他們還想改變行銷的主要概念作為改善競選活動效率的方法。就像 Kotler（1981: 25）所言：「行銷策略是競選成功的關鍵，因為它必須在短期間內，將各種相關的聯盟結合起來，裡面可能包括了來自不同立場的盟友與敵對的團體。」

　　策略的強調是政治行銷的主要貢獻，它將研究焦點從促銷手段轉換至政黨或組織的策略性目標，因此它能夠很快的轉換由競選活動研究及政治溝通研究所提供的觀點。政治行銷不再只是寬廣過程中的傳聲筒；政治溝通才是政治行銷中的傳聲筒，是行銷組合中的促銷工具。競選活動與政治溝通改變的主要驅動力不是媒體，而是競選者對於政治行銷策略性的了解。

貳、地方行銷的概念與範圍

　　地方行銷（Place Marketing），並不同等於地方促銷（Place Promotion），前者所涵蓋的範圍較廣，其意義為：將地方區域做良好的設計以滿足目標市場的需求，亦即改良地區的可居住性、宜投資性以及可拜訪性。

　　地方行銷興起的主因，在於解決地區發展面臨困境；如都市交通、景觀、快速的科技發展、全球競爭態勢以及政府內部權力的轉移等等，從而使得地區的產業出走、人口外流、稅收減少、公共建設品質低落所造成的惡性循環能夠得到有效的解決，如圖 10-1 所示。

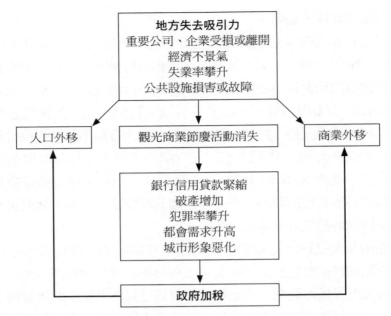

資料來源：施鴻志，都市規劃，1987: 392。

圖 10-1　都市衰退動態圖

　　其次在於彌補傳統都市計畫的不足；傳統的都市計畫較注重實體空間配置的問題，偏重藍圖式的規劃方式。其不足之處在於過分強調實質環境的規劃面，忽略了都市發展目標的界定，以及民眾參與的不足。都市規劃的目標不是一個組合完備適合居住的都市空間而已，而應為一組織良好的公共決策系統。

　　最後是為了因應地方自主性的提高；從 1970 年代以來，一些西方國家如義大利、法國、日本、美國地區，面對了地方政府財政破產、基本公共設施營運不良、都市環境惡化、中央地方政府衝突迭起、發展停滯的現象。因為中央政府的資源不足，對地方事務的反應不夠等因素，造成了地方開始自籌財源、擬定地方發展策略等等（汪明生，1996: 2-7）。

　　如前所述，Kotler（1993）等人在研究世界各國城市間的競爭經驗之後，以行銷的觀點提出地區行銷的創新做法。但由於各地方基於其本身的

資源、歷史與政治、文化等特質，不可能有一套放諸四海皆準的標準，因此必須發展出屬於自己因地制宜的策略性規劃程序，方能產生綜效。Kotler 認為，策略性的地區行銷應注意四個層面管理活動：設計正確的地區形象與服務組合、為產品或服務的現在與潛在購買者、使用者提供吸引的誘因、以更有效率、可接近的方式，來傳送地區的產品與服務、促銷地區的價值與形象，使潛在的使用者能充分了解地區的獨特利基與潛力。

因此，策略性地區行銷的構成要素包含計畫群體：地方政府、企業界、市民。行銷因素：公共設施、吸引力、形象與生活品質、民眾、都市設計。目標市場：投資者、製造業者、企業總部、新定居人口；觀光客與會議人士、外銷業者。

由計畫群體負起推動地區行銷的任務，利用各種行銷的因素組合，吸引目標市場的進駐，進而活化地區的經濟發展，復甦地區的經濟活力。是以在 Kolter 的地區行銷模式當中，如何正確的設計地區形象與服務的組合是相當關鍵性的一項工作，這有賴於透過公共決策的機制，以公私協力的方式來結合產、官、學、民、媒的力量來完成。

因此，地方政府引用行銷的觀念與管理方法，針對地區資源的利用與規劃，必須在都市設計上，做好地區良好的設計，在環境管理上，建設基礎設施使其與天然環境相容。再者提供企業或居民所需的服務，並對外塑造吸引力，使得外界人士願意至此觀光。就如同我們的地方政府，為了要促進當地的重要產業發展，除了舉辦嘉年華式的造勢活動之外，應該就整體產業發展的行銷環境，提出具有策略性的推動計畫。例如：中部地區的花卉產業相當具有國際競爭力，除了好不容易花了大把銀子，邀請國際重量級的花商，舉辦花卉博覽會之外，更應當思考如何透過專業區的開發計畫變更，爭取預算建設基礎設施，變更使用分區規定，以低廉的租金，委外經營等政策工具的設計，吸引國際花商，通路貿易商，願意到本地投資設立花卉的物流中心。透過通路的流動，把我們台灣美麗的花卉外銷到更多的國家，而不是流於曇花一現的造勢促銷大會。

綜上所述，政府行銷與政治行銷，最大的不同在於推動行銷的組織與其目的是不同的。政府行銷的推動組織是限定在政府機關組織，而政治行

銷的推動組織是指政黨或候選人。目標上，政府行銷是為了改善並提升政府公共服務的品質與效能，政治行銷是以獲取選民的選票與政治認同。至於地方行銷，在推動的組織上，雖然是以地方政府為發起人，但其目的在於招商引資，活化地方經濟動能，偏重在產業與經濟活動的規劃上，此與政府行銷在公共服務的面向上與結果上是有所不同。

　　基於行銷是組織的一種功能，行銷在各種不同的組織領域的應用與發展，自然呈現出多層次的樣貌，特別是在公共事務的領域之上，有同有異。綜合上述與政府行銷相關概念的辨正，筆者認為，行銷在公共事務運用的源起，來自於企業界對於行銷活動造成社會公益與公義的反省與回應。因此從社會行銷領域的興起，逐漸擴及政府部門的政府行銷與公部門行銷的發展，而有不同的發展與研究重點，茲歸納如後：

1. 政策行銷是政府行銷或公部門行銷的解決公共問題發展的產物。
2. 公共政策與行銷則是政府對於企業行銷活動的行政管制措施。
3. 地方行銷則是地方政府解決地方區域經濟發展的策略。
4. 雖然政治行銷在沒有行銷觀念擴大化之前，就有政治的競選方式，但不可避免在媒體政治與民主社會的政治動員上，政治行銷自然也成為政黨與候選人一項不可或缺的政治管理手段。

　　儘管上述這些概念的發展，各有不同，但是卻有一項相同的本性，就是「公共利益的確保與維持」，這也證明，行銷不僅可以促進私部門的利潤追求，同時也可以提升公部門的公共服務品質與公民的權益保障。

本章參考書目

丘曉等編（1986）《政治學辭典》，成都：四川人民出版社。

丘昌泰（1998）〈市政府行銷的宣導：行銷管理〉，《公訓報導》，第 80 期。

邱昌泰（2007）《地方政府管理研究》，台北：韋伯。

行政院人事行政局（2001）《組織再造─行政法人篇》，台北：行政院人事行政局。

吳定（2001）《公共管理》，台北：聯經。

吳定（2006）《公共政策辭典》，台北：五南圖書。

吳定（2007）《公共政策》，台北：五南圖書。

吳水木（2006）〈政府行銷〉，《研習論壇》，第 70 期。

汪明生（1996）「地區行銷中發展指標建立及稽核之研究：以適合高雄都會區發展之標的群體為例」，國科會專題研究計畫。

李丁文（2005）〈國會公關與政府行銷〉，《主計月刊》，第 591 號。

徐立德（1994）〈消費者保護委員會之成立及展望〉，《消費者保護研究》，第一輯。

郭思妤譯，Kotler, Philip, and Nancy Lee 原著（2007）《科特勒談政府如何做行銷》（Marketing in the Public Sector：A Roadmap for Improved Performance），台北：台灣培生教育。

張重昭（1985）〈探討社會行銷的意義、內涵及未來發展〉，《社會科學論叢》，第 33 期。

施鴻志（1997）《都市規劃》，新竹：建都。

黃榮護（2000）《公共管理》，台北：商鼎。

張金鑑（1968）《行政學研究》，台北：台灣商務印書館。

張世賢（2002）〈電子化政府的政策行銷〉，財團法人國家政策研究基金會，國正研究報告，內政（研）091-059。

孫本初（2008）《新公共管理》，台北：一品文化。

陳敦源（2008）〈政策行銷〉，收錄於余致力等著《公共政策》，台北：智勝。

賴建都（2006）〈政府行銷的觀念與做法〉，《研習論壇》，第 70 期。

魯炳炎（2007）《公共政策行銷理論之研究》，台北：韋伯。

翁興利（2002）《政策規劃與行銷》，台北：華泰文化。

American Marketing Association (1982) *Journal of Public Policy and Marketing*, Chicago, IL.: A.M.A.

Andreasen, Alan R. (1994) "Social Marketing: It's Definition and Domain," *Journal of Public Policy & Marketing*, 13 (Spring).

Ashworth, G. J. and H. Voogd (1990) *Selling the City: Marketing Approaches in Public Sector Urban Planning*, London: Belhaven Press.

Bealey, Frank (1999) *The Blackwell Dictionary of Political Science*, Massachusetts: Blackwll Publishers Inc.

Bowen, Howard R. (1953) *Responsibilities of the Business*, New York: Harper and Brothers.

Buurma, Hans (2001) "Public Policy Marketing: Marketing Exchange in the Public Sector," *European of Journal of Marketing*, 35 (11/12).

Charles W. Lamb and John L. Crompton (1986) *Marketing Government and Social Services*, New York: Wiley.

Chapman, David and Theo Cowdell (1998) *New Public Sector Marketing*, London: Financial Times/Pitman Publishing.

Coffman, Larry L. (1986) *Public Sector Marketing: A Guide for Practitioners*, New York: John Wiley & Sons, Inc..

Davies, Philp and Bruce Newman (2006) *Winning Elections With Political Marketing*, New York: The Haworth Press.

Dye, Thomas R. (1994) *Understanding public policy*, Englewood Cliffs, N.J. : Prentice Hall.

Faucheux, R. (ed.) (1994) *The Road to Victory the Complete Guide to Winning in Politics*, Washington DC: Campaings and Elextions.

Ferrell, O.C. and Raymond LaGarce (ed.) (1973) *Public Policy Issue in Marketing*, Lexington, Massachusetts : Lexington Books.

Fine, Seymour, (ed.) (1992) *Marketing the Public Sector: Promoting the Causes of Public and Nonprofit Agencies*, New Burnswick, New Jersey: Transaction Publishers.

Fox, Karen F. A. and Philip Kotler (1980) "The Marketing of Social Causes: The First 10 Years," *Journal of Marketing*, 44 (Fall). Hastings, Gerard.

Franklin, B. (1994) *Packaging Politics*, London: Edward Arnold.

Hastings, G. (2007) *Social Marketing: Why should the Devil have all the best tunes?* Amsterdam (etc.): Elsevier/Butterworth-Heinemann.

Harrop, M and W. Miller (1987) *Elections and Voters: a Comparative Introduction*, Basingstoke: Macmillan.

Kinnear, Thomas C. (1986) "Editor's Statement," *Journal of Public Policy and Marketing*, Vol. 5, No. 1.

Kotler, Philip (1975) *Marketing for Nonprofit Organizations*, Englewood Cliffs, N.J.: Printice-Hall.

Kotler, Philip, and Gerald Zaltman (1971) "Social Marketing : An Approach to Planned Social Change,". *Journal of Marketing 35* (July).

Kolter,P., and D H. Haider (1993) Marketing Places: Attracting Investment, Industry, and Tourism to Cities, States, and Nations, New York: The Free Press.

Kotler , Philip & Kotler, Neil (1999) "Political Marketing: Generating Effective Candidates, Campaings, and Causes," in Bruce I. Newman eds. *Handbook of Political Marketing*. Thousand Oaks, California: Sage Publications, Inc..

Kotler, Philip and Nacy Lee (2007) *Marketing in the Public Sector: A Roadmap for Improved Performance*, Upper Saddle River, New Jersey: Pearson Education.

Kotler, Philip, and Sidney J. Levy (1969) "Broadening the Concept of Marketing," *Journal of Marketing 33* (January).

Lane, Jan-Erik (1999) *The Public Sector: Concepts, Models and Approaches*, 3rd, London: Sage Publications.

Lazer, William and Eugene J. Kelly (1973) *Social Marketing: Perspective and Viewpoints*, Richard D. Irwin Inc.

Lee-Marshment, Jennifer (1999) "The Marriabe of Politics and Marketing," *Political Studies*, Vol. 49.

Maarek, P (1995) *Political Marketing and Communication*, London: John Libbey.

Mauser, Gary (1986) *Political Marketing: An Approach to Campaign Strategy*, Praeger Series in Public and Nonprofit Sector Marketing.

Mokwa, Michael and Steven Permut (eds.) (1981) *Government Marketing: Theory and Practice*, New York: Pragger Publishers.

Mokwa, Michael (1981) "Government Marketing: An Inquiry into Theory, Process, and Perspective," in Mokwa, Michael and Steven Permut (eds.), *Government Marketing: Theory and Practice*, New York: Pragger Publishers.

Patterson, James M. (1966) "What are the Social and Ethical Responsibilities of Marketing Excutives?" *Journal of Marketing*, 30(July).

Rangun,V. K. and S. Karim (1990) *Teaching Note: Focusing the Concept of Social Marketing*. Cambridge, MA: Harvard Business School.

Ripley, R.B. and G. A. Franklin (1984) *Congress, the Bureaucracy, and Public Policy*, 3rd ed., Homewood, IL.: The Dorsey Press.

Sargeant, Adrian (2005) *Marketing Management for Nonprofit Organizations*, New York: Oxford University Press.

Salamon, L. (ed.) (2001) *The Tools of Governance: A Guide to the New Governance*, New York: Oxford University Press.

Scammell, Margaret (1999) "Political Marketing: Lessons for Political for Political Science," *Political Studies*, XLVII.

Snavely, Keith (1991) "Marketing in the Government Sector: A Public Policy Model," *American Review of Public Administration*, Vol. 21, No. 4.

Sprott, Daivd E. and AnthoD. Miyazaki (2001) "Two Decades of Contributions to Marketing and Public Policy: An Ahalyis of Research Publicshed In Journal of Public Policy & Marketing," *Journal of Public Policy and Marketing*, Vol. 21, No. 1 (Spring).

Stevens, Philip (2006) "Public Sector Performance: Introduction," *National Institution of Economic Review*, No. 197.

Titman, Lionel G. (1995) *Marketing in the new public sector*, London: Pitman Publishing in association with the Civil Service College.

Wernick, A. (1990) *Promotional Culture*, London: Sage.

第十一章 策略規劃與策略課責

第一節 策略與策略規劃的意涵

壹、何謂「策略」？

Mintzberg 等人主張策略必須有「多個」定義，特別是底下所謂「5P」的五個定義（Mintzberg et al., 1998: 9-15；林金榜譯，2006: 40-46）：

1. 策略是一種計畫（strategy as a plan）：強調策略的未來性和方向性，認為策略是一種對於未來的指南或行動方針。

2. 策略是一種模式（strategy as a pattern）：強調策略的實際表現情形，認為策略是一種回顧過去的行為，是一種習以為常的行為模式。正如同一家公司長年在市場上銷售該產業內最昂貴產品，意謂著它所求的通常是一種高級產品的策略。

3. 策略是一種定位（strategy as a position）：強調策略的特殊性和價值性，認為策略是執行與對手相異而有效的定位行為，也就是尋找特殊產品在特殊市場中的地位。

4. 策略是一種視野（strategy as a perspective）：強調策略的願景，認為策略是一種視野。上述把策略視為一種定位時，是向下看，亦即向產品可以滿足顧客需求的地方看，以及向外看，看到外在的市場。相反地，把策略做為一種視野，是向內看──看到組織的內部，實際上是看到策略制定者的頭腦，而且它也向上看──看到企業的偉大願景。

5. 策略是一種戰略（strategy as a ploy）：強調策略的競爭性，認為策略是一種設法打敗敵人或競爭者的戰略。譬如一個小孩可能會跳過籬笆把惡霸誘入他家的庭院，而他家的杜賓狗正等著那個隨便的入侵者。同樣的，一家公司可能會購買一筆土地，以造成它「準備擴張產能」

的印象，目的只是為了讓競爭對手打消蓋新廠房的念頭。

　　綜合上述策略的 5P 意涵，指涉策略在時間上是屬既有的行為模式？抑或是未來的計畫？策略在空間上是屬外在環境中的一種定位？抑或是屬策略制定者頭腦中的一種願景圖象？而且不論策略是屬上述何種屬性，策略可視為是一種大戰略，是與他者互動的一種最高指引。

二、何謂「策略規劃」？

　　對於策略既能有多種不同的詮釋，則策略規劃亦有各種不同的途徑可循。譬如 Mintzberg 等人（1998: 15）就提出十種不同的策略規劃學派，且各個學派對策略的界定都不同，如：規劃學派的計畫（plan）、定位學派的定位（position）、創新學派的視野（perspective）、學習學派的模式（pattern），以及權力學派的戰略（ploy）等。本章舉出設計學派的理論模型（如圖 11-1 所示）為例，說明策略規劃的基本意涵。

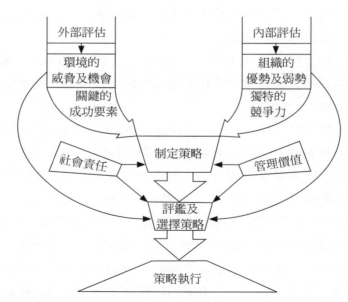

資料來源：轉引自黃朝盟，2005: 42; Mintzberg et al., 1998: 26。

圖 11-1　策略規劃的模型

　　圖 11-1 的策略規劃模型，著重在組織外部環境和內部能力的評估，以及管理的價值和社會責任等四個規劃的要素，並據以制定、評選和執行策略。因此，本章所謂策略規劃（strategic planning）是指：組織為了在競爭的環境中求生存，對於其外在環境對組織的影響，以及對於組織本身的能力做一番的檢討分析，並進而規劃出組織的價值、任務、目標，以及一系列的實施策略和具體作法，使組織未來的發展具有整體性及前瞻性（Bryson, 1995: 4-5; Bliss, 1992: 234; Galbraith, 1995: 12；朱金池，1996: 14-17）。此策略規劃的流程，主要涵蓋下列五個步驟（Fogg, 1994: 3-20; Bryson, 1995: 22-37; Stoner, 1992: 190-195）：

（一）分析內外環境

　　組織的外在環境包括：政治、經濟、社會、市場、競爭者、科技等環境，組織策略規劃者必須分析這些外在環境對組織的影響，對組織言，究竟是「機會」（opportunites）或是「威脅」（threats）？至於組織的內在環境則包括組織的文化、員工、結構及財務等內在的因素，其對組織言，哪些是屬資產性質的「優點」（strengths），哪些是屬負債性質的「缺點」（weaknesses）？因此，從組織內外環境對組織的影響結果分析，可找出組織本身的優點、缺點，以及環境給予組織的機會或威脅等因素，此種策略規劃的方法稱為「SWOTs 分析法」，能夠有效確認組織面臨哪些急迫且重要的問題要解決。

（二）釐清組織任務

　　組織任務指涉組織的方向、願景、功能及價值等內容，它是依據組織內外環境分析的結果，而獲得釐清與定位。組織任務扮演領航者的角色，決定組織未來發展的方向。

（三）擬定實施策略

　　策略指涉達成任務的構想和手段，組織為達成其任務，必須依據其任

務內容，擬定實施之策略。組織的策略目標必須與組織的價值與任務相契合一貫，是具有手段與目的緊密連結的關係。

（四）執行具體作法

組織的任務和策略目標均較為抽象與長程，必須再加以化約為具體和近程的作法，並做詳細的權責分配、預算編列和完成期限等安排，才能付諸執行。

（五）考核執行成效

組織策略經規劃及執行後，必須對其執行結果加以考核，看其執行成效與預期的目標之間是否有「績效落差」（performance gaps）存在。依據組織學習的觀點，如果執行具體作法的成效不佳，而與預期的策略目標不符，則必須調整具體的作法，此乃 Argyris 和 Schon（1978: 29；盧偉斯，1997: 53-55）所說的「單回饋圈學習」。但隨著時空的遞移、內外環境的變化及民眾偏好期望的改變，倘若仍然按照既定的策略目標來做，將無法滿足抽象的組織價值與任務。此時就必須檢討策略目標的合宜性，甚至應往上溯，重新釐清與定位組織的價值與任務，此乃所謂的「雙回饋圈學習」（Double-Loop Learning）。

三、策略規劃與績效管理的連結關係

一個組織的策略總目標和個別績效指標之間，是以一種垂直分化與連結的方式，形成一個目標的體系。譬如公共行政學者 Shafritz 和 Russell 兩人（1997: 299, 302）提出績效管理的循環模式（如圖 11-2 所示）。他們特別強調這個模式中的要素之間的連結關係，如第一，它將機關內各個管理體系如預算、人事、績效評量，以及個人績效考核等體系加以連結；第二，它將高階人員的願望和低階人員的服務傳輸予以連結；第三，它把決策制定的核心單位和負責執行政策、處理顧客的端末單位之間作有效的連結；以及第四，它亦可透過個人的績效獎金制度和組織層級之優先順序的

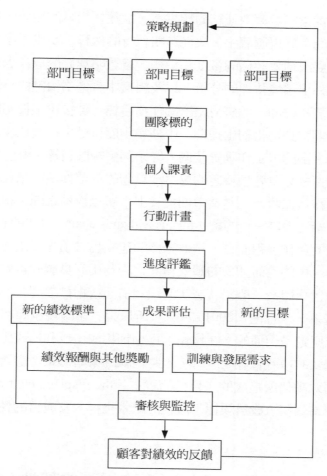

資料來源：Shafritz & Russell, 1997: 299.

圖 11-2　績效管理的循環圖

轉移，來驅使員工的努力和獎酬之間做連結。而且 Shafritz 和 Russell 兩人還篤定地斷言，如果一個機關造成浪費、疊床架屋或無效率的話，其中一個主要的原因是上述這個模式中的要素間缺乏有效連結所致。由此可知，策略規劃與績效管理制度之間必須做緊密的連結，才能使員工的績效標準隨時都能符合組織的願景與發展策略。

　　因此，從策略與績效連結的觀點言，欲建構組織的績效管理制度，必須先從組織的策略規劃著手，次從策略執行的過程、初步產出及最終影響等面向，發展出績效評估的量度和指標。就策略規劃的運作過程而言，組織透過對其外部環境特性的分析，以及組織本身優劣情勢的分析，從中定位組織的價值和信仰，並釐清組織的任務目標。然後再根據組織的整體任務目標，依期程長短化約出長期、中期和年度目標；以及依組織的層級，化約為組織、部門、工作團隊及個人等不同層級的目標。甚至可將年度各部門的目標再細分為各項特定的專案或具體的細部作法。依此種程序所建構出來的組織目標體系，其長短期程及上下層級目標之間，會呈現脈絡一貫，緊密連結為手段－目的鏈（means and ends chains）的關係。同樣地，就績效管理的運作過程而言，績效指標的建立也必須先找出具有效度的各個績效構面，再將大而抽象的績效構面化約為小而具體的績效指標，好比策略規劃的目標體系一般，各層次的績效構面或指標之間，亦呈現脈絡一貫的完整體系（朱金池，2001: 79）。所以說，策略規劃與績效管理制度二者之運作原則是相通的，在操作上可相輔相成，以利達成組織目標。如果在建構組織的績效管理制度時，不將組織的策略體系考慮進來的話，則易產生由績效評估所造成的「目標錯置」（the displacement of goals）現象，亦即容易讓組織成員誤把手段性的績效指標，當成目的性的組織價值與信仰。

第二節　公部門策略規劃的特性

一、公部門策略規劃的模式

　　公部門的性質與企業組織不同，是否需要做策略規劃？若需要的話，是否可借用企業的策略規劃作法？對此有人認為在現代公部門的運作系絡中，欠缺策略規劃的組織管理等於漫無方向的資源浪費。缺乏整合思考的情況下，個人或單位的日常行政愈來愈難以因應環境的變化，以及利害關

係人的需求（黃朝盟，2005: 15）。大體說來，典型的政府機構比較起私人的營利企業具有 1. 利害關係人較多；2. 績效評估標準不易釐清；3. 組織規劃期程較短；4. 人力配置較缺乏彈性；以及 5. 運作過程須接受公眾（媒體）檢視等特性。Bozeman 與 Straussman（1990: 49）因此指出一個公共管理的慣性：「（公共管理者）總是忙著進行昨日就需要的行動，以致於無法從事明日所需要的規劃（轉引自黃朝盟，民 94: 162）。」因此，公部門的確需要從事策略規劃的作為，至策略規劃的方法，則與企業組織的作法有所異同，應視公部門組織的特性而做取捨。

　　Moore 等人在 1980 年代提倡政府部門的策略規劃，應同時兼顧下列三個要素：

1. 公共價值：意指政府施政的實質內容，應能實現廣大社會群體所共同追求的價值。因此，政府組織必須主動透過各種論辯的方法，異中求同，以實現政府的責任（responsibility）。

2. 運作能力：指政府為創造公共價值，所需的資源、設備、運作流程及所有相關的管理活動之良窳而言。

3. 正當合法性和支持：政府所欲實現的公共價值及其可行的行政計畫，必須具有正當合法性，才能獲得政治上及社會大眾的支持。

　　上述三者構成了「策略鐵三角」（Strategic Triangle）的模式（如圖 11-3 所示），可以幫助我們理解公部門的策略規劃的基本概念，亦即聚焦於公共管理者必須回答的三個問題：1. 組織的目標是否具有公共的價值？ 2. 這一目標能否得到政治和法律方面的支持？ 3. 以組織管理和運行的角度來看，這個目標是否可行？與此相對應，公共管理者的工作主要應包括三項內容：一是判斷其設想的工作目的本身的價值；二是向上對政治的管理，使組織目標具有合法性和得到支持；三是向內對組織本身的管理，以改善組織的能力，以利實現組織欲求的目標（Moore, 1995: 22-23）。

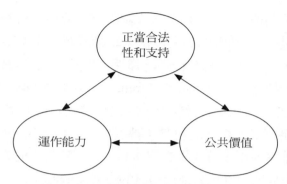

資料來源：Moore and Khagram, 2004: 3; Moore and Stephens, 1991: 16.

圖 11-3　Moore 等人的「策略鐵三角」模式

　　Moore 和 Khagram 二人（2004: 1-4）甚至認為，當今的企業組織被期待扮演的社會角色愈來愈重，亦即企業應擔負的社會責任日益受到重視。因此，企業如果要得到社會所賦予的正當合法性和政治的支持，它在從事策略規劃時，亦應參照政府組織的「策略鐵三角」模型（如圖 11-3）的內容[1]，強調公共價值、正當合法性和支持，及運作能力等要素。

　　其次，Osborne 和 Gaebler 兩人於 1992 年在《新政府運動》（*Reinventing Government: How the Entrepreneurial Spirit is Transforming the Public Sector*）一書中，提出改造政府的十個原則：亦即政府應發揮指導性、社區自主性、競爭性、任務性、效率、顧客、企業性、預見性、權力分散，以及市場導向等（高希均，1993）。此外，Osborne和 Plastrik 兩人（1997: 38-48）又在《遠離官僚：政府再造的五項策略》（*Banishing Bureaucracy: The Five Strategies for Reinventing Government*）一書中，提出政府再造應從下列五大策略著手，才能事半功倍，包括：釐清組織目標、提供組織競爭的誘因、強調顧客導向、擴大組織授能（empowerment），以及塑造相互信任的組織文化等。

---

[1] Moore 及其同僚的研究發現，私人企業也可向政府部門學習如何實現公共價值，以提升企業的正當合法性與被支持度，而確保企業的永續發展（Moore and Khagram, 2004: 2）。

二、政府組織從事策略規劃的事例

　　就公共組織實際進行的策略規劃而言，由於其環境的變遷非常快速與劇烈，已有很多國家著手進行政府再造的興革策略。譬如以美國政府績效與成果法（簡稱 GPRA）的運作模式為例，美國政府績效與成果法，是美國柯林頓政府基於建立一個節省成本、提高績效的政府的意旨，在 1993年所推動立法通過的一個法案。該法案的精神在強化國會對聯邦政府的監督，規定每一聯邦機關必須在 1997 年 9 月 30 日前發展出五年的策略性計畫，將可衡量的結果與各年度的績效計畫連結，並於 1999 會計年度在聯邦政府全面施行（孫本初，2001: 147-154）。

　　GPRA 對績效評估的方式主要是透過若干重要的報告及計畫來連結國會、行政機關、美國聯邦管理預算局等機關，其執行方案包括（孫本初，2001: 109-111）：

1. 策略計畫：包括與成果相關的目標，以及如何達成績效目標與其完成的要件和條件。根據該法規定，各機關須向聯邦管理預算局局長與國會遞送一份該機關在未來將執行的各項計畫措施之策略計畫書。此策略計畫書是結合政策方向、預算與執行的藍本。該計畫為五個年度的中程策略計畫，每三年並應重新更新與修正。

2. 每一年的績效計畫書與計畫績效報告：每一年度的計畫由每個單位負責設立。GPRA 規定年度績計畫書的內容應包括績效目標與衡量的指標，並且在每一年度提出計畫的績效報告，做為國會審核及主管單位評估績效達成度的重要工具。因此，透過 GPRA 法案的執行，國會議員與聯邦的高層都可以利用執行成果法案的績效，來評估各單位，甚至包括公務人員的考績都能夠基於績效成果的資訊來加以評量，成為公務人員考績與薪資獎懲的基礎。

　　由此可知，美國 GPRA 法案的實施，是以政府的產出（outputs）為導向的績效管理模式。而美國總統布希上台後，在 2002 年推動新的政府改革方案「管理議程」（Management Agenda），則轉而強調結果（outcome）的導向，以及績效與預算的連結關係（Talbot, 2005: 492）。

布希總統的改革願景有三點原則，亦即他認為政府應該是：1. 以公民為中心（Citizen-centered），而非以官僚機關為中心；2. 以結果為取向（Results-oriented）；3. 以市場為基礎（Market-based），且是藉由競爭來推動革新而非抑制革新。布希的此項新的「管理議程」方案中，列舉了與美國民眾生活息息相關的 14 項改革議題，其中包括有關整體政府範圍的改革案如人力資本的策略管理等 5 項，以及有關特定機關業務如國軍宿舍管理民營化等 9 項[2]。

我國行政院研考會參考美國「政府績效與成果法」（GPRA）與英國等相關作法，自 2001 年開始將績效管理制度劃分為「機關施政績效管理」及「個別施政計畫管理」兩大主軸。機關施政績效管理係依據「行政院所屬各機關施政績效評估要點」辦理，採以結果導向的評估原則，評估層次為策略層次之組織績效。個別施政計畫管理則依據「行政院所屬各機關施政計畫評核作業要點」等相關規定辦理，乃採分級列管，管考一元化作法，從計畫擬訂、先期審議及管制評核等階段，有效管理計畫推動執行，確保達成計畫績效目標。其中組織績效層次的機關施政績效管理的運作程序如下[3]：

1. 訂定機關願景及施政計畫

依據總統揭示之施政總目標、就職演說與競選政見、行政院重大政策方向、院長要求之施政主軸及施政重點等，中央政府各部會規劃整體發展願景，提出為期四年的中程施政計畫和年度施政計畫。

2. 訂定策略績效目標

依機關願景訂定「業務」、「人力」及「經費」三面向的策績效目標。策略績效目標訂定需符合代表性、客觀性、量化性與穩定性等原則。

3. 訂立衡量指標

依據策略績效目標訂定衡量指標以做為評估依據，各項衡量指標應設

---

2 2007 年 3 月 30 日引自《http://results.gov/agenda/scorecard.html》。

3 2007 年 4 月 21 日下載自行政院研考會網站：http://wspg.nccu.edu.tw/index.html#pagetop。

定四年間每年的預期目標值，目標值水準必須具挑戰性和適切性，並且表明評估方式以及衡量標準。

4. 提報年度績效報告

各部會於年度結束後，撰擬「年度績效報告」，內容以策略績效目標達成情形為主體進行檢討。於每年 3 月將年度績效報告提送行政院研考會，研考會以書面審查、實地訪查或組成評核委員會進行最終之評估，並向行政院提交評估報告。

5. 網路公告年度績效報告

年度績效報告經行政院核定後，研考會將年度績效報告及評核意見上網公告，讓民眾了解各部會施政績效成果，落實績效課責。

6. 依據評核結果辦理獎懲

研考會將行政院核定之年度績效評估報告函送機關，辦理業務改進參考與獎懲作業。

茲再舉加拿大皇家騎警局（The Royal Canadian Mounted Police, 簡稱 RCMP）的「策略的績效管理系統」（strategic performance management system）為例，進一步說明公部門的策略規劃與績效管理的連結關係。加拿大皇家騎警局創立於 1873 年，是加拿大的中央警察機關，隸屬於加拿大公安及緊急整備部。RCMP 現有員警二萬六千多人，組織分布全國各地，主要任務為反恐、打擊組織犯罪和經濟犯罪等，並支援地方警察機關從事社區警政等工作。RCMP 於 2000 年時，發展出一套精進的「策略的績效管理系統」。其策略架構中的核心目標是：「安全的家和社區」（Safe Homes and Communities），主要的策略計畫有五項：減少組織犯罪的威脅和影響、減少恐怖活動的威脅、減少青少年犯罪、擴大國際的合作和支持，及促進原住民社區的安全和健康等。RCMP 為達到上述策略目標，遂採用平衡計分卡（the Balanced Scorecard）為績效管理的工具。其具體作法有如下述（Kaplan and Norton, 2004: 412-415）：

1. 將 RCMP 的策略要項轉換為脈絡一貫的具體目標和作法，並利用平衡

計分卡發展出來的策略地圖（The Strategy Map）的圖示，來描述和考核這些具體的目標和作法。

2. 透過公開和透明的程序，加強對策略實施的結果加以課責。

3. 透過組織及各部門的平衡計分卡的設計與考核，整合組織內所有部門的目標。

第三節　公部門策略課責的挑戰

一、策略課責的意涵

「課責」（accountability）一詞，根據 Webster 字典上的解釋是指：接受責任（responsibility）或說明一個人的行動的一種義務（obligation）或意願（willingness）而言。所以課責一詞常與責任（responsibility）、答詢（answerability）或回應（responsiveness）等詞視為通用語（Callahan, 2007: 7）。

M. Bovens（2005: 184-185）進一步認為課責可視為一種社會關係（accountability as a social relation），並可將之定義為：課責是一個行動者感覺有一種義務，必須對另些個有意義的他者（課責者）解釋和正當化其作為的一種社會關係。因此，這種課責的關係至少包含了三個要素或階段。第一個階段是指行動者感覺有義務地必須向課責者報告其作為，包括提供有關任務績效、結果及過程等之各種資訊給課責者，其方式如預算績效方面的財務課責、執法是否公正方面的法律課責，或其他政治的課責等。第二個階段是指課責者對行動者所提供的資訊加以調查，並質詢行動者的作為的正當合法性，此時的行動者必須對課責者的質詢作出回應或辯解。所以，此階段又稱為辯論階段（the debating phase），乃將「課責」（accountability）和「答詢」（answerability）二詞在語意上做緊密的連結。至於課責的第三個階段則是課責者對行動者的作為是否具有正當合法性做出判斷，包括正面的認同和負面的懲罰等判斷。

此外，公共行政學者 Hughes 認為課責，意指代表他人或團體利益而行動的人們，必須向他所代表的對象回報其執行行動的績效，或用某種方式對其所代表的對象負責之謂。換言之，這是一種「委託人－代理人」的關係（principal-agent relation）中，代理人基於委託人的利益而履行某種任務，並向委託人回報執行績效的一種制度。因此，不論在公部門或私部門，皆存在著課責機制（Hughes, 2003: 237）。由此可知，課責的意涵好比權能區分下，有權的一方授權給有能的一方之後，有能者必須向有權者負責之謂。

但是，由於政府機關實施績效評估計畫常過度強調企業效率的價值，而降低與政治系統相關的價值，而大量採取外包的作法，也造成政府與民眾的關係逐漸為契約關係所取代。因此，有很多學者提出課責（accountability）[4] 的觀念來探討各種相關的問題，使得課責成為近年來公共行政學者討論政府再造中的重要名詞。在民主政治中，課責是公共行政中的重要議題，因為它代表的是政府對民眾的回應，民眾有法定的權利期待政府及公務人員做什麼和如何做，透過這種課責的關係，政府必須控管其公務人員，使其以工作績效來向其主管負責，政府也必須要以較好的績效向民眾負責（陳金貴，1999: 59）。綜上，課責意指對行政人員施以各種監督，以責其善盡職責，達成公共利益之謂。因此，公部門的策略規劃和執行情形，可透過課責的機制來達到公部門的組織目標。

二、公部門策略課責的論辯

公部門的策略課責應如何運作，才能確保公共政策實現公共利益，是值得深思的問題。對此議題，有一些論辯意見仍未有共同的看法。茲分述如下：

---

[4] 本段引文之作者陳金貴將 accountability 譯為「職責」，筆者將之改譯為「課責」，以求本章用語之統一。

（一）民主行政課責有必要？

人類社會為何要有國家和政府之存在，而且為何要以民主政治作為政府治理的方式，亦即民主行政課責有其必要？茲就 Thomas Hobbes 和 John Locke 兩位哲學家的不同看法，加以說明之。Hobbes 曾經歷過英國內戰（the English Civil War），他認為人類的天性狀態——也就是他所謂的自然狀態（State of Nature）——是野蠻、兇殘且危險的，且主要的危險來自其他人。人類社會為了脫離生命的自然形式這個恐佈的狀態，於是人們創造了國家。所以，他論證說維持和平始終是國家的主要功能，且認為任何統治權力的削減都會導致內戰。

然而，Hobbes 的這個論點，受到 Locke 嚴厲的挑戰。Locke 認為：人們喜歡和平地生活，即使是在自然狀態中他們也可以維持和平。他指出人類有某些自然權利（natural rights），包括：生命、自由與財產的權利。政府的存在並不僅只是為了維持和平，還有維繫與支持自然權利的積極責任。因此，國家的權力必須受到限制，並應設法將之分散予不同的代理者或機構（蔡政宏等譯，2003: 134）。Locke 的思想深深影響了美國革命，美國的「獨立宣言」提到：「人人皆有天賦不可剝奪的自由權利，而政府的目的在保障這些自由權利（Denhardt, 1999: 3）。」

綜上，國家應具有保障人民自由權利的積極目的，而且以民主憲政的治理方式，比獨裁極權的政治更能達成國家目的。因此，在民主社會中，政府的策略必須受到課責。

（二）行政人員可以擁有多大的策略裁量空間？

在西方的思想傳統中，對於公共行政人員應否擁有行政裁量，以作成社會的公共決策和分配公共資源，一直存在有兩種迥然不同的基本假定或思維進路。此有關行政人員是否應行政裁量權的論辯，始於早期希臘哲學家柏拉圖（Plato）和亞里斯多德（Aristotle）二人對法官在適用法律的角色上的不同看法。茲分述如下：

1. 行政人員不應擁有行政裁量權，且應受嚴密的監督

　　此是柏拉圖派的思維進路（Platonic approach），柏拉圖的主要著作《對話錄》的〈法律篇〉，是其晚年時期的作品，他在該篇文章提到，理想的城邦應該沒有法律，因為凡是有法律統治之處，就總是有不義的事。不過，依據法律的統治方式仍是次佳的選擇，它代表了群體的真正意見，而且，沒有人具備足夠的知識，可以不靠法律而施政（傅佩榮，1998: 41, 262）。柏拉圖認為在法律案件的裁判中，用「正義」（justice）作標準去理解法律的意涵，是需要絕對的智慧和知識的。而且，由於有關正義的本質和應用上的絕對智慧，對身為人類的法官而言，是不可能具備的。所以，柏拉圖主張要在完美而抽象的「正義」，與不完美而穩定的人類「法律」二者之間選擇其一。此後，很多人亦同樣認為完美的正義是不可能實現的，所以自然而然地同意柏拉圖所強調的法治看法（Frederickson, 1997: 99-100）。質言之，這種柏拉圖派思維的基本假定是：為求法律統治的安定性，法官或公共行政人員應單純且明確地適用法律即可，不需要去理解法律的「正義」意涵，因為「正義」的概念是完美而抽象的，而人類並無絕對而足夠的智慧能加以理解。

　　此種柏拉圖派的法律觀，對行政人員是否應擁有行政裁量的看法，自然傾向於反對或限制的立場。茲舉下列三位代表柏拉圖派的學者的看法說明之：

（1）Theodore Lowi 的看法

　　政治學者 Lowi 對行政人員擁有行政裁量權所造成的問題，憂心忡忡，並提出一個現代行政的柏拉圖主義（modern administrative Platonism）的看法。他批判行政國和利益團體政治的制度環境，他認為行政國的勢力擴張，是伴隨行政裁量的擴增而發。而且，國會對於困難且富爭議的政策，無能力或無意願作出決定，因而將此類政策決定授權給行政機關。當國會將這種曖昧不明的權威授給行政機關後，行政機關可能透過其行政裁量行為，結合利益團體而作出違背公共利益的勾當，甚且違背依法行政的原則。因此，Lowi 主張恢復依法行政的原則，來限制行政人員的裁量行

為（Frederickson, 1997: 104-105）。但是，筆者認為上述 Lowi 的看法，並未注意到再多的法令規定，都無法限制行政人員的裁量行為的這個事實。實際上，因為任何法律規定，都需要經過使用者的詮釋過程。所以，若要確保行政裁量行為能符合公共利益，並不是靠法律條文的多寡而定，而是依賴行政人員對法律精神的理解而定。

（2）Judith E. Gruber 的看法

　　Gruber 對公共行政勢力的擴張問題，和 Lowi 一樣有所同感，但 Gruber 對公共行政問題的解決處方則和 Lowi 有所不同。Lowi 認為應透過法律的明確規定及司法正義上的作為，來監控行政機關，以實現民主理想。但是，Gruber 認為應透過交換（exchange）的理論來監控行政機關，包括對那些漠視法律的行政機關或人員，可藉由預算的控制，甚至解除職務的手段，使其不敢恣意而為（Frederickson, 1997: 105-106）。

　　筆者認為上述 Gruber 以現實利益的交換做法，作為控制行政人員的裁量行為的手段，雖在某些情況行得通，但有時卻行不通。因為，公共行政的複雜工作內涵，很難有明確的規範來認定行政裁量行為之恰當與否，所以在此前提之下，所有對行政人員的控制手段，都將無功而退。

（3）Herman Finer 的看法

　　柏拉圖派的思維，是主張嚴格限制行政人員的裁量行為，本文除已介紹 Lowi 和 Gruber 兩人的看法外，接著要介紹一個很具代表性的學者 Finer的看法。Finer 是屬於柏拉圖派思維的學者，他主張在民主政府中，負責任的行政人員應該藉由對民選代表意見的服從，來為民眾的意志負責（McSwite, 1997: 29），因此 Finer 較不贊成行政人員擁有廣大的裁量權。

2. 行政人員應有行政裁量權

　　此是亞里斯多德派的思維進路（Aristotelian approach），亞里斯多德曾說：「吾愛吾師，吾尤愛真理。」這句話隱含了他與其師柏拉圖在思想上的巧妙關係，亞氏憑藉其經驗科學的背景，肯定現實世界不是純屬幻影，並進而建立一套與柏拉圖理型論迥異的經驗哲學（傅佩榮，1997: 30）。在亞里斯多德的重要著作《尼可馬古倫理學》的第五卷〈論正義〉

中，提到法律的侷限性，以及如何以「公平」的方法，對法律的規定做修正。亞里斯多德認為：

固然在許多事情上，必須有一個公共的規定，但是這種規定不能免除錯誤的可能性，因為法律的原則性不管個別的案件。因為錯誤並不是在法律上或是在立法的人方面，而是在於個別事情的性質上；因為人的品性含有各種複雜的情況，很難以使其單純並統一化。因此發生一件事情，法律對它只有一個準則，可是這個準則必然具有例外。……而在某些情況之下，公平比正義好，但它並不超過絕對的正義。我們只能說，公平比由於表達絕對正義的不清楚的條文產生的錯誤更好。而公平根本就是法律的更正，因為法律概括的條文必須擴大，必須配合事實（沈清松，1999: 118-119）。

從上述亞里斯多德對法律的公平與正義的看法得知，法律的終極目的是在追求絕對的正義，此與柏拉圖所稱的完美而抽象的正義的概念相通。但是亞里斯多德不同意柏拉圖所謂的在完美的「正義」與穩定的「法律」二者擇一的說法，而認為在社會現實中，應從各種可能途徑中選擇一種最能接近正義者。因此，亞里斯多德將正義分為「法律的正義」（legal justice）和「公平的正義」（equity justice）兩個種類。所謂法律的正義是指清楚而沒有疑問地適用法律而言；而所謂公平的正義則指依賴實質的法律原則（法律的精神），去解決特殊個案的曖昧不明情事而言。而且，有些適用法律上的正義所處理的案件，會導致實質上不正義的結果。因此，亞里斯多德主張「公平」（the equitable）優於「公正」（the just），且如果不能公平地適用法律，將會導致不正義（injustice）的情形（Frederickson, 1997: 100）。亞里斯多德的法律觀，屬於務實派的想法，與柏拉圖的理想派或理論派的想法大不相同。

此種亞里斯多德派對法律的基本假定是：原則上，法官不可能單純而明確地適用法律，因為法官在每一次的適用法律時，都會對該法律作深思熟慮，且在這深思熟慮（即分配公共資源）的過程中，如果不能符合公平（equity）的原則，將導致不正義的結果。由此可知，亞里斯多德應較傾向賦予法官擁有公平的裁量權，以濟法律適用上之窮，如此才能有利於法

律正義的實現。

同理，對負責執行法律的行政人員而言，也會碰到法官在適用法律時的同樣困境。因此，如果我們認為亞里斯多德傾向同意賦予法官擁有裁量權的話，則他亦應同意行政人員也可以擁有行政裁量權。所以，亞里斯多德派的學者對行政人員應否擁有行政裁量的看法，是傾向具有正面支持的態度。茲扼要介紹三位代表亞里斯多德派學者的看法如下：

（1）Ronald Dworkin 的看法

Dworkin 認為嚴格依據立法者所制定的法律明文規定（rule-book）來行事，是太強調民主制度和政治／行政二分法的主張，在處理無法明確適用法律的個案時，常會遭遇到困擾。因為，使用法律者此時可能硬梆梆地套用不甚恰當的法律條文，也可能照個人的喜好來恣意行事，均可能造成不正義的結果。所以 Dworkin 認為碰到此種適用法律條文的困境時，應以法律條文背後的精神來適用法律，而且這種對法律精神的詮釋，應受限於整體社會及其歷史傳統所共享的概念中。因此，在 Dworkin 觀念中，法律的適用較指涉政治意含，而不是指涉個人的好惡（Frederickson, 1997: 102-104）。

上述 Dworkin 對法律適用上的看法，凸顯了法律條文背後的精神的重要性。對公共行政而言，此種觀點暗示著行政人員在面對各種特殊個案的情境時，不要緊守僵化的法規條文，也不可隨個人的好惡恣意而為，而應依社會共享的價值觀來理解法律條文背後的精神，並據此做出最合乎正義的行政裁量。

（2）John Rawls 的看法

亞里斯多德派對法官適用法律的看法，是贊成法官善用裁量行為來追求法律的正義理想。這種想法，雖可轉移到公共行政上的應用，亦即鼓勵行政人員在適用曖昧不明的法律條文時，也應善用行政裁量權限，做出最合乎正義的行政行為來。但問題是行政人員做行政決策的情境與法官不同，法官可單獨做出司法判決，而行政人員卻常在與公眾互動中做出決策。因此行政人員常透過公民參與的途徑（citizen-participation approach）來做出

合乎公平正義的行政決定，譬如我國行政程序法規定行政機關於發布命令之前，應舉行聽證；而作成行政處分對於權利受影響之相對人或利害關係人，應給予陳述意見的機會，均屬提供人民參與行政決策的機制設計。

　　John Rawls 認為在原初狀態中的各方將會選擇承諾「正義即公平」的正義兩原則：第一原則：每個人都應有一種平等的權利（即最大平等自由原則）；第二原則：社會和經濟的不平等應這樣安排，使它們 1. 適合於最少受惠者的最大利益（即差異原則）；2. 在機會公平平等的條件下，職務和地位向所有人開放（即機會均等原則）（應奇，1999: 62-63）。John Rawls 的正義論在公共行政上，可作為行政人員制定公共政策時的裁量準則。這個以實現公平正義為目的的裁量準則，其位階實已超過民選的政治人物的意志，以及法律的條文規定。其精神乃在希望行政人員能同理社會上的弱勢團體，且在做決策時必須與受影響的利害關係人對話，提供其參與決策的機會，所以可說是一種最廣義的行政裁量權的看法。

（3）Carl Friedrich 的看法

　　亞里斯多德派學者 Carl Friedrich 的看法與上述柏拉圖派學者 Finer 的看法，是一組南轅北轍的對立性論點，是基於對行政人員的人性有不同假定而發的[5]，因而造成對行政裁量的不同看法。他們二人迥異觀點之間的辯論，已在公共行政學界持續半個世紀之久。McSwite 認為他們二人思維之所以不同，似與他們出生的國家的國民性格及政治文化有關[6]。

---

[5] 根據 McSwite（1997: 39）的詮釋，Friedrich 對行政人員的人性抱持信任的態度，Fiedrich 的信念似乎是：藉由移除對行政人員的公然制裁威脅和直接控制的負擔，將能激發行政人員最佳最大的責任感。而 Finer 則對行政人員採取較不信任的態度，Finer 認為：人的德性本身是需要加以限制的，所以他認為行政人員是需要加以監督、控制和直接制裁的威脅。

[6] 根據 McSwite（1997: 29）的敘述，Finer（1898-1969）的父母親都是羅馬尼亞人，但他卻是英國人。他曾在倫敦經濟學院求學，畢業後留校擔任公共行政學的講師和研究員。他獲得 Fockefeller Fellowship 的獎學金前往美國，並接受美國社會科學研究委員會的邀請，對田納西流域管理局（TVA）的研究計畫作指導。他的最後一個學術生涯，是美國芝加哥大學的政治學教授。他在民主政府上的理論觀點，反映了他的家世對英國國會制度的信仰。另一位學者 Carl Friedrich（1901-1984）的家世背景則有所不同，Friedrich 是德國人，他曾學過醫學，後改行獲得德國海德堡大學的法學博士學位。他於 1923 年，以交換留學生身分來到美國，幾年後成為美國公民。1926 年開始在美國哈佛大學教書，並任教長達五十年之久。他研究公共行政的角度，顯然是受其曾為德國公民的背景所影響，且由於德國的政體與英國政體有很大不同之處，所以 Friedrich 與 Finer 在公共行政的觀點迥異，就不足為奇了。

　　Friedrich 是深受德國政體的政治文化所影響,並基於對行政人員的人性採取信任的態度。他對公共行政的研究焦點不是要如何控制行政人員的行為,相反地,更為重要的是要如何確保任何有效的行為。Friedrich 在負責任的治理上的主張是:行政和行政人員扮演一種非立法人員所能取代或主導的重要角色。因此 Friedrich 將行政人員界定為「尊嚴的共同維護者」(coactor of dignity),行政人員既擁有充分的自由權利,又具有公民意識(citizenship)。所以此種行政的行動者,不應視之為被控制者,而應視之為值得信任的代理人(trustworthy agent),他會設法使政府回應社區的需要(McSwite, 1997: 36)。此外,Friedrich 又強調說:負責任的行政行為是指主動採取達成政府目標的積極作為;不作為和錯誤的作為一樣,均同屬不負責任的行為。而且,他認為政府錯誤作為的真正來源是錯誤的政策(即指定義不明的政策或運作不良的政策),且此類錯誤的政策的出現,與其說是一種例外,不如說是一種常規。政策的作成,不可能明確到只要行政人員單純地執行,而不需要加以解釋、修正和補充。因此,Friedrich 認為公共政策和公共行政是不能分開的,而是形成了一個連續的過程。彼此唯一的區別是,政策在形成過程中,也許具有更多的政治意味;而公共政策在執行過程中,則具有更多的公共行政意味(McSwite, 1997: 33)。由此可見,依照 Friedrich 的看法,行政人員面對現代政府的複雜環境中,在執行由立法機關所制定的定義不明的政策時,對政策採取必要的解釋、修正或補充的行政裁量行為,是具有正當合法性的。

　　綜合上述,柏拉圖和亞里斯多德對法官在適用法律時的角色的基本假定,一樣可說明公共行政人員在適用法律時的情形(Frederickson, 1997: 99)。簡言之,柏拉圖派的哲學觀,是比較傾向理想主義的色彩,認為行政人員和法官沒有能力藉由裁量行為來詮釋抽象而完美的「正義」概念,所以只好退而求其次,為求法律統治的安定性,要求法官和行政人員只要以中立客觀的態度,對法律作簡單而明確的適用即可。因此,柏拉圖派的思維是對行政人員不夠信任,而認為應透過各種外在的控制機制,來限制其行使行政裁量權。

而亞里斯多德派的哲學觀，則比較強調法官或公共行政人員對實際狀況的裁量判斷，且認為行政人員和法官在適用法律或執行政策時，並不是一成不變的簡單行為，而是一種深思熟慮的複雜心思，因此隱含有抽象意含的裁量行為。而且，對於這種抽象的裁量行為，必須藉由公平的倫理價值予以規範，才能確保正義的實現。

由此可知，柏拉圖派和亞里斯多德派對行政人員應否擁有裁量權有著極端不同的看法，此意謂著公部門的行政人員，在作策略決定或執行策略時，可擁有多大的裁量空間，以及應受到什麼程度的監督等問題，仍有很大的歧見。因此，Shafritz 和 Russell（2005: 192）兩人認為：課責的最大挑戰是在對行政人員的完全信任和嚴密監督之間，如何找到一個平衡點。

（三）民主行政課責的途徑應重程序，抑重實質的限制？

Gruber（1987: 17-24）以程序及實質兩個面向作為民主行政課責的基礎要素，且依據此二要素的重要程度而歸納出五種不同的民主行政課責的途徑，亦即對官僚體系的民主控制的途徑有五：包括參與途徑、顧客導向途徑、公益途徑、課責途徑，以及自我控制途徑等（如圖 11-4 所示），茲分述如下：

1. 參與途徑（Participatory approach）

此種對官僚體系做民主控制的途徑，是基於「官僚體系是封閉且不民主的」形象認知，所以希望透過市民在公共事務的決策過程中的直接參與，使官僚體系所做的決策在程序上更加開放和民主。此參與途徑主要係對行政人員的行政行為在程序面向上作較多的限制，而在實質面向上較無限制。譬如採取公民投票方式來決定公共政策，即屬此種途徑的作法。

2. 顧客導向途徑（Clientele-oriented approach）

此顧客導向途徑是指對行政人員的決策行為，在程序上及實質上皆做中度的限制，不像上述參與途徑特別強調全民參與程序，而忽略實質面向的限制。譬如在公共政策的制定過程中，邀集政策利害關係人座談做意見溝通，以及諮詢專家顧問的看法等作法。

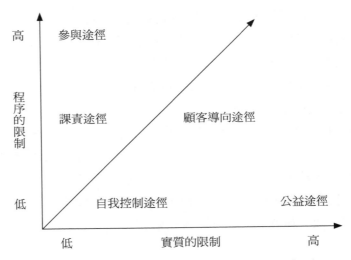

資料來源：Gruber, 1987: 18.

圖 11-4　民主行政課責的途徑圖

3. 公益途徑（Public-interest approach）

　　此公益途徑認為上述顧客導向途徑所做出的公共政策決定，易偏袒少數特定的利益團體，而無法保護全體社會的公共利益，並認為民選的官員或民意代表比較能夠反映公共利益。因此，此公益途徑的民主控制理念，乃主張行政人員應多回應民選官員或民意代表的意見，或在行政機關增加政務官人數，或增加議會之立法功能和預算把關功能，並減少行政人員的裁量權，以利公共利益的追求。

4. 課責途徑（Accountability approach）

　　課責途徑認為行政人員易濫權或貪污腐敗，而傷害到民主的價值，所以在行政程序上必須作適度的限制，譬如訂定倫理法規、建立文官制度、舉辦公聽會和完成通知手續，以及公開行政資訊和設置市民監督委員會等審查機制等。

5. 自我控制途徑（Self-control approach）

　　上述各種對行政人員課責的途徑，皆係外在於行政人員的規範方式，

假若行政人員無法自我覺察及惕勵其行為是否違背公共利益的話，所有的規範勢將徒勞無功。因此，自我控制途徑強調應提升行政人員的專業主義（professionalism）或個人的自我實現等認知，才是有效的民主行政課責機制。

上述五種不同的民主行政課責的途徑，其目標雖皆在責成行政人員能「用對的方法做對的事情」，以期實現公共利益。但是由於不同課責途徑對行政程序和行政實質的限制程度各有不同，且各有利弊得失，很難評估其效益，所以有不同的爭論。

第四節　公部門策略課責的機制與困境

公部門的策略課責思維雖仍存在著歧見的挑戰，但一般而言，已有各種公部門的課責機制在運作著，茲分述如下：

一、公部門策略課責的機制

Charles E. Gilbert（1927- ）1959 年在《政治期刊》（*Journal of Politics*）所發表的〈行政責任分析架構〉（The Framework of Administrative Responsibility），即以正式／非正式及內部／外部等二個構面，建構了四種達成行政責任的確保途徑（如圖 11-5 所示）。

圖 11-5 的正式確保途徑指憲法、法律、行政規章所明訂的責任歸屬機制，例如：上級機關的命令、國會的立法、法院的判決等。非正式確保途徑指責任的要求起源於個人道德倫理、民眾偏好、政治過程中參與權威

	內部	外部
正式	內部正式確保途徑	外部正式確保途徑
非正式	內部非正式確保途徑	外部非正式確保途徑

資料來源：Gilbert, 1959: 373-407；轉引自吳定，張潤書，陳德禹，賴維堯，許立一等，2006: 200。

圖 11-5　行政責任確保途徑分析架構

性價值分配的名方參與者。至於內部與外部確保途徑之區別則在於啟動責任的來源，如來自行政部門（例如：總統、首相、院長、部長、市長、公務員及機關等）本身，則屬內部途徑。如發自於行政部門以外的外界環境（例如：國會、法院、利益團體、專業社群、新聞媒體、民眾陳情抗議等，則歸為外部途徑（Gilbert, 1959: 373-407；轉引自吳定，張潤書，陳德禹，賴維堯，許立一等，2006: 200）。

此外，尚可對上述行政責任的確保途徑的課責來源是內在或外在，以及控制程度的高或低，區分出官僚、法律、專業及政治等四種課責型式（如圖 11-6 所示）。

（一）官僚的課責型式

此種型式的課責來源是行政組織內部，控制的程度較高，例如：行政機關內部的主官領導或督察制度。

（二）政治的課責型式

此種型式，課責的來源是行政組織外部，但控制的程度較低，例如：透過民選的議員對行政機關的質詢和預算的審查，來監督其所作所為是否有偏離民意；或透過民選的行政首長對局處主管的人事任命來課責其施政作為等，均屬於政治的課責型式。政治的課責機制，係屬外在於行政機關的監督機制，對於行政機關專業判斷和特有的資訊，除不易獲得之外，同

課責的來源

控制的程度		內在的	外在的
	高	官僚的課責型式	法律的課責型式
	低	專業的課責型式	政治的課責型式

資料來源：deLeon, 2003; 571.

圖 11-6　課責的型式

時又可能囿於行政機關之刻意隱藏資訊所引發之逆向選擇[7]，或受制於行政人員之道德障礙[8]，致易造成外在監督機制功能失靈之情事。

（三）法律的課責型式

此種型式，課責的來源是行政組織外部，控制的程度較高，例如：透過刑法、刑事訴訟法或警察行政法規等，來規範警察職權的行使權限。若警察違法或有不當的作為，這些法律會加諸警察一定的處罰，並由檢察官和法官負責進行對警察課責的程序。

前述政治及官僚的課責型式較屬於事前的課責機制，而法律的課責型式則純屬事後性質的課責機制，亦即當行政人員行使了裁量行為，司法機關得就其是否違法部分加以審查，以保障人民的自由權利免受違法的行政裁量行為所侵害。

現代民主法治國家，基於「依法行政原則」的要求，行政機關行使裁量權限須遵守法律優位原則，且所作之個別判斷，亦應緊守行政法的一般原則如誠信原則、比例原則、信賴保護原則、公益原則、明確性原則，以及平等原則等。如裁量係基於法律條款之授權時，尤其不得違反授權之目的或超越授權之範圍，凡此皆屬裁量時應遵守之義務。裁量與上述義務有悖者，即構成裁量瑕疵（吳庚，2000: 121）。

（四）專業的課責型式

此種型式，課責的來源是行政組織內部，控制的程度較低，例如：透過行政首長的領導、訓練和組織文化的培養，使行政人員具有專業能力及專業的工作規範，以防範其工作偏差的作法。

---

[7] 所謂「逆向選擇」，是指在資訊不對稱的情形下，參與交易或交往的一方可能隱藏自己的私有資訊；且藉著提供不真實的資訊以求增加自己的福祉，但同時卻傷害了另一方的利益（巫和懋等，1999: 377）。

[8] 所謂「道德障礙」，是指在資訊不對稱的情形下，參與交易的一方在簽約之後，才作出某種選擇；如果契約所隱含的誘因設計不佳，可能會引發出其中一方混水摸魚，而另一方受損的現象（巫和懋等，1999: 380）。

　　上述四種不同的課責型式，可綜合應用在策略課責上，茲舉美國紐約市警察局成功實施的一項治安策略（CompStat 方案）及其課責制度為例說明之。

　　美國紐約市警察局 CompStat （Computerizes Statistics） 方案是於 1994 年，在當時的警察局長 William Bratton 的領導和市長 Rudolph Giuliani 的支持下，利用電腦統計分析犯罪及警察績效資料，並定期召開檢討會議、屬行績效課責和尋求對策的一項策略性作為。因為此策略性的警政創新作為，成功地使紐約市的犯罪率逐年大幅下降。譬如從 1900 年到 2006 年之間發生的犯罪件數比較，謀殺案減少 73.6%；強暴案減少 52.1%；搶奪案減少 76.5%；侵入住宅竊盜案減少 81.2%。

　　紐約市警察局這項成功的警政革新策略，乃基於對傳統社區警政思想的修正，而認為若要有效降低犯罪率和回應社區民眾的需求，必須以分局[9]為勤務指揮與管制的決策單位。因為分局的地位比警察局更能有效回應社區民眾的需求，也較能夠有效掌控其分局警察的勤務運作，且分局比基層員警更能了解警察局的政策目標，所以紐約市警察局乃決定擴大對分局長的授權與賦能。因此，分局長的權限、職責和裁量權擴大之後，自然而然地必須對分局長所領導的分局的績效表現加強課責。

　　此 CompStat 方案就是一種強而有力的警察課責工具。紐約市警察局局長每週主持一次犯罪控制對策會議（Crime Control Strategy Meetings），藉由其 CompStat 統計分析的犯罪現況與績效之評比，局長與分局長在會議中溝通犯罪問題之解決對策，並由分局長們相互分享如何改進警察績效的作法。值得一提的是，CompStat 不僅提供犯罪現況及警察績效之資料以供評比，尚建置有警察執法使用槍械、傳喚和逮捕嫌犯、差假、執勤受傷等有關勤務品質之資料，以供評量中階管理幹部的管理效能；且 CompStat 又建置有每位分局長的基本人事資料和工作績效表現情形，以供局長考核之用。至於對外部分，局長必須將 CompStat 所統計的犯罪現

9　美國紐約市警察局共有 76 個分局（precinct），每個分局的員警數約在 200 至 400 人之間。

況，每週向市長報告一次，並將最新的犯罪統計及警察績效等資料刊登於市政公報，公開給市民知悉警察的績效表現[10]。

二、公部門策略課責的困境

公部門的策略課責的目的雖力求一項公共政策儘可能合乎公共利益，然而，現存的課責機制並非萬靈丹，它仍存在一些困境。本節有關警察績效課責的困境，擬從「誰課責誰」的課責困境、行政責任的爭議性問題，以及績效課責失靈的困境等三個方面說明如下：

（一）「誰課責誰」的課責困境

在民主政治的理念中，人民是以委託人的身分，對其應享的權利清單與應盡的義務規範，透過契約方式委託給國家體制下的政府來治理。因此，從代理人理論（agency theory）[11]的觀點來看，人民是委託人，政府是代理人。但是由於委託人與代理人之間，存在一些資訊不對稱及利益衝突等問題，委託人為確保其權利不受損害，所以需要設計一套對代理人進行監督的機制。從民主行政課責的機制來看，身為委託人的人民，當然是民主行政課責的主體，而所有參與政府權力運作的機關及其成員，則為民主行政課責的客體（或稱對象）。

但是民主政府的體制通常是以分權與制衡的原理來設計，因此課責主客體的相對性及多重性的問題。其一，就課責主客體的相對性來說，人民選舉民意代表，代理人民去監督官僚體系，則民意代表相對於人民而言，

---

[10] 本段有關美國紐約市警察局 CompStat 方案的介紹，由筆者於 2007/3/24 下載自 http://www.nyc.gov/html/nypd/html/chfdept/compstat-process.html。

[11] 「代理人」理論（agency theory）常被稱為「委託人－代理人」理論（principal-agency theory），該理論首先假定大部分社會互動中，分工是有益的，不同的個體有其不同的工作優勢，人們經由分工可以提升集體福利。在如此的環境當中，人們常成為他人的代理人，為了別人的目的而工作。比方說，官僚體系是在民選政治人物的監督下運作。然而，在這種關係中，因為代理人具有較的資訊優勢，委託人監控代理人的成本就會增高，這種監控成本就是所謂的「代理人成本」（agency costs），也可以稱之為委託人代理人運作的「交易成本」（transactions costs）（陳敦源，2002: 79）。

人民是委託人（是課責的主體），民意代表是代理人（是受人民課責的客體）；但是，民意代表相對於官僚體系而言，民意代表是委託人（是課責的主體），官僚體系則是代理人（受民意代表課責的客體）。其二，就課責主客體的多重性來說，人民直接選舉總統或縣市長，同時也選舉國會議員或縣市議員，則中央的總統、國會議員及地方的縣市長、縣市議員等相對於人民而言，皆具有代理人的身分，亦即人民委託了多重的代理人，人民是唯一的課責主體，而人民課責的客體則是多重的。同理，當官僚體系必須同時接受民選行政首長、民意代表及人民等多重委託人的課責時，官僚體系的課責主體則是多重的。於是，當行政機關面對不同的課責來源的衝突性課責時，應優先接受哪一種來源的課責？譬如行政人員的政治責任與專業責任衝突時，應如何做抉擇？或是道德義務感與正式法律的課責機制發生衝突時，應做何抉擇？

（二）民主政治運作缺失所造成的課責困境

　　儘管憲政民主政治可以確保個人基本自由權利不受多數決的影響，而且民主政治運作下的公共政策目標應是追求公共利益的最大化。但是所謂「民主」仍然是人民的一種自我統治（self-government），如果人民不是在深思熟慮、理性對話之後進行決策或投票，則民主政治的理想只會成為空談。譬如民主政治強調多數的結果，在政治上會產生以多數之名，剝奪少數重要利益的現象。秘密投票制度會鼓勵公民把選票當成商品販賣，以達成私人的滿足，而不會選擇對國家和公共有利的候選人，這種公民的私利主義（civic privatism）腐化了民主公民的核心理想（林火旺，2005: 261, 263）。

　　因此，如果民主政治的運作中，存有上述多數暴力或公民私利的問題，則透過民主程序制定的公共政策，勢必無法符合公共利益的目標，同時亦無法課責行政機關切實執行具有公共利益的政策，因為一個有缺失的民主政治制度，是無法界定出「公共利益」的真正內涵。

（三）第一線行政人員課責失靈的困境

　　由於第一線行政人員的工作情境很複雜，常需要使用裁量權和非正式的例規來因應工作上的困境，且其工作績效很難評量。所以對第一線行政人員的績效課責，難以獲致好的課責效果。譬如警察人員的一些貪污或不當使用警械的「警察暴力」行為，一直無法有效控制。所以造成像英國於1969年曾發生北愛蘭的警民大衝突；以及美國曾於1991年3月3日出現一位黑人百姓Rodney King被四名洛杉磯白人警察毒打的畫面，後於1992年6月這四位白人警察被判刑事無罪，而引爆洛城大暴動的結果。而我國過去也發生過周人蔘電玩弊案的集體貪污案例等，可見各國對警察組織的一些既有課責作法，似難有效監督警察的裁量行為。因此，犯罪學者Lawrence Sherman指出：「自有警察以來，就有警察貪污存在」，警察貪污是美國最古老且最持久的警政問題之一（Walker, 1999: 243）。

　　上述這些造成警察貪污的原因，可以借用Kitgaard所提出的下列公式作說明（Gregory, 2003: 557），意指：一個警察的貪污（corruption）情境，等於警察工作的獨占性（monopoly），加上警察行政裁量（discretion），減去警察的課責程度（accountability）。

$$C = M + D - A$$

　　上述公式雖說明了第一線行政機關的貪污問題，主要是由於其工作情境的獨特性和具有廣泛的裁量機會，不易有效監督所造成。但問題是如何改變第一線行政機關的工作情境？又如何找到更好的課責機制來預防貪污？皆是有待解決的課責失靈困境。

　　綜合本章有關公部門的策略規劃與策略課責的闡述得知，公部門可借用企業部門的策略規劃理念來實現其組織目標。但是，必須注意的是，公部門的組織目標主題在追求公共利益和實現公共價值所以公部門的策略規劃有其特性存在。再者，為確保公部門的策略規劃能實現公共利益和公共價值，必須設計一套有效的課責機制，並且在運作上必須設法克服其困境。

本章參考書目

朱金池（1996），〈從組織策略觀點談我國警政革新之策略〉，《警光雜誌》，484 期。

朱金池（2001），〈社區警政取向的警察績效管理〉，《中央警察大學警政論叢》，創刊號。

朱金池（2007），《警察績效管理》，桃園縣：中央警察大學出版社。

朱道凱譯（1999），《平衡計分卡：資訊時代的策略管理工具》（Robert S. Kaplan and David P. Norton 原著），台北：臉譜文化出版。

江明修（1997），《公共行政學：理論與社會實踐》，台北：五南圖書。

吳庚（2000），《行政法之理論與實用》（增訂六版），台北：三民書局。

吳定，張潤書，陳德禹，賴維堯（1998），《行政學》（一）（修訂四版），台北縣：國立空中大學。

吳定，張潤書，陳德禹，賴維堯，許立一（2006），《行政學》（下），台北縣：國立空中大學。

巫和懋、霍德明、熊秉元、胡春田（1999），《經濟學 2000》，台北：雙葉書廊。

沈清松（1999），《經古希臘哲學的集大成：亞里斯多德作品選讀》，台北：誠品股份有限公司。

林火旺（2005），《正義與公民：自由主義的觀點》，宜蘭縣：佛光人文社會學院。

林金榜譯（2006），《明茲伯格策略管理》（Henry Mintzberg, Bruce Ahlstrand and Joseph Lampel 原著），台北：商周出版。

孫本初（2001），《公共管理》，台北：智勝。

高希均（1993），〈政府部門也可以做得有有色：『新政府運動』帶給納稅者的鼓舞」〉，載於劉毓玲譯《新政府運動》（David Osborne 和 Ted Gabler 原著），台北：天下文化。

陳金貴（1999），〈政府再造與公共職責的探討〉，《考銓季刊》，第18期。

陳敦源（2002），《民主與官僚：新制度論的觀點》，台北：韋伯。

黃朝盟（2005），《公共組織策略規劃之研究：理論、執行與評估》，台北：韋伯。

傅佩榮（1977），《中西十大哲學家》，台北：臺灣書店。

傅佩榮（1998），《柏拉圖》，台北：東大。

蔡政宏，古秀鈴，謝鳳儀譯（2003），《哲學的二十六堂課》（Jenny Teichman 和 Katherine C. Evans 原著），台北：韋伯。

盧偉斯（1997），〈組織學習與警政革新〉，《警學叢刊》，第 28 卷第 3 期。

應奇（1999），《羅爾斯》，台北：生智文化。

Argyris, Chris and Donald A. Schon. (1978), *Organizational Learning: A Theory of Action Perspective*, Reading, MA: Addison-Wesley.

Bliss, David A. (1992)., "Strategic Choice：Engaging the Executive Team in Collaborative Strategy Planning," In Nadler , A. David et al. ed.. *Organizational Architecture: Designs For Changing Organizations*, San Francisco, California: Jossey - Bass Publishers.

Bovens, Mark. (1998), *The Quest for Responsibility: Accountability and Citizenship.in Complex Organizations*, New York: Cambridge University Press.

Bovens, Mark. (2005), "Public Accountability," .In Ewan Ferlie, Laurence E. Lynn, JR. and Christopher Pollitt, Editors, *The Oxford Handbook of Public Management*, Oxford: Oxford University Press.

Bozeman, B. & J. D. Straussman (1990), *Public Management Strategies; Guidelines for Managerial Effectiveness*. San Francisco: Jossey-Bass.

Bryson, John M. (1995), *Strategic Plannign for Public and Nonprofit Organizations: A Guide to Strengthening and Sustaining Organizational Achievement*. San Francisco, California: Jossey - Bass Publishers.

Callahan, Kathe. (2007), *Elements of Effective Governance: Measurement, Accountability and Participation*, New York: Taylor & Francis.

deLeon, Linda. (2003), "On Acting Responsibly in a Disorderly World: Individual Ethics and Administrative Responsibility," In Peters, B. Guy and Jon Pierre, eds., *Handbook of Public Administration*, Thousand Oaks, Ca.: Sage Publications.

Denhardt, Robert B. (1999), *Public Administration: An Action Orientation*, Third Edition. New York: Harcourt Brace College Publishers.

Denhardt, Janet V. and Robert B. Denhardt (2007), *The New Public Service: Serving, not Steering*, Expanded Edition. Armonk, New York: M. E. Sharpe, Inc.

Fogg, C. Davis (1994), *Team-Based Strategic Planning: A Complete Guide to Structuring, Facilitating, and Implementing the Process*, New York, N.Y.:AMACOM, American Management Association.

Frederickson, H. George (1997), *The Spirit of Public administration*, San Francisco: Jossey-Bass Publishers.

Galbraith, Jay R. (1993), "The Value-Adding Corporation: Matching Structure with Strategy," In Galbraith, Jay R. Edward E. Lawler III and associates, eds., *Organizing for the Future: The New Logic for Managing Complex Organizations*. San Francisco, California: Jossey-Bass Publishers.

Galbraith, Jay R. (1995), *Designing Organizations*: *An Executive Briefing on Strategy, Structure, and Process*. San Francisco, California: Jossey-Bass Publishers.

Gilbert, Charles E. (1959), "The Framework of Administrative Responsibility,"*Journal of Politics*, Vol. 21, No. 3, August 1959.

Goodnow, F. (1990), "Politics and Administration," In J. Shafritz and A. Hyde, ed., *Classics of Public Administration*, 2nd ed., Chicago: The Dorsey Press.

Goodsell, Charles T. (2006), "A New Vision for Public Administration.," *Public Administration Review*, Vol. 66, No. 4.

Gregory, Robert (2003), "Accountability in Modern Government," In Peters, B. Guy and Jon Pierre, eds., *Handbook of Public Administration*. Thousand Oaks, Ca.: Sage Publications.

Gruber, Judith E. (1987), *Controlling Bureaucracies: Dilemmas in Democratic Governance*. Berkeley: University of California Press.

Harmon, Michael M. (1995), *Responsibility as Paradox: A Critique of Rational Discourse on Government*. London: Sage Publications.

Harmon M. M. and Mayer, R. T. (1986), *Organization Theory for Public Administration*. Boston: Little, Brown and Company.

Hughes, Owen E. (2003), *Public Management and Administration: An Introduction*. New York: Palgrave MacMillan.

Kaplan, Robert S. and Norton, David P. (2001), *The Strategy-Focused Organization: How Balanced Scorecard Companies Thrive in the New Business Environment*.

Boston: Harvard Business School Press.

Kaplan, Robert S. and Norton, David P. (2004), *Strategy Maps: Converting Intangible Assets into Tangible Outcomes*. Boston, Massachusetts: Harvard Business School Press.

Levitan, David M. (1943), "Political Ends and Administrative Means," *Public Administration Review*, Autumn.

McSwite, O. C. (1997), *Legitimacy in Public Administration: A discourse Analysis*, Thousand Oaks. CA.: Sage Publications.

Mintzberg, Henry, Bruce Ahlstrand and Joseph Lampel (1998), *Strategy Safari: A Guided Tour through the Wilds of Strategic Management*. New York: The Free Press.

Moore, Mark H. and?Sanjeev Khagram (2004), "On Creating Public Value: What Business Might Learn from Government About Strategic Management," A Working Paper of the Corporate Social Responsibility Initiative,. Harvard University: John F. Kennedy School, March, 2004. (Retrieved December 1, 2005, form http://www.ksg.harvard.edu/cbg/CSRI/Publications).

Moore, Mark H. (1995), *Creating Public Value: Strategic Management in Government*. Cambridge, Massachusetts: Harvard University Press.

Moore, Mark H. and Darrel W. Stephens. (1991), *Beyond Command and Control: The Strategic Management of Police Departments*. Police Executive Research Forum.

More, Harry W. and W. Fred Wegener. (1996). *Effective Police Supervision*, second edition. Cincinnati, OH: Anderson Publishing Co.

Osborne, David and Peter Plastrik (1997), *Banishing Bureaucracy: The Five Strategies for Reinventing Government*, Reading. Massachusetts: Addison-Wesley Publishing Company, Inc.

Shafritz, Jay M. and E.W. Russell (1997), *Introducing Public Administration*. New York: Addison-Wesley Educational Publishers Inc..

Shafritz, Jay M. and E.W. Russell. (2005), *Introducing Public Administration*, Fourth Edition. New York: Pearson Education, Inc..

Stoner, James A. F. and Edward Freeman (1992), *Management*, Fifth Edition. Englewood Cliffs, New Jersey: Prentice-Hall, Inc..

Talbot, Colin. (2005), "Performance Management," In Ewan Ferlie, Laurence E. Lynn, JR. and Christopher Pollitt, Editors, *The Oxford Handbook of Public Management*. Oxford: Oxford University Press.

Walker, Samuel (1999), *The Police in America: An Introduction*. Third Edition, Boston; McGraw-Hill.

Waldo, D. (1952), "The Development of a Theory of Public Administration," *American Political Science Review*. March.

第十二章　網絡治理與政策執行

第一節　網絡社會的安全治理

　　有關「網絡治理」或「社區治理」中安全治理、安全社區的相關研究，在台灣過往多注重在以「層級為中心」（hierarch-centered），從警察的角度探討警政部門可以如何有效運用社區資源推動「社區警政」（陳明傳，1992；葉毓蘭，1999；許春金，2003；章光明，1999）。其中有從信任角度探討如何讓民眾信任警察，或如何架構民間社區成為犯罪預防的眼線，關注的是警政部門的任務需求與犯防或破案效率；較為欠缺一種願意與社區民眾更多接觸、更多互動、更多對話的耐心與視野。而 2005 年推出的六星計畫則相當程度打破過往各部會間「本位主義」、「各自為政」卻又「重疊浪費」的桎梏，改從六個面向相互支應與協力治理，其中更以「社區治安」優先推動，而能獲得其他部門包括社政、教育、文化、環境景觀與環保的挹注及支持（內政部警政署，2006；陳連禎，2005；黃國敏、范織坤，2006；鄭晃二，2005）。是以本章改以「社會中心」（society-centered）及「以人為中心」（people-centered）之研究途徑，抱持「跨域網絡協力」及互動治理的研究價值及實踐精神，凸顯社區制度如何透過互動進行學習與協力治理等理論觀點。本章更揭露「網絡治理」中安全治理的後現代性，從中強調當安全需要人們往內心探求時，一種透過「社會網絡分析」發覺相對交往對象彼此的互動關係與連結資源，似乎更能創見一種存在於人、環境與制度間互惠性互動平台。本章是台灣公共行政學界較早運用「社會網絡分析」研究方法量化調查「動態網絡互動關係」，並以「社會中心」、「以人為中心」途徑進行建構理論基礎與筆者

親自參與觀察反芻之實踐策略的文獻[1]。

壹、再探網絡社會之安全治理的後現代性

Fische 在 2008 年 5 月下旬「台灣公共行政與公共事務系所聯合會」舉辦的「伙伴關係與永續發展國際學術研討會」中，以「環境政策中之公民與專家－將技術知識鑲嵌在實務商議」（Citizens and Experts in Environment Policy: Situating Technical Knowledge in Practical Deliberation）為題發表專題演講，他首先援引在 Beck 的「風險社會」與 Giddens 的「現代性效應」兩本重要著作啟蒙下，吾等需要關注「後實證」或「後現代」觀點下有意義的公民參與為何？政府與專家如何透過對話與互動讓技術知識有效鑲嵌在實務改造中，經由跨部門協力精緻政策商議與網絡共識，探求一種「可接受風險」（acceptable risk）與「安全風險」「safe risk」[2]。

當代公共行政理論的中心思想，乃吸取自兩派極具支配性的文化思潮，其一是十九世紀浪漫主義（romanticist）的論述，其二則是二十世紀

---

1 筆者大學就讀科系為「公共安全系」，畢業後在政府安全部門擔任研究分析工作十餘年，歷經國內外重要國際交流職務，1998 年取得博士學位後申請返回國立中央警察大學行政管理系專任助理教授，教職研究初期曾一度迷茫於如何在「政府業務委外經營」學術專業（筆者的博碩士論文主題均專注於此一議題）與「國家及社會安全」實務經驗間取捨，此一兩難困境曾相隨數年；惟自筆者於 1999 年接受台北市政府委託研究「台北市安全聯防體系之建構－公共經理人觀點」、2000 年「國科會」研究案訪視各縣市災害防救體系整合機制、2001 年連結「彭婉如文教基金會」協力推動「社區、學區與校區安全聯防」公義聯盟、2002 年以「紮根理論」方法及「社會資本」理論比較台北市與新竹市「社區守望相助隊安全防護網組織信任及互動關係」、2003 年迄今擔任「內湖安全社區暨健康城市促進會」總企劃及發言人（多次前往挪威、捷克、奧地利等中北歐國家參與國際會議及安全促進研習）、2006 年迄今同步擔任中央警察大學「安全管理研究中心」籌劃、推廣招集並擔任「行政院研考會」社區治安諮詢委員、內政部警政署社區治安實地訪視暨評鑑委員等實務推動角色與途徑，自己對於「公私協力」、「政府業務委外經營」及「風險與安全治理」等理論框架及實務連結有了「新認識」及「新領悟」，發現彼此間是流通且相互支應，「社區」參與「風險與安全治理」就如同是接受政府委託般，只是彼此是基於「盟約」協同而非「契約」委任。筆者相繼於 2005 年初版「警察與社區風險治理」、2007 年出版「政府業務委外經營的理論、策略與經驗」、2008 年出版「網絡社會與安全治理」等三本互有關聯且理念流動支應的專書。相當程度代表筆者過往 26 年餘與「安全」結緣的階段心得分享，筆者期許此一良緣能永續且拓展。

2 筆者應邀擔任該英文場次的與談人。

現代主義（modernist）對人類的理解與關懷。浪漫主義人文關最主要的貢獻就是它重視人的「深層內在」（the deep interior），也就是個人主義所強調之個人的獨特性，每個人的深層意義中存在著某些能力與特質，這些特質不是理性可以馬上理解的。深層內在最主要的成分就是人類的靈性，在深層的內在裡存在著非常強大而神秘的活力，再將人當人看待，以及在友愛及友誼的投注下，不但充實而且賦予了生命的意涵。除了深層內在的特質之外，浪漫主義還特別強調啟靈（inspiration）、創造力、天份及意志力以及道德的能力（彭文賢，2007: 2）。

　　浪漫主義迄今仍深深地影響著藝術、文學、宗教和大眾傳播領域，浪漫主義者促使人們去發現「生命的意義」；去「付出愛」以達成道德的圓滿；去了解自我並展現最深層的慾望。此管理科學本質上不是真理的追求，而是合理性的探索。因此，以浪漫主義的話來說，行政理論已達成共識，其理論與主要的文化語言已融入組織的生活之中，使人們在組織系統中覺得更加適切，而且更能充分展現深層的內在與需求。現代主義深刻影響了二十世紀迄今的行政理論，不僅給學者一個明確方向，而且也給學者們一個保證：經由歷史的觀察與歸納，以及經由實證研究的根本改造與全盤設計，確能促使人們更加充分的了解組織；現代主義是官僚制度在面對後現代主義的激流時，漸漸地消失於昏暗的迷霧中。Weber 之組織分析也是從官僚制度的理性結構一致比較文化的分析層面，然而卻容易導致這個社會成為「沒有靈魂的專家和沒有感性之享受者」之景象（Clegg, 1994: 151-152）。就技術上而言，官僚制度雖然沒有優於其他管理模式，但終究是人為產物，也許仍然具有人性特質的存在，但此「人性」卻是屈就於技術功能之下（彭文賢，2007: 3-4）。

　　浪漫主義與現代主義的論述當然並未完全沉寂，許多組織研究和設計也都如同它們所預見的一樣得到證實；但不可否證的，兩者的許多觀點則已逐漸失去意義。這兩派觀點不是流於形式就是太過理性，這種不自在的感覺大致可追溯到「後現代主義」在思想及文化上的轉變。

一、不確定性需要透過外在力量加以組織化

後現代主義就是一種詮釋的詮釋之知識本質觀。詮釋的詮釋強調建構主義的新思維以及允許無組織、組織解體及組織零度之非均衡視野。後現代的公共行政歸向沉默式隱喻「言語無用論」、「沒有對白一樣可以溝通」，而邁向後現代的公共行政也呈現「無組織」、「組織解體」或「組織零度」的型態，此種「不可決定性」與不確定性需要透過外在力量加以組織化以及研究者、觀察者「詮釋的詮釋」才能啟迪「內在的深層本質及意義」，而這是「互動管理」、「紮根理論」與「社會網絡分析」等細緻質性分析的貢獻所在（李宗勳，2008a: 1-3）。

二、使人、制度與環境相互配合

行政的目的，原本就是要使人、制度（機具）及環境能夠相互配合，進而達成工作的目標。不論決策的自動化朝往哪一個方向發展，也不論科技的發展速度如何，更不論後現代的思潮又將湧向何方，基本層級節制地組之形式，仍將持續存在，決策程序仍將需要劃分責任歸屬，人們只能透過層級結構運作，才能發揮科技文明的功能。在社會反對層級不具人性的同時，更促使我們肯定這種結構中所強調的公正及平等之價值，以及展現出來的效能及效率。

組織型態應隨著任務、技術、環境、組成份子而改變，沒有任何一個結構型態可以適用於所有組織現象，哪些組織適用非層級結構，但更多數組織卻仍然適用傳統層級節制。

行政學術的發展賴於不斷努力創新與思想交流，不但要研究西方行政管理思想的形成和內涵，也要分析西方理論借用到非西方社會的條件和影響，是以引介包括「紮根理論」、「互動治理」、「社會網絡分析」與「心智圖」，均是要幫助吾等在方法上紮根於概念建構及內在因果與脈絡等理論發展過程，此一訓練過程有助於調適內生與外發力量的互動與均衡，並達成理性與感性的結合、穩定性與彈性地相濟、兼顧環境變遷與科技發展的相容，是當前公共行政學術與實務的重要課題。本章以為改善個

人的生活固然很重要，但是改善整個社會型態更重要；雖然我們無法創造一個平等、互惠的世界，但是若能讓彼此有差異的人，有共同面對彼此差異的平台就有可能形成相互幫助。這種透過蜘蛛織網方式建立人、體制與環境之互惠性聯防機制是推動安全管理網絡化的核心價值。

貳、研究架構

本文之研究架構如圖 12-1。該研究架構的內涵與建構說明如下（李宗勳，2008a: 37-38）：

一、架構要項：從「自助」到「共助」進而擴展為「公助」互惠聯防網絡社區居民與政府部門、協力機制與規範、環境等三項建構出「自助」（自家安分守己）、「共助」（社區守望相助巡守）、「公助」（公部門發起跨域聯防）三大互動關聯，而相互關聯中連結出「安全、安心之互惠性網絡與互動關係」。

二、框架意涵：公權力是公民主張及實踐的權利，政府在地方上不要當「大家長」，而是要讓「大家成長」，讓「公權力」成為「公民主張的權力」，不是只有政府在主張而已。公民主張權力是一種授權及培能的過程，政府可以致力陪同民眾合理適切地從主張自家門前諸如停車位或排除路障的「直接權益」開始，進而拓展到連結同一巷弄的鄰里規範巷道的停車秩序，繼而擴張至同一社區環境維護及綠化營造等更為廣大且抽象間接的公共權益。這種由尋求「自助」之壯大而聯結到「共助」，進而為了拓展網絡資本而結盟為「公助」，彰顯了由「國家社會」轉型為「公民社會」創造了諸多人、體制與環境互惠性安全網絡治理的協力共好空間。

三、協同發想：網絡使資源的流通及互惠成為可能，在個案的檢證中將從「人、體制與環境互惠性安全網絡建構與落實之研究」探討國內實務的脈絡與互動關係。個案將凸顯公私協力是一項相互授權的持續性互動，而不是單一活動的結果而已，雙方的互動觀感、蓄積的關係資本與信任基礎，均將影響後續協力的意願與能力。而協力聯防網絡促使

安全治理之資源的流通及互惠成為可能。

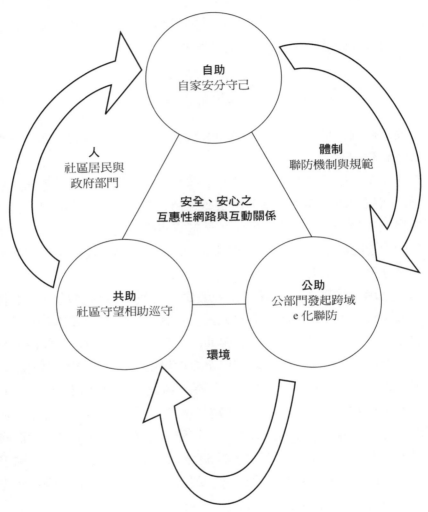

　自助
自家安分守己

人
社區居民與
政府部門

體制
聯防機制與規範

安全、安心之
互惠性網路與互動關係

共助
社區守望相助巡守

公助
公部門發起跨域
e化聯防

環境

資料來源：作者觀察參與及與社區安全網路互動中彙製。

圖 12-1　透過蜘蛛織網互動提升社區安全 e 化聯防推廣架構

第二節　「以人為中心」的安全網絡理論

本章的理論基礎延伸自安全治理後現代之「社會中心」、「以人為中心」的價值關照下，探討如何透過創意設計架構人、環境與制度的互惠平台。這需要來自政府的、社會社群的、企業的共同參與及聯結，是以包括互動關係、公民參與、安全網絡、心智認知與如何「共同治理」（co-governance）均是本文理論的梳耙重點。

壹、從行政、市場轉向社會中心治理途徑

南加大 "Civic Engagement Center"（2006）將跨部門治理議題發展趨力區分為三種治理途徑（轉引自陳秋政，2008: 46-48）：

1. 「政府中心」（governmental-centered）：行政轄區間治理探討跨部門治理議題，以層級節制為分析單元，重視科層體制與精英控制，是一種向上移轉，以政治性詮釋為模式。
2. 「市場中心」（business-centered）：以市場企業競爭性、契約或補助下第三部門機制探討治理議題，以市場為分析單元，重視自由競爭與專業主義，是一種向下移轉，以經濟途徑分析為模式。
3. 「社會中心」（social-centered）：公共非政府治理，以網絡為分析單元，重視共同信念與公民治理，是一種向外移轉，以公共商議為模式，實踐「社會建構物」。

其中社會中心傾向的治理意涵（Kettle, 2002: 160-162）：

1. 視為一個持續互動、相互依賴的過程。
2. 強調公共價值、課責與公共參與等原則。
3. 強調利害關係人「參與政策規劃與政策制定過程」，而非僅止於「政策執行」。
4. 突破政府組織界線、讓各部門動者有平等而開放的參與機會。
5. 透過參與機制的安排，進行實質諮詢、協商、合作與共識建立。

6. 尋求集體治理結果的正當性，以及贏得各方利害關係人的承諾。

　　本章以為社會中心途徑的治理意涵符合跨部門網絡的治理原則與精神，值得納入參照。「參與」概念關切公民主動涉入國家領域的治理、地方領域的生活、組織領域的工作場合；參與可提升個人對其所處環境的承諾，認可公共行政的正當性（Vigoda-Gadot, 2003: 90-92）。Waugh（2002: 382）在評論 Louise Comfort 撰寫之《共享風險》（Shared Risk）乙書時分析公共參與之所以重要之理由：（1）民眾期望參與決策；（2）公民參與之於過程合法化有其不容忽視的地位；（3）民眾能開拓更寬闊的辯論視野；（4）公民參與能增進個人與群體對當前及未來潛在問題的表達。

　　Green & Hunton-Clark（2003: 294）曾以「涉入程度」（level of involment）為標準對「參與類型」分析觀察發現多數文獻歸類具有較高度涉入程度地參與類型，皆朝向本論文關注之合作參與與追求自我管理的趨勢。

貳、以人為中心的安全治理理論

　　T. Friedman（2005）在其近著《The World Is Flat》這一本專書中強調全球化在資訊時代已消除了國家地位與所在處所（location）在經濟成長力的競爭性。然而 R. Florida 在 2002 年發表之《創意階層興起：工作、休閒、社區及日常生活間的轉換》及 2005 年出版之《創意階層的飛躍：新全球競爭的潛能》兩本名著中，則強調「這個世界沒有更 "Flat"，反而更 "Spiky"（糾雜不清）」。Florida 列舉許多地方並未因為全球化而提升經濟競爭力，仍飽受各種地區事務的多元、多層、複雜且歧異的因素所牽絆，所以Friedman 所謂的世界是「平的」對於許多「多元、多層、複雜且歧異的」區域治理，特別是城市治理並不那麼說得通！筆者以為應該重新思考經濟發展之全球化治理的真諦：

一、城市治理與經濟發展牽涉包括基礎建設、技術、特定節期活動、投資文化、人力資本及生活品質等多元且相互效應因素。

二、對城市治理而言，如何營造一個更友善的「人民氣候」（people climate）可能比「企業氣候」（business climate）更為迫切。

　　事實上 Friedman 與 Florida 在理論論述主軸上似乎有所不同，然而在實踐上均面對共同問題，包括：如何讓「科技」透過教育普及化、科技設施（網際網路）如何經由基礎建設讓全民受惠以消彌「數位落差」、如何讓先進的科技與資訊成為縮短或改善貧富不均以及政府失靈的「良劑」，而非加速甚至惡化這些問題的「惡劑」等是關鍵，也是核心價值。具防災概念的安全管理勝過應變與善後，避免政府築了一道河堤，結果造成更多人開發，帶來反向危機與風險。

　　綜上顯見「以人為中心」的網絡化治理策略要比「以市場為基礎」（market-centered）或「以科技為基礎」（technology-centered）的思維更為迫切，但是這樣的陳述並未忽略如何透過「科技化」架構我們安全治理「網絡化」的實質功能，也當然肯定透過企業精神及市場競爭機制將有助於提升安全治理「網絡化」的效率與效益。

　　在「以人為中心」的網絡化治理下，我們努力於互動是著眼於「互動帶有回報（return）期望的，對嵌入社會網絡的資源之投資；在此一有目的之行動中可以獲得或調用之一種資源，是根植於個體與人際關係之間的接合點，並且被包含於中觀或中環境結構或社會網絡中。網絡研究強調了信息橋與影響流之重要性，是已經由分析了解後，可以據以調整結構型態、互動模式或資源連結方式。讓期望與回報在網絡中可以經由互惠性防護機制提升安全治理的效益。

參、由被管理的人民到參與管理的公民

　　Bergrud & Yang 剛在 2008 年出版《網絡社會的公民投入》（*Civic Engagement in a Network Society*）專書，強調從信任角度詮釋所謂「市民投入」（Civic Engagement）係指「關乎個別及集體行動對於公共關心之議題及認同過程之設計；市民投入有很多種形式，指涉社區間協力同工在

代議民主制度下互動以解決共同問題，包括：友誼餐敘、鄰里守望相助組織及投書給民選代表或參與投票」。

　　事實上，在探討從過去的公民、現在的公民及未來的公民時須兼顧現象、本質與條件，特別是如何形塑「公民環境論」，從上位的政府心態調整開始，「心態上期待公民」與「環境上讓出空間給公民」，政府扮演帶領角色，惟重要的是民眾的推動，也就是說要同時兼顧動力及動能。其次，便是如何來「形塑公民」，包括（李宗勳，2009a: 131）：

一、從被管理的人民到一起參與管理的公民，讓民眾了解需要透過繳費參與公共事務，付出時間與金錢來共同承擔責任；

二、環境中公民眼光形成一種「自律」氛圍、一種分際及應有的分寸；

三、從感性激情的群眾運動到理性思辯的公民參與，而由一個公民到公民社會需要厚植社會資本——從消極中立到積極行政中立、建立公共信任關係與開放公共議題空間以及鼓勵自省文化。繼而逐漸累積公民社會，如何提升「人民的素質」及族群性格的成熟，透過長程造人提升改變，而不是只追求短程之工程等硬體營造。包括：

　　（一）不僅認知上自由及開放，內在心境——能適應融入，而非在行為中表現出極度不安全；

　　（二）屏東縣獎勵戴安全帽騎士——動力；

　　（三）台北縣環境整潔抽檢——他律到自律。

肆、制度、網絡與社會資本的建立

　　筆者擬從社會性轉變角度詮釋網絡如何作為制度轉變的載具如下：

一、制度被視為「互動的組織性原則」，是一個社會中的遊戲規則。制度提供了互動的可預期性與回收之穩定性，讓彼此趨向均衡性。

二、組織被視為「社會的制度化」，及組織滿足制度任務的能力與社會中的階層位置間存在正相關。有限的組織與網絡促使社會的互動朝向制度化規範與互惠。

三、是以個人可以藉由改變所處組織及網絡位置與互動模式而提升社會資本。

　　一般將社會資本區分為三種主要形式：1. 內聚式（bonding）社會資本；2. 跨接式（bridging）社會資本；3. 貫聯式（linking）社會資本。此處之三種社會資本的形式分類即以「社會網絡」為基礎，概社會資本本身難以直接作為內聚或跨接屬性之區分源頭，而是網絡的屬性才比較容易且明確地區分出 "bonding" 或 "bridiging"，其中由 "bonding" 發展出來的多屬內聚的情感型行動（expressive action），而 "bridiging" 則發展出工具型行動（instrumental action）；綜上，顯示結合「社會網絡」分析更能彰顯安全治理的政策變遷及網絡互動下衍生的風險暨動態關係。行政院研考會《研考季刊》（2008.05）在「政策管理」專刊中，探討社區治安網絡「政策風險」管理的重要議題及實務創意聯防機制，並文將透過安全治理個案說明公私部門如何協力管理「政策風險」（李宗勳，2008b）。

第三節　社會網絡分析

　　本節將介紹本章使用之研究方法「社會網絡分析」並說明如何進行研究設計（含分析單元、方法論之角色）與施測。

壹、社會網絡分析基礎

　　近年來，社會網絡（social networks）理論與分析的運用已是經濟、社會與政治理論重要的研究方向之一，其目的在探討人際互動關係的社會結構對特定個體所產生的影響。事實上，社會網絡分析肇始於二十世紀初期，40、50 年代建立基本分析方法，而藉由 80 年代新經濟社會學的興起，掀起當代社會網絡分析的高潮。根據新經濟社會學的論述，其強調經濟分析應該加入一般社會交換過程，也就是社會互動的各種面向，特別是制度規範與文化因素因素的延伸的形式，此即為「社會網絡」研究的

重心（Tonkiss, 2000: 82; Swedberg and Granovetter, 2001: 7）。因此，這種以「網絡」概念為核心的當代社會分析途徑，其所建構的經濟模式為：「經濟制度是指透過社會網絡之資源的流通所建構」（Granovetter and Sweberg, 1992: 18）。

早期社會網絡的研究主要為人類學者在探討人類互動關係時，發現傳統角色地位的結構功能理論，並無法呈現出真實生活中的人際互動，例如：英國人類學家 Barnes 在 1954 年運用社會網絡的概念，分析挪威一個漁村的親緣與階級的關係，他發現從正式的社會關係（如社會階級、職業、地位等）角度無法真正了解整個漁村的社會結構，反而在以友誼、親屬與鄰居為關係基礎所形成教會、工作、區位之非正式、私人性社會網絡，才能真正反映出整個漁村社會的實際運作狀態；在此研究中也證實社會網絡的概念不但使其精確地描述這個漁村的人際結構，而且在解釋求職和政治行為等方面比傳統規範性研究更為有效（Barnes, 1954；張其仔，2001: 34）。

一般「社會網絡」被定義為「一群組的點（個人或組織），透過一套特殊型形式的社會關係（如友誼、買賣、相同的會員身分等）而連結起來」（Laumann, Galaskiewica, & Marden, 1978; Knoke & Kuklinski, 1982；周麗芳，2002）。因此，社會網絡有三個基本要素（周麗芳，2002）：1. 行動者（actors）：基本上其為「點」（nodes）的概念，這些行動者對其知覺的目標利益具有自主行為的能力，但這些能力亦同樣會受其所鑲嵌的網路脈絡所限制；2. 關係（relationship）：其表現的形式為「線」（lines）的圖示，也就是行動者會因某種關係（如情感、交易、諮詢等）的存在而產生互動，並進而產生相互的影響；3. 連帶（ties）：指行動者間關係的方向、直接性或間接性、強與弱等。

1970 年代中期，社會網研究成為一個新的社會學領域，其中實證社會學的強調在正式理性的體系中非正式互動的重要性。而 Granovetter 於 1973 年在〈弱連帶的力量〉（The Strength of Weak Ties）一文中，提出「弱連帶」（weak ties）的概念，也影響日後社會網絡與社會資本概念的發展。所謂的連帶（tie）是指人與人之間、組織與組織之間因接觸而存在

的一種聯結，此種聯結具有四個面向：互動的頻率、情感緊密程度、親密性（相互傾訴的內容），以及互惠交換等；根據這四個面向的實質內容可以界定彼此關係的強弱（為一種連續的變量）。

Burt 即在「連帶」概念的基礎下，於 1992 年提出「結構孔道」（Structural holes）的理論。他指出兩個接觸點間的斷裂或失聯關係，通常意味著沒有直接聯繫或是有著排他性的聯繫，和「弱連帶」的假設不同的是，其並非關注於網絡的強弱，而是網絡是否有所聯結。網絡聯結與否的判斷主要有兩種標準：其一是「凝聚」（cohesion），也就是通過經常接觸和情感密切的關係所建立的連結；另一則是「結構對等」（structural equivalence），即指當兩個人的接觸相同時，其表示兩人在結構上是對等的（Burt, 1992）。

具體而言，結構孔道帶來的是兩種利益，一是資訊利益，一是控制利益。在資訊利益方面，結構孔道可使行動者利用其資訊優勢成為共同指向的第三者，利用這個第三者的身分而獲益；而在控制利益方面，擁有結構孔道的一方等於取得資訊的控制權，藉由資訊控制權也掌握了競爭優勢。一般來說，經濟行動中出現的「結構孔道」愈多，則顯示該經濟的活動性愈大；而在社會網絡中，占有「結構孔道」較多的人通常也有較高的地位與聲望。

貳、社會網絡理論的中層分析

傳統經濟分析始終假定「個人如何在有限資源底下做選擇」，Granovetter（1973）批判這類研究為「低度社會化」觀點，只考慮到個人動機卻忽略了社會情境與社會制約。重點：

1. 非社會性忽略了個人做任何決定都會受到外在的社會結構影響，包括所存在的位置及整個社會價值。
2. 非動態性忽略了個人作決定不是在一個片刻，需要度衡各種形勢，考量自己的需要並不斷與別人互動，不斷修正自己對形勢的觀察。

　　這些批判凸顯了社會關係、關係內涵及強度、社會網絡結構及個人結構位置對信任、情感支持、資源取得、信息傳播、人際影響等諸多中介變項的影響，而這些中介變項又會影響經濟行動，此一探討開啟了社會網絡與經濟分析的對話，簡稱「新經濟社會學派」，此一解釋架構承諾了兩個願景（Krachbardt & Hanson,1993; Lin, et al, 1981）：

一、在個人理性選擇與社會制約之間建立一條橋

　　1970 年代以後出現兩個方面的發展，一個是經濟學納入了更多社會學理論，譬如有限理性、信息不完整、人際互動及社會需求等；而社會學的性格也發生了很大變化，開始不談大型理論，而往下發展中層理論及因果模型，兩者之間在方法及理論上相互接近暨彼此對話。社會網絡扮演對話的重要角色，以網絡中間的個人及其關係為分析基礎，強調個人能動性，又避免低度社會化的預設，關注社會網絡所形成的社會結構及社會制度對個人的制約，個人能動性也有可能改變這各制約的社會結構；是以個人的理性選擇與集體地約至之間可以有一個相互作用而相互改變的過程。

二、在微觀行為與宏觀現象之間建立一座橋

　　宏觀社會化觀點過度強調社會制度及文化對個人的制約，忽略了個人行動的自主意識；而微觀的觀點如形象互動理論及團體動力學都是研究個體行為。不論是宏觀或微觀均有所不足，社會網絡則執兩用中以不同觀點看待社會結構，視社會結構為一張人際社會網絡，其中「節點」代表一個人或一群人組成的小團體，「線段」代表人與人之間的關係；嵌入性觀點的重點在於一個網絡之中的個人如何透過關係，從動態互動過程相互影響，不但影響個體行動，也改變相互的關係，一方面避免「社會性孤立」的假設，一方面保留了個人的自由意志，把個人的行為置於人際關係互動網絡中觀察，強調個人的自由空間，為其理性及偏好卻是在一個動態互動過程做出行為。所以行動者的行為暨是自主也嵌入互動網絡中。

參、社會網絡分析在方法論上的角色

　　社會網絡分析以中心性作為分析的核心。基本上，中心性指標可衡量一個人的控制或影響力範圍的大小，計算與其相鄰連結的數目，其代表一個社區成員個人結構位置的重要象徵，包括評價一個成員的重要與否、衡量其職務的地位之優越性與獨特性，以及社會聲望等經常使用此一指標（羅家德，2005: 150）。中心性分為三種形式：程度中心性、親近中心性和中介性。

1. 程度中心性（degree centrality）：程度中心性與中介性是計算一個人在一個團體的網路中最主要的兩個體結構指標。程度中心性是我們最常用來衡量誰在這個團體中成為最主要的中心人物。這樣的人，在社會意義上即為最有社會地位的人，而在組織行為學中則是最有權力的人。擁有高中心性的人，在這個團體中也具有一個主要的位置。「程度中心指數」則代表整體社區或組織的中心程度趨勢，其為 0 至 1 的數值。一般「海星形」的社會網絡，即一人獨為所有成員互動的交會點，其他成員彼此沒有互動的情形下，程度中心指數為 1；反之，整個互動網絡中，並不存在程度中心數值突出的行動者，甚至所有的行動者的程度中心數值相同，也就是整個網絡看不出「中心點」，該社區或組織的程度中心指數即為 0。

2. 親近中心性（closeness centrality）：是以距離為概念來計算一個節點的中心程度，與別人愈近者則中心性愈高，與別人相距遠者則中心性愈低。但此一指標在分析上所需基本條件要求很高，基本上必須是完全相連圖形（fully connected graph）才能計算親近中心性；否則，一些人可能到不了別人之所在，沒有距離可言，愈是孤立，其距離加總值反而愈小。此外，具方向性圖形則要求更為嚴格，一定要整個圖形內所有節點兩兩相互連結才能計算，因為這些要求十分嚴格。同時，此一指針又與程度中心性高度相關，也就是程度中心性高的人往往親近中心性也高，所以此一指針通常很少用，通常以程度中心性作為替代性的詮釋。

3. 中介性（betweenness centrality）：其衡量了一個人作為中介者的能
力，也就是占據在其他兩人連結捷徑上重要位置的人；換言之，如果
中介者拒絕作為兩人溝通的媒介，基本上這兩人就無法溝通。故此，
占據這樣的位置愈多，就愈代表他具有很高的中介性，也就是愈多的
人相互聯絡時就必須要透過他。而「中介性指標」則是代表整體社區
互動網絡的中介性趨勢，乃為 0 到 1 的數值。例如「海星形」的社會
網絡，即一個行動者是所有其他成員的橋接點，中介性指數為 1；反
之，環狀的網絡型態，彼此間沒有共同交集點，其整體中介性指數則
為 0。

第四節　台灣推動治安社區化的歷程

本節將介紹筆者運用「社會網絡分析」在「社區安全網絡互動調查」
研究案之個案，該個案由行政院研考會經費補助並由內政部警政署執行委
託研究（研究期程 2006.12-2008.07）。

壹、台灣推動治安社區化的歷程與問題

本段落的主要內容在陳述我國推動治安社區化的背景、歷程及所產生
的相關問題，繼而將探討如何針對社區治安的安全網絡之互動模式及關係
進行調查及訪視觀察。

一、推動歷程

1996 年 12 月，行政院邀集各界召開「全國治安會議」，決議將「社
區守望相助」列為犯罪預防對策之一，並做出「積極推行社區守望相
助」、「普遍推廣家戶聯防警報連線系統」之結論；內政部於 1998 年函
頒「建立全國治安維護體系——守望相助再出發推行方案」，大力鼓勵推
動社區守望相助巡守隊的成立，各社區守望相助巡守隊在全國各地倍數成

長；2005 年行政院推動「臺灣健康社區六星計畫」，以產業發展、社福醫療、社區治安、人文教育、環境景觀、環保生態等六大面向出發，作為整體社區營造的發展目標，內政部即提出「社區治安工作實施計畫」，函頒「內政部補助社區治安守望相助隊作業要點」與「內政部推動社區治安補助作業要點」，作為推動社區治安面向之主要策略；2006 年行政院擇定以「社區治安」為政府施政主軸，落實「全民拚治安」之理念，以「治安社區化」為理論核心，強化民間力量之投入，提升社區對社區事務之參與意識，警察則居於輔助、服務的立場，尊重社區公民的自主經營的空間，讓社區自發提升與營造，自我構築初級犯罪預防的第一道防線。

　　2005 年以前，整體治安策略乃以警察人員為中心，而犯罪預防則以警察機關執行各項專案行動及宣導為主；2005 年至 2006 年間，因應全民拼治安之思維，犯罪預防工作朝向「情境犯罪預防」、「建立安全社區」等方向改進，結合義警、民防、志工、守望相助對等協勤民力，共同提出強化治安作為。政府的責任，包括警察機關在內，在於發揮策略性思考能力，採取民主行動，激發人民的自豪感與責任感，進而發展成強烈的共同意識及公共參與行動，「全民治安網絡」必須經過這個過程才能成形與落實（高政昇，2006）。

二、推動問題

　　為評估臺灣健康社區六星計畫，提升六大面向推動績效，同時檢驗社區政策執行情形，了解資源投入成效，行政院研考會於 2005 年 10 月 28 日訂定「臺灣健康社區六星計畫績效評估作業要點」，辦理臺灣健康社區六星計畫中央施政評量及地方行政評核作業。臺灣健康社區六星計畫 2006 年度績效評估報告指出社區治安面向之綜合檢討分析約略可歸納以下問題：

（一）補助之社區數量未達成目標

　　計畫原規劃每半年補助 369 個參與治安營造之社區，以挹注社區組織

在運作上經費之不足。惟在 2006 年度下半年，因受限於行政區配額（每一個行政區僅分配一名額）及每年補助一次為限，以致提報參與治安營造社區數不足，而僅補助 356 個社區，尚有 13 個差額，未能達到預定目標。

（二）僅重視現已有優良表現之社區，忽略成效較差之社區

該計畫目前所補助之治安社區，多為對治安維護及社區營造已具積極態度之社區，然如何協助及鼓勵目前治安狀況較差或尚無治安社區營造概念之社區主動參與此計畫，以提升該社區居民對治安工作之投入，則仍待加強。

（三）警察機關主動預防之作為仍嫌缺乏

目前警政機關對推動社區治安工作，仍多屬事後被動受理報案模式，而較缺乏事前主動預防犯罪之作為。

（四）推動社區治安會議機制亟待持續創意變革

目前社區治安會議經常流於官僚惰性重形式卻忽略實質互動，社區居民未能自主提案討論、發掘治安議題，故尚無法克臻社區治安自我診斷並落實「治安社區化」之目標。

（五）推展安全社區國際認證

建議各縣市專案輔導團隊協助轄內各治安社區逐步達成世界衛生組織（WHO）安全推廣中心所訂之六項安全社區指標（設立安全社區推動委員會、建立意外事故監測機制、推出四大優先安全領域的活動、提出長期安全活動、改善高危險群的危險因子，以及與其他社區分享及互相學習），並以取得 WHO「世界安全社區」認證為長期目標。

貳、台灣推動治安社區化的策略建議

本章運用「社會網絡分析」探討社區安全網絡間互動情形，針對協力伙伴對象、社區意識形成之機制與方式、重要議題之建構及推動模式、執行成效及影響、成敗的關鍵要素等進行分析。未來研究將朝下列方向強化：

一、對不同社區所呈現的不同指數，除了說明是不同區域屬性造成外，未來將近一步探討差異的原因為何？每一社區之特色有哪一些？以及這些數據所呈現的意義在社區安全或治安策略規劃上的意涵為何？

二、個案中程度中心性與親近中心性較數據較顯明者之角色特質為何？該角色之人際關係脈絡、資源互賴、社會交網以及互動模式為何？

三、綜上研究發現後之政策建議的意涵如何提升指涉層次？

Bellah（1990）在「新世界啟示錄」（The Good Society）這本廣獲好評並深深影響進一、二十年來的民主制度發展，鼓勵我們需要找出彼此的「共同基礎」並接納「互依共存」的事實，並針對各種「設置平台激勵公共關懷及付出」以及「孕育及儲存公共責任制度」（nurturing & restoringpublic responsibility system）的協力機制及行動方案加以探討，並在不同社區屬性進行標竿施作。吾等相信「改善個人的生活固然很重要，但是改善整個社會型態更重要」；雖然我們無法創造一個平等、互惠的世界，但是若能讓彼此有差異的人，有共同面對彼此差異的平台，就有可能形成相互幫助。本文期許能凸顯這種透過蜘蛛織網方式建立人、體制與環境之互惠性聯防機制，推動安全管理網絡化的核心價值與重要性。而筆者綜合這幾年實務推動網絡社會之安全治理的策略如下：

一、由「他律」的氛圍轉換出「社會自律」的文明進程

當前在國內的社區營造過程，多屬僅止於形式「參與」而已，真正有實質「投入」的並不多，至於分擔「責任」並自發接受「規範」的更屬鳳毛麟角，但「未做到」不等同「做不到」，本文透過「互動」、「學習」

與「同工」進行「協力」空間變動，以促成相互「習性」的改變，彼此有所約制與尊重。對於「節制」（自我規範）作為社會德性，與談者在相關研究中探討如何在社區營造過程孕育一種「合宜的自律」，讓社會的各個構面對其行動範圍與方式存在著一種「分際感」，而不是過或不及的自律，彼此展現了自我約制的德性。標的團體同工協力投入分擔，才能真正產生凡是相互效應的創價及精神。

二、由「被政府運用的民眾」轉換為「被民眾使用的政府」

2006 年第一屆警政工作研討會，在「治安情勢分析」部分，刑事局高政昇副局長率先提出新公共服務七項服務理念之一的「策略思考、行動民主」，何謂行動民主其實就是「以民為主」。警政服務應強調「創造民眾運用警察價值」，不是警察去運用民眾。在探求如何以績效競爭為導向提升工作成效的同時，也要重視社區需求、社區感受與社區既有的環境情誼，以讓鄉親能信服，來作為公共服務的新面向。新公共服務並非注重服務技巧、服務策略，而是「重視服務形象、服務精神、服務價值」。警察捍衛公共價值前要「拓展公共價值的想像空間」，從過去「警察如何運用民間資源」到「警政部門如何被民眾運用甚或共同做」，在做的過程，才能誘導更多具有正直、公益、有心人士加入。另外，我認為要從多元面向提升民眾的生活品質，讓「警察用心，民眾看得到，聽得到，更聞得到馨香之氣」。

三、安全網絡的跨域拓展與資源引介

訪視個案中，台北市中正區、桃園縣大智里、台中市永和社區、台中縣石岡鄉、宜蘭縣東城社區、花蓮縣牛犁社區……等均為目前正以安全社區國際認證為目標進行安全營造的社區，藉由安全社區的接力傳承，連結了各社區與各區域支援中心的社造團隊與公、私部門專業人才進入社區，帶領原本的社區團隊，以在地精神與需求為基礎，導入國際觀與全球視野，並藉由安全社區推廣，在治安區塊之外，另吸納公衛、醫療等專業體

系資源與團隊的加入，從而得以拓展更寬廣的社區治安營造空間。

四、公私協力課責需要更明確

先有明確的課責，才能有效賦權。守望相助巡守隊雖然係自發性的組織，然而透過服裝制度、車輛、器材等的授權，守望相助巡守隊儼然已經成為治安工作協力伙伴重要的成員之一，不得不留意其網絡組織運作與執行之課責問題。現行管理機制，主要仍是以「獎勵」與「補助」為誘因，然而對於表現不理想的守望相助巡守隊，僅能消極地「不予補助」，而對於輔導成效欠佳的警察機關，亦無明確之課責，導致無法有效協助績效不理想的巡守隊提升層次，或者對於任務執行偏差的守望相助巡守隊加以控管；亟待針對公私協力更明確課責。

五、強化伙伴對等與互惠關係

賦權理論在組織化層次強調產生互惠關係，以及在單一組織完善發展後建立組織間的關係，擴大組織化的單位與範圍，建立獎賞與懲罰的標準，確保組織及社區動員的力量、強化內部的相互認同、團結與服從。協力過程，對等、互惠，彼此站在平等的角色與平台上，才能實現政府與社區的網絡治理以及權力分享。從研究個案及文獻探討中發現，目前守望相助巡守隊與警察機關的互動過程中，「平等互惠」關係的建立仍未盡理想，警察機關以治安專業的視野，對於守望相助巡守隊的功能仍較為輕視，尤其，守望相助巡守人員素質無法確保，也連帶影響警察部門對於巡守隊整體執行品質的憂慮。

六、蘊含人文、藝術與質感的安全網絡營造

現代的進步社會需要一個人在同一時空中兼有「經濟人」的理念、「社會人」的胸懷與「文化人」的氣質。日本管理大師大前研一（Ohmae）預言二十一世紀「無疆界的世界」之網絡治理的來臨，企業、政府、民間團體及非營利組織等將分享權利協力治理，彼此間不是相互替

代的，而是各有其不可取代的重要功能。台北市忠順社區由於位處文教區，區內又有屏風表演班、台北曲藝團等藝文團體進駐，加上曾寧旖里長本身的文教背景，從里辦公處的空間設計與氛圍，到忠順壁畫的社區創造，以及超乎想象的彩繪、拼貼地磚，加上緊急按鈕的藝術裝飾，以及陶藝文化為該區特色產業，可謂將人文藝術與質感的營造發揮得淋漓盡致。社區治安的營造不一定要冷冰冰地以仿照警察或保全人員的形象呈現，以藝術陶冶社區民眾對美好事物的鑑賞力，進而產生對美好生活品質追求的企圖，也是社區治安營造一種極具參考價值的可行模式。

民主行政的靈魂就在於公共性，突顯了公共事務不能只以經濟效率的達成為滿足，更是以社會公正蘊含的公共性為建構良善社會的基礎。面文透過網絡治理彰顯公共就是公眾，而公眾需要經由參與、投入公共事務之教育養化公民意識與利他精神，在集體行動過程相自學習如何兼備自主性、友愛與公共判斷之實踐智慧。吾等需要時時回顧與省思，在民主社會中，良好的公共行政應該實踐什麼樣的價值？創造什麼樣的公共生活，以及呈現什麼樣的態度？（李宗勳，2009b: 243）

本章參考書目

王列、賴海榮譯（2001），Robert D. Putnam 原著，《使民主運轉起來》，江西：江西人民出版社。

史美強（2005），《制度、網絡與府際治理》，台北：元照。

丘昌泰主編（2007），《非營利部門研究－治理、部門互動與社會創新》，台北：智勝。

行政院研考會（2006），《六星計畫執行成效報告（包括中央與各縣市）》。

內政部

1995〈推動「臺灣健康社區六星計畫－社區治安」工作實施計劃〉。

1995〈創造安全的社區：犯罪防治、社區防救災、家暴防範，臺灣健康社區六星計畫－社區治安行動手冊〉。

李宗勳（2005），《警察與社區風險治理》，桃園：中央警察大學出版社。

李宗勳（2007），《政府業務委外經營的理論、策略與經驗》，台北：智勝。

李宗勳（2008a），《網絡社會與安全治理》，台北：元照。

李宗勳（2008b），〈社區治安網絡政策風險管理與「安全治理」個案分析〉，行政院《研考雙月刊》第 32 卷，第 2 期。

李宗勳與林水波（2007），〈以互動治理探討安全管理的協力空間〉，《警察行政管理學報》，第 2 期。

李宗勳（2009a），〈公民社會與社區參與：從心態期待到空間讓渡〉，《政大公共行政學報》，第 30 期。

李宗勳（2009b），〈一種態度的公共行政〉，《台灣民主季刊》第 6 卷第 2 期。

李惠斌與楊雪冬主編（2000），《社會資本與社會發展》，北京：社會科學文獻出版社。

林祐聖、葉欣怡譯（2005），《社會資本》，林南（Lin Nan）原著，台北：弘智出版。

章光明（1999），〈美國各大城市實施社區警政現況之研究〉，《理論與政策》。

孟汶靜譯（1994），Robert N. Bellah, et al.（1990）原著，《新世界啟示錄》，台北：正中。

鄭晃二（2005），〈創造安全的社區－六星計畫社區治安行動手冊〉，內政部委託「中華民國社區營造學會」編製。

彭文賢（2007），〈後現代與公共行政〉，「台灣公共行政與公共事務系所聯合會」第四屆年會暨「公共治理第理論與實踐」研討會主題演講，6.2. 假世新大學管理學院國際會議廳舉行。

陳欽春（2004），《民主治理與社會資本：臺灣地區公民信任實證研究》，國立台北大學公共行政暨政策學系博士論文。

陳欽春（2005），〈公共行政與社會資本〉，圓桌論壇（四），台北大學公共行政暨政策學系，1 月 8 日假該校教學大樓九樓多媒體會議室舉辦。

陳秋政（2008），《社會中心途徑之跨部門治理研究：以「洛杉磯河整治計劃」為例》，國立政大公行所博士論文。

陳連禎（2003），《我國社區警政之理論與實務》，國立台北大學公共行政暨政策學系碩士論文。

葉毓蘭（1998），〈警民共治的新警政：社區改善治安的策略聯盟模式〉，《社區發展季刊》：八十二。

張榮豐（2007），〈危機管理的標準作業程序〉，台北市政府公訓中心「危機管理研習營」主題演講講義。

謝宗學等譯，（2003），Pierre & Peters（2000）原著，《治理、政治與國家》，台北：智勝出版。

謝立功、李宗勳、史美強、陳欽春（2007），《建構全民反貪網絡促進廉能政治之研究》，法務部委託研究。

羅家德（2005），《社會網分析講義》，北京：社會科學文獻出版社。

Burt, R. S. 2000 "The Network Structure of Social Capital". *Administrative Science Quarterly*, Vol. 42.

Burt, R. S. 2000 *Structural Holes versus Network Closure as Social Capital*. Chicago: University of Chicago and INSEAD.

Bergrud E. & K. Yang (2008), *Civic Engagement in a Network Society*, Information Age Publishing.

Borgatti, S. P., Everett, M.G., & Freeman, L. C. (1991), *UCINET IV version 1.00 reference manual*. Columbia: Analytic Technologies.

Feldman, M.S., Khademain,A. M.,Ingram, H. & A. S.Schneilder (2006), "Ways of Knowing and Inclusive Management Practices," *Public Administration Review*, Dec. Special Issue.

Florida, R. 2002 *The Rise of the Creative Class and How It's Transforming Work, Leisyre,Community, and Everyday Life*. New York: Basic Books.

Florida, R. 2005 *The Flight of the Creative Class: The New Global Competition for Talent*.New York: Harper Business.

Friedman,T. L. (2005), *The World is Flat: A Brief Histry of the Twenty-First Century*. New York: Harper Business.

Fischer F. (2008), "Citizen and Experts in Environment Policy: Situating Technological Knowledge in Practical Deliberation," TASPAA"Collaborative Partnership and Sustatinable Development" International Conference,May 24-25 in Tunghai Uni.

Granovetter,M.S. (1973), "The Strength of Weak Ties." *American Journal of Sociology*, No. 78.

Granovetter,Mark S. (1985), "Economic Action and Social Structure: The Problem of Embeddedness," *American Journal of Sociology*, No. 91.

Granovetter, M. & Sweberg, R. (1992), *The Sociology of Economic Life*. Westview Press.

Green, A. & L. Hunton-Clarke (2003), "A Typology of Stakeholder Participation for Company Environment Decision-Making," *Business Strategy and the Environment*, Vol. 12, No. 5.

Kettl, D. F. (2002), *The Transformation of Governance: Public Administration for Twenty-First Century America.Baltimore*: The John Hopkins Uni. Press.

Kooiman, J. (2003), *Governing as Governance*, New Delhi: Sage.

Krackhardt, D., & J. R. Hanson (1993), "Informal networks: The company behind the chart." *Harvard Business. Review*, Vol. 71, No. 4.

Lank, E. (2006), *Collaborative Advantage: How Organization Win by Working Together*, Palgrave Macmillan.

Lin, Nan. 2004 "Social Capital," *Encyclopedia of Economic Sociology*, edited by Jens Beckert and Milan Zagiroski, Rutlege Ltd.

Lin, Nan. 2006 "A Network Theory of Social Capital," *Handbook on Social Capital*, edited by Dario Castiglione, Jan van Deth and Guglielmo Wolleb, Oxford University Press.

Moon, M. J., & Park, H. J. (2008), "Is the World" Flat or Spiky? Rethinking the Governance Implications of Globalization for Economic Development,"*Public Administration Review*, Vol. 68 No.1.

Moynihan, D. P. (2008), "Learning under Uncertainty: Networks in Crisis Management," Public Administration Review, Vol. 68 No. 2.

Paxton, P. (1999), "Is Social Capital Declining in the United States? A Multiple Indicator Assessment." *American Journal of Sociology*, Vol. 105, No. 1.

PIU (2002), "Social Capital: A Discussion Paper." *Performance and Innovation*, Unit (UK), April Press.

Polanyi, K. et al (1957), *Trade and Market in the Early Empire.Glencoe*,III: the Free Press.

Putnam, R. D. 1993 *Making Democracy Work*. Princeton, NJ: Princeton University Press.

Putnam, R. D. 2000 *Blowing Alone: The Collapse and Revival of American Community*, New York: Simon & Schuster,Ins.

Sztompka, P. (1999), *Trust: A Sociological Theory*. Cambridge, MA: Cambridge UniversityPress.

Vigoda-Gadot, E. (2003), *Managing Collaboration in Public Administration:the Promise of Alliance among Governance ,Citizens, and Business*. London: Praeger.

Waugh, Jr., William L. (2002), "Valuing Public Participation in Policy Making," *Public Administration Review*, Vol. 62, No. 3.

Wildavsky, A. B. (1988), *Searching for safety, Social Philosophy & Policy*, Cebter: Transaction Publishers..

Wilkinson, D., & E. Appelbee (2001), *Implementing Holistic Government*, Bristol: The Policy Press.

第五篇

公共行政環境系絡

第十三章　全球化與公共治理

第一節　全球化的風潮與理論

壹、全球化風潮之興起

在資訊科技與資本主義的影響下，造成當代全球化的現象。全球化是隨著資本主義市場經濟的生產方式而確立，它所代表是一種進步化的過程，而非結果。根據學者貝克（Beck, 1998）的看法，全球化是指在跨國行動者及其藉由權力機會和網絡的運作，使民族國家及其主權受到打擊及穿透的過程。全球化的驅力是來自於經濟全球化的擴散，然而這樣經濟發展對於政治也產生新的衝擊，主要的變化內容，則體現在國家主權和政府職能轉換的現象。

從全球化的角度來看，以國家為基礎之國際經濟與全球經濟是有差別的。在國際經濟中，國家仍然可以透過稅率等手段，來管制跨國貿易與投資，除此之外，超國家組織更是由國家建立。然而，全球的經濟生產，卻是在不受國家控制的跨疆界網絡或價值鏈（value-chain）中進行。因此，在全球化來臨，政府的疆界逐漸模糊之際，我們應當將主要焦點放在全球化對公共治理的影響。

治理以及全球化長久以來都是公共行政領域關注的重點。過去，學者著重於檢視國家、團體、公司，及其他行為者如何在國際舞台上正確地自我定位。冷戰結束後，除了歐洲超國家機構的明顯增加，對於環境惡化和其他境外事務關注的提升，也造成學者們對於「全球治理」更廣泛的探究。同樣地，這些研究也包含經濟流動、人口遷移以及其他互動方式，如何形塑公共治理等相關領域。在過去十年，跨國活動在頻率、類型與規模上的劇增，已刺激對全球化領域的新關注。

全球化正產生治理的新型式，以及主權自由的行動者（authority-free

actors），例如：多國籍公司、跨國社會及國際組織。按全球治理委員會（Commission on Global Governance, 1995）表示：治理是許多個人和機構、公共和私人的集合，用以管理他們的共同事務。這是一個持續性的過程，而在過程中會納入衝突或各種不同的利益，以及採納合作的行為。

當今全球化過程的特殊之處，在於可經驗地研究的區域，包括：全球交互關係網路的擴展、密度及穩定性，及其傳播媒體的自我定義，和文化、政治、經濟、軍事諸層面的社會空間及上述圖像洪流。因此，全球化也就是指非世界國家（Nicht-Weltstaat）。更正確地說，應該是無世界國家與無世界政府的社會。

貳、全球化之理論界定

Richard Longworthy 在 *"Global Squeeze: The Coming Crisis for First-World Nations"* 一書中，將全球化（globalization）定義為全球經濟體系的形成。這是一項革命，使企業家夠在世界任何地方籌募資金，藉著這些資金，利用世界任何地方的科技、通訊、管理和人力，在世界任何地方製造產品，賣給世界任何地方的顧客。真正的全球化經濟體系，是把全世界變成單一經濟體，在這個全球經濟體系裡，貨幣、商品、服務、工作和人民可以在各國間自由流通，就像任何資源在各國內往來自如一樣。Ulrich Beck 於 *Was ist Globalisierung?*（Beck, 1998）一書中，特別引介重要學者對全球化不同面向之關切。以下將分項說明其重要之主張。

Wallerstein 指出：世界上所有的社會、政府、企業、文化、階級、家計單位和個人，都必須將自己定位並維持在一個分工體系中。這樣的世界體系並不平等，而且必須透過資本主義的內在邏輯（全球性）才能實現。這樣的論證方式，將全球化視為單一因果和經濟決定的過程（Beck, 1998: 46-47）。

Rosenau 認為全球化意味人類已經告別國際政治（民族國家之主宰）的時代，如今民族國家的行動者必須與國際組織、跨國集團和跨國社會分享全球舞臺和權力。這樣的論證將全球化視為一種多中心世界政策，其由

國家社會和跨國情境的互動所形成（Beck, 1998: 49-51）。Gilpin 提到全球化係以民族國家的默許為前提，跨國社會空間和行動者的產生和發展，仍須建立在一個霸權結構上，否則到處都將發生衝突，使整合的全球網絡和社會空間中的市場擴展無法實現。換言之，全球化指霸權力量之允許，使各民族國家權威以外及其（民族國家權威）之間，建立、擴展和維持互賴性關係網絡（Beck, 1998: 52）。

　　Held 指出在全球化的進程中，政府和國家的行動自由持續受到限制，國家主權應被視為一個分割的權力來理解和研究。此一分割的權力為一系列國家的、地區的、國際的行動者共同擁有，也因此永遠受到此一多數性（一系列國家的、地區的、國際的行動者）的限制與束縛（Beck, 1998: 53-58）。Robertson 認為全球化所應關切的是世界的視野如何在意義世界和文化象徵的跨文化生產中開啟。地方和全球並不彼此排除，相反地；地方必須作為全球的一個面向來理解，亦所謂「全球地方化」。全球化也意味著地方文化的匯集及彼此接觸，兩者都必須於「多個地方性的衝擊」中，在內容上重新界定，而全球地方化即是文化全球化之同義字（Beck, 1998: 65-72）。

　　Appadurei 提到正在形成中的全球地方文化，此一變化的主要根源之一大眾傳播媒體，傳播媒體為「可能的生活」提供了豐富且不斷改變的選擇。經由此種方式，想像出的近距離成了大眾傳播媒體的象徵。這樣的印象潮流和風貌也讓傳統上對於中心和邊緣的區分產生了疑問，它們都是「想像世界」的構築單元，這些想像的世界在全世界為不同的人們和團體，依不同的意義進行經驗交換（Beck, 1998: 73-74）。Bauman 認為全球化把世界人口分裂成：1. 克服空間而沒有時間的全球化富人（跨國企業祇資本家）；2. 以及被束縛在空間上，而且必須消磨對他們而言沒有用的時間的地方化窮人。在這些全球化的贏家和輸家之間，在未來既無統一性也無互賴性（Beck, 1998: 75-78）。

　　綜合上述各家之主張，全球化（globalization）應可視為全球經濟體系的革命。此一革命使企業家能夠在 1. 世界任何地方籌募資金；2. 並藉此資金，結合世界任何地方之科技、通訊、管理知識與人力；3. 在世界任

何地方製造產品；4. 行銷往世界任何地方的顧客。全球化經濟體系並期將全變成單一經濟體，其體系內貨幣、商品、服務、工作和人民可以在各國間自由流通，其如各國資源在境內往來自如一般（Longworth, 1998）。

第二節　全球化之公共行政意涵

新世界秩序按 Farazmand（1999: 65）之定義乃集體世界安全的系統（a system of collective world security），此系統致使國家與人民置和平共處於關注重心，棄物意識形態於兩旁。

全球化從不同角度解讀代表著不同意義，對經濟學家而言全球化是邁向完全整合世界市場的步驟；對政治學者而言是從國家的傳統定義中抽離領土主權與在世界秩序中非國家力量的出現；對商學領域而言全球化是一個無國界世界，是私人企業驅動的現象。無論何者，皆有一共同點——皆圍繞著國界問題，國家權限的劃分、其他如統治權、經濟、社區等。公共行領域有關的全球化定義包括：

1. 全球化是國際化（globalization as internationalization）：組織間越界關係增加，其次認同感與社團附感超越國家權限。

2. 全球化是國界開放（globalization as border openness）：透過國家有形疆界與貿易保護主義的移除以造成大規模猶如國界開放，進而促進快速的金融交易、貿易、文化關係等之互動。對公共行政而言，全球化意味著「全球化思考、本土化行動」。

3. 全球化是一種過程（globalization as a process）：從政治經濟的觀點，全球化是一種資本聚集的持續進行過程，現代技術的使用加速這個過程。

4. 全球化是一種意識形態（globalization as ideology）：在西方資本主義民主的意識形態是美國與西歐自由民主全球化的基礎。透過媒體、衛星傳播系統將各種資訊散播全世界，提供出一個理想政治系統讓其他國參與競爭，因此諸如：自由、個人主義、多元民主等詞便是全球化的意識形態趨力。

5. 全球化是一種現象（globalization as a phenomenon）：晚期資本主義認為全球化是 1970 年蕭條時期全球資本主義朝向全球市場以加速累積資本的無止境努力。疆界與距離便成為阻礙，此觀點下地球便是單一「地區」。全球化的觀點在了解國家政治經濟的全球變遷上是極為有用的，將世界視為全球村。

6. 全球化是超越現象及過程（globalization as both a transcending phenomenon and process）：此觀點綜合前述二類型而認為全球化將造成全球資本的集中。

　　不過全球化同時也形成對於下列公共行政理論及實務之挑戰：

1. 全球化企業部門（globalizing corporate sector）的公私領域結構型模（configuration）改變。政府與公部門的經濟領導角色被全球化企業菁英所取代，公共領域與民眾參與的縮水是全球化與政府重組的結論。公共行政應該利用市民參與公共事務並管理社會資源等方式，抗拒這種公共服務領域的縮水。

2. 公共行政由傳統市民行政轉變向「公共」的非市民行政（non-civil administration of public），亦就是強調社會控制及資本累積，而非公共服務。

3. 公共行政必須人事精簡與恐懼等情況下維持高產出，以破解企業界對政府無效率的認知。

4. 公共行政的專業化以回應全球化。專業化為公共服務帶來全球化層級的組織與士氣標準。但過度的全球化與市場失靈會導致更多的政府干預。

5. 全球化下私有化促使腐敗的機會增加。腐敗將社會資源轉為非法、不道德且無生產力的活動。公共行政應該拒絕視人民為消費者或將人民視為市場流通物的概念。

6. 全球化提倡菁英主義（elitism）並獨厚菁英。全球化政府應利用與全球化企業進行公私合作計畫時積極地介入企業的全球化過程，公共行政者與行政顧問將受到全球化層面的挑戰。全球化造成企業權力的大量集中並產生組織結構的集權化。

7. 全球化在移除地方控制並在做關係民眾深遠的決策納入市民參與時將
　會威脅社群與「公共活力」。固應建立社區觀鼓勵民眾參與行政事
　務，並將市民價值與公共利益結合，對抗強權者之自我利益。
8. 公共事務與相關領域的知識爆炸，尤其是比較行政或國際行政。
9. 從全球比較觀點學習更多有關公共行政的事務。
10. 全球化挑戰公共行政社群的人道認知，全球議題的認知提升會挑戰全
　　球公共行政菁英的知識力量，例如：貧窮、勞工、全球溫室效應、人
　　權等議題。
11. 以全球社群利益的保護者自居，在已開發國家中的公共行政應有倫理
　　與道德的全球責任態度，必須隨時與腐敗對抗。
12. 全球化並不會終結國家與公共行政。新的全球化挑戰是公共行政研
　　究、實務與教學範圍的擴大。公共行政進入未來全球與同質世界秩序
　　同時帶來希望或黑暗的人類文明新階段。

　　最後，全球化對政府最大的衝擊是什麼：第一個衝擊就是，全球化大
師貝克（Beck, 1998）所說的，民族國家出現的挑戰，全球化是第二次現
代的代言詞，所以可以說民族國家受到很嚴重的質疑。第二個衝擊就是全
球化下所出現的「二律背反」，所謂的二律背反是指：在哲學上面兩個相
反的現象，同時存在，但是兩種現象都是可以解釋的。以政府部門而言，
全球化擴大了政府的職能，例如：在國際公共政策學層面，公共政策以前
不必談國際關係，政府只要處理國內的市場失靈，但全球性的市場經濟化
和市場經濟的全球化使市場失靈出現了新的內容——全球性的市場失靈，
也就是「世界市場失靈」（The World Market Failure）。這就意謂著政府
必須要有相對應的發展。第一，特別是以環保政策為例，不能說在我國國
內沒有受到污染，就忽視了這個問題，跨國公司在南極生產、或是在澳洲
生產產品所產生的外部性都會影響到各國對於公共政策的制定，這便是擴
大了政府的職能；第二，不僅要克服市場失靈，還有積極的推行行政改
革，強化政府的職能以維護民族國家本國社會政治穩定之職能，例如：須
考慮經濟滲透、貿易及關稅等（汪永成，1998: 222）。

　　除了全球化增強政府的職能與政府角色的改變之外，也同樣削弱政府的權力，一方面，跨國公司的企業是和國家分離的，它無形之中削弱了對其影響的力量以及政府權力的向下轉移，例如：跨國企業的活動不受到母國約束，不以母國利益為準繩，使得跨國企業的權力愈來愈大。另外一面，它也改變縮減政府的權利，政府的權利會被超國家（supernational）所代替，全球化不僅使得政府權力無形之中向上轉移到跨國性組織當中，例如：政府被世界貿易組織（WTO）等集團所代替（汪永成，1998：227）。所以，它既擴大了、強化了政府的職能與角色，同時，它又弱化了、縮減了政府的權力，這就是二律背反的影響。那麼全球化對我們而言，也就是在面臨全球化的時候我們比較少去思考，全球化其實有不同的看法，在新馬克思主義（New Marxism）左派的影響之下，左派較是強調國家、社會福利、廢棄私有財產制等，對全球化的看法是比較負面的；而新自由主義（New Liberalism）為主的右派強調的是市場、個人以及私有財產的主張等，所以右派對全球化的看法是褒獎的，是比較正面的。

第三節　全球公共行政改革運動

　　由全球化的觀點分析，公共行政改革主要受到四個因素的影響：第一，全球化經濟的競爭（global economic competition）；第二，民主化（democratization）；第三，資訊革命（information revolution）；第四，績效匱乏（the performance deficit）。以下將分項說明之。

一、全球化經濟的競爭：全球化經濟的競爭主要在於降低財政赤字，解決經濟危機，例如：紐西蘭工業政府及加拿大政府改革。

二、民主化：南非的種族主義的結束促使政府科層體制的改革，分權（decentralization）成為重要的行政改革措施。又如 1989 年波蘭之團結工聯（the Solidarity movement）所導引的地方分權運動。其他如匈牙利、捷克以及中南美、巴西及智利均是此類行政改革之例。

三、資訊革命：最明顯的是資訊革命使得國家得以分享政治詞彙
（rhetoric）與改革運動的實況（reality），例如：OECD 國家分
享其網站，以做為相互了解相互改革進展的平台，則為一例。同
時，公部門與私部門間之資訊交流，亦刺激了政府改革績效的需
求。

四、績效匱乏：感受到政府績效不足的趨力（driven）影響，因為施
政績效不足是最容易被觀察的。

由全球觀點分析，公共行政改革現況，許多國家都在調整本身政府
治理機制以符合新全球經濟或知識基礎經濟之需要。此種全球公共行政改
革學習，可由已開發國家對已開發國家之行政改革模仿（imitation），到
開發中國家對已開發國家之模仿。前者如美國對英國的績效制度改革，
後者如坦尚尼亞直接轉換英國的代理執行機構（executive agencies），
此也正是所謂公共行政改革的全球性模仿趨勢（global imitation of public
administration reform）之形成。很多的工業國家改革，已超越二十世紀的
科層體制典範，使得政府更有效率與對私部門更有創新的能力。

1980 年代新世界秩序引導大多數的國家，發展中國家的結構調整將
順服於新全球秩序下的規範、規則與價值，並會修正與公私部門間的關
係、政府在社會與經濟中的角色、市場擴展政治與經濟影響力的範圍。在
此新局面下的重要詞語為重新調整、改革、重新定義、重新考慮、再發展
等。以下為全球公共行政出現的結構變遷（Farazmand, 1999）：

1. 公、私部門關係的重新調整：市場化與民營化的全球運動，改變已開
發或開發中國家公部門功能與活動的範圍與境界。許多國家在認同私
有市場部門下，經歷了重新界定與重新調整公私部門關係的過程，其
基本原理為管理政府功能與改善經濟生產力與績效上獲得更大效率。
除非政府願意讓出既定的公共政策領域，以支持強調生產力與服務的
民營化架構，否則「公共組織的責任不會消失」。

2. 組織的重新結構與重新設計：當重新結構時許多組織設計問題便浮
現，主要的問題在於複雜、集權與分權、政府角色的改變與對組織適
應性及彈性的影響、在傳送服務時協調多組織的努力、組織重疊的問

題、在公私部門中責任達成的問題等。在全球化的新組織重新結構反應對分權彈性與分裂彈性、經由權威與權力的集中適當協調與控制的需求，新設計結構的管理、政治、經濟、組織面向，須被地方與全球環境決定因素所採納。組織結構與行為的改變將會導致更多服務私有市場部門，且更多的官僚化將會成為發展中國家組織結構的特色。行政人員與官僚文化會將其行政系統的既有文化與組織價值具體化（如西方組織的理性、非人性化），組織與價值的轉換會促使官僚文化與大眾文化間的鴻溝加深。

3. 行政改革：政府改革行政系統的目的在取得合法性、改善行政績效、增加管理效率、增加組織彈性等。除非風厲雷行地執行行政改革計畫，研究發現行政改革常遭致失敗的下場。行政改革與市場化、民營化與民主化相一致，包括地方行政系統的集權與分權、人事與預算系統的變化、行法規與解除管制的改變等。在發展中與部分發展中國家行政改革行動，常跟隨著西方先進國家的腳步，而此種狀況將會造成發展中國家成為已開發國家的「新殖民地」。

4. 全球官僚體制：新全球行政系統的調整需要大規模全球官僚體制，而此體制的特色為分歧、多方面的複雜性、相互依賴。此全球官僚體制可分為隱匿的與實際的官僚體制兩種形式，前者指與經濟、政治、軍事等有關的完全成熟組織，如 World Bank、美國政府、IMF 等；後者指聯合國及其依各種目的成立的會員組織與非會員組織。許多的國際議題、全球問題與衝突皆經由實際的組織加以處理。

第四節　全球化與公共行政之個案分析：峇里島路徑圖

壹、峇里島路徑圖的背景說明

根據美國聯邦科學機構 2007 年 12 月 13 日公布的資料，2007 年可能成為全球有紀錄以來氣溫第 5 高的一年。美國「國家海洋暨大氣總署」轄下的「國家氣候資料中心」公布的報告顯示，就全世界而言，今年的年均

溫為攝氏 14.4 度，而暖化現象最嚴重的是北半球的高緯度區，其影響可由北冰洋冰層銳減而清晰可見；冰層消融之快，以至於有些科學家已預測，到了 2040 年夏天，北極冰層可能完全消失。報告表示，史上 8 個年均溫最高的年份，有 7 個發生在 2001 年以後。這些全球暖化加劇的數據讓人怵目驚心，而且只是才剛開始而已。再加上今年底太平洋中部赤道地區發生「反聖嬰」（La Nina）現象所引發冷卻效應，否則今年的高溫，可能會打破史上一切紀錄（中國時報，2007.12.15）。

正因為全球暖化議題，目前正威脅著全球人類的生存，因此 2007 年 12 月在印尼峇里島努沙度瓦舉行的「2007 年聯合國氣候變化會議」，格外受到重視。這場會議最重要的目標之一，就是擬訂《京都議定書》2012 年功成身退之後，下一階段的全球溫室氣體排放減量機制，亦即一般所稱的「峇里島路徑圖」。

在 2009 年原本排定的議程，應該預訂在台灣時間 14 日傍晚 6 時就要結束，但是由於美國與歐洲聯盟兩大陣營未能就溫室氣體排放減量計畫達成共識，因此會議繼續進行。以歐盟為代表的陣營主張仿照《京都議定書》模式，要求工業化國家以 1990 年的排放量為基準，在 2020 年之前將溫室氣體排放減量至少 25%，甚至到 40%。然而至今拒絕批准《京都議定書》的美國，依然對此提議採取反對的態度。華府倡議由工業化國家自訂減量標準，並且要求新興經濟體與「排放大戶」如中國、印度等開發中國家，加入排放減量機制，而日、加、俄等國，亦與美國採取同樣立場。

在會中，歐盟代表甚至揚言如果美國再不讓步，將杯葛 2008 年 1 月由華府主辦的溫室氣體排放大國高峰會議。不過經過各方協調，歐美雙方的歧異稍見縮小。地主國印尼也盡可能在各方間遊走，希望能提出各方都能接受的折衷方案。之後與會的 190 國代表，在美國做出讓步之後，通過協商新全球暖化協定的計畫「峇里島路徑圖」。

根據這項路徑圖，各國同意 2009 年在哥本哈根完成談判，以取代 2012 年到期的《京都議定書》，而談判結果將決定未來幾年世人遏止全球暖化的效果。各國談判代表必須找出方法，以減少溫室效應氣體排放量、協助窮國加速技術轉移，並對窮國提供財務援助。對於原本歐盟的建

議，希望到 2020 年，工業化國家的溫室效應氣體排放量必須低於 1990 排放量的 25% 至 40% 的目標，最後同意不列出具體數字，僅間接觸及。在協議的附註中提及聯合國「政府間氣候變化專門委員會」（IPCC）所作的研究，強調目前急需大幅減少溫室氣體排放，以遏止氣溫持續上升（聯合報，2007.12.16）。

　　部分開發中國家代表，要求已開發國家正視他們對技術援助的需求，並在最後文件中加強對其他課題的著墨。由此可知，峇里島路徑圖並不保證任何溫室效應減排規模或任何國家的承諾，僅意味各國同意繼續磋商。更重要的是，新協議將首次納入至今一直拒絕加入《京都議定書》的美國，以及中國、印度等主要開發中國家。

貳、峇里島路徑圖的檢視

　　經由峇里島路徑圖（Bali Roadmap）的說明，吾人可以發現全球化的過程，確實會對於公共行政發展造成一些影響。根據 Kemp 等人的研究發現，全球化將會促使政府採行不同於以往的行政措施，包括（Kemp et al., 2005: 167-168）：

一、以科技為基礎的標準（technology-based standards）

　　過去許多行政管理的標準，都是來自於一些採取短視的、枝微末節的技術，反而較少採取新的、具有效率與誘因的技術。採取這種較為宏觀的技術，比較容易促成技術的創新，也比較容易讓管理者有較多時間，得以發展出較為適當的解決方案。

　　以科技為基礎的標準，是可以適用在很多不同的案例上。而且當要減少外部性的邊際成本比較小的時候，這種以科技為基礎的標準，就顯得相當重要。

二、科技催生標準（technology forcing standards）

以空氣污染為例，空氣品質標準與排放標準間具有「目的」與「手段」之關係，亦即空氣品質標準於空氣污染管制計畫中是居於指標的地位。但因其並未對現存個別污染源設有具體之排放限制，故仍然須與排放標準結合才能執行。

其次，就設定方式上的比較而言，係有別於空氣品質標準，排放標準係以科技為基礎，或考量科技發展極限之限制而設定之標準（technology-based or technology limited Standards），其目的係為加速科技發展，俾能在一定期限內，發展出合理成本下降低廢氣排放之技術，故於美國法律中，稱其為「科技催生標準」（technology-forcing standards）。若就成本的考量，因科技所催生的標準，往往具有成本較為低廉的特性。而且在這個領域中的研究者，也都大致上同意這個科技技術。

三、創新免除（innovation waiver）

創新免除與科技所催生的標準，是有其雷同性的。創新對於公共行政發展，可能是個契機，但是對於亟待解決的公共問題，卻存在著不確定性。因為不知道這樣的創新見解，是否真正能夠適用。

四、稅收（taxes）

公共行政管理，希望政府內部的行政人員能夠珍惜民力。而公共行政的成本，是植基於公共財力。公共行政依靠公共稅收支撐，必須核算行政成本，講究行政投入，行政產出，行政績效。禁止除公共稅收以外向公民、企業和社會組織濫收行政性費用，以及由濫用行政權力造成的不合理的行政負擔，從體制、制度和機制上杜絕權力部門的一切私利。不過，政府的預算制度訓練會花錢的公務員，甚少訓練會賺錢的公務員，大部分的公務人員除了在預算短缺時，甚少思考財政以及稅收問題，他們相信只要作好交辦事項，民眾就會感激。

　　過去，行政機關面臨問題時，總是本能的以行政計畫來解決。但以今日的財政與全球化環境，政府實無能力徵收更多的稅收，花更多的錢解決這些問題。此意味著政府必須尋求非集中化的途徑，考慮建構市場的巨大槓桿原理，使更多的商人與民間團體有誘因參與衛生醫療、兒童養護、工作訓練與環境保護的工作（Osborne and Gaebler, 1993: 282）。

五、可交易之許可權（tradable permit）

　　若依照比例原則的觀點，在許多同樣可以達到目標的方法中，應該儘量選擇對人民影響較輕微的那種。因此在全球化的環境中，行政機關要多想想，有沒有管制措施之外的其他備選方案（alternatives types to regulation）可以取代命令，例如可交易的許可（tradable permit）、共同管制等等政策工具組合，都是可運用的備選方案，並非一定要命令人民或廠商應該符合某些規定。如此一來，亦能將部分市場機制得以引進行政機關之中，亦能使得一些行政成本得以真正反映市場價格。

六、研發補貼（R & D Subsidies）

　　當科技市場尚不成熟，或是出現重要知識外溢現象的時候，行政部門可以考量研發補貼的措施。例如法國一些政府部門，如工業部等可以向企業的研發項目提供補貼，用於解決企業的一部分研發費用（即人員費用、研發設備費用及雜費）。企業在研發費用的支出，還可以有權享受到稅收信貸，一個企業在稅務上的減免，每年可達 800 萬歐元。

　　台灣稅制改革已刻不容緩，應全面性取消無關乎研發投資與產業升級等歧視性租稅優惠或免稅政策。政府租稅政策應著眼於激勵民間研發等「創新活動」，其目的在於催生嶄新的高科技企業，不在於嘉惠既有企業。因此由政府直接提供研發補貼或提供能與研發規模連動的「公司研發所得稅減免」，當更能在兼顧稅基的情況下，有效率地激勵創新活動。

七、投資補貼（investment subsidies）

　　如果一個產業面臨競爭劣勢之際，致使其必須到國外選擇規範較少、較具競爭優勢的國家投資時，政府應該慎重考慮採取投資補貼的措施。以德國為例，其近來積極對外進行招商工作，藉以吸引外資到德國投資，創造就業機會，以消弭居高不下的失業率。因此，上自聯邦的 Invest in Germany GmbH（投資德國公司）及德東 Industrial Investment Council （工業投資促進會），還有 DIHK（工商總會）及下至各邦經濟促進會積極對外招商，尤其德東地區，凡於該區投資者可獲德國政府之投資補貼、補助及低利貸款。

　　投資補貼或者補助能夠直接改善業主現金流動性及降低風險，所以在許多國家（例如：越南、突尼西亞），除刺激市場形成，也提供績效表現的資料以供評估；而某些國家（波蘭）則提升業主採用新技術或新設備之意願，進而深化了專案計畫。我國相關領域缺乏通過稅收，投資補貼等市場經濟手段調節的政策性法規。比較歐美政策性法規，他們主要通過投資補貼、稅收優惠和政府高價收購等市場的、行政的手段促進產業的發展。

八、傳播與溝通（communication）

　　Bauman 認為全球化把世界人口分裂成 1. 克服空間而沒有時間的全球化富人（跨國企業祇資本家）；2. 以及被束縛在空間上，而且必須消磨對他們而言沒有用的時間的地方化窮人。在這些全球化的贏家和輸家之間，在未來既無統一性也無互賴性（Beck, 1998: 75-78）。倘若政策利害關係人對於某項目標不具有共識，或是彼此間對於資訊不充足時，政府即可以傳播與溝通的方式，使得政策利害關係人得以知悉相關資訊，並能促進各方關注該項議題與目標。

　　Appadurei 提到正在形成中的全球地方文化，此一變化的主要根源之一大眾傳播媒體，傳播媒體為「可能的生活」提供了豐富且不斷改變的選擇。經由此種方式，想像出的近距離成了大眾傳播媒體的象徵。這樣的印象潮流和風貌也讓傳統上對於中心和邊緣的區分產生了疑問，它們都是

「想像世界」的構築單元，這些想像的世界在全世界為不同的人們和團體，依不同的意義進行經驗交換（Beck, 1998: 73-74）。

九、公約（Covenant）

當政府必須花費高額成本，用以監督不同政策的績效時，可以採取簽訂公約的方式，促使政策結果能夠符合既定的目標。而且若這些公約是採取開放簽署的方式，亦即各行為者可自由衡量自己的情況，而在適當的時機簽署加入協定公約之列，並依據公約擬定本身的計畫與執行方案，則各方會比較有意願加入公約規範的範疇。特別是，全球化已呈現勢不可擋的風潮，但它並非是毒蛇猛獸，而各種公約的制定也是種全球化的過程，並要求將公約所提出原則，能夠在各造內部予以施行。

國家主權的概念從其最高權力與獨立自主這兩點來看，從沒有被真正實現過，而且一直受到國際規範、公約與制度的限制（Joffe, 1999: 122-127；董立文，2000: 2）。而全球化絕非意謂著國家主權的終結，與其說全球化會導致國家權威的損毀，不如說會導致國家權威的調整（Douglas, 1997）。甚至應把主權視為分割的權力來理解與研究，也就是說，主權可以為一系列國家、地區、國際的行動者所共同擁有（孫治本譯，Ulrich Beck 著，1999: 053）。

其結果是，全球化使得史密斯（A. D. Smith）所稱的「方法論的民族國家主義」（Methodological Nationalism）──「國家－政治」對空間的固定與統治的思考模式發生質變。在全球化的趨勢下，民族國家和民族社會的統一性鬆綁，形成的是新型態的權力和競爭關係，以及民族國家的「機構和其行動者」與「跨國行動者、跨國認同、跨國社會空間、跨國形勢與過程」間的衝突和交錯（孫治本譯，Ulrich Beck 著，1999: 31-32、90）。當然，民族國家仍然強而有力，政治領導人在世界上也仍扮演重要角色，但民族國家仍必須被再造，以單一國家為範圍的政策已無法像從前那樣有效。過去的「地緣政治學」重要性大為降低，國家現在必須重新思考其（Giddens, 1999: 18）前途。傳統的民族國家模式想要有生存的機會，就務須使全球化的過程成為民族國家政治在所有領域的標準。

本章參考書目

孫治本（譯）（1999），《全球化危機：全球化的形成、風險與機會》，
　　（Beck, Ulrich 原著），台北：商務印書館。

董立文（2000），《全球化與兩岸主權的爭論》，杭州：第九屆海峽兩岸關係學
　　術研討會。

Beck, Ulrich (1998),. *Was ist globalisierung?*. Frankfurt: Suhrkamp Verlag.

Commission on Global Governance (1995). *Our Global Neighborhood: The Report of the Commission on Global Governance*. New York: Oxford University Press.

Douglas, Ian R. (1997), "Globalization and the End of the State？" *New Political Economy*, Vol. 2, No. 1.

Farazmande, Ali (1999), "Globalization and Public Administration," *Public Administration Review*, Vol. 59, No. 6.

Giddens, A. (1999), *Runaway World: How Globalisation is Reshaping Our* Lives, London: Profile Books.

Joffe, Josef (1999), "Rethinking the Nation-States," *Foreign Affair*, Vol. 78, No. 6.

Kemp, René, Luc Soete and Rifka Weehuizen (2005), "Towards an Effective Eco-Innovation Policy in a Globalised Setting" In F Wijen, K Zoeteman, & J Pieters (eds.), *A Handbook of Globalisation and Environmental Policy. National Government Interventions in a Global Arena*, pp. 155-178. Cheltenham: Edward Elgar Publishing Ltd..

Longworth, R. (1998)., *Global Squeeze-The Coming Crisis for First-World Nations*, Contemporary Pubkishing Group, Inc.

Osborne, David and Ted Gaebler (1993), *Reinventing Government—How the Entrepreneurial Spirit is Transforming the Public Sector*. MA.: Wesley Publishing, Inc.

第十四章　民主參與和公共治理

第一節　對多元論的審視

多元論所揭櫫的不只是理想，其已成為二十世紀以來許多自由民主國家的政治實務。做為一種理想，多元論可說是西方啟蒙運動極為重要的思想貢獻，它確實提供了一種實踐民主的導引架構。做為一種實務，多元論在歐美各國憲政制度及其公共政策實務方面的體現，它則是提供了實踐民主的多種具體經驗。作者認為，做為理想，多元論值得稱許，因為其所蘊含的自由、平等和包容的精神，無一不是促成公共生活更臻完美的理念。然而做為一種政治的實務，多元論卻呈現的諸多問題，卻應予仔細評估並慎加省思。歸納而言，多元論有以下的危機或是限制，茲分項析論之。

壹、無法避免精英主導決策的現實

多元論者相信利益團體所追求的利益即團體成員的利益，但是自1960年代以來，特別是新左派（或稱新馬克思主義）學者的經驗研究指出，自由民主國家存在著一種假象——以公眾為名的精英統治。其次，如學者 Robert Michels 指出組織中有「寡頭鐵律」（iron law of oligarchy）的現象，他的經驗研究指出，即使是號稱民主的組織，事實上都具備了在工業社會和現代國家普遍可見之官僚體制（bureaucracy）的共通特質——區分為領導階層和被領導階層，一般大眾沒有能力處理複雜的決策，所以需要領袖喚起他（她）們的熱誠並加以組織，一旦組織起來後他（她）們又會聽從領袖的安排，並且依循領袖的調度俾實現領袖自身的利益，而不是大眾的利益（Barber, 2003: 205-206; Dunleavy & O'Leary, 1987: 139-140）。以上研究顯示，政治領域並不像多元論所描述的那般多元和開放，人們的政治行動所遵循之遊戲規則，實質上乃是符合利益團體、政黨

和國家機關領導者之利益並且由他（她）們制定的規則。多元論者認為理所當然之價值、信念和利益的競爭、衝突與協商，其實早已由精英預謀的衝突管理所掌握。所以在政策過程中，自議程設定階段起，政治領袖便可能以偏差動員的方式，控制議題進入國家機關，使得公共政策本質上反應的是精英的需求並非公眾的需求。所以學者直指，政策選案的界定是權力運使的高度展現（Schattschneider, 1960 cited by Parsons, 1995: 126）。

再者，政治制度可能獨厚於有組織的團體，而不利於公民扮演實質的政策角色，尤其是不利於，某些希望在政策過程中扮演更積極角色的公民。是以，寡頭支配幾乎無所不在，而吸納（cooptation）變成了無可避免的情況。不論公共官僚對於積極的公民參與有多大的興趣，在實務上他（她）們卻難以對此提供實質的助益。舉例言之，在美國的政經體制當中，個人自由和正義，以及社會安定和繁榮之間的緊張關係（Wamsley et al., 1990: 32）。因此，治理的議題包含了，介於個人和團體需求之間的自由之衝突，亦即，社會目標的達成，不可避免地要以多數個人的些許自由為代價，甚至是以少數個人的許多自由為代價。換言之，在實務上，公共官僚希望人性地處理其顧客的事務，卻發現他（她）們的期望受制於僵固的結構和過程，諸如法令規章或黨派的協商等因素，從而，導致他（她）們只能將共通的標準套用在個別的公民身上（Stivers, 1990: 250-251）。此種窘境，誠如學者韓墨（Ralph P. Hummel）（1989）所言：「我（公共官僚）希望實踐倫理，但他（她）們卻不讓我這麼做」（I'd Like to be ethical, but they won't let me.）。

貳、分化不充分的社會其對立與衝突情形將更為惡化

多元論主張利益自由表意和競爭，對於社會分化不充分所導致的嚴重對立和衝突，似乎具有雪上加霜的效果。由於多元論未能將社會視為社群，也就是欠缺命運共同體的意識亦無法成為醞釀此種意識的土壤；相反地，因為它主張競爭的理念並在政策過程中實踐，將使得分化不充分的社會當中既存的對立和衝突可能變得更加嚴重。

　　多元論者經常抨擊馬克思主義將存在於政黨、國家機關內部及政策過程的衝突過度簡化成階級鬥爭。相反地，多元論主張由政黨和利益團體所動員和代表的經濟利益乃是多元的和多樣化的，並不能夠單純地化約成資產階級與無產階級的對立而已。事實上，人口的同質性不僅可由經濟階級加以歸納，他（她）們往往也可以由種族、宗教、語言等因素予以劃分，亦即即便經濟地位不同，但可能在其他身分屬性上同屬一個團體（Dunleavy & O'Leary, 1987: 59-60）。例如：甲和乙二人雖然分別是資本家和勞工，但其二人卻是同一種族或是膚色，因此二人產生對立的可能性大為降低。亦即在此例當中，民眾雖然在經濟地位方面分屬兩個團體，但在種族和語言上卻又同屬一個團體，正因為此種多重性的社會分化（multiple social cleavages），使得嚴重的對立衝突不至於發生。

　　亦有進者，資產階級和勞工階級也往往由於生產力的進步而雨露均霑，所以在經濟持續成長的地區或時期，階級對立導致基進革命的危機並不像馬克思主義支持者所宣稱的那樣嚴重。尤其是受到美國經驗的啟示，多元論者相信多重分化的現象不會破壞國家的安定（Dunleavy & O'Leary, 1987: 60）。

　　然而當社會多重分化的程度不高或甚至不存在時，多元性反而會導致社會對立危機的升高。因為社會中如果僅有一分為二的單一分化因素且無法以協商的方式獲得妥協時，嚴重的對立和衝突便可能發生。舉例言之，一個社會當中如果僅僅存在宗教此種單一分化因素，而沒有其他因素可以產生前述的多重分化時，不同宗教雖然在多元論者眼中意味著社會具備了多元性，但此種多元性卻可能促使分屬不同宗教信仰的民眾尖銳對立，如果再夾雜其他因素，則情況可能更是一發不可收拾。就像北愛爾蘭的情形，居民分屬天主教和英國國教，其他的社會分化因素並不存在或者不足以促使兩種宗教信仰的民眾受到更為多樣和細部的分化，因此再加上歷史情結之後，二者對立的情勢就變得非常嚴峻。

　　論者將社會分化的情形大致歸納成三種類型，作者分別將之稱為：涇渭分明型、重疊型、交錯型，本章以經濟階級和膚色做為分化因素，繪成圖 14-1，俾使概念的呈現更為清晰（Dunleavy & O'Leary, 1987: 60-63）。

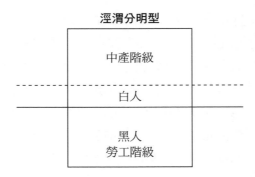

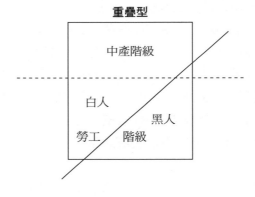

————　表示膚色的區隔線

-------　表示經濟階級的區隔線

資料來源：Dunleavy & O'Leary, 1987: 61；作者改繪。

圖 14-1　社會分化的三種類型：以經濟階級和膚色為分化因素

第一種涇渭分明型，意指所有的社會分化因素都涇渭分明地落於兩個不同的經濟階級當中，整個社會就只能劃分成兩個的團體，因此對立的可能性便大為增加，此即不充分的社會分化現象，多元論在此類社會中適用性最低。第二種重疊型，意指社會分化因素是有限地重疊於不同經濟階級當中，此種社會對立的可能性低於涇渭分明型而在三種類型當中居間。第三種交錯型，意指各種社會分化因素廣泛地交錯分佈於不同經濟階級當中，此種社會多元性最高，其發生對立的可能性最低，多元論最適用於此類社會。

參、偏私於強勢團體

多元論最基本的主張就是認為，國家機關應為社會的反映，誠如風向標的國家觀點所言，它是一種消極的角色，幾乎是對壓力團體的訴求有求必應，但同時多元論又主張團體之間的競爭，雖然其也宣稱各種價值平等的表意機會。但若是國家機關的角色如同消極的風向標一般，放任利益團體彼此自由競爭，那麼未經組織的潛在團體（不屬任何團體的一般大眾）以及弱勢團體的意見是否有被邊緣化的可能性？

雖然採取中立國家觀點的多元論者已經注意到上述問題，並提出不同於風向標觀點的看法。他（她）們力主國家機關甚至特指公共官僚可以扮演憲政捍衛者以及公益維護者的角色，在利益團體競爭過程中擔任仲裁者確保公正性，甚至主動積極地為未經組織的一般大眾或是弱勢團體代言，以伸張其權益。不過，上述看法也受質疑，例如：公共官僚是否有能力行善（doing good）？以及，公共官僚真的會行善？特別是針對第二項疑問，多元論者的第三種掮客國家觀點便直指不論是民選或非民選的政府官員都以自利為行動的動機，亦即，他（她）們會以自己的利益為優先考量，進而考慮和利益團體、議員結盟共謀利益。

前述第一種和第三種觀點的多元論付諸於實務，都可能導致一種後果：偏私於強勢團體。依照第一種觀點，國家機關應該放任利益團體自由競爭，在實質上等同於偏袒具強勢競爭力的團體（cf. 許立一，1995: 35-

36）；其次，依照第三種觀點，國家機關及其官員為追求自利會與利益團體結盟，而實際上通常能夠接近決策中樞甚至與之結盟的利益團體，多屬強勢團體。

肆、忽視多數暴政的問題

多元論所引導的代議制度以多數決做為公共決策的基本規則，但是如果任何的公共決策都輕率地施以多數決原則，將引發所謂多數暴政的問題，它無助於啟發社會當中的互助精神（Barber, 2003: 158, 198），反而違背了多元論所主張之包容的價值。其可導致的惡果大致有如下述端：

一、資源分配不公

國家機關只能回應那些比較顯著的訴求，諸如組織健全的強勢團體其能見度高，較能引起國家機關的注意和重視，甚至國家機關可能誤認社會上的需求僅止於此，因此形成資源分配不公的結果。

二、公共利益無法實現

國家機關只對多數的一方做出回應，但表面上多數並不意味實質多數。因為公共決策時的表決數字經常是透過動員方式所產生的結果，被動員者所做出的選擇未必是根據自己的意願所做出的抉擇。因此，多數的一方所主張的利益有可能實際上是強勢少數的利益。例如美國經濟學者 J. K. Galbraith 就曾指出，在美國少數的資本家總是具有較大的影響力可以決定選情，原因就在於他（她）們擁有有較多的資源和財力可以動員或反動員居於多數的勞工群眾，讓多數依循少數意見（楊麗君、王嘉源譯，1992）。是以，此種決策過程所達成的是公共利益嗎？

三、公共問題未能有效解決

當國家機關僅根據多數的訴求做出回應時，如果少數反對的態度和立

場極為強硬的話，公共問題仍然無法獲得有效解決。

伍、原子論式自利個人主義的問題

多元論在人性論上採取的是原子論式的自利個人主義（Dunleavy & O'Leary, 1987: 19-20）。但論者指出，此種人性假定產生了一個疏離感濃厚、價值流失、道德淪喪、正義遭到蒙蔽的社會。於是，一種蘊含著十九世紀以前社群論之精神的社群主義（communitarianism），在 1980 年代開始萌芽。社群主義可說是起源於對自由主義前述發展趨勢的批判，所以從 1980 年代中期開始，社群主義和自由主義論者之間的論戰便充斥於各個期刊之上，也因此社群主義可說是在與自由主義的論戰過程中成長。

學者 Alistair MacIntyre（1981）對當代自由主義提出批判，社群主義的意味濃厚，可以一窺社群主義論者對於當時自由主義的不滿，雖然當時還沒有社群主義此一名稱。他指出，現代社會經濟和意識形態的變遷，創造了一種相對主義的困境。宗教和道德的問題——關於良善、正義、美德等，已成為一種純屬個人的良心問題或是可受公評的政治意見，然後自由主義卻扮演這些彼此競逐以及無從比較優劣之意見的評斷者。麥英泰更強調，在此現代社會中，原為道德主體的人被視為是孤立的、商品化的、以及冷漠的原子。他認為，當代所呈現的諸多病象，其最佳的治療方法就是重建能夠共享價值和道德的社群，例如：中世紀的公會（guild）或是以承諾為基礎的自我管治（self-ruling）社群（Young, 1996: 495）。

1982 年時，學者 Michael J. Sandel 在其所著《自由主義與正義的限制》（*Liberalism and the Limits of Justice*）一書，提出了「社群主義」的概念。他的社群主義主張，應將諸如正義、權利及自由等政治價值嵌入具體的社會和文化系絡。從而，他將社會的概念視為優先於政治並且是政治的基本構成。Sandel 指出，原子論式自利個人主義假定個人優先於社會關係乃是錯誤的看法。因為根據此一假定，個人既然不受特定的社會和文化之拘束，那麼所謂正義的原則也就不能對其產生約束，或者充其量僅能發揮管制陌生群眾間公共關係的形式作用（Young, 1996: 494-495）。

　　前述 Sandel 的觀點指出了一種概念就是系絡性（contextuality），也就是對於特定社會和文化的重視。學者 Charles Taylor（1992）將此種重視系絡的觀念做了進一步的詮釋。他指出，自由主義著重於一體適用的基本權利，亦即所有人皆享有相同而且平等的權利，所以法律制度對所有人亦一律平等。但是，Taylor 從保存少數特殊文化的政策個案指出，少數弱勢文化的保存，出於更高標準的道德考量，可能需要的是特別的待遇和特別的權利，而此種思維超越原子論式自利個人主義（Young, 1996: 496）。

第二節　實質參與型的公共治理之哲學基礎一：蘊含互助精神的社群觀念

　　社群的觀念在西方政治思想中由來已久，其可溯源於古希臘哲學家亞里斯多德（Aristotle），他界定「國家是社群的一種」（Sabine & Thorson, 1973: 119-121），自此西方傳統政治思想當中國家就是社群，一直到二十世紀初此一想法才發生變化（稍後詳述）。社群的意涵歷經中世紀、啟蒙時代（十七、十八世紀）的補充和修正，大致蘊含如下的內涵，茲扼要臚列敘述之。

壹、社群是個體為生存之目的採取合作行為的產物

　　大致而言早期的社群論者在探討社群的起源時，都立場一致地指出：個體為了生存的目的會願意採取合作行為因而形成社群，而社群的治理者以及政府則是為了處理共同利益所產生的機制。當個體遭遇不幸時，成員可以向社群尋求協助，而社群有責任為個體解決困境，此也正是政府應對人民負責之觀念的起源。至於公共治理的形式是民主還是集權政體，則是與社群成員對政權順服程度的界定有關。

貳、社群是一種命運共同體

"community" 一詞可譯為社群、社區以及共同體。事實上，在政治思想家談論社群此一概念之初，就已經界定了社群是一種人與人之間命運相繫、休戚與共的集合體。在命運共同體的觀念下，蘊含著整體大於個體之和的思維（Deutsch, 1980: 82）。從古代希臘時期到近代（十七、十八世紀），採取社群論的政治思想家的研究重心是，將國家的性質視為社群並加以探討；到了二十世紀的現代社群論卻是，將社會的性質視為社群，而研究社會在公共治理中的角色。然而，不論政治研究的重心是在國家還是社會，社群論者對於社群的假定基本一致，其內涵為：社群是命運共同體，其乃為一不可分割的整體，所以整體並不等同於個體的加總；整體優先於個體，個體不能脫離整體而獨立存在。與此命運共同體相對的觀念是，基於自利動機採取合作行為的聚合體，其認為整體利益就是個體利益的總和，故此說為大多數社群論者所否定。

社群論者多半反對以原子論（atomism）式的自利個人主義（self-interested individualism）看待社群成員。原子論意指整體由一個個單一個體（原子）聚合而成，因此個體可以脫離整體獨立生存，此外它意味著整體等於個體的加總；自利個人主義則是認為人的行為只是在追求自利。社群論者反對原子論式的自利個人主義意味著：

第一，他們反對社群成員可以隨時進出社群並且能夠遺世獨立，同時也不認為社群等於成員的加總，所以此處採取的是總體論（holism）[1] 的觀點。

第二，他們認為社群對成員有責任，反之社群成員也對整體負有義務，絕非單純地功利組合而已。亦即，個人除了自利之外也有利他的情操。

---

[1] 簡而言之，所謂總體論意指整體不可分割，欲對整體進行觀察，就必須從整體的特性加以分析，而不是對個體進行分析然後再加總得出關於整體的結論。

參、社群蘊含著歸屬感

在社群為一命運共同體的觀念下，歸屬感便成為維繫社群整體性的重要因素（Deutsch, 1980: 82）。社群成員對於社群的歸屬感，使其認知個體為整體不可分的一部分——我群意識，有時候大我比小我還重要，所以感同身受的同理心乃是成員相互理解的方式。所以社群成員彼此相互依賴的互依性（mutuality）超越了功利取向的組合。

肆、認為公共治理具有道德意涵

社群論者對於治理階級的角色和職責多賦予道德的色彩。易言之，社群的治理就是要使社群臻於良善生活（good life）的境界，而良善生活的內涵不只在於物質層面的滿足，還包括精神和道德的充實，因此社群的治理者和政府必須對它所治理的對象負起道德責任。

第三節　實質參與型的公共治理之哲學基礎二：蘊含利他精神的公民意識

1960 與 1970 年代，公民的觀念成為西方社會各階層關注的課題。可是，當時的相關文獻卻多呈現出一種持續性的基調：雖然注重公共治理和公民之間的多樣關係，但將公共政策的制定和有效執行視為是一種工具性質。在此觀點之下，公民被視為消費者、特定計畫所必須之資訊和支持的來源、公共決策基本價值的根源及公共服務的配合者（合作生產者）。而此中所隱含的偏見乃是：公民被視為是消極被動的自利行為個體，而且公民參與通常被認為是弊大於利（cf. Stivers, 1990: 248; King & Stivers, 1998: 57-60）。亦即，公民是公民，政府是政府，毫無社群意識存在於其中。

不過，在二十世紀最後幾年，歷經新公共管理政府改革運動之後，某些論者對於新公共管理更重視成本效益評估（績效），以及更深化了自利個人主義的缺陷感到不滿，因此強烈地主張公民積極參與治理的必要性，

甚而提出「公民治理」的論述（Box, 1999; 2004: 25-41; King & Stivers, 1998）。所謂公民治理意味著肯定公民在公共政策運作過程中可以扮演更重要和更積極的角色，但並不是主張政府可以完全地被公民所取代，相反地，此一理念強調的是公民、公共官僚及政治精英的合作和伙伴關係。本節將先闡述積極負責的公民意識，其次論述公民治理的意涵。

根據上述的社群思維，公民不應被認定完全以自利為動機參與公共事務，公民之所以為「公」民，其意味著公民個人與其身處的系絡（靜態的制度結構以及動態的人際關係）形成一種緊密的命運共同體──社群。而在社群主義論者的看法下，社群乃是公民社會（civil society）的理想型態，亦即一個理想的公民社會應是一種人們彼此休戚與共的命運共同體，因為如此人們才會有意願為彼此的共同未來共赴事功。反之，自利個人的假定只能促成短暫的合作關係，當合作的一方獲利時，合作關係隨時可能終止，因此社會的發展可能只會是短線交易的副產品，並不是長共同願景所創造的成就。

要發展一個具有社群意識的公民社會，其公民應先具備積極負責的公民意識。以下將以亞里斯多德（Aristotle）的見解為根據，闡述理想公民社會的基礎──積極負責的公民意識之內涵。

壹、自主性

積極負責的公民之第一項人性論上的假定為自主性。所謂的自主性意指行動（action）的自主性（autonomy），而一個人的自主行動則包含了兩項關鍵質素：自我決定（self-determination）和真誠（authenticity），前述二種質素彼此之間以及它們與行動之間息息相關（Oldfield, 1990: 18）。

行動的意涵與行為（behavior）並不相同。韋伯就指出，行動蘊含了社會性（cf. 吳曲輝等譯，1992）；而哲學中的詮釋學派則是明白地指出，行動的社會性在於它包含了行動者指向他人行動的主觀詮釋（cf. Fay, 1976）。職此之故，學者界定行動使之有別於行為之原因在於，強調行動

乃是一種具理性、動機、目的和意志的舉措，亦即，行動包含了精神和思考的成分，在其中便具備了自我決定和真誠兩個重要的質素。第一，自我決定意指個人的行動乃是其意志的產物，而根據盧梭和康德的看法，自我的意志乃是意指個人不屈從或受制於他人；第二，所謂真誠不僅意指個人為自我意志之主宰，並且還意味著因為個人選擇了某種意志，或至少理性地認同某種意志，致使個人以某種方式成為該意志之主宰。以較為口語化的方式予以陳述，真誠意謂「行動者清楚自己在做什麼，而且有一定的選擇餘地」。綜合言之，自主的個人之行動就是，此種行動由行動者自我決定，並且是行動者真誠之自我意志的展現（Oldfield, 1990: 18）。

　　自主性此一概念亦遭到質疑，但從正反的辯證中可以更為清楚地理解其內涵，以下分別析述之。第一種質疑的觀點認為，經濟、政治和社會資源的分配不平等，嚴重地限制了大部分的人們採取自我決定之行動的機會。易言之，在人們大部分的日常生活當中，他（她）們多半做他（她）們不得不做的事，他（她）們要不是必須屈從於他人的意志，要不就是受制於其身處的制度結構，只能採取特定方式的行動。上述的質疑表面看來頗具說服力，但仔細深究之，可以發現它並不能推翻自主性的原則。簡而言之，前述觀點的言下之意為，只有少數人得以享有自主行動的機會（擁有較多經濟、政治和社會資源者），但事實上是，現代的民主體制之下，沒有任何的政治社群會根據不平等的資源分配原則為基礎加以建構或是得到正當性。所以，重點應該是在於如何分配（或重分配）資源，使任何人不會遭到漠視（Oldfield, 1990: 18）。職此之故，自主性在實務上之所以遭遇阻礙，並非因為其存在著內在的理論弔詭，而是因為外在客觀因素所致，但此種外在客觀因素卻是可以進行調整的，並且長期以來諸如此類資源分配不公的問題，早已是政治學者致力試圖加以解決者。

　　第二個對於自主性的質疑，源於馬克思的看法，對於自主性當中的真誠此一質素形成了嚴厲的挑戰。馬克思認為，意識形態能夠將人們的思維禁錮於某種特定的模式之中，所以意識形態有助於支撐特定的經濟、政治和社會制度。依照馬克思的觀察，擁有物質生產工具的階級總是宰制著擁有精神生產工具的階級，但對馬克思而言，此並非人類歷史的全部，他認

為人類的歷史勢將演進成為共產社會，但此一蛻變必須經由革命的行動，受到純正的無產階級意識之左右（Oldfield, 1990: 18）。易言之，根據 馬克思的看法，人類歷史的發展必然要從某種意識形態轉換成另一種意識形態，人們的行動總是在意識形態的影響下展開。如果馬克思的觀點可以成立的話，那麼自主行動以及其中所謂的真誠是否存在？不禁令人質疑。扼要言之，此處對於自主性的質疑在於：意識形態完全地左右人們的行動，因此受到意識形態箝制的行動，並非行動者「自由選擇之意志」（即真誠）的產物。是以，人類行動具自主性的觀點，實大有問題。

　　然而前述馬克思的觀點，一樣地無法推翻自主性的原則。的確，對大多數生活在資本主義社會中的人而言，意識形態的魔力確實降低了人們行動的自主性，特別是其中的真誠特質。可是，是否每一個人皆為意識形態的奴隸？其實是可爭議的。舉例言之，在十九世紀的英國，社會中最具階級意識（意識形態）的是中產階級，其在政治系統中位居要津者的比例雖然不是最多，卻能夠確保國家的作為符合他們的利益（Oldfield, 1990: 18-19）。易言之，這些中產階級雖然受到意識形態的影響，卻不是毫無自覺地不知道自己所為何事，他（她）們的行動仍然是其所選擇之意志的產物。總言之，馬克思提出意識形態會箝制人類行動的主張，因而令人不禁對自主行動的可能性產生懷疑，特別是針對其中真誠此一質素而言，更是嚴厲的挑戰。但是，當人們是有意識地接受某種意識形態，亦即理性地認同於某種意識形態，並根據該意識形態採取行動時，那麼他（她）仍然是對某種意志進行了選擇，此依然是一種符合真誠的自主行動。

　　第三個質疑的觀點亦將焦點置於真誠之上，其認為人為社會性的動物，透過社會化的過程社會賦予人們特定角色，這些角色界定了人們自我的身分，進而自我無法和自我所扮演的角色及其內化的行動規則分離，據此，所謂的自主性及其中蘊含的真誠似乎顯得毫無存在的可能性。不過，此一觀點仍不足以推翻自主性，因為人們扮演一個角色並不會總是只有單一的行動模式，而且人們無可避免地會面臨角色衝突。所以，固然自我無法與社會和歷史所賦予他（她）的角色分離，但除非他（她）能夠與其所扮演的角色保持一定的距離，否則的話他（她）將無法在面臨角色衝突時

做出抉擇行動。事實上人們的日常經驗是，他（她）總是在角色衝突時有所抉擇和因應，並且不一定依照既定角色的內化行動規則採取行動。此種選擇和選擇的能力，意味著自我不能完全等同於自我所扮演的社會角色，此即使得自我與其角色之間存在著一定距離，並且因而為真誠創造了空間（Oldfield, 1990: 19-20）。

積極負責的公民第一個人性假定為自主性，它為公民有能力在參與治理的過程中，對公共事務進行獨立判斷並做出抉擇提供了基礎。但是，僅有自主性並不能確保人們的行動具備人文關懷的精神和良善的傾向。因此，積極負責的公民還需要仁愛與道德的意識，以下將對此做進一步的探討，闡述第二項公民意識。

貳、友愛

上述對於自主性的探討已經指出，人有其社會的屬性，不僅因為人們的身分部分地源自於其所扮演的社會角色，更是由於人們的日常生活本身就是一種共享的經驗。機緣、境遇以及有時候個人的選擇，會將特定的人們以某種方式繫在一起，而如果此種聯繫關係是社群的基礎的話，那麼個體之間關係的特質就有必要特別地加以釐清，學者 Adrian Oldfield 主張應可將之稱為「友愛」（friendship），此即利他精神。利他精神乃是使得自主的個人得以凝聚成為社群的關係特質，而不是一般認為的公民美德或禮儀，其原因在於後者容易使人誤認社群本身就有生命，且凌駕於其組成份子──公民之上。利他精神讓自主個人的行動具備了道德性，同時也使個體成為公民（Oldfield, 1990: 20）。

公民美德或禮儀乃是在政治社群或特定制度結構之下形塑出來的觀念或態度，所以它們是在社群已經成形之後的產物，而不是凝聚和形成社群的原因。更重要的是，我們固然不能漠視社群對其成員的影響力和約束力，但社群的根源為個體，其自主行動中具備某種特質，使自主的行動獲得了道德的方向感，並且因而得以凝聚個體成為社群，此種特質便是利他精神。

　　前述的看法可以溯源於亞里斯多德的觀念，他認為政體（polis）是一種人的聯盟（association of men），但是一種類型特殊的聯盟，它本質上雖為某種聚合，而這種聚合並非個體的加總（cf. Aristotle, 1995; Oldfield, 1990: 21）。職此之故，政體的成員之間需要某種特殊的和輔助性的能力，而此種能力讓人們獲得更好以及更高形式的生命，亞里斯多德稱此種生命形式為真正的個體（real unit），政體非常需要由此種真正的個體組合而成。亞里斯多德指出，前述讓人們成為真正個體的那種能力就是正義以及利他精神。意即正義和利他精神使得人們得以凝聚在一起，因而構成了政體。他界定所謂的正義即合法與公平，因為法律使我們的生活合乎每一種美德，並且遏止了每一種邪惡（cf. Aristotle, 1976: 176 cited by Oldfield, 1990: 21）。更重要的是，正義與利他精神息息相關。

　　亞里斯多德眼中的正義乃是構成利他精神的基本精神，他對利他精神作了以下的詮釋：一種將社群結合在一起的凝聚力，而且立法者似乎將之視為比正義更為重要，人們除了符合正義之外，還需要利他精神的特質，最合理的說法是，應該將利他精神視為正義。舉例言之，亞里斯多德認為，由於形成的基礎不同，利他精神也有不同的類型，如功利取向、追求快樂及善行的。亞里斯多德主張，最完美的利他精神乃以善行為基礎：在此基礎之下，每一個人都希望自己和別人都能得到幸福。他（她）們希望他（她）們的朋友獲得幸福，只因為他（她）是朋友，每個人愛他（她）的朋友，只因為他（她）是朋友，而不是別有所圖，此為一種最為真摯的友誼。再者，利他精神也因為關係的差異而有所不同，例如：統治者與被治者、父母與其兒女、兄弟之間、同志之間、同胞之間等。上述各種不同類型的利他精神，便需要配合各種適當的正義原則（即法律）（cf. Aristotle, 1976: 258-259, 263, 273 cited by Oldfield, 1990: 21-22）。

　　綜上所述，在亞里斯多德的眼中，利他精神和正義無法分離並且彼此相輔相成，而他的觀點，正可作為本文所主張的公民與社群關係的論述基礎。易言之，由利他精神所構成的社群，實際上已然兼具了正義的成分，其中法律扮演一種最低限度的道德標準，仁愛、情感以及友誼則是扮演凝聚成員的主要因素。職此之故，此種社群因為兼具了正義的質素，不至於

因為過度著重於情感而失去理智，但也因為其以利他精神為基礎，使得人們身處的系絡不再是那麼極端地去人性化（dehumanization）和物化，亦即不再如機器一樣冰冷無情，此也是西方思想中理想的公民社會。

參、判斷能力

以下所欲探討的重點為：第一，判斷（judgment）與前述的自主性乃是連貫的概念，有了此一前提，才不會使後續關於判斷的論述令人產生一種個體遭到政治社群（整體）淹沒的感覺。其次，此處所稱的判斷能力乃是指與公共生活有關的判斷，而不是私人領域的判斷。

首先，此處所謂的判斷包含了兩層意義，第一，有判斷的客體才有判斷，意即判斷發生在事實之後；第二，判斷（指深思熟慮的判斷）發生於行動之前，它是一種實踐的智慧（Beiner, 1983: 7）。判斷可以被視為是人類與生俱來的能力，因此也可以將前述二者視為是人類共通的特質。因為判斷力當中蘊含著實踐的智慧，所以使得自主的個體可以與其所扮演的社會角色之間保持一定的距離，並且在特定角色當中和角色之間從事選擇。亦即，自主的個體所擁有的判斷力，使他（她）得以選擇適當與合宜的行為。職此之故，判斷力不是一種虛構的能力或才能，它與自主性息息相關（Oldfield, 1990: 25）。

其次，此處所關注的判斷乃指個體在政治社群當中的判斷，而此種判斷的性質與內涵與私領域當中的判斷極為不同。個體在政治社群當中的判斷，其內涵通常是政治社群成員所欲追求的集體生活方式，因此它涉及了對於共享生活方式之假定的明確責任，是以此種判斷導致政治社群必須予以特別地關注，並且此種判斷因而具有權威性。申言之，在政治社群當中的判斷攸關著政治社群的成員之行動，而這些行動構成了他（她）們所共享的生活。特別是由於對某些人而言某種生活方式是好的，對其他人而言卻不一定如此，所以對政治社群整體而言，所謂好的生活乃是意指此一生活方式可以維繫政治社群的存在（Oldfield, 1990: 25）。因此如何做出可以調和私人與公共領域之間衝突的判斷，便是積極負責的公民所必須具備

的能力。至於此種能力的培育，當然需要透過教育和訓練為之，但是最重要的關鍵則是在於，公民自覺對於做出適當的政治判斷負有責任，而此正是政治社群得以存續下去的重要原因（cf. Oldfield, 1990: 25）。更重要的是公民自覺對於做出適當的政治判斷負有責任，也正是慎思熟慮的民主治理亟需的公民意識。

第四節　實質參與型的公共治理之理論與實踐

壹、理論架構

本文所謂的實質參與（authentic participation）最基本的元素在於，公民「直接」參與政策決策過程，不必經由民意代表或是利益團體的仲介。更重要的是，它意指參與者（不論是公民還是官員或是政策分析人員）乃是透過彼此對話與詮釋的途徑獲得相互理解，並且採取通力合作（collaboration）和審慎負責（對自己和他人）的態度投入於公共決策的過程（cf. Lovan et al., 2004: 8-10, 13-17）。因此，實質參與並不等同於盛行於今日的所謂直接民主之公民投票，事實上，如果一項公共議題必須經由公民投票做成最後決定的話，公民投票也僅屬整個實質參與過程的某一個最後階段。亦即，實質參與的內容遠遠超過投票。換言之，實質參與著重的是以「質」而不是「量」的角度、以「深度」而不是「廣度」的眼光衡量公民對於公共政策影響的程度；並且它不僅重視「決策程序」的正當性亦強調「政策內涵」的回應性。因此，一項政策的決策過程是否符合實質參與，舉行投票與否並非重點，民眾在過程中的意見參與以及政策方案對民意的回應程度才是重點。歸納而言，在理論上實質參與包含了以下命題：

第一，參與能夠讓公民充分了解政策議題。

第二，參與能夠讓公民充分表意。

第三，參與能夠讓民意獲得主政者的認真對待。

第四，參與能夠讓公民彼此透過對話更了解對方的處境。

第五，參與能夠讓對話的結果落實為具體的政策方案。

以下本章茲臚列三項核心的質素，闡釋實質參與的公共治理之理論架構：

一、公民為共治者

我們應先假定公民乃是積極負責的公民，也就是願意積極投入公共領域與其他成員展開對話的公民，因此建立公共對話的互動機制，成為建立共享價值和共同利益的關鍵所在。經由公共對話機制的建立，政治精英、公共官僚與公民可以構成具備公民意識的社群，而此種社群透過法律、規章、政策、程序的訂定，成員共享公共事務的責任以及政策的擬定。論者稱此種架構為社群政策取向（cf. Box, 1998: 62-65）。在此架構下，政治精英負責立法並給予較大立法授權空間，因而公共官僚可以使用其裁量權，從事規則制定以及設計行政的程序，將公民納入政策制定和執行的過程。此種設計，將公民視為共治者（co-governor）與共同決策者（co-decision maker），而不僅是消費者或服務的使用者。

總之，經由制度化的規律性實質互動，政治精英、公共官僚、和公民共同詮釋了相關政策運作規則。職此之故，政治精英不只是制定規則，而公共官僚則不只是告知規則，公民和官員一起達成了意義和行動的共識，使他（她）們彼此緊密地結合在一起（Stivers, 1990: 268）。換言之，公共治理乃是由公民、公共官僚和政治精英的共同志業。

二、公共官僚即積極負責的公民

公共官僚專業主義很容易讓人產生一種技術官僚的不良印象，尤其是只重經濟效率卻缺乏實質理性思維的專家，總是被譏評為「訓練有術的狗」。因此，黑堡宣言（Blacksburg Manifesto）對於專業主義的重新詮釋，進而其可以與積極負責的公民意識融合在一起。黑堡宣言對於專業主義重新詮釋為：「……我們認為專業主義重點不在於公共官僚是否為一種專業社群的成員，或者其是否夠資格擁有專業地位，……換言之，專業主

義應該以憲政規則的維繫為職志，意即對於公共官僚而言，以專業的態度行事就是運用專業能力達成捍衛憲政的目的」（cf. Wamsley et al., 1990: 47-50）。

上述對於專業主義的詮釋，可以從積極負責的公民意識，獲得更進一步的補充和修正（Stivers, 1990: 269）：

第一，個人的反躬自省：即自我要求以及一種審慎的過程，使個人釐清專業、社經、性別和種族等成見。同時，自省的內容還應包括對於理性行動之限制的反思，就主觀面向而言，個人行動受到潛意識的影響，就客觀面向而言，未知的情境和未預期的結果，以上皆使理性行動備受限制。最後，自省由自我轉向他人，認知主觀互證的特質，以便明瞭社會建構的自身以及對此建構的參與。此一過程，使得行政實務和積極負責的公民意識，在認識論和規範的基礎上，得以相互結合。

第二，發展對於行政系絡的批判研究途徑：批判的研究途徑植基於人類追求自由的旨趣之上，其試圖透過新的政治經濟面向之行政知識，重新檢視制度的實踐。此一重新的檢視，將可探求環繞於行政實務周遭那些未知的政經情勢，並且，有時候可以決定公民處理政策議題的知識能力水平。此種批判的研究途經之運用，實為施為者製造差異的能力之展現。

第三，承諾於既存的理性（giving of reasons）：所謂既存的理性，實為美國政治傳統中聯邦主義的主張，其認為公民具有理性和明智的本質。公民信任公共官僚對於既存理性的承諾——一種在具體情勢中發展而出的信任——成為對於政府之信心的基礎，即使在缺乏對話的情況之下仍然不會動搖。此種信心源自於公共官僚的作為必然有其充分的理由，亦即，他（她）們能夠說服公民，其乃是基於公共利益而採取行動。此一承諾同時反映出一種社會學習的觀點，即公民可以從他（她）們所聽到的理由，反過來進一步提出他（她）們的見解。

一個具備積極負責的公民意識之社會，其中的公共官僚應該也會具備積極行動的意識，因為他（她）也是公民，因而擁有一種挑戰結構制約的能動性，此即學者紀登斯（Anthony Giddens）所言之創造差異的能力，其能夠衝撞並改善現狀（cf. Giddens, 1979; 1984; Blaikie, 1993: 69-77），

俾利於公共利益。誠如史蒂芙所言：「公共官僚乃是積極負責的公民意識之代理人，其致力的目標為，依循他（她）們的（指行政人員）知識和經驗，以及根據在其周遭的結構和情勢，獲得發展。藉此，公民的知識能力亦得以開花結果」（Stivers, 1990: 269）。

學者認為，以美國的歷史經驗為例，在十九世紀早期，公共官僚乃是具備公民意識的行政人員（citizen administrator），因為公共官僚也是公民，而公共治理就是公民的治理。隨著時空變遷以及專業化的發展，具備公民意識的公共官僚漸次消失（cf. Crenson & Ginsberg, 2002: 23-29），取而代之的是以科學思維和技術為基礎的技術官僚，公共官僚和公民成為兩種分離的社會構成或者是階級，彼此緊密結合的命運共同體意識蕩然無存。職此之故，將積極負責的公民意識與公共官僚予以重新連結，應可促使公共官僚對於公共治理的認知超越技術層次的思維，使公共治理更符合民主且內涵更為豐富（cf. King & Stivers, 1998）。

總之，公共官僚來自於社會、屬於公民的一份子，一個具有積極負責的公民意識之社會，公民對社會具有責任意識，由此等公民組成的官僚體系及其人員，亦必然具備積極負責的公民意識所揭示的理想特質。職此之故，一方面，公民會積極課責於公共官僚，也會對自己的行動負責；另一方面，公共官僚亦將勇於承擔課責，並將追求良善生活而非遵循法令規章視為行政行為的目標。

三、公共利益即共享價值

積極負責的公民意識不僅追求自利還重視公共利益，而公共利益之內涵則是在公共對話過程中獲得。因此，公共利益的界定過程，就是公民價值共享的詮釋過程，公共利益就是一種共享價值。從而，公民的價值持續性地體現於其並不能直接參與的公共治理實務當中（Stivers, 1996: 264-265）。

上述的觀點主張，應讓公民透過公共對話決定何謂公共利益，此一決策機制絕非常見的多數決的投票方式，而是建立一套可以建立共享價值的

對話機制。然後此種對話在積極負責的公民意識下進行，包容、多元、利他、憐憫成為重要的元素，所以其決策的內涵將會符合社會公正的價值。誠如，史蒂芙指出：「人性或許是自利的，而且某種程度是躁進的，但是一如我們所見，……公民有能力學習與發展，變得具有見識而且善體人意」（Stivers, 1996: 265）。

　　就上述觀點而論，公共利益的界定並非政治精英或是公共官僚獨享的權力。因為，政府行動的效果影響所及為全面性的，並且它是一種具有法定強制力的行動，所以可能會對人民權益產生深遠的影響。職此之故，在理想的公民社會當中，公民當然有權對於公共利益的界定表達意見。更重要的是，積極負責的公民其行動應是以共同利益為取向。

貳、實踐經驗

　　誠如前述，二十世紀末葉，社群觀念重獲重視以及公民意識抬頭的原因是：某些學者對於自由主義朝向原子論式自利個人主義的發展趨勢感到不滿，於是重拾蘊含命運共同體意識的社群觀念。其這些論者都致力於提出更為理想的治理方式（cf. Taylor, 1982; 1987），其中公民實質而直接參與治理的模式成為一種公共政策理論與實務的重要發展趨勢（cf. Clemons & McBeth, 2001: 16-20）。

　　事實上，社群對於公共治理的參與早就體現於英、法和比利時等國的殖民地行政實務當中，其目的在於讓社群自立更生並對其本地問題負起責任。在 1960 年代時，美國制定了「經濟機會法」（Economy Opportunity Act）（1964）以及透過「模範城市計畫」（Model Cities Program），社群的理念被導入於公共治理實務之中，其目的為促使社群解決其本身所遭遇的社會和經濟問題。於此同時，在 1969 年，英國制定了「社群發展法」（Community Development Act）啟動了一連串計畫，以提升社區和鄰里關係。到了 1990 年代，英國又有新一波以社群理念為基礎的公共政策被提出，用以挽救位居工業區和市中心已然頹圮的社區（Parsons, 1995: 503）。時至今日，歐美各民主先進國家，公民實質性地直接參與公共政

策制定的實務日漸增多,以下將二個個案經驗呈現近來公民實質參與治理的實務發展,並扼要歸納此一個案的啟發。

一、愛爾蘭地方發展政策的公民治理經驗

都柏林(Dublin)的「南區合作理事會」(Southside Partnership)是愛爾蘭(Ireland)全國 38 個區域合作計畫的執行機構之一,理事會由 22 位理事所組成——社會代表 4 人、社區代表 9 人、國家機關代表 6 人以及地方政府代表 3 人。它的組織架構則包含數個委員會以及工作團隊——作業團隊(Operating Group)、地方就業服務管理委員會(Local Employment Service Management Committee)、擴展經濟機會網絡(Expanding Economic Opportunities Network)及教育工作團隊(Education Working Group)等。

南區合作理事會在其所發布的「平等宣言」(Equality Statement)當中宣示:將致力於讓每一個居住於南區合作理事會轄下的人民都能擁有機會、參與和結果的平等,消除貧窮與社會歧視;以及南區合作理事會的工作內涵乃是以人權哲學為其基礎。職此之故,南區合作理事會的工作目標在於解決位處都柏林南區數個社區當中的貧窮問題,因此它所服務的標的團體和社區都面臨著極度貧窮的困境,而這些人們的特質是:貧困代代相傳、高度依賴社會福利、低學歷、惡劣的居住環境、政府服務的提供不足、暴力問題、毒品和犯罪充斥。雖然不同的標的團體如長期失業人口、遊民、單親家庭、殘障人士各有不同的問題,但他(她)們卻都有著共同的經驗就是——遭到社會邊緣化以及對於那些影響自己生活的決策和政策幾無置喙的餘地。

職此之故,合作理事會的工作植基於社區發展的觀點,試圖對長期以來遭到邊緣化的團體授能,讓其掌控那些影響其生活的決策。於是公民參與便成為「南區合作理事會」所有工作的核心,並且透過以下的途徑實踐公民參與:

第一,諮詢(consultation)——合作理事會在一項為期 6 年的策略規劃「共同願景 2000-2006」(United Vision 2000-2006)中,擴大了諮商的

程序，讓超過 1,000 位以上的民眾親身參與了其所屬社區未來發展願景的規劃。標的團體參與了諮商活動的設計和主持，理事會運用創新和創造性的方法以極大化參與的內涵與人數，而社區發展計畫的草案來自於人們的參與投入，然後回饋給社區並由社區行使最終的同意權，如此一來社區發展策略的採行便具有共識的基礎。

第二，能力建構（capacity building）——合作理事會在推行工作時，對於標的人口不論是個人、團體、還是社區均採取共赴事功的作法，也就是培養標的人口自身的能力以改變其自己的生活處境和社區。社區的居民不但被鼓舞發展改善所屬社區的方案，並且還要與合作理事會配合共同執行該方案。此外，合作理事會還有一項重要措施就是訓練社區領袖，讓他（她）們有能力為社區中的弱勢群體表達需求、爭取利益以及提出對策。

第三，合作理事會本身的結構（Partnership's structure）設計——「南區合作理事會」本身就是由社會、國家機關、社區和自願團體的代表所組成，此種利益和觀點融合的設計貫穿整個理事會的結構。在「南區合作理事會」當中，有超過 30 個以上的工作團隊和網絡是結合了標的人口，以共同設計和執行解決諸如：學業中輟、創業發展、就業服務、遊民收容、社區發展支援等問題的方案為基礎所組成。此種結構安排挑戰並促使決策者改變其作為和政策，以確保地方上的民眾得以掌握那些影響其所屬社區的決策（Meldon, Kenny & Walsh, 2004: 46-47）。

前述個案乃是公民實質參與治理的範例，其相當程度地體現了公民意識以及社群觀念，茲扼要臚列它所帶來的啟發：

第一，政府機構積極提供公民參與的機會、鼓舞公民參與的意願、以及培育公民參與的能力。此體現了公民社會和社群主義的理念中相信公民擁有自我治理的潛能，只是有些時候需要予以適當的激發和培養。

第二，身為專家以及擁有權力的官員在此個案中，並不扮演知識的壟斷者以及權威的分配者角色，相反地，他（她）們是政策知識（資訊）的分享者以及權力的授能者。此體現了社群主義的基本主張，將政府、政務官員、公共官僚以及公民視為一種伙伴關係，處於平等的地位。

　　第三，與社群發展有關的方案，基本上由公民親身參與制定進而參與執行，參與制定可說是一種「權利」而參與執行則是一種「責任」。此體現了公民意識的相關主張，肯定公民不僅自利還具備了利他的本性。其次也體現了社群主義的主張──公民的意涵有別於自利的顧客，他（她）們不僅是擁有權利的消費者，也是對社群整體負有責任的成員。因而公共政策實踐的系絡是具有命運共同體性質的社群，並不是追求自利市場。

二、美國聯邦政府衛生暨人群服務部的「社區衛生中心」計畫

　　學者Stivers分析早期美國聯邦政府「衛生暨人群服務部」（Department of Health and Human Service, DHHS）的一項「社區衛生中心」（Community Health Center, CHC）計畫，指出公共官僚與公民形成伙伴關係的公民參與之成功經驗。其大致內容是：該計畫聘用地方上來自於民間的公民擔任重要的職務，依據適當的法律以及規章，將聯邦補助的經費分配於一系列複雜的醫療服務活動當中。該計畫透過地方人士將抽象的方針，導入當地社區的具體需求，因而賦予了公民在特定領域中判斷公共利益的實質權威。雖然，公共行政人員扮演監督公民的角色，但公民就其權限範圍亦擁有可觀的權威。特別是，經由規律性的實質互動，公共官僚和公民共享了相關規則的詮釋。職此之故，公共官僚不只是告知公民，該計畫的內容是什麼、如何進行，尤有甚者，公民和官員還一起達成了政策意義和行動的共識，這一切使他（她）們彼此緊密地結合在一起（Stivers, 1990: 268）。此一個案為公民與國家機關的伙伴關係提供了成功的範例，它證明了公民做為共治者以及公民與國家機關分享政策決策權力並非不可能之事。此為公民與國家機關形成伙伴關係的範例。

本章參考書目

吳曲輝等譯，Turner, J. H. 著（1992），《社會學理論的結構》，台北：桂冠圖書。

吳定（2003），《公共政策》，台北：國立空中大學。

林鍾沂（2001），《行政學》，台北：三民書局。

林鍾沂（1994），《政策分析的理論與實踐》，台北：瑞興圖書。

許立一（1995），〈文官行政中立：困境的檢視與概念的新詮〉，《行政學報》，26 期。

林鍾沂（2003），《慎思熟慮的民主行政》，台北：韋伯。

楊麗君、王嘉源譯，J. K. Galbraith 著（1992），《自滿年代》，台北：時報出版。

Barbalet, J. M. (1988), *Citizenship*. Minneapolis, MN.: The University of Minnesota Press.

Barber, B. (2003), *Strong Democracy: Participatory Politics for a New Age*. Berkeley, CA: University of California Press.

Beiner, R. (1983), *Political Judgment*. Chicago, IL.: University of Chicago Press.

Blaikie, N. (1993), *Approaches to Social Enquiry*. Oxford, U. K.: Polity Press.

Bohman, J. and W. Rehg (1997), Introduction, in J. Bohman, and W. Rehg (eds.), *Deliberative Democracy*. (ix-xxx). Cambridge, MA: The MIT Press.

Clemons, R. S., & McBeth, M. K. (2001), *Public Policy Praxis, Theory and Pragmatism: A Case Approach*. Upper Saddle River, NJ.: Prentice-Hall, Inc..

Box, R. C. (1998), *Citizen Governance: American Communities in the 21st Century*. Thousand Oaks, CA: Sage. (2004), Public Administration and Society. Armonk, NY.: M. E. Sharpe, Inc..

Crenson, M. A., & Ginsberg, B. (2002), *Downsizing Democracy*. Baltimore, MD.: The Johns Hopkins University Press.

Dahl, R. A. (1958), "A Critique of the Ruling Elite Model," *American Political Science Review*. No. 52.

Dahl, R. A. (1961), *Who Governs?: Democracy and Opposition*. New Haven, Conn.: Yale University Press.

Dahl, R. A. (1963), *Modern Political Analysis*. Englewood Cliffs, NJ: Prentice-Hall, Inc..

Dahl, R. A. (1989), *Democracy and its Critics*. New Haven, Conn.: Yale University Press.

Dahl, R. A., & Lindblom, C. E. (1953), *Politics, Economics and Welfare*. New York : Harpers.

Downs, A. (1957), *An Economic Theory of Democracy*. New York.: Harper and Row.

Deutsch, K. W (1980), *Politics and Government: How People Decide Their Fate*. Boston, MA.: Houghton Mifflin.

Dunleavy, P., & O'Leary, B. (1987), *Theories of the State: The Politics of Liberal Democracy*. New York.: The Macmillan Press Ltd..

Elster, J. (1999), "The Market and the Forum: Three Varieties of Political Theory.," in J. Bohman & W. Rehg (Eds.), *Deliberative Democracy*. (3-33). Cambridge, MA.: The MIT Press.

Etzioni, A. (1967), "Mixed Scanning: A Third Appraoch to Decision-Making.," *Public Administration Review*. No. 27.

Etzioni, A. (1968), *The Active Society: A Theory of Societal and Political Processes*. New York: Free Press.

Etzioni, A. (1993), *The Spirit of Community: Rights, Responsibilities and the Communitarian Agenda*. New York: Crown Publishers.

Etzioni, A. (1996), *The New Golden Rule: Community and Morality in a Democratic Society*. New York: Basic Book.

Farr, J., Dryzec, J. S., & Leonard, S. T. (Eds.) (1995), *Political Science in History: Research Programs and Political Traditions*, Cambridge, UK.: Cambridge University Press.

Fay, B. (1976), *Social Theory and Political Practice*. New York: Holmes & Meuer Publishers, Inc..

Fishkin, J. S. (1991), *Democracy and Deliberation: New Directions for Democratic Reform*. New Haven, CA.: Yale University Press.

Giddens, A. (1976), *New Rules of Sociological Method*. London, UK.: Hutchinson.

Giddens, A. (1979), *Central Problems in Social Theory: Action, Structure and Contradiction in Social Analysis*. Berkeley, CA.: University of California Press.

Giddens, A. (1984), *The Constitution of Society: Outline of the Theory of Structuration*. Berkeley, CA.: University of California Press.

Hummel, R. P.(1989), "I'd Like to Be Ethical, but They Won't Let Me," *International Journal of Public Administration*, Vol. 12, No. 6.

King, C. S., & Stivers, C. (1998), "Citizens and Administrators: Roles and Relationships," in King, C. S., & Stivers, C. (Eds.). *Government Is Us: Public Administration in an Anti-Government Era* (49-67). Thousand Oaks, CA.: Sage.

Kymlicka, W. (1995), *Multicultural Citizenship: A Liberal Theory of Minority Rights*. New York.: Oxford University Press.

Lovan, W. R., Murray, M., & Shaffer, R. (2004), "Participatory Governance in a Changing World," in W. R. Lovan, M. Murray, & R. Shaffer (Eds.). *Participatory Governance: Planning, Conflict Mediation and Public Decision-Making in Civil Society* (39-59). Burlington, VT.: Ashgate Publish Co..

MacIntyre, A. (1981), *After Virtue*. Notre Dame, IN.: Notre Dame University Press.

Meldon, J., Kenny, M., & Walsh, J. (2004), "Local Government, Local Development and Citizen Participation: Lessons from Ireland," in W. R. Lovan, M. Murray, & Shaffer, R. (Eds.). *Participatory Governance: Planning, Conflict Mediation and Public Decision-Making in Civil Society* (39-59). Burlington, VT.: Ashgate Publish Co..

Oldfield, A. (1990), *Citizenship and Community: Civic Republicanism and Modern World*. New York: Routledge.

Parsons, W. (1995), *Public Policy: An Introduction to Theory and Practice of Policy Analysis*. Brookfield, Vermont: Edward Elgar Publishing Company.

Sabine, G. H. & Thorson, T. L. (1973), *A History of Political Theory* (4th Ed.). Hinsdale, IL.: Dryden Press.

Sandel, M. J. (1982), *Liberalism and the Limits of Justice*. Cambridge, UK.: Cambridge University Press.

Schattschneider, E. E. (1960), *The Semisoverign People*. New York: Holt, Rinehart & Winston.

Stivers, C. M. (1990), "Active Citizenship and Public Administration.," in Gary L. Wamsley *et al*. (Co-authored). *Refounding Public Administration*. (246-273). Newbury Park, CA.: Sage.

Stivers, C. M. (1996), "Refusing to Get It Right: Citizenship, Difference and the Refounding Project," in G. L. Wamsley, & J. F. Wolf (Eds.), *Refounding Democratic Public Administration: Modern Paradoxes, Postmodern Challenges* (260-278). Thousand Oaks, CA.: Sage

Taylor, C. (1992), *Multiculturalism and the "Politics of Recognition"*. Princeton, NJ.: Princeton University Press.

Taylor, M.(1982), *Community, Anarchy and Liberty*. Cambridge, UN.: Cambridge University Press. (1987), The Possibility of Cooperation. Cambridge, UN.: Cambridge University Press.

Turner, B. S. (Ed.). (1993), *Citizenship and Social Theory*. Newbury Park. CA.: Sage Publications Ltd.

Wamsley, G. L., R. N. Bacher, C. T. Goodsell, P. S. Kronenberg, J. A. Rohr, C. M. Stivers, O. F. White and J. F. Wolf (1990), "Public Administration and the Governance Process: Shifting the political Dialogue," in Gary L. Wamsley *et al*. (Co-authored), *Refounding Public Administration* (31-51). Newbury Park, CA.: Sage.

Young, I. M. (1996), "Political Theory: An Overview," iIn R. E. Goodin, & H-D. Klingemann (Eds.), *A New Handbook of Political Science* (479-502). Oxford, UK.: Oxford University Press.

第十五章　公設財團法人的治理困境

　　近年來公設財團法人，普遍以專業導向、強化科技研發能量且具備聯結產、官、學、研網絡之功能而存在。公設財團法人與政府間的互動不但日趨頻繁，而且接受公共資金的情況也日益增加；同樣地，政府也日益依賴公設財團法人的合作與資源，因而彼此的互賴程度漸增。該等財團法人係扮演著政策實踐者的角色，其任務就是完成特定的政策目標。雖然政府對財團法人之經營管理應以不涉入為原則，惟就捐助者之立場，為避免政府資源無謂之浪費，政府仍對其進行各項監督機制。因此，本章乃以「資源依賴理論」作為切入點，經由深度訪談的方式，從公設財團法人的立場，探討高度依賴政府資源所造成之「自主性」降低的治理問題。在資源依賴程度方面，主要是從「資源的重要性」、「資源的可替代性」、「資源擁有者的決定」及「雙方驅使對方提供資源能力」等四個向度進行探究。另在自主性方面，則從「官僚化」、「不當管制」、「自主性的威脅」及「財務不穩定」等四個面向剖析公設財團法人的治理困境。

第一節　資源依賴理論

壹、理論的核心概念

　　資源依賴理論（resource dependence theory），是一種以「資源」（resource）為核心條件以討論「依賴關係」的理論。資源依賴理論的研究焦點為：組織雖依賴環境，但組織會努力去獲得並控制資源以使此依賴極小化（Daft & Wan, 2007: 68），所以著重組織與環境互動的探討。資源依賴的概念係由 Pferffer 與 Salancik（1978）兩人所提出，渠等認為組織受限於許多不同的外部壓力，因此為求生存，便必須對外部的需求與期望予以回應。就「權力資源依賴觀點」論之，組織藉由增加合作組織對自身

的依賴及降低對其他組織的依賴程度來確立自己在網絡中的地位，並增加策略決策、運作的自主性。Ulrich 與 Barney（1984）兩人亦指出當組織間存有資源依賴關係時，依賴程度愈高，則資源富有的組織就擁有愈大的權力去影響資源依賴的組織。

易言之，「資源」與「權力」是組織成就真正影響之核心因素：擁有資源可以增加權力，而具有「資源」與「權力」則是相當重要的，因其足以決定組織的成敗，其中所牽涉到的核心概念有（侯建州，2002）：

1. 組織的「依賴性」與「自主性」：資源的多寡決定了依賴的程度。
2. 市場的「自主性」與「限制性」：資源依賴情形愈嚴重，則市場限制性變高；若每個組織各自掌控著資源，彼此之間的依賴性低，則市場的自主性便較高。
3. 組織資源的多寡，決定組織的權力大小，而組織的權力大小對組織自主性受限程度亦有所影響。
4. 在組織互動的過程中，會產生自主或依賴的關係；若組織過於依賴，則經理人會嘗試改變此一依賴行為，以增加組織自主性。

故由上述的核心概念可以得知，對非營利組織的運作而言，其需依賴捐贈者或市場的收益情況，故資源依賴理論能提供相當有用的解釋力（Helmig, Jegers & Lapsley, 2004: 107）。綜上論點，本章乃將資源依賴理論界定為「組織對環境資源的依賴程度，足以影響組織的自主性和控制環境的能力。而此能力可以透過策略操作，以降低環境中的不確定性，並藉由管理當局重新塑造對環境的互賴關係，以提升組織的自主性。」

貳、非營利組織與政府資源依賴的關係

就政府與非營利組織的資源依賴來看，由於雙方掌握了不同的資源，各自提供對彼此生存與發展的重要資源，使雙方得以在環境中持續生存而不致衰亡，所以形成資源上相互依賴的關係。兩者各自所掌握的資源略有不同，此可以從下列兩方面來看（江明修，1997: 33；劉淑瓊，1998: 115-

116）：

一、政府所掌握的資源：包括對非營利組織實質性的經費捐注（含獎助、補助、契約委託、房屋設備等硬體設施、資訊）、核准組織的設立或活動的許可權、政治的支持與存在正當性之認定，以及進入非立法的政策過程。

二、非營利組織所具有的資源：包括科技研發能力、高科技人才之延攬、服務供應與傳送、資訊、專業技術、政治支持與正當性的提供等。

　　政府與非營利組織各自所掌握的資源往往會對彼此的關係產生影響，例如：政府對非營利組織之經費補助多寡會影響非營利組織對政府之依賴程度，而政府對非營利組織之監督與管理規範，也常會引發非營利組織自主性降低之疑慮。資源依賴理論認為任何組織皆無法控制自身所需的資源，唯有依靠與其所處環境中的其他組織交換或交易，才可能生存或遂行其目標。雖然不論就規模、人力、物力與權力來說，非營利組織都不足以與政府相比，但非營利組織還有其他的優點可使政府不得不與他們聯手，其間的互賴層面包括（呂朝賢，2001）：

一、資源的交換：非營利組織擁有政府所沒有的服務輸送能力，如Saidel（1989）的研究即指出，美國政府與志願組織在健康與社會服務中合夥的現象是很必要的，因為沒有任何一個部門可以單獨的完成所有工作。而非營利組織在輸送服務上有：1. 新方案所需的起始時間較短；2. 有助方案的革新；3. 容易依地方條件來修改方案；4. 較易服務那些困難服務的個案。以上四項優點，使得政府不能不與它合作。相對地，政府則有穩定與充足的經費，此項優點亦相當吸引非營利組織。因為取得政府的經費浥注，除了可補充非營利組織在募款能力與經費上的不足外，亦是非營利組織擴大自己服務範圍與建立品牌及信譽的機會。另外，如人員、專家與技術的協助及服務有關訊息的交換，亦常發生在兩部門日常資源交換活動中。

二、在政治與行政層面的互賴：就非營利組織而言，它需要政府的支持，以取得其合法性及取信外界的標籤；再者，為使自己所倡導的議題能

被政府採納，非營利組織亦需在行政上與政府保持密切的互動，使自己的聲音可以表達出來，甚至影響政府政策的制定。而政府亦需非營利組織在政治支持與合法性上的輸入，以取得大眾的信賴與支持。

整體而言，從資源依賴的角度來看，非營利組織與政府之互依程度，可由以下四個向度加以探討（Saidel, 1991: 545-546）：

一、資源的重要性：是指資源在組織的生存發展中具有關鍵性影響的程度，換言之，對組織的運作愈不可或缺的資源，其重要程度愈高，而組織對其依賴的程度也愈高。例如：非營利組織需要政府經費以維繫組織穩定運作、缺乏房舍無從開展服務；或是政府需要非營利組織給予肯定、彰顯其民間支持度時，相對依賴的程度則較高。

二、資源的可替代性：當組織所需的資源遭到壟斷或是可資運用的資源不足，卻又無其他資源可資代替時，組織對這些資源及資源的擁有者將會有較高的依賴程度。例如：非營利組織可從其他管道，向不同層級的政府機關獲取相同資源；或是政府改變策略契約委託外，發展多元化的公共服務供應模式，此時，該決定對彼此的依賴度就會降低。

三、資源擁有者的決定：對於握有資源、控制與監督資源的行動者而言，其資源配置方式與流向的決定，均會對組織在接近與獲取資源的過程造成影響。所以，擁有資源的行動者，其在互依關係中有較多的主控權力。

四、驅使對方提供資源的能力：愈能給對方壓力，使之屈從者，依賴對方的程度則愈低。例如：政府依其權責可採規約性質的獎懲手段；或者非營利組織透過組織結盟、遊說民意代表向政府施壓時，其依賴對方的程度就會降低。

因此，透過資源依賴理論的觀點來探討非營利組織對政府資源依賴關係時，吾人必須檢視非營利組織依賴政府部門提供的資源有哪些？其重要性為何？而非營利組織被政府依賴的資源及重要性為何？從資源依賴理論觀點來闡明非營利組織與政府互動關係，其最主要的概念是假定非營利組織與政府互動良好關係的建立，以維護相對資源的依賴及需求。此理論

能幫助了解在實務界中會經由控制關鍵資源，來提高組織權力，降低環境中的不確定性，而強化非營利組織與政府關係則為達成上述目標的方法之一。

　　本章主要為探討公設財團法人對政府資源的依賴會產生自主性受限之影響。研究面向僅就依賴政府資源面向發展，並以資源的重要性、資源的可替代性、資源擁有者的決定、雙方驅使對方提供資源的能力等四個變數進行探究。透過這四個因素的檢視，便可了解公設財團法人對政府資源的依賴的程度，並將組織的自主性定義為：「組織為達成使命，對於內部各項資源配置及管理、目標設定及執行均有自我主導之權力，對於外部與其他組織建立關係亦具有充分自由度，不受資源提供者之規範影響。」

第二節　公設財團法人

壹、財團法人的特性

　　財團法人係為特定目的之促進與實現，以捐助財產為基礎，並以設立的章程為活動依據，而具有權利能力之法人。舉凡學校、寺廟、醫院、慈善團體等，均可利用財團法人之方式，以達其設立之目的。財團法人設立後，在法律上可以永久存續，不受捐助人死亡或事業興衰之影響，即使捐助人依法令或章程充任其執行業務之董事，一切措施仍應以公益為目的。由於財團法人之形態具有上述利益，同時許多稅法對財團法人給予許多免稅的優惠，加上民主化後公民社會意識的興起，使得我國財團法人蓬勃發展，非營利組織已形成與公部門和營利部門鼎足而立的第三部門，扮演之重要性與日俱增（陳朝政，2003）。

　　財團法人成立要素包括：1. 特定之目的；2. 一定之財產；3. 活動之機關；4. 捐助章程之訂定。換言之，財團法人需有一定之捐助財產，按照捐助章程規定，由活動之機關（董事），依特定之目的，管理該特定之財產（林秀燕，2005；黃新福、盧偉斯，2006）。財團法人從設立之法律依據而言，為依民法取得主管機關許可後，向法院登記成立之私法人，即令是

以特別法設置之財團法人，例如：「工業技術研究院」、「中華經濟研究院」等，其設立之依據亦為民法。因此，組織性質凡為財團法人者，均應屬於私法人。

貳、財團法人之類型

關於財團法人之分類，分別以設置依據、捐助人性質及目的事業主管機關許可及業務監督分類分述如下（林秀燕，2005；黃新福、盧偉斯，2006）：

一、依設置依據

1. 依民法設置：一般常見之財團法人多屬此類，如：消費者文教基金會、財團法人賑災基金會、伊甸社會福利基金會等。
2. 依特別法設置：由於這類財團法人所從事的目的事業性質特殊，而由政府立特別法，予以鼓勵、協助並進行監督，如：藥害救濟法第 6 條規定，主管機關為辦理藥害救濟業務，必要時得捐助成立財團法人；公共電視法第 1 及 2 條規定，為健全公共電視之發展，建立為公眾服務之大眾傳播制度，彌補商業電視之不足，故成立財團法人公共電視文化事業基金會等等。
3. 依設置條例設置：此類財團法人不論就其核准設立、捐助章程之擬定、經費來源、主管機關、董事及監察人組成，都依照該設置條例來決定，如：工業技術研究院、國際合作發展基金會、國家衛生研究院、國家實驗研究院及國家同步幅射中心等。

二、依捐助人性質分類

依財團法人法草案規定，以政府捐助成立，並以捐助之財產達捐助財產總額百分之 50% 上下區分為公設及民間財團法人。

三、依目的事業主管機關許可及業務監督分類

民法第 32 條規定，受設立許可之法人，其業務屬於主管機關監督；同法第 59 條規定，財團於登記前，應得主管機關之許可，故可依目的事業之許可及監督區分為：內政、文教、法務、經濟、交通、衛生、大陸等事務之財團法人。

由前述財團法人分類可知，財團法人組織具多元化，所提供之服務更屬多樣，以滿足社會各類不同的特殊需求。有關公設財團法人與民間財團法人的差別請參見表 15-1 部分。

表 15-1　公設及民間財團法人之區分

項　　目		公設財團法人	民間財團法人
捐助財產來源		由政府捐助成立而財產達捐助財產總額 50% 以上。	由民間捐助成立，或由政府捐助成立而其所捐助之財產未達捐助財產總額 50% 以上。
董事、監察人之人數		董事 11 至 15 人，由主管機關遴聘之；監察人 3 至 5 人。	董事 5 至 25 人；得設置監察人 1 至 3 人。
董事、監察人之資格		特定及消極資格限制。	親等關係限制。
投資額度		法院登記財產總額二分之一額度內。	
會計額度		會計年度與政府一致，採權責發生制，並符合一般公認會計原則；預決算報請主管機關辦理。	曆年制及權責發生制，並符合一般公認會計原則。
主管機關之監督手段	對董監事	得解除董事及監察人之職務，並通知登記之法院。	依民法第 62 條規定聲請法院為必要之處分。
	對財團法人	違反設立許可要件、法律、法規命令、捐助章程或遺囑、公共秩序或善良風俗及管理、運作方式與設立目的不符者，得予糾正並限期改善，屆期不改善者，主管機關得廢止其許可。	
民間專業人士的力量		主管機關得訂定財團法人在法院登記之財產總額或年度收入總額達一定金額以上者，其財務報表應委託會計師查核簽證。	

資料來源：林秀燕，2005。

參、公設財團法人之形成

所謂「公設財團法人」者，指的是由政府捐助成立的財團法人。依財團法人法（草案）的定義：由政府捐助成立而其所捐助之財產達捐助財產總額 50% 以上者。其目的希望藉由民間力量從事社會公益性事業，以補充政府力量之不足。例如：有些高科技研發業務之投入，須具備高度專業技術及專業人才之資源，而政府單位礙於法令規章制度等相關限制，無法延攬國際專業人才，亦無足夠能力投入專業技術發展，對於國家未來發展有相當限制性，例如：學術研究、技術開發等等。因此透過公設財團法人組織型態得以解決政府此方面之困境，提升國家未來競爭力，以上均為政府捐助成立財團法人之原因。有關公設財團法人的形成原因請參見圖 15-1。

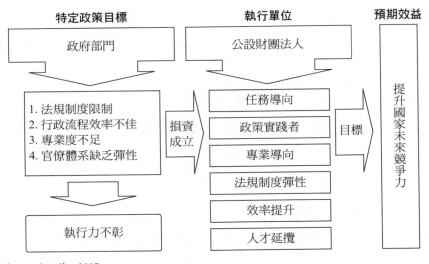

資料來源：陳月筵，2007。

圖 15-1　公設財團法人之形成

肆、公設財團法人之特徵

從設置條例或是捐助章程觀之，「公設財團法人」具有下列幾項特徵（改編自林桓，2005）：

一、就組織形式而言，所有公設財團法人均依據民法、特別法或設置條例，有捐助財產最低總額限制，並應向法院辦理登記。

二、就經費來源而言，公設財團法人一方面由政府捐助成立，另一方面以接受政府補助或委託辦理相關業務收取之費用，做為維持財團法人運作之主要資金來源。

三、就業務性質而言，其型態五花八門，有「研究性質」者，如中華經濟研究院、國家衛生研究院及國家實驗研究院；有「技術開發性質」者，如工業技術研究院；有「保證性質」者，如農業信用保證基金等，此為其他行政主體較為不及的領域。

四、就人事制度而言，公設財團法人之人事任用，依個別設置條例、特別法或捐助章程及其內部人事管理規章辦理。較公務員法規具彈性，以因應高科技研發單位人才延攬之需求。

五、就監督機制而言，公設財團法人因為接受政府資源補助，受政府監督密度，較民間財團法人為高，為其最大的特徵。

綜上，政府為有效率達成某些政策目的或任務，適度鬆綁公務機關之限制，以公設財團法人組織型態執行國家任務，透過妥善的監督機制，除解決政府效率及專業之困境外，期能提升國家之國際競爭力。

伍、政府對公設財團法人的經費資助

政府對公設財團法人預算經費之資助，概可區分為捐助、補助及委辦等三種類型，茲分述如下（改編自林桓，2005: 68-69）：

一、捐助：基於特定公益目的考量，政府以捐助者的角色，透過預算程序，捐助經費設立財團法人，以利特定業務的推動。

二、補助：公設財團法人設立後，或因基金經費不足，或因業務量不夠，

　　基於維持公設財團法人之正常運作，政府以補助者的角色，補助公設
　　財團法人經常性業務的推動或研究計畫之進行。如財團法人國家實驗
　　研究院、國家同步輻射研究中心、國家衛生研究院、中央通訊社、中
　　央廣播電台等之設置條例，均規定其經費來源包括政府「補助」之經
　　費。
三、委辦：近年來為調整政府角色及職能，善用民間資源與活力，提升公
　　共服務效率及品質，政府委託公設財團法人辦理之業務有漸趨增多之
　　勢。各機關基於業務上之專業需求，以委託辦理的方式，資助預算經
　　費委託具專業性之公設財團法人辦理業務。一方面須遵守有關法令規
　　定；另一方面應與受託公設財團法人訂定適當契約或相關文件，並載
　　明雙方權利義務及其他重要事項，以為委辦計畫執行之準據，此種關
　　係即為「委辦」。

第三節　政府機構對公設財團法人之監督

壹、預、決算編審程序

　　依審計部 2003 年審計報告書有關公設財團法人決算之審核報告，公
設財團法人機構經由中央政府制定法律，並編列捐贈預算成立，且規範
預、決算編送程序者，計有十一個。依其設置條例或相關法律對預、決算
編審程序之規定可區分為三類（陳月筵，2007）：
一、預、決算由行政院轉送立法院者，計有國防工業發展基金、工業技術
　　研究院及國家衛生研究院等三個公設財團法人。
二、由行政院將預算送立法院、決算送監察院者，有中華經濟研究院一個
　　公設財團法人。
三、預、決算報請主管機關循預、決算程序辦理者，計有國家文化藝術基
　　金會、中央通訊社、國際合作發展基金會、中央廣播電臺、公共電視
　　文化事業基金會、國家同步輻射研究中心及國家實驗研究院等七個公
　　設財團法人。

　　各該公設財團法人決算之審核與處理情形，除前述第一類依其設置條例規定將決算逕送立法院者外，第二、三類公設財團法人決算均由行政院轉送監察院，再轉交審計部審核。其餘政府捐助基金成立之公設財團法人，即依預算法第 41 條規定，就以前年度捐助之效益評估，併入決算辦理後，分別編製營運及資金運用計畫送立法院。

　　審計機關依法須對接受政府預算經費資助之財團法人行使審計監督，相關審核方式，茲按捐助、補助、委託辦理三者逐項探討如次（周靜幸，2002: 43-45）：

1. 捐助部分：2000 年 12 月 6 日公布修正預算法第 41 條增列「……每年應由各該主管機關就以前年度投資或捐助之效益評估，併入決算辦理」之規定，顯示各界咸認各主管機關應負監督之責。查審計法及審計法施行細則雖未明訂受公款捐助之團體應行審計事務，得參照審計法之規定執行之，惟為因應社會實際現況，目前審計部審核接受公款捐助財團法人經費之方式，所採取之方式為：

（1）設置條例規定行政院將決算送監察院或由主管機關循預、決算程序辦理者：如中華經濟研究院、國家文化藝術基金會、中央通訊社、國際合作發展基金會、中央廣播電臺、公共電視文化事業基金會等六個財團法人。審計部乃依據 1999 年 9 月 13 日訂頒「審計部審核財團法人年度決算作業注意事項」規範，執行監察院項下各該財團法人年度決算審核事宜，內容包括制度規章是否健全；設置宗旨是否達成；財務報表是否允當表達；資產、投資及理財是否妥適、穩健；主管機關是否善盡監督及審核職責等。

（2）設置條例規定預決算由行政院轉送立法院或無設置條例且未循預、決算程序辦理者：如國防工業發展基金、工業技術研究院、國家衛生研究院、財團法人賑災基金會、二十四個縣市文化基金會等財團法人。審計機關對於各機關預算所列捐助財團法人經費之審核，除依據審計法第 2 條規定審核其捐助經費是否達到捐助目的外，另於查核各主管機關財務收支時，了解其是否確實執行民法第 32 條規定對其主管財團法人之業務施予監督、檢查，以及

　　依據預算法第 41 條規定審核各主管機關之效益評估等情形。

2. 補助部分：審計機關依據審計法第 79 條規定，關於受公款補助之私人團體應行審計事務，得參照審計法之規定執行，並另訂「審計機關審核團體私人領受公款補助辦法」、「審計機關審核補助或委辦經費作業注意要點」二種作業規範。其中前者規定內容包括審計機關審核範圍、主管機關之認定及其應有責任、各團體及私人有關領受補助款之收支清單及原始憑證之送審、審計機關審核結果之處理等；後者規定包括補助計畫之作業規定、計畫經費之支用情形、計畫研究成果之保護措施、計畫經費增置之財產處理及審計機關審核結果之處理等。

3. 委託辦理部分：各級政府機關於預算項下編列經費委託財團法人辦理之事項，審計機關係依據審計法施行細則第 25 條及「審計機關審核補助或委辦經費作業注意要點」等規定，執行相關審核事宜。

貳、人事任用規定

　　公設財團法人經由中央政府制定法律，並編列捐贈預算成立，且規範人事任用者，計有十一個，其運作機制受政府監督最為嚴格。其餘公設財團法人有關人事任用規定，概依其捐助章程、人事規章為準據。茲就依設置條例及捐助章程針對人事任用所定，綜整如表 15-2，敘明如次（林桓，2005）。

參、其他監督規範

　　政府對公設財團法人之其他監督規範，茲依民法、預算法、審計法、政府採購法、財團法人設立許可及監督管理準則等規定，分述如次：

表 15-2　依設置條例設立之公設財團法人──人事任用比較表

單位	董事	監事	員工
國防工業發展基金	董事及董事長均由行政院院長聘任，其中國防部部長及經濟部部長為當然董事。	監事及監事會主席均由行政院院長聘任，其中行政院主計長為當然監事。	執行長由董事會聘任；董事會得因業務需要置工作人員若干人，由董事會聘任；其組織編制由董事會通過後，報請行政院核定。
工業技術研究院	董事及董事長均由行政院院長遴聘。	監事及常務監事均由行政院院長遴聘。	院長、副院長由行政院院長遴聘；組織規程、職員管理辦法及待遇辦法等均由院長提請董事會通過後實施。
國家衛生研究院	董事十一人至十五人，其中三人及董事長由行政院院長聘任，餘由董事會選任。	無	院長由董事會聘任；副院長由院長提請董事會聘任；諮詢委員由董事會遴聘；組織編制及專任人員之任免、薪給、福利、退休、撫卹等，其辦法由董事會通過後報請主管機關（行政院衛生署）核定。
中華經濟研究院	董事十一人至十五人，其中五人由行政院院長聘任，餘由董事會選任；董事長由常務董事互選之。	無	院長、副院長由董事會聘任；員額編制及人員待遇標準由董事會核定。
國家文化藝術基金會	董事由主管機關提請行政院院長遴聘；董事長由董事互選之。	監事由主管機關提請行政院院長遴聘；常務監事由監事互選之。	重要人事之任免為董事會之職掌；執行長及副執行長由董事會通過後聘請之；組織編制經董事會通過後報請主管機關（文建會）核定。
中央通訊社	董事及董事長均由行政院院長遴聘。	監事及常務監事均由行政院院長遴聘。	社長由董事長提名、副社長由社長提名，經董事會通過後聘任；人員待遇標準之核定為董事會之職權；組織編制由董事會通過後，報請主管機關備查。
國際合作發展基金會	董事由行政院院長遴聘，並以其中一人為董事長。	監事及常務監事由行政院院長遴聘。	秘書長及副秘書長均由董事長提名，經董事會同意後遴聘之；諮詢委員由董事長提請董事會通過後聘請之；組織、人事等規程另訂之，並需經董事會通過報請主管機關核備。

表 15-2　依設置條例設立之公設財團法人──人事任用比較表（續）

單位	董事	監事	員工
中央廣播電臺	董事由主管機關（行政院新聞局）遴聘，董事長由董事互選之。	監事由主管機關遴聘，常務監事之選任由監事互推一人。	總臺長及副總臺長由董事長提名，經董事會同意聘任之；人事制度之核定由董事會掌理；組織編制由董事會通過後報請主管機關核定之。
公共電視文化事業基金會	董、監事由立法院推舉公正人士組成公共電視董、監事審查委員會，由行政院提名董、監事候選人，提交審查委員會以四分之三以上同意後，送請行政院院長聘任之；董事長由董事互選之，常務監事由監事互選一人。		總經理由董事長提請董事會經三分之二以上董事同意後遴聘之；副總經理由總經理提請董事會同意後遴聘之；人事制度之核定由董事會掌理。
國家同步輻射研究中心	董事及董事長均由行政院院長遴聘。	監事及常務監事均由行政院院長遴聘。	主任由董事會聘任，副主任由主任提名經董事會同意後聘任；組織編制及相關人事管理規定，由董事會通過後報請主管機關核定。
國家實驗研究院	董事由行政院院長遴聘，其中一人為董事長。	監事及常務監事均由行政院院長遴聘。	院長、副院長均由董事長提請董事會同意後聘任；組織編制及相關人事管理規定，由院長提請董事會通過後報請主管機關核定。

資料來源：林桓（2005: 52-54）。

一、依民法規定

　　財團法人之監督可分為內部監督及外部監督。所謂內部監督係指財團法人內部組織之監督，民法第 27 條第 4 項規定：「法人得設監察人，監察法人事務之執行，監察人有數人者，除章程另有規定外，各監察人均得單獨行使監察權」，惟上開僅規定法人得設監察人，並未規定一定要設。因此除非財團法人於捐助章程中明定監察人之設置，否則將無內部監督之功能。另外部監督方面，依民法規定，一為登記主管機關，即法院監督，一為目的事業主管機關，即視法人之目的事業而由不同之主管機關監督（林秀燕，2004）。

二、依預算法規定

行政院依預算法第 41 條規定，於 1999 年 1 月間函示各主管機關編送相關事宜（包括格式、函送時間及份數等）。行政院主計處另於 2001 年 1 月間召集相關單位開會協商獲致結論，由各主管機關編製「對捐助成立財團法人之效益評估」，以附錄方式併入決算（包括財團法人基金規模、政府捐助基金金額、最近一年度營運狀況及效益評估）（林秀燕，2004）。

至預算依規定應由行政院轉送立法院之財團法人，包括國防工業發展基金、工業技術研究院、國家衛生研究院、中華經濟研究院、國家文化藝術基金會、中央通訊社、國際合作發展基金會、中央廣播電臺、公共電視文化事業基金會、國家同步輻射研究中心及國家實驗研究院等十一個財團法人，主管機關於每年 10 月底前函送行政院（其中國防工業發展基金會循例由該基金會自行函報行政院），俾於年底前轉送立法院。此外，依預算法第 68 條規定，中央主計機關、審計機關及中央財政主管機關得實地調查預算及其對待給付之運用狀況，並得要求接受政府預算經費資助之財團法人提供報告。

三、依審計法規定

目前審計部對於財團法人之審核，係依據下列原則辦理（林垣，2005）：

1. 審計法第 1 條、第 2 條及第 79 條規定，就各機關捐助財團法人設立基金是否完成撥付，及捐助財團法人運作或研究案件等經費之執行，加以審核。
2. 依預算法第 41 條第 3 項規定各主管機關應就捐助成立之財團法人施以效益評估並併入主管決算，審計部係就併入主管決算之效益評估表為書面之審核。
3. 依財團法人設置條例規定，其決算循決算程序辦理，且經監察院交審計部審核者，則依審計法第 2 條第 7 款：「其他依法律應行辦理之審

計事項」之規定，行使審計職權，辦理審核事宜。

又依審計法第 79 條規定，審計機關對於受公款補助之財團法人應行審計事務，得參照審計法之規定執行之；同法第 80 條規定，關於審計之各種章則及書表格式，由審計部定之。審計部據以訂定「審計機關審核團體私人領受公款補助辦法」，以為審核各級政府在總預算及各機關在其單位預算或附屬單位預算所列補助財團法人款項之準據。

依該辦法規定，領受公款補助之財團法人，如其所領受之補助款為其經常或臨時支出之全部者，應如期編具會計報告或收支清單，連同原始憑證，送由主管機關核轉各該管審計機關審核，審計機關於必要時，得派員抽查之；如有特殊情形，經主管機關徵得審計機關之同意，得免送有關憑證；如其所領受之補助款僅為其經常或臨時支出之一部分者，得由主管機關先憑領據列報，審計機關於必要時，得派員抽查之；撥付補助款之主管機關，對於所撥補助款之運用，應負責審核，並於年度終了後三個月內，將審核及處理結果，通知該管審計機關；審計機關審核財團法人領受公款補助款項，如發現有違背法令或與指定用途不符或未依計畫有效運用者，應通知主管機關予以糾正、追繳或提出改善意見。

四、依政府採購法規定

依政府採購法第 4 條規定，財團法人接受政府機關補助辦理採購，其補助金額占採購金額半數以上，且補助金額在公告金額（新臺幣 100 萬元）以上者，適用政府採購法之規定，並應受該機關之監督。故政府補助符合上開規定者，受補助對象適用採購法之規定。

五、依財團法人設立許可及監督管理準則規定

目的事業主管機關為辦理主管財團法人之設立許可及監督管理，分別訂定其所轄財團法人設立許可及監督管理準則。財團法人經許可設立後，其設立許可事項、組織運作及設施狀況、年度重要計畫執行情形、財產保管運用情形、財務狀況、公益績效及其他有關業務事項，受主管機關之監

督、檢查。財團法人如有下列情形，主管機關得予糾正並通知限期改善，逾期不改善而情節重大者，得廢止其許可，並通知該管法院：

1. 違反法令、設立許可條件、捐助章程或遺囑者。
2. 經營方針、舉辦業務與設立目的不合者。
3. 董事會之決議顯屬不當者。
4. 財務收支無合法之原始憑證或完備之會計紀錄者。
5. 隱匿財產或妨礙主管機關檢查、稽核者。
6. 對於業務、財務為不實之報陳者。
7. 經費開支浮濫或董事、監察人、職員報酬顯有不當者。
8. 財產總額已無法達成目的事業者。
9. 無正當理由停止業務活動繼續達一定期間以上者。
10. 其他違反準則或有關規定者。

第四節　公設財團法人的治理困境

由上述政府機構監督公設財團法人之相關規定可看出，不論是預算與決算的編審、人事的任用以及相關的規範等，在在顯示出政府部門的重大影響性，而此亦會造成公設財團法人在治理上的困境。本節將先從國外的治理經驗談起，論述官僚化、不當管制、自主性的威脅及財務不穩定等對非營利組織的治理影響。其次再依前述的四個向度，以及資源依賴理論的資源重要性、資源的可替代性、資源擁有者的決定及雙方驅使對方提供資源能力等四個向度來探究我國公設財團法人的治理困境。

壹、國外的經驗研究

當非營利組織依賴政府的直接財務支持時，政府的出資單位往往會對方案的規劃與績效有所期望。而一般民眾對政府資金運用是否妥當也有所期望，此種期望會對非營利組織造成特別的負擔。換言之，政府的補助必須被確定應用在公部門的公共議程上，而政府監督則構成了補助政策的

合法性與支持的基礎。尤其當非營利組織的資金來源大部分來自政府部門的補助時，政府部門往往會對這些公設財團法人加諸許多規範，促使其游移在組織使命與監督規範之間，甚或為維持組織的生存而喪失其原有之性格。

　　許多實證研究發現，在依賴政府資源的公私協力關係下，非營利組織往往會出現自主性的降低、創新性的減少、科層化的出現、服務的破碎與不連續等負面現象，且往往因忙碌與利益涉入，而失去原本應為社會公益辯護的角色與立場，以致造成角色的混淆與衝突（江明修，1998；黃源協、許智玲，1997；王于綾、林萬億，1997: 12-14；蘇昭如，1993；范宜芳，1999; Jansson, 1994）。依據 Salamon（1995: 90-93）的研究，在政府的資源中，政府的補助經費通常是非營利組織的最主要收入，加以政府常以契約委託的方式，與非營利組織協力提供公共服務。因此政府與非營利組織間之互動關係，不僅表現在公共服務之傳送方面，在財源資金方面更是往來密切。倘若非營利組織過度依賴政府經費之挹注，對非營利組織之自主發展恐有負面之影響，Knapp（1990: 210-213）等人即提出如下的治理困境：

一、官僚化（bureaucratization）：從參與的原則來說，政府補助會使非營利組織更加官僚化，例如：財務管理和會計、公文流程、例行性的控制等，這些發展其實與非營利組織之鬆綁精神的概念是相違背的。惟至今非營利組織仍未能藉由開拓其他財源的方式來消弭因接受政府補助所造成的額外成本。

二、不當管制（inappropriate regulation）：政府的某些行政業務已成為非營利組織獲得政府補助的要件之一，例如：政府會審核非營利組織的收支、或資源的投入與產出等。這樣的管理限制將會造成組織運作上的困擾，特別是當非營利組織接受一個以上的政府單位補助時，情形將更為嚴重。

三、自主性的威脅（threats to autonomy）：非營利組織一旦介入政府的公共服務提供，有可能會受政治力所左右，而淪為政府的政策執行機構。甚至喪失其獨立自主性、背離組織使命，難以充分發揮政策倡導

的功能，以致無法符合其服務社群（服務對象）之需。

四、財務不穩定（financial insecurity）：依恃政府補助的最大缺點即是存
　　在不確定性，政府的補助或許只能抵減非營利組織的部分生產成本；
　　又或許政府的經費補助會延遲發放或根本不予發放，甚至亦有鼓勵過
　　度投資的可能。因此，政府補助經費的不確定性，對於相當依賴政府
　　支援的非營利組織而言，無疑地會為其財務結構之安全性造成相當大
　　的威脅。

　　Salamon（1995: 23）的研究指出當非營利組織接受政府資源補助的同
時，將可能降低政策倡導的角色功能及自主性，使組織的任務宗旨遭到扭
曲、喪失機構的志願特質。其結果可能是：接受政府資金或補助愈多，相
對受政府的控制也愈多，如合作契約缺乏具體性、績效性，該組織勢將疲
於應付臨時交辦的業務；同時為講求品質與績效，以獲得政府和提供捐助
者的信賴，只好呈現徒具形式的量化成果，造成行政工作驟增，影響非營
利組織實踐社會關懷與慈善服務之使命，這類情況也會發生在與其他組織
合作的關係上。

　　綜言之，雖然非營利組織想要以實驗新的方案與服務模式來擴大其
自主性，但此可能會與政府的補助計畫產生某種程度的衝突（DeHoog,
1984; Smith & Lipsky, 1993）。同時，當政府想要在所有補助方案上達成
高度監督時，也會與非營利組織希望以最適方式，追求使命的願望相衝突
（Gooden, 1998; Kearns, 1996）。

　　非營利組織受限於存在法源、人力、時間、資本和資源的投入方案，
需與政府建立互動關係，相對地建立關係將威脅非營利組織自主性發展。
其中典型的關係為資源互賴及公共政策倡導等，這些互動關係將會是影響
組織自主性的決定性因素。本文將以「官僚化」、「不當管制」、「自主
性的威脅」及「財務不穩定」等面向，以訪談的方式來解析個案公設財團
法人依賴政府補助所產生之自主性危機與治理上的困境。

貳、我國的經驗省思

為探求資源依賴對公設財團法人之自主性的影響，本章乃挑選財團法人國家實驗研究院（簡稱國研院）為研究對象，其屬性為國家級研究機構且其科技研發預算主要來自政府。本章除就個案相關資料進行分析外，亦邀請個案組織各階層相關之代表人物接受深度訪談，受訪對象以院長及預算編製主管及業務推廣主管為主，共計五位受訪者。之所以挑選上述受訪者，乃因渠等對個案的資源依賴狀況、成長歷史、資源依賴所衍生之自主性受限的程度有一定程度的了解。因受篇幅之限，謹將重要的研究發現摘述如後，詳細的訪談實錄與分析結果請參閱陳月筵（2007）的論文部分。

一、對政府資源的依賴

本構面以資源的重要性、資源的可替代性、資源擁有者的決定及雙方驅使對方提供資源能力等四個向度進行探究。透過這四個因素的檢視，便可了解國研院對政府資源的依賴程度。

（一）政府資源的重要性

國研院因為組織特性，主要的研發資源，包含年度營運資金、大型設施及各項設備等主要均依賴政府單位之補助。政府所提供的資源對於國研院的生存發展具有關鍵性的影響。換言之，政府提供予國研院之資源對其組織運作屬不可或缺的資源。對國研院而言，有其高度的重要性，但個案組織也面臨到補助款逐漸減少的困境。

（二）政府資源的可替代性

依 Saidel（1991）對資源的可替代性之定義：當組織所需的資源遭到壟斷或是可資運用的資源不足卻又無其他資源可資代替時，組織對這些資源及資源的擁有者將會有較高的依賴程度。國研院接受政府之年度營運資源，主要由主管機關以預算編列補助方式辦理。因為國研院之成立具有國

家的特定任務，為確保任務之達成，對於本身自籌發展有其相當限制，因此所需資源無法透過自籌獲取。另根據個案歷年決算資料及 2007 年預算分析得知，歷年自籌決算所占比率均低於 10%。

（三）資源擁有者的決定

若就 Saidel（1991）對資源擁有者的決定觀之，對握有資源、控制與監督資源的政府而言，其資源配置之方式與流向的決定，均會對組織在接近與獲取資源的過程造成影響。國研院每年依預定執行計畫提報預算，經內部諮詢委員會、董事會、國科會、主計處及立法院等層層關卡刪減，實無法依原提報數核定。歷年通過率約 85% 左右，且有逐年下降趨勢，其資源獲取的決定權，政府單位（國科會、主計處及立法院等）占有極大的決定性。個案組織對於每年所需資源額度，主要決定於政府單位，對個案組織執行計畫在某種程度上會造成影響。國研院未來應朝成本降低方向思考，或退場機制，或中心合併方向思考。也就是中心任務完成後，應有合理退場機制，由新任務進場，改變公法人體質，提升資源使用效益。

（四）驅使對方提供資源的能力

Saidel（1991）認為愈能給對方壓力，使之屈從者，則依賴對方的程度將會愈低。對此觀點，本研究的受訪者均認為，非營利組織對於驅使政府提供資源的措施及反應，無法促使政府單位屈從並順利提供資源。因國研院對於年度營運資金如遭政府單位進行刪減，其保障措施主要為進行溝通及遊說，並請主管機關給予協助。立法院之刪減較麻煩，預算會遭刪減主要係因政府財政狀況匡列額度所致。除非政策性的計畫會有額外考量。核定額度主要均由政府單位依實際財政狀況進行分配。國研院對於驅使政府單位提供資源之能力成效有限，主導權仍在於政府單位。未來如能透過 ABC 制度之建立提供合理預算，應可獲得政府信任；另一方面如何由其他中心資源互相支援亦是解決方案之一。

綜合本節內容，國研院因為組織的特性及任務之關係，政府的補助

對該組織的生存發展具有關鍵性的影響力。為確保國家任務之達成，對於本身自籌能力發展有相當的限制，因此所需資源無法透過自籌獲取。個案組織每年所需之資源額度，及驅使政府單位提供資源之能力的成效有限，主要決定於政府單位，對計畫執行在某種程度上會造成影響。即使透過國會遊說和溝通，驅使政府提供資源的成效有限。因此本研究依據 Saidel（1991）所提出之資源的重要性、資源的可替代性、資源擁有者的決定及雙方驅使對方提供資源能力等四個向度進行探究，結果顯示個案組織對政府資源呈現高度的依賴。

　　國研院未來應朝降低營運成本方向思考，或退場機制，或中心合併方向思考。也就是中心任務完成後，應有合理退場機制，由新任務進場，改變公法人體質，提升資源使用效益。另應強化資源整合效益，並積極開發新資源能量。對於資源使用的效用及效益，應建立評估機制，例如透過 ABC 制度之建立，提供合理預算精算依據，除可獲得政府信任外，對於資源的獲取也會有相當大的助益。在預算爭取過程中進行遊說和溝通，應將整體研發成果具體呈現，設法提升組織聲望以取得民意機關信任，如此將有利於預算爭取。

二、自主性之影響

　　本構面係以官僚化、不當管制、自主性威脅及財務穩定性等四個向度進行探究，透過此四個因素的檢視，便可了解國研院因依賴政府資源對其自主性之影響為何。

（一）官僚化

　　根據 Knapp（1990）等人從參與的原則來說，政府補助會使非營利組織更加官僚化，例如：財務管理和會計、公文流程、例行性的控制等，這些發展其實與非營利組織緣起之精神與概念是相違背的。而此觀點與本研究的發現不謀而合，因國研院接受政府的補助，在行政、會計等多了很多行政程序。但受訪人大致認為那是理所當然的，因為用政府的資源就必須

配合並接受政府的監督。預算編列到執行到成果均受到政府單位的嚴格監督。

　　為因應上述行政監督，須投資大量人力、物力進行準備及溝通，包括企劃、業推、會計、行政及國會人員。除本身業務外尚要投入精神以因應政府單位各項要求。對整體之影響為時效耽擱，耗費資源及人力，且成效不大。政府單位應該思考，如何建構完整完善的制度跟規範，而不是讓公法人一味跟隨政府的法令，應協助建置一套適用於公法人之內控或作業流程面，或授權或簽核，讓整個組織型態健全發展，發揮公法人應有的功能。對於公部門承辦人員能加強宣導公設財團法人之存在功能，以取得互相認知，讓彼此在同一共識下進行各項業務互動。

（二）不當管制

　　若就 Knapp（1990）等人觀點，政府的某些行政業務已成為非營利組織獲得政府補助的要件之一，例如：政府會審核非營利組織的收支、或資源的投入與產出等。而此做法的確造成個案組織許多困境，因國研院在法條引用上，常造成許多矛盾和欠缺適用的依循法令。主管機關法令不夠明確或與其他政府單位規範具重疊性，常造成國研院為滿足各項監督條款，疲於奔命，浪費資源。雖說資源依賴的前提為相互承諾彼此的自主權，但對於高度依賴政府資源的組織而言，不得不花時間與資源投入在政府單位的期望或要求上。本構面建議政府單位應給予公設財團法人法規適用上之彈性，而法人本身應建立完善內控機制，以取得民意機關之信任。藉由嚴謹之內控規範及程序取代政府之法規，建置屬於公法人適用之法令規範。

（三）自主性威脅

　　Salamon（1995: 23）的研究指出當非營利組織接受政府資源的補助的同時，將可能降低政策倡導的角色功能及自主性，使組織任務宗旨遭到扭曲，以致喪失機構的特質。國研院所屬每個中心均有其特定任務，唯有時於立法院進行預算審議時，因政治因素或政黨關係，致有些任務計畫受到

質疑而被迫停止，無法順利進行，以致對於長期整體計畫目標之達成產生重大之影響。因組織特性及經費均來自公務預算，對於政府之各項干預大多能配合辦理；另組織本身有明訂宗旨及任務，雖無法完全自主，但不致使組織任務宗旨扭曲、喪失機構的特質。本構面給政府單位建議能維持政治中立立場，對於國家未來發展才能有共識；在個案組織則應強化專業導向，取得信任，以提升個案自主性。

（四）財務穩定性

　　若就 Knapp（1990）等人觀點，依恃政府補助的最大缺點即是存在不確定性。政府的補助或許只能抵減非營利組織的部分生產成本；又或許政府的經費補助會延遲發放或根本不予發放，甚至亦有鼓勵過度投資的可能。根據受訪者的觀點，依恃政府補助的最大缺點即是存在不確定性，對財務穩定性有重大影響。國研院每年所需之預算額度，在經多方刪減及國庫吃緊的狀況下，成長率有逐年下降的趨勢。且這一兩年立法院對於產生質疑之各項預算，均採凍結預算方式辦理。由於議會程序繁瑣冗長，在解凍的過程中，對國研院而言，財務狀況產生高度的不確定性，對財務面及計畫執行面將產生很大的困境。此將影響整體的研發進度，對組織財務結構之安全性將造成相當大的威脅。

　　國研院面臨此困境，未來應該要以 Top view 的思維，建置大型整合型平台，各中心配合調整任務。單兵做戰無法充分發揮功能，透過整合平台的建立，讓大家資源共享，專業合作以發揮強大的資源能力。這部分院部扮演重要角色，在未來應朝整合方向思考，除可以大副降低成本，重整資源，在效率及資源互通充分發揮效率下，提升國研院最大研發能量。綜合本節內容，當非營利組織的收入超過 50% 仰賴固定捐（補）助對象時，其自主性就會逐漸瓦解。其對成立使命、標的人口、計畫目標、活動方式、作業程序等決策事宜，將受到主要捐（補）助人的左右（黃新福、盧偉斯，2006: 291）。

本章參考書目

王于綾、林萬億（1997），〈購買服務契約對民間福利機構影響之探討〉，《社區發展季刊》，第 80 期。

江明修（1998），《非營利組織公共服務功能之研究》，國科會專題研究計畫。

呂朝賢（2001），〈非營利組織與政府的關係：以九二一賑災為例〉，《台灣社會福利學刊》。

林桓（2005），《公設財團法人之研究》，國科會專題研究計畫。

林秀燕（2005），〈淺談政府捐助財團法人之監督〉，《主計月刊》，第 591 期。

周靜幸（2002），〈淺談政府捐助財團法人之管理與審計〉，《審計季刊》，第 23 卷第 1 期。

范宜芳（1999），〈非營利組織之公辦民營〉，收錄於江明修主編，《第三部門：經營策略與社會參與》，台北：智勝。

陳月筵（2007），《非營利組織的資源依賴與自主營運之研究：以公設財團法人為例》，銘傳大學管理研究所在職專班碩士論文。

黃新福、盧偉斯（2006），《非營利組織與管理》，台北縣：空中大學。

黃源協、許智玲（1997），〈福利服務民營化趨勢下的志願部門—英國經驗的探討〉，《社區發展季刊》，第 80 期。

蘇昭如（1993），〈政府委託民間辦理社會福利服務之條件與方式〉，《社區發展季刊》，第 63 期。

劉淑瓊（1997），〈依賴與對抗—論福利服務契約委託下政府與民間受託單位間的關係〉，《社區發展季刊》，第 80 期。

Daft, R. L., & Wan, T. H. (2007), *Organization Theory and Design: A Modern Introduction*, Taipei, Taiwan : Hwa Tai Publishing.

DeHoog, R. H. (1984), *Contracting Out for Human Services: Economic, Political, and Organizational Perspectives*, Albany: SUNY.

Gooden, V. (1998), "Contracting and Negotiation: Effective Practices of Successful Human Service Contract Managers," *Public Administration Review*, No. 58.

Helmig, B. M., & Lapsley, I. (2004), "Challenges in Managing Nonprofit Organizations: A Research Overview," Voluntas, Vol. 15, No. 2.

Jansson, B. S. (1994), *Social Policy: From Theory to Policy Practice*, Pacific Grove, C.A.:Brooks/Cole.

Kearns, K. P. (1996), *Managing for Accountability: Preserving the Public Trust in Public and Nonprofit Organizations*, San Francisco, C.A.: Jossey-Bass.

Pfeffer , J., and Salancik, G. R. (1978), *The External Control of Organization: A Resource Dependence Perspective*, New York: Harper and Row.

Salamon, L. M. (1995), *Partners in Public Service-Government-nonprofit Relations in The Modern Welfare State*, The Johns Hopkins University Press.

Saidel, J. R. (1991) "Resource Interdependence: The Relationship Between State Agencies and Nonprofit Organizations," *Public Administration Review*, Vol. 51, No. 6.

Smith, S. R., & Lipsky M. (1993), *Nonprofits for Hire: The Welfare State in The Age of Contracting*, Cambridge, Harvard University Press.

第十六章　政府與非營利組織

第一節　非營利組織的發展與定義

壹、起源與發展

一、起源

　　人類的互助與慈善行為由來已久，人們為了生存，必須發展互助行為，如中世紀歐洲教會所從事公共服務活動，救濟孤兒、寡婦、殘廢、貧病等不幸的人。最早的非營利組織型態，出現於 1868 年在倫敦成立的「組織慈善救濟暨抑止行乞協會」（Society for Organizing Charitable Relief and Repressing Mendicity），後改名為「慈善組織協會」（Society for Organizing Charitable），試圖將當時的非營利慈善組織加以連結，以避免組織間的衝突與資源的浪費（馮俊傑，2004: 48）。

　　在台灣，自解嚴後情勢大為轉變，對人民團體的限制大為鬆綁，使得社會福利團體的數量激增。社會的開放使得民意與社會力爆發而趨多元，政府必須回應這些多元的民意與需求，因而需加強推展新的服務與方案。為此，政府大力採取與非營利組織合作生產的福利服務，以作業外包、委託經營及獎助等方式鼓勵民間社福非營利組織參與社會服務，兩者互動逐漸頻繁。

　　此外，司徒達賢指出非營利組織的興起，原因在於環境快速變遷，社會價值多元化，社會產生或意識到一些需要，而這些需要無法經由商業體系中的企業來完成，也無法由政府機構來完成。因此有志之士乃組成團體，解決社會的問題，達成本身之理想（司徒達賢，1999）。

　　綜合以上得知，非營利組織的興起是由於人類求生存，故初始以民眾互助模式發展；漸漸演變形成教會等組織以慈善贊助模式，持續發展其濟貧扶弱之功能；而後漸以解放、發展社會多元價值，彰顯公民參與的人民

權力模式，反映人民需求；加強服務導向，以競爭與市場模式，彌補政府在有限資源與人力的服務缺口，避免政府失靈。

二、非營利組織之發展與成果

（一）台灣非營利組織數量激增

以社會團體為例，根據內政部的統計資料，1987 年社會團體總數有5,794 家，2004 年增加到 24,303 家，2006 年則已增加到 28,027 個（內政部統計處，2007）；基金會財團法人型態上在法院登記，1997 年有 2000家左右，2001 年已超過 4000 家（eNPO 青年福利社，2007/02/05）。

（二）台灣非營利組織產值迅速擴增

台灣目前約有 31,000 個非營利組織，其年平均產值高達 3,700 億，接近全國國民生產毛額的 4%（eNPO 青年福利社，2007/02/05）。

（三）相關研究成果

自 1990 年代中期起，學院與高等教育機構中，有愈來愈多人以非營利部門做為主題進行研究與教學（蕭新煌，2000: 122）。台灣目前以非營利組織命名的系所如南華大學的非營利事業管理學系，而政大經營管理碩士學程（EMBA）也設有非營利事業管理組；其他各大專校院之公共行政學系、公共事務學系、企業管理學系、合作經濟系、社工系、社會系之課程中，不乏開設非營利組織之相關課程及論文、計畫研究；而不少有志於非營利組織研究學者更建置「臺灣非營利組織研究網」網站（網址：http://npo.nccu.edu.tw/content/section01/item01.php）。

貳、非營利組織之定義與使命

由前述非營利組織之起源與發展得知，非營利組織係為「互助」、「公益」之目的而存在的組織。

一、定義

所謂公益是指社會上不特定多數人的利益或社會全體的利益。公益法人則被界定為以文化、學術、慈善等性質之公益事業為目的的法人。「公益法人」的主管機關為內政部，設立及管理的法令為「人民團體法」。舉凡協會、學會、聯誼會、同鄉會、校友會、促進會、工會、商會、公會……等，均屬此類，一般所稱社團法人，都是指公益社團法人；而財團法人則是集合財產的組織體，為達成公益目的加以管理運用。由民法對法人的種種規定，可以規整我國非營利組織的法規體系，如圖 16-1。

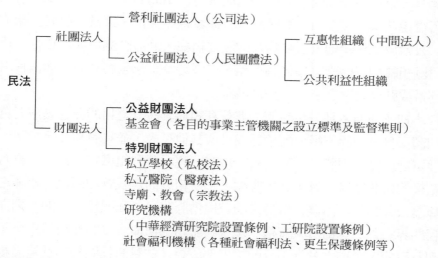

資料來源：蕭新煌，2000: 80

圖 16-1　我國民法傳統下非營利組織的規範

（一）非營利組織之條件

Wolf（1990）認為一個組織必須包含以下五種條件，方能稱之為非營利組織：必須具備公共服務之使命；必須為一非營利或慈善性質；其組織制度與經營必須排除個人之獲利；本身具有合法之免稅地位；其具有可以使捐款者、贊助者獲得免稅（或節稅）之合法地位。

由上述闡明非營利組織的公益屬性，主要以捐款、贊助獲取財源，並具免稅之合法性，以確保其獨立、公共之地位。

（二）非營利組織之定義

維基百科（2007）對於非營利組織的定義為「不是以營利為目的的組織，它的目標通常是支持或處理個人關心或者公眾關注的議題或事件，因此其所涉及的領域非常廣，從藝術、慈善、教育、政治、宗教、學術、環保等等，分別擔任起彌補社會需求與政府供給間的落差。」而我國營利事業所得稅法第 4 條第 13 點提及，各種教育、文化、公益、慈善機關或團體，且合於民法總則公益社團及財團之組織，公益社團以人之集合為特點，財團組織則以財產之集合為特點，二者皆為謀求全體社員非經濟性之公共利益或社會大眾之公共利益之組織。

孫本初（1994）進一步說明「非營利組織其設立之目的非在獲取財務上之利潤，且其盈餘不得分配給其成員或其他私人，並具有獨立、公正、民間性質之組織或團體」；陳金貴（1994）將非營利組織定義為一「具有正式結構的民間組織，是由許多志願人士所組成的自我管理團體，組織之目的係為公共利益，而非為自身之成員提供服務」；江明修（1994）則從經營目的界定為「具備法人資格，以公共服務為使命，享有免稅待遇，不以營利為目的。組織之盈餘不分配給內部成員，並具有民間獨立性質之組織」。

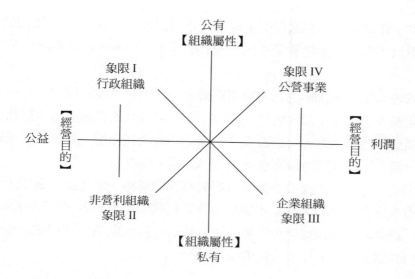

1. 象限 I－象限 III：公共服務私有化
2. 象限 IV－象限 III：公營事業私有化
3. 象限 I－象限 II：公共服務非營利化
4. 象限 IV－象限 II：公營事業非營利化

資料來源：江明修，2000: 146

圖 16-2　公部門非營利化與私有化

　　基於以上條件與稅法規定，非營利組織為一經政府立案，並受相關法令管轄之正式化私人組織，且屬非利潤分配的自主管理與志願服務之公益集合體。在此所指「公益」意謂「為不特定人或特定多數人的利益提供服務。」因此，只要經營目的是符合「公益」的組織，均可稱之為「非營利組織」，此乃採用較為寬鬆角度來對非營利事業做廣泛性的定義，例如：鄰里組織、社區組織、公益組織、私人志願組織、慈善組織、獨立部門、第三部門、基金會、非政府組織等均列入本文所指之非營利組織的範圍。

二、 非營利組織之使命

　　一般而言，非營利組織與企業組織不同，不以獲利為目的，而須藉

「使命」作為驅力，凝聚與引導社會大眾奉獻人力、物力、財力，以達自我實現的使命感，並能避免產生「善心疲乏」（compassion fatigue）之現象。

管理大師 Drucker 認為非營利組織是一種點化人類的媒介，……，造就脫胎換骨的人類（余佩珊譯，2000: 5）。非營利組織提供各式服務或從事各種活動的原動力，可以追溯到一種基本的意識形態，意即「促成社會上每一個人生活品質的最高水準」（Weiner, 1990）。

因此，非營利組織雖然仰仗外界的募款與資源，然募款只是手段，不是其組織存在的目的，使命才是支持非營利機構與參與者之行動的元素。因此，經營非營利組織應以「使命」為核心，投入創造出該組織之視野、觀念和服務來點化人類，改善環境和社會。

參、非營利組織之範疇與類別

非營利組織的類型已經不僅限於社會慈善事業，其涵蓋範圍很廣，舉凡環境保護、人權福利、教育文化、醫療保健、人群服務、動物保育、社會公利、婦女權益、休閒藝術等領域皆有其專屬性質之非營利組織。

美國非營利組織聯合會稱為「獨立部門」（Independent Sector）依據非營利組織的特質將之分類如下：即醫療保健類、教育研究類、社會服務類、會員組織或基金會類、文化娛樂及休閒類、其他等六類（蕭新煌，2000: 13）。而依國際非營利組織之分類標準（The International Classification of Non-profit Organization, ICNPO）則有十二大項可納入非營利組織的範圍，包括：教育與學術研究、醫療、社會福利、文化與休閒、工商團體和專業組織、住宅開發、國際事務、公民倡議議題、環境保護、慈善、宗教及其他。

另一分類法係用組織的財務取得方式，和組織控制方式兩個變項，將非營利組織區分成：捐助－會員控制類、捐助－董事控制類、收費－會員控制類，和收費－董事控制類（見表 16-1）等四種類型。

表 16-1　四種非營利組織類型

組織控制　財務來源	會員控制	董事控制
捐助	如：聯合勸募協會 　　服務性社團	如：民間博物館 　　公益基金會
收費	如：聯誼會 　　會員俱樂部	如：社區醫院 　　安養院

資料來源：Hansmann, 1980: 842。（引自蕭新煌，2000: 14）

　　台灣的非營利組織在民法中被分為社團法人與財團法人，其中社團法人係以人為組成基礎，其主管單位為各級政府主管社會行政部門，依中央主管機關內政部社會司將社團法人的分類，可分為：學術文化團體、醫療衛生團體、宗教團體、體育團體、社會服務及公益慈善團體、國際團體、經濟業務團體，以及兩岸團體等共八類（內政統計處，2007）；在財團法人方面，是以財產為組成基礎，是向各目的事業主管機關立案的基金會或機構，計有：社會福利慈善（社會司、局）、文化教育（教育部、廳、局）、環境保護（環保署）、衛生醫療（衛生署）、工商經濟（經濟部）、新聞傳播（新聞局、處）、財政金融（財政部）、交通觀光（交通部）、兩岸事務（陸委會）、勞工服務（勞委會）、青年服務（青輔會）、外交事務（外交部）、農業事務（農委會）及其他。

　　若依事業目的分類，可分為公益性與互益性，在公益性組織方面，以提供公共服務為目的，範圍包括：慈善事業、教育事業、科技研究組織、私立基金會、社會福利機構、宗教團體與政治團體等；在互益性組織方面，以提供會員間互益為目的，範圍包括社交俱樂部、合作社（場）、互助會、工會、商會及職業團體等。

　　若依組織服務對象分類，可分為公共服務類（Public service）及互益類（Mutual service）的非營利組織，其中公共服務類係以社會大眾為對象提供服務，如：慈善事業、教育文化機構、社會文化機構、私立基金會、社會福利機構、政治團體；互益類則為以提供該組織成員互益為目的，包括有：社交俱樂部、消費合作社、互助會及類似之組織、工會、社會及職業團體。

第二節 政府與非營利組織之互動關係

壹、政府與非營利組織之關係

一般而言，非營利組織的特定利害關係人包括其董事會、內部員工、志工、社會大眾（含捐贈者、受助者與一般大眾）、政府、企業與媒體。其中，與政府之關係主要是非營利組織受政府法令制度規範，對其組織運作、服務輸送均有廣泛的影響。另一方面，政府補助款有時亦為非營利組織的重要財源之一，財務依賴與受控程度、與政府溝通互動、合作衝突的情形，便成為非營利組織是否保有自主性與發展的重要因素。

政府各單位與非營利組織之互動情形，主要依民法與相關行政命令等規定，例如在人民團體法中，相關的規定主要有：行為監督（人團法第 58 條）、應予解散之事由（人團法第 59 條）、獎勵（人團法第 57 條），並依事業目的而有不同業務主管機關與互動機會，如社會福利慈善之主管機關為內政部社會司、局；青年服務之主管機關為青輔會；衛生醫療之主管機關為衛生署等，提供非營利組織相關補助款項、委託業務，或合作辦理相關業務。

貳、政府與非營利組織互動面向

非營利組織與政府間之互動關係可分為以下數個層面：

一、規範（管制）層面

目前我國在法令政府對非營利組織具有監督之機制，透過法令規章管制（Regulatory）、監督，政府對其非營利的性格與公益性之監督，介入協助非營利組織營運危機、損害捐款人權益、服務標準、資格設定的問題，有利於維護非營利與福利市場的運作機制。有關規範部分，學者主張監督系統是必要的，但亦應透過政府與社會大眾的他律功能，鼓勵非營利

部門發展自律規範，個別的自律規範、結盟組織的自律規範、部門內監督性團體制定的自律規範（蕭新煌，2000: 103-104）。有助於民間非營利部門健康發展，以建立責信度、透明度，由政府和社會大眾，尤其是非營利部門本身共同監督的興利性立法取向。

二、 資源（財政）層面

政府流向非營利組織的資源（Resources），可分為制度性與非制度性的資源互動兩種。前者如補助款及獎勵金，政府提供的資源以金錢為主，如內政部在每年初會發給各組織一本「機構聯繫會報」，獎勵的部分則由內政部每三年舉辦評鑑，發給評鑑結果優良的機構獎金。

非制度性資源主要是場地與設備的借用，人力則為因為是政府最為不足的資源。因此，非營利組織所提供給政府的資源，多以專業人力為主，其次則是場地與設備。非營利組織也經常是福利服務的實際執行者，在實務經驗上有時比政府單位更豐富。

非營利部門將因為接受政府的財政支援，改善本身的財務狀況，有助於各社團組織與基金會提升其專業性。政府與非營利部門的關係朝合作關係發展，增加兩者之間的制度性的信任。擁有較多資源或設備較好之非營利組織，較易獲得政府的委任；又獲得政府的財政支援，較其他組織更好的人力資源和設備，形成非營利組織成長與發展（蕭新煌，2000: 122）。值得注意的是，由於非營利組織在財務上對政府的依賴，可能導致非營利組織必須考量政府所設定的條件與優先性，而降低非營利組織的自主性。

三、資訊面向

資訊公開是消除政治過程黑箱作業的基本要求，因此各國政府也先後對資訊公開予以立法明定，我國亦於 2005 年 12 月 28 日公布「政府資訊公開法」，保障人民知的權利，一般而言，政府可提供非營利組織的資訊，一為法令、政策及招標資訊等行政訊息的通知，以及政府出版品；另一為專業知識的傳遞、交換。由於我國政府推行電子化政府運動，多數訊

息皆透過電子公文、網站等形式獲得；並可依法向政府機關申請提供政府資訊，以利取得公開透明之資訊，有助提升非營利組織與政府部門互動之效能。

四、供給（服務輸送）層面

在服務輸送面向包括訊息的交換、轉介、諮詢、協調與規劃等，政府與非營利組織在服務輸送，基本上有方案委託外包與公辦民營兩種形式。方案委託中，政府所需提供的純粹是經費補助，而公辦民營則除經費外，政府尚需提供場地與設備。

五、目的（政治性）層面

政府雖創造各種服務，或者在各種政府的擬定上，儘量移撥經費來照顧弱勢族群，但是民間對於福利服務的需求是多元性的，是以政府有限的人力與龐雜的科層體制無法辦到的（蕭新煌，2000: 297）。非營利組織係民間自發性組成的組織，在運作上較無公部門層級節制、公文旅行的現象，在效率上可能優於公部門。

政府對非營利組織的目的訴求比較單純，政府為了不讓服務需求者無處購買服務，經常希望非營利組織能承接一些無人問津的服務案，特別是為預算年度即將結束前消化預算，或者是要求非營利組織對當年政府的政策目標作配合。

非營利組織對政府的目的訴求部分則較為複雜，就一般面向而言，非營利組織會對政府的政策、法令進行訴求，這部分原即為非營利組織的功能之一。通常政府在制定或修改相關政策前，會先由政府發動的會議主動邀集該領域代表性組織，聽取其意見，非營利組織也會針對其關心的議題，主動召開公聽會以影響政府的態度。

六、政策影響層面

政府規劃的政策時，適度引進非營利組織對於特定議題之政策參與，

將有利於政策推動與執行。其實，政府與非營利組織在政策影響層面是相互影響的，政府會運用各種方式使非營利組織順從其政策目標，或廣納其建言，作為政府之政策諮詢機構如其智庫，以使政策更加周延；非營利組織也會尋求各種管道，如政策建議、參與政策規劃、遊行、舉辦宣導活動等，使政府能滿足其各方面的要求，或喚起政府對其宣導之價值的重視，或是希望藉此能使政府之立場與之一致。學者提出非營利組織較常用來影響公共政策的方式包括：政策倡導、遊說、訴諸輿論，自力救濟、涉入競選活動、策略聯盟、合產協力（江明修、梅高文，1999: 8-10）。

Nyland（1995: 195-204）指出非營利組織與政府對於制定公共政策，有三種可能的互動情形。分別為：非營利組織經由政策遊說或者動員群眾的方式，以影響民選官員或者國會議員，亦即非營利組織透過政治壓力的運用；政府在公共政策的制定過程中，居於強勢主導的角色，政策是由上而下（top down）方式產生，因為非營利組織需仰賴政府的補助經費，因此無法有利的去影響政府公共政策的制定；非營利組織與政府是互相依存的關係，亦即政府採用公私合產的方式，借重非營利組織來參與政策制定，彼此產生良性的互動。在台灣非營利組織所從事的公益遊說，例如：國內勵馨社會福利基金會推動「兒童及少年性交易防制條例」、生態保育聯盟的「全國搶救棲蘭山檜木林」、婦女新知正積極推動的「兩性工作平等法草案」、婦女新知基金會推動通過的「民法親屬篇修正案」（蕭新煌，2000: 408-409）等都是非營利組織積極參與政策制定之例證。

參、政府與非營利組織互動模式

一、吉爾登等主張模式

吉爾登等（Gidron, Kramer & Salamon, 1992）在探討非營利組織與政府間關係，認為非營利組織的公共服務可以從兩個層面加以區分，一是服務經費的提供與授權，另一是實際服務的輸送者，並發展出四種的關係模式（如表 16-2）（蕭新煌，2000: 404-405）。

（一）政府主導模式

「政府主導模式」（government-dominant model）即指政府扮演掌握經費提撥與服務提供者的雙重角色，對於一些非營利組織無法提供或不願意提供的福利項目，由政府擔任最終的提供者。因此，政府為經費與服務提供者，此為所謂的福利國家模式。

（二）雙元模式

「雙重主導模式」（dual model）指非營利組織與政府各自提供福利服務，兩者間並無經費上的交集，處於平行的關係上，且對於提供資金與傳送服務，彼此各有其明確的範圍。在於此模式下，非營利組織可彌補政府提供服務的不足，或非營利組織可以自行設計服務方案供給服務對象。

（三）合作模式

「合作模式」即政府擔任經費的主要提供者，而非營利組織擔任服務的提供者。另一為「共銷模式」（Collaborative-vendor model）就服務內容、範圍、資源配置、服務輸送等層面，共同討論研商，故非營利組織不僅止於扮演直接服務的角色，更可參與及影響政府的社會政策。兩者在公共服務上，具有合作且緊密之關係，但是相反的情形亦有可能（即非營利組織提供資金，政府負責傳送）。

（四）非營利組織主導模式

又稱「第三部門主導模式」（third-sector-dominant model），非營利組織同時扮演資金提供與服務傳送的角色。指非營利組織不受政府在經費與服務上的約束，其享有足夠的自主性，可彈性的提供、發展與創新服務，且服務內容較具多元性與回應性。

表 16-2　政府與非營利組織關係之模式

功能	政府主導	雙元模式	合作模式	非營利組織主導
經費提供者	政府	政府與非營利組織	政府 （或非營利組織）	非營利組織
服務提供者	政府	政府與非營利組織	非營利組織 （或政府）	非營利組織

資料來源：Gidron, B., Kramer, R. M. and Salamon, L. M., 1992, *Government and the Third Sector: Emerging Relationships in Welfare States*, San Francisco, C A. : Jossey-Bass Publishers. （參考自蕭新煌，2000: 405）

二、Gamwell 主張之模式

Gamwell 所主張之模式，從組織偏好的價值目標以及達成目標偏好的手段，分析政府與非營利組織互動之模式（江明修，2002: 237-240）。

（一）合作模式

合作（cooperation）係指政府與非營利組織分享共同的價值目標以及達成目標的手段。最明顯的政府與非營利組織合作的模式，便是人力服務的傳送以及危難的解除等工作，如加拿大及巴西的家庭計畫方案的執行，以及世界環保聯盟（World Conservation Union）在提供環境保護的執行方案中所做的努力等。

（二）衝突模式

衝突（confrontation）會發生在政府與非營利組織認為彼此間有著不同的價值目標以及達成目標的手段時。雖然有些學者，諸如：Smith & Lipsky、Salamon & Anheier、Opoku-Mensah 等反對以衝突來分析政府與非營利組織的互動。

當政府強加壓力於非營利組織、或非營利組織公開與政府的政策對抗、或抗拒即將推行的政策等都是造成衝突的原因，例如：在 1999 年非營利組織抗議在西雅圖舉辦的世界貿易組織會議，就是一個極為著名的案例。

（三）互補模式

當政府與非營利組織有著共同的目標，而相互結合透過組織所具有的比較利益，如政府具有提供法規的功能，而非營利組織具有提供多樣化服務的功能來各取所需，達成共同的目標，即屬互補模式。亦即透過掌握不同的資源優勢，形成資源的交換關係。

（四）競逐模式

競逐（co-optation）模式係指政府與非營利組織間雖看似擁有共同的資源或手段，但卻在所欲達成的目標上迥然相異。政府與非營利組織的目標不同，彼此均試圖藉由權力競逐來影響對方。

以上從組織價值目標以及達成目標的手段來探討兩者之互動模式，可以同時重視雙方互動的「策略」目標問題，以及如何進行合作的「管理」手段問題。而經由分析相互的目標（策略）及手段（管理方法），可以事先了解即將遭遇的情境是合作、衝突、互補或競逐的關係，政府各單位亦可由此設計與民間互動的關係架構，例如：對將發生的衝突提出預防、或削弱非營利組織競逐政府目標的力量。

三、政府與非營利組織間關係模式之應用

政府常成為非營利組織主要的資源提供者，非營利組織與政府的互動密切，經常委託業務或活動補助等，然政府與非營利組織合作亦常遭遇困

表 16-3　政府與非營利組織互動模式之內涵

		偏好的目標	
		類似	相似
偏好的手段	類似	合作模式	競逐模式
	差異	互補模式	衝突模式

資料來源：Franklin I. Gamwell (1984), *Beyond Preference*. Chicago: The University of Chicago Press, p.28. （引自江明修，2002: 238）.

擾與問題，如受委託組織為符合政府公設民營契約，卻未必符合其機構原有使命與價值，且未事先參與政策規劃，以致不易掌握政策之精髓，使得服務表層化與未符合社會所需。而政府限於預算，未能提供充足經費與資源，造成福利使用者的負擔過重，或使得非營利組織因擔心投資報酬率，而不敢冒然投入。

　　為確保兩者互動順暢，政府與非營利組織互動時，可就彼此的組織需求進行互動模式的策略運用，政府可以藉由了解雙方的策略以及管理方式，分析未來將會遭遇的互動狀況。若政府無法進行本身策略或管理方式的修正，亦可試圖以政策工具（如：誘因、權力規範、學習、授能、符號工具等）改變非營利組織的策略或管理方式，使政府與非營利組織儘可能保持良好互動的模式，如可從服務經費的提供與授權、實際服務的輸送者來思考推動該方案之主導者為何？進而選擇合適的互動模式，例如：社會服務方案是由政府主導、政府與非營利組織雙元主導、由政府提供經費，非營利組織提供服務、或非營利組織主導？可依兩者之需求而有所取捨與選擇，以避免非營利組織為了爭取財源或資源而依賴、一味順從政府，失去組織的自主性與彈性。

　　又如從組織偏好的價值目標，以及達成目標偏好的手段來探討兩者之互動模式，有助於對方案之策略性管理。無論政府或非營利組織，在思考兩者間之互動關係模式，是否採取主動改變或調整組織本身的制度、角色與定位？或對委辦業務採取消極的態度或做法，僅考量委辦業務的內容與機構的服務宗旨及項目是否一致？抑或對委辦業務的爭取僅著眼於爭取政府資源，以挹注組織生存的需要？或者藉由合作之方案，拓展兩組織之相關業務，以增加服務內涵或擴大服務的範圍與對象，以利組織之發展。這些互動關係之策略思考，有益於組織調整其運作與流程，以及發揮政策的精神，激發更多有效、優質的服務。

第三節　政府與非營利組織互動之效益

壹、政府與非營利組織互動之功能

對政府而言，與非營利組織互動面向包括：資源、資訊、規範與目的，並於政策規劃時非營利組織可設定議題、形成民意、政策諮詢，智庫提供，參與政策規劃。非營利組織之所以存在並展現其獨特功能，實因為其扮演各種積極的社會角色，依據 Kramer（1987）的分析，非營利組織有四種角色，即開拓與創新的角色、改革與倡導的角色、價值維護的角色、服務提供的角色；蕭新煌（1991）則將民間組織的社會角色依據積極性分成積極的如提醒、諮詢、監督角色；消極的如制衡、挑戰、批判角色。

基本上，非營利組織之存在有以下之功能：

一、開拓與創新的角色功能

非營利組織較之政府組織更具有彈性，更適合嘗試與拓展組織業務發展場域與創造新的社會關懷相關領域之政策議題，尤其我國面對參與國際社會議題時，政府組織時常遭遇政治性因素之阻撓，而具有自主性與非官方色彩的非營利組織則更適宜擔任先驅者、積極參與各種國際非政府組織（INGO），透過人道關懷、經貿合作、文化交流等方式，積極參與國際事務，擴大我國在國際的生存空間，發揮我國影響力，並回饋國際社會。

特別是自 1998 年西雅圖 APEC 會議結束後，非營利組織（NPO）與非政府組織（NGO）對公共事務的參與態度，已成為國際間一股不可忽視的力量。在這樣的背景下，我國政府期盼運用此一組織的力量，讓我國可以在世界舞台上扮演適合的角色。

二、改革與倡導的社會功能

民間非營利組織因具有公共性、獨立性及民間性特質，對於公共政策

的遊說與倡導需以公益為先，有利於制衡利益團體的壟斷，進而促使政府
所制定之政策更能符合社會公平正義，民間非營利組織對公益法案之遊說
與倡導，亦因其立足點相較於其他利益團體較為超然，並考量弱勢團體需
求，將可提升政府決策的公信力與適切性。

　　其組織具有公益性，因此可更有利於以社會清流「倡導性的角色」，
並發起與提倡必要的改革、或直接挑戰與批判現有的政策或支援民眾要求
政府改革，也可直接參與社會改革運動，要求改變、改革，促使政府反省
與修正，回應社會之所需，創造更好的台灣社會。

三、價值維護的角色功能

　　非營利組織在價值維護者的角色方面，是指保護維繫某些社會價值，
如目前全國各地普遍發展的草根性社區組織，包含對人權、環保、地方歷
史、人文、地理、生態的探索與維護，展現台灣由下而上的民間活力。

四、服務提供的角色功能

　　直接或間接協助政府提供服務給需要的個人及團體，是許多非營利組
織的重要角色之一，特別是提供慈善服務與救援工作給窮人或需要救助的
人等弱勢團體援助，例如：針對原住民、殘障者、清寒子女、低收入家庭
學生等對特定對象，提供個人或團體直接的支援，或是長期的支持扶助，
如九二一地震受災戶等，非營利組織均展現關懷社會與服務社會的功能。

五、擴大社會參與的角色功能

　　公民透過參與非營利組織，將成員之意見、價值匯集提出，透過公聽
會、集會遊行、媒體刊登或政策遊說與立法過程，以及扮演擴大社會參與
的角色。參與社區服務、加入國際非政府組織（INGO）、國內外組織間
策略聯盟。

六、政策諮詢的角色功能

有些非營利組織以「諮詢功能」對改革要求提供更具體的建議內容和方案。甚至以智庫的形式,作為「非營利的公共政策研究產業」(Weaver, 1989: 563)。該類型組織所扮演的智庫角色,在學術研究的知識領域上必須超然於政府之外,且智庫所從事的目的事業是與公眾的利益有密切相關(蕭新煌,2000: 440)。

貳、政府與非營利組織互動之行政效益

非營利組織的角色十分多元,從公益性的特性出發,所發揮的功能是扶弱濟貧、維護公平正義、服務提供、謀求社會大眾之福祉;從某種特定目的、類別組織的特性出發,所發揮的功能是公眾教育、文化、歷史、人權等價值維護、開拓與創新、改革與倡導、帶動社會變遷、擴大社會參與;從組織使命感出發,所發揮的功能是促使個人與組織的自我實現與奉獻成為可能。

基於上述非營利組織之功能與政府互動後所能創造之行政效益有以下數端:

一、發揮互補功能,拓展公共服務

非營利組織具有規模小、彈性大、人性化、地區性的優點,可避免政府部門官僚體制遲緩、無效率的缺點。因此,政府可善用其優點加強拓展公共事務參與與服務之點、線、面,以提高公共服務之品質與效能;並透過政府監督與補助,避免責任不明、利益輸送等問題,增強非營利組織對公平、正義與效能之追求。

非營利組織藉由政府之經費補助,作為志願服務與參與公共服務之補給;政府藉由非營利組織之捐(補)助、租稅誘因、相關法令之監督使之參與服務方案效能更趨完善,透過發展政府部門與非營利組織之良性互動

與合作，達到相互支援、相互補足、相得益彰之結果。

二、廣納政策建言，凝聚共識與支持

　　非營利組織類別廣泛，亦如政府部門各有所司，政府於公共政策不同階段若能善用非營利組織，將有助於政策之規劃與執行。非營利組織在民意形成階段可作為探測民意之風向球、先驅者，相關公益團體亦可擔任政策之智庫角色，透過非營利組織對公共政策的參與和影響，使政府易於發掘參與公共事務背後所代表的民間需求與價值、廣泛徵詢相關利害關係人與團體之意見、廣納各方政策建言，所研擬之政策將更為周延，並廣獲討論與凝聚共識，有利於政策推動與執行，也將更得民心。

三、閒置勞力再生產，提升政府行政效率

　　參與非營利組織之志願人力中，有為數不少是社會閒置之勞力，運用其正職以外時間從事志願服務、參與公共事務、增加社會總勞動力產出、對社會公益奉獻。而政府只需補助少許經費，不但活化閒置之勞力，創造生產力，也創造其個人、組織與社會之意義與價值，有益其健康，同時也促使非營利組織協助政府推動重大的社福與公益活動，以及減輕政府龐大的行政業務，增進行政效率，也善用非營利組織之人力資源，協助公共事務之推展，提供更多服務。

四、促進公民參與，社區發展

　　非營利組織參與政府政策之制定與業務推展，不但具有充分運用國家資源於加強社會慈善福利之功能，更有促進財富平均分配之作用；並且藉由言論自由、集會、結社、遊行等權利的行使，展現了社會各種不同的聲音與需求，追求社會正義等，體現公民參與之功能，進而促進社區自主、社區發展、社會和諧與穩定，避免社會衝突、社會不平，亦有助於提升公民之素質，以及政府部門相關業務之推動。

五、形成政府參與國際事務的另類途徑

　　現今「地球村」的概念模糊了國與國的界限，如核能、臭氧、瀕臨絕種動物保育、AIDS、溫室效應等全球性問題，在地球村裡無一國家可以置之度外（蕭新煌，2000: 487）。因此，我國非營利組織應建立國際社會網絡，開展共同議題與關懷，並與具同樣目標的各個地方與國際非營利團體加強國際間分享經驗、強化相關知識技能、發展新的區域認同和找尋新的伙伴機關等拓展合作關係，將有利於提高台灣於國際社會之影響力。

　　自 1970 年代以來台灣孤立的外交處境，亟待推動以建立國際聯繫，因此，國際間官方與非官方的合作實有其必要。若以非營利組織為先鋒代表，可降低政治敏感性，有助於為我國際身國際舞台鋪路，或建立政府間接與國際接軌的途徑，同時提高我國之國際能見度、建立國際之有好合作關係與友誼，有助於為我國之外交或經濟等之利益，為全民謀取福祉，如「亞太公共事務論壇」、「喜馬拉雅基金會」、「亞洲基金會」、「國家展望基金會」等組織紛紛開始推動國際事務，積極促成國內、外非營利組織之聯結。

第四節　我國政府與非營利組織互動關係之展望

　　今日非營利組織在社會中所扮演的角色，以及其所能提供的服務十分已多元，凡舉醫療、文化、社會福利、環保甚至是經濟發展領域中，均可看見非營利組織的重要性。然就我國非營利組織之發展不論在質或量上，仍不及歐美、日本等國家，過去我國由於政治因素，使得人民團體的活動受到重重的限制，直至解嚴後方始發展，但兩者間互動未臻成熟。且我國政府對非營利組織長期主要扮演「領導者」和「管理者」角色，對於非營利組織的活動過度干預，且相關法令紊亂，使非營利組織的進一步發展有所限制，無法達成其原應發揮之功能。現今政府對非營利組織應該扮演「支援者」和「服務者」角色，建立政府與民間非營利組織之合作關係，讓非營利組織（NPO）的活力能夠蓬勃興盛。

茲就我國政府與非營利組織互動關係之未來展望臚列如下：

壹、在政府與非營利組織互動相關法令作為之檢討與展望方面

一、應該儘速針對我國目前政治、社會、經濟發展之需要，制定非營利組織相關的完備法令體系。包括儘速修訂相關現行法案，以及制定財團法人法，解決目前法規體系中主管機關重疊、呈現多頭馬車的情形，各項法令之條文幾乎都用「得」字，以及監督未能嚴格執行等問題，亟待落實檢討與改善，以新修訂之法規積極提供非營利組織更多誘因與優惠。

二、依法管制監督方面，包括政府管制鬆綁、推動非營利組織自律與自我、同業監督之機制，以及實施政府與非營利組織資訊透明化。

三、非營利組織立案之審查方式應兼顧理想性與實務上之可能性，促進理論與實務的對話，方能提升其福利服務水準。

四、加強推動各非營利組織機構之合法立案，全數納入非營利組織系統，隨時更新、掌握全國非營利機構之數量、類別、人力素質、產出價值、相關貢獻與發展前景，以利政府納入合作、輔助、委託、參與等互動關係運作之參考。

貳、在政府與非營利組織間協力合作，提升公共服務質量之檢討與展望方面

一、政府應該改變對非營利組織控制、管理之心態，重新定義雙方的地位，視非營利組織為與政府部門對等地位之合作伙伴，致力發展協力伙伴之關係。

二、政府與非營利組織間必須建立互賴、互補、和諧、互惠、合作關係，加強輔導與協助非營利組織之發展，以彰顯非營利組織在公共服務方面發揮公益之功能。

三、因應現今經濟衰退，失業率上升，需要福利照護的人口激增，但政府的稅收卻隨經濟衰退而遞減，政府更需善用民力，與非營利組織間發展出良好的互動、合作關係，給予非營利組織適當的輔導與經費，在成本及服務的效率的前提下，協助政府保持或推出新的重大社福與公益活動，增進行政效能。

四、以資訊公開、透明原則，公平評選政府與非營利組織合作之委託案，避免由大型的非營利組織把持與壟斷所有與政府之合作機會，致使較為小型的非營利組織，常因無法獲取資源支撐財務而解散，而妨礙其他小型非營利組織的生存。

五、善用非營利組織之組織特性與人力資源，協助政府躋身國際舞台，擴大我國在國際社會與公共事務影響力。

參、在政府與非營利組織間有關公共政策參與之檢討與展望方面

一、政府應在合理、合適範圍內接納並提供非營利組織參與公共政策之管道與機會，以及提供公開、透明與充足之資訊，避免只有少數特定非營利組織參與政策。

二、廣泛徵詢相關利害關係人與團體之意見，交換民情資料、有利於政策擬定，並參與規劃、推動與執行，以貼近民之所欲。

三、因政府與各方非營利組織互動有利獲取重要資訊，提出切合民需之政策，有利政府提供有效的行政行動，維護社會公平與正義，提升服務品質。

肆、擴大公民參與機會，發展社區與提升人民素質

　　政府應激勵、配合志願服務的熱力，並善加利用之，特別在社區發展上，藉由個體對社區事務的參與，養成奉獻的精神與社區意識，進而形成一個優良的社區，再由社區影響社區，最後成為一個良善的社會與國家。

本章參考書目

內政部統計處（2007），取自 www.moi.gov.tw/stat/index.asp。

司徒達賢（1999），《非營利組織的經營與管理》，台北：天下文化。

江明修（1994），《非營利組織領導行為之研究》，台北：國科會專題研究。

江明修（2003），《非營利管理》，台北：智勝。

江明修主編（2000），《第三部門：經營策略與社會參與》，台北：智勝。

江明修主編（2002），《非營利管理》，台北：智勝。

江明修、梅高文（1999），〈非營利組織與公共政策〉，《社區發展季刊》，第 85 期。

行政院青輔會網站 http://2005.nyc.gov.tw/chinese/03rd/knowledge_detail.php?ID=94 &PHPSESSID=37fe55fdfd81c396a637761248828fab

余佩珊譯（2000），《非營利機構的經營之道》，原著 Drucker, P. F., Managing the Non-Profit Organization, Copyright：1990 Peter F. Drucker, Chinese language copyright：1994 by Yuan-Liou Publishing Co., Ltd. 台北：遠流。

青年福利社（2007），eNPO，取自 http://www.enpo.org.tw/

孫本初（1994），《非營利性組織管理之研究：以臺北市政府登記有案之社會福利慈善事業基金會為對象》，台北市政府研究發展考核委員會。

陳金貴（1994），《美國非營利組織的人力資源管理》，台北：瑞興。

馮俊傑（2004），《以非營利組織之觀點探討其與政府間互動關係-以社會福利財團法人為例》，東海大學公共行政學系碩士論文。

蕭新煌（1991），《我國文教基金會發展之研究》，台北：行政院文化建設委員會。

蕭新煌（2000），《非營利部門：組織與運作》，台北：巨流圖書。

維基百科（2007），取自 http://zh.wikipedia.org/w/index.php?title=%E9%9D %9E%E7%87%9F%E5%88%A9%E7%B5%84%E7%94&variant=zh-tw

Gidron,B., Kramer, Ralph M. & Salamon, Lester M. (eds.) (1992), *Government and the Third Sector: Emerging Relationships in Welfare States, San Francisco*, CA：Jossey-Bass Publishers.

Kramer, R. M. (1987), Voluntary Agencies and the Personal Social Service, in W. W. Powell (ed), New Haven: Yale University.

Nyland, J. (1995), "Issue Networks and Nonprofit Organizations," *Policy Studies Review*, Spring/Summer.

Weiner, M. E. (1990), *Human Services Management: Analysis and Applications*, Belmont, Calif: Wadworth Pub. Co.

Weaver,R.K. (1989), "The Changing World of Think Tanks," *PS: Political Science and Politics*, Vol. 22, No. 3.

Wolf, Thomas (1990), *Managing A Nonprofit Organization*, New York: Prentice Hall Press.

第六篇

公共行政管理技術

第十七章 行政領導理論的演進

第一節 領導在公共行政學典範發展上的理論演進

領導是發生在組織中每一個層面，而且大家可以發現有愈來愈多的相關的組織理論如：組織行為、組織心理學、組織發展、行政倫理、政府治理等，在其理論論述中再再以明示或隱喻的方式提到相關領導的議題，此一現象展現出在研究相關組織理論時，領導已成為它們相關理論論述中重要的內容。

因此基於「行政領導」觀念在公共行政學中的重要性，要將其從現有之純領導理論或相關公共行政組織理論中做一完整介紹，都將失之龐雜，故為避免過於紛雜，下面將依這幾年國內幾本重要公共行政學教科書中（張潤書，2004；吳瓊恩，2003；吳定，2006；孫本初，2007）所公認之公共行政學發展的分期或從公共行政典範發展的觀念，將相關領導理論依其分類方式做一簡單論述。

壹、典範一：政治與行政分立時期 1887-1930（傳統理論時期 1900-1930）

這個時期行政領導的研究是權力取向的論述。此時期政府只被視為政策的執行者，在上位的人只需擁權力（power）自然獲得部屬的服從（obedience）。企業與政府之間關係屬於不對等地位，政治權力基本仍凌駕所有權力之上。

而領導基本上是建立在一種階級與恩賜模式下的一種自然產物，強調的是對不同階級不同待遇，相同階級相同待遇的一種不帶人情（impersonality）式的權力展現。在公共行政領域談論領導理論適用對象則是政府中，高階文官與掌握政治權力的人，領導的傳承與學習是採小團

體與派系的精英或寡頭領導模式，人才的選擇與晉升強調當事人的階級、
學閥、家世、財富等為主要依據。精英視進入政府中學習行政領導為日後
攫取政治權力的主要登堂之道。

　　但隨二十世紀民主國家興起及工業化下資本主義的盛行，企業漸次抬
頭而站在與政府平起平坐地位，威權式行政領導漸漸被民主式領導模式所
強調，行政領導也隨公共行政學發展進入到不同典範時期。

貳、典範二：行政原理時期 1927-1937（修正理論時期 1930-1960）

　　這個時期行政領導是權力取向和特質取向兼具的領導論述時期，基本
上他和典範一是同屬相同的研究方法與途徑，強調的是靜態的、制度面、
機械觀的思考模式，但是它的研究途徑在這時期受到一個重要的研究：霍
桑實驗（Hawthorne Experiment, 1924-1932）極大影響與挑戰，這個實驗並
非一個成功實驗，但參與學者後續分別針對組織中人的行為做了許多實證
研究，而這些研究結果開拓了後面公共行政學中人群關係學派的興起。

　　這個時期對領導的研究偏向以原則或原理的的方式提出對領導的放
諸四海皆準的描述。例如 L. Gulick 在 1937 年所提出 POSDCORB 七字箴
言，認為這是行政主管在組織中最主要的七項工作，其中 D（directing）
指揮即是所謂領導（孫本初，2007: 6）；C. I. Barnard 在 1938 年提出權威
的接受論，認為上級的權威大小來自部屬接受程度的大小來決定（張潤
書，2004: 50）。

　　總之，透過霍桑實驗的影響與這時期學者們大大小小的行政原理的提
出，使得公共行政學研究進入修正理論時期，自然重點就漸次發展到對人
群關係的重視，也因此行政領導的研究亦自然進入到以「人」為重心的焦
點上。

三、典範三：公共行政學即政治科學時期 1950-1970（修正理論時期 1930-1960）

在典範二的行政原理時期，許多的領導行政原理和原則的提出，在 H. Simon 眼中卻認為缺乏嚴謹理論依據，充其量不過是些行政諺語（孫本初，2007: 6）（administration proverbs）。但卻不可否認，這些行政原理提供了當時許多突破性看法與見識，時至今日仍為大家所接受與沿用。

在典範三與典範四的時期，公共行政學受到社會科學中行為科學研究方法影響，研究焦點自然形成對組織行為的觀察。

此外在此時期行政領導研究受到將公共行政學視為政治學的一環來看待，再加上盛行的行為科學研究途徑，因此學者極容易從領導者對權力運用角度來觀察行政領導。此外行政領導的研究隨著組織理論對人群關係的重視，R. White 和 R. Lippett 在 1953 年提出威權式（Authoritarian）、民主式（Democratic）與放任式（Laisse-Faire）的領導模式，成為重要的領導類型分類（陳德禹，2001: 21）。

此外部分學者亦善用從政治學與行政生態學的觀察角度討論公共行政學與國家及政府間關係，其中以 F. W. Riggs 為代表，他特別對開發國家與開發中國家提出稜柱社會理論，作為對相關國家政府在行政運作的觀察與解釋的依據（張潤書，2004: 17），例如：F. Riggs 認為開發國家是屬於繞射型社會（Diffracted），開發中國家屬於稜柱型社會（Prismatic），未開發國家屬於融合型社會（Fused），此分類若從專業分工到事權不分，民主到獨裁的光譜上來觀察，愈是開發國家，行政領導則愈是專業分工與民主，反之，未開發國家則在行政領導上愈是事權不分與獨裁。

四、典範四：公共行政學即管理學時期 1956-1970（修正理論時期1930-1960）

對於典範四這個時期的討論其實和典範三時期在時間上是有重疊的，公共行政學的研究在這時期除了從政治學的觀點去做理論的分析，另外一

個途徑即是從管理學觀點看公共行政學，亦即公共行政學是一門從管理學角度看公部門的學科，從此角度對行政領導作研究時，學者們傾向以行為的角度看領導者的作風與態度的區分，來建立領導相關理論的論述。

此時期有名的研究或理論：

一、美國 Ohio 州立大學從 1945 年的研究，所進行對領導研究，企圖找出主管監督行為對部屬的影響，建立體恤與主動兩個構面結構，並發展出兩個構面的行為評量表，其中最有名且使用最廣泛的是領導行為描述問卷（陳德禹，2001: 19）。

二、R. Likert 與美國 Michigan 州立大學 1947 年的研究。在 Ohio 州立大學做上述研究同時亦進行類似研究，並對領導行為建立以員工導向與生產導向兩構面進行分析，他們研究的分類亦廣為大家沿用（陳德禹，2001: 21）。

三、R. Tannenbaum 和 W. H. Schmidt 在 1958 年提出領導行為連續構面理論（leadership behavior continuum）。將領導分為以上司為中心領導與以部屬為中心領導，並依下屬參與決策程度的不同表現出一連續構面，表現出領導者的權威與部屬的自由程度（陳德禹，2001: 22）。

四、R. R. Blake 和 J. S. Mouton 在其 1964 年所著管理格道一書中所建立以關心人員與關心生產兩個構面，每個構面區分九格形成 81 個座標，來進行對組織類型的分類，並藉以區分組織中的領導風格，這個理論提供研究者對領導者更廣泛深入的探討（張潤書，2004: 255）。

除上述外，其實還有更多管理學者運用類似的行為科學方法對領導行為做後續研究。但這這些研究背後卻有一個致命的缺失，S. P. Robbins 指出：相關研究往往由於環境狀況的不同，所得的研究結果莫衷一是（林財丁、林瑞發譯，2006: 284）。也就是說行為理論始終無法釐清情境因素對領導行為的影響。當然這個問題其實也反映了行為主義在研究方法與實務上遇的問題，因此後行為主義時期的產生，即是回應傳統時期與修正時期研究方法上所產生的問題，也因此整合性的系統理論乃在典範五的時期應運而生。

五、典範五：公共行政學即公共行政學時期 1970-迄今（整合理論時期 1960-迄今）

公共行政學的研究在方法上進入到後行為主義時期，對社會科學相關領域均具整合性的系統理論及其延伸出的權變理論的提出，改變也主宰了行政學與相關組織理論上的許多的研究，此時期發展出的領導理論迄今仍是談論領導的重要理論依據。

系統理論最大的特色之一即是強調環境因素的重要性，任何系統本身都有其超越其系統本身的外在超越系統，這個超越系統即是外環境，而系統之內亦有存在於各個次系統間並影響次系統的內環境。而權變理論乃系統理論的延伸，簡單的說任何社會科學中只要它是特別強調環境因素重要性的系統理論即是權變理論。

所以這個時期從系統理論觀點提出的領導理論，除了因為特別重視情境因素，而被冠以權變理論外，其實這些理論依舊是行為理論的延伸，只是透過系統理論的論證後，可以彌補過去行為理論對環境因素無法掌控的缺失。

所以此時期行政領導研究是情境取向的研究，代表的領導理論有：

一、J. M. Ivancevich 等在 1977 年所著《組織行為與績效》一書提出的領導情境因素說。其重點為領導者在選擇與運用領導行為時要注意到四個因素：管理者特性、部屬特性、團體因素與組織因素。考慮這四個情境因素後再去影響部屬（張潤書，2004: 411）。

二、F. E. Fiedler 的權變領導理論在 1951 年提出。其重點利用 LPC（Least Preferred Co-worker）量表，針對領導者做測量，分析出其領導類型，並指出職位權力、工作結構與領導者與部屬關係等三個情境因素會影響不同領導類型，最後在利用情境因素；有利與否；領導類型，提出一個權變模式架構進行分析（陳德禹，2001: 26）。

三、R. J. House 的途徑目標理論 1971 年提出。基本上是依據期待理論引申而來。其基本命題，領導者是員工滿足的來源與能激勵員工士氣。領導行為表現在四項行中：工具行為、支持行為、參與行為與成就導

向行為。而最後這些領導行為的選擇與產出，端視部屬特性與工作環境特性兩項情境因素及部屬對工作期待的知覺程度，做出最後適當決定（張潤書，2004: 418）。

四、P. Hersy 和 K. Blanchard 在 1982 年提出情境領導理論。理論焦點在領導者就關係導向與工作導向分成不同領導類型，而些類型又受制於部屬在工作與心理成熟度的情境因素來決定（陳德禹，2001: 32）。

上述影響行政領導的幾個主要權變理論，至今依然為教科書中談論領導重要理論。張潤書教授（2004）指出而這些權變理論仍有其盲點：缺乏關注領導者在組織變革中應扮演的積極角色；忽視組織成員自我引導自我要求的可能；無法明辨領導者與管理者的區別在組織任務的不同。面對領導的相關權變理論缺失，1990 年乃有轉換型領導理論[1]（transformation leadership theory）提出。

從 1980 年代時至今日，對於行政領導理論的探討在新公共行政學強調詮釋與批判觀點下，許多觀念與名詞的創造進入到隱喻的時代，轉換型領導其實就是一種隱喻的概念，在實務運作上源自魅力領導（charismatic leadership），在理論基礎上則源自交易領導（transactional leadership）理論，所以轉換型領導可說是這兩種理論的整合型理論（張潤書，2004: 426）。

轉換型領導其實就是研究領導者與被領導者相互影響彼此關係演進的一種歷程，透過此歷程雙方都能在工作與道德上均得以提升，並藉此進行組織變革，改造組織既有的價值觀、人際關係、組織文化與行為模式，這即是所謂轉換型領導。扮演這樣領導角色者所需具備以下的特質：要有清楚願景、願意冒個人極大風險、對環境有敏銳覺察力、樹立個人風格及價值與掌握人性需求等。因此就其內涵，轉換型領導也引導出另一個現階段非常重視的倫理的議題。

1　亦有人將其翻譯為奇魅領導或轉化領導。參閱滄海書局翻譯 S. P. Robbins 所著組織行為一書第 10 章。

　　總之，利用公共行政學典範發展，將行政領導運作所依恃的領導理論，就觀念、方法做以上簡單介紹。此外行政領導本身是一門務實致用的學科，因此其在實務上的特點很多，限於篇幅筆者只針對個人觀察稍有心得部分提出介紹。

第二節　行政領導在實務上的特點

一、領導是行政運作的一部分

　　傳統從政治學與管理學觀點看公共行政學的研究，可分為兩大塊，一是行政組織[2]；其次是行政管理[3]。若加上從行政法學觀點看公共行政學，則將行政管理稱為行政運作[4]，並多加一塊領域稱之為行政救濟。但不管如何看待，行政領導是歸屬於行政管理或行政運作的領域，而行政管理或行政運作則是一個不折不扣的動態觀點[5]。

二、行政領導應遵守依法行政原則

　　傳統對依法行政觀念是強調對制度的服從，對法律得遵守，但是法律有沒有可能也會出錯，所以歐陸派的行政法學提供了對依法行政兩個重要的觀點即是法律保留與法律優位的概念。法律保留簡單的說即是對人民在憲法上賦予的權利與義務，應以法律方式[6]要求或保障事項，那政府就不能以便宜行事的方式用行政命令方式為之。至於法律優位，簡言之即是命令不得牴觸法律，法律不得牴觸憲法的基本概念。因此行政領導者所要做的即是不違法濫權，堅守上述的觀念帶領組織成員服務民眾。

---

[2] 稱為公共組織。

[3] 現在流行說法公共管理，其範圍更大與多元、動態。

[4] 又稱行政作用。

[5] 此一動態觀點使得組織由靜態制度成有有生命力，活的組織。

[6] 這裡所謂法律乃指立法院通過，總統公布之法律。而其名稱共有四種：法、律、條例與通則。

三、行政領導要遵守相關的行政法理原則

行政除了法律的明文規範外，若無規範則從其行政慣例及法理原則。法理原則，例如：比例原則，有人稱之為行政法上的帝王條款；誠實信用原則，有人稱之為民法上的帝王條款。除了這兩款外，諸如：信賴原則、權力不濫用原則、法律不溯既往原則、平等原則等。這些都是現代從事行政領導者不可不知的觀念及應具備行政作為。

四、行政領導要堅守行政中立

行政領導工作須要獲得組織內外大多數人的支持。領導者除面對組織成員外，還有廣大的民眾，因此面對多元的社會，分眾的市場，唯有保持中立的立場才能獲得大多數人的支持，因此行政中立成為必須的行政作為，因為一旦行為產生偏頗時，那將失去所有人的支持。

五、行政領導是行政革新的發動者

現在許多的公共管理理論或組織理論，如：知識管理；組織學習；全面品質管理等，會發現它們往往在執行推動時，都強調若要成功其關鍵需要由上往下發動，也因此行政領導工作愈來愈要領導者出來拋頭露臉展現企圖心，而亦唯有企圖心與使命感的展現才有行政革新成功的可能。

六、領導是公務員執行公務與陞遷的重要依據

公共行政學主要針對就是公部門的一套有系統研究的學問，雖有部分研究會跨足非營利性組織領域，但集中的對象仍是以公部門為主。此公部門中的成員即稱為公務員[7]或公務人員[8]。政府施政的良窳都有賴公務員的素質，而此一素質的提升則有賴對公務員的培育，因此行政領導能力的培養與提升自然成為公共行政學中研究極重要一環。

---

7 依法令執行公務者均可視為公務員，亦包含政務官、特任官等，為最廣義的定義。
8 指依國家考試及格任用之公務員，稱為公務人員。

七、行政領導的本土性特質

此外公共行政學在每一個國家都是著重在本國政府制度、功能運作與治理等的相關研究，是跟法律領域一樣為本土味濃的學科。

且從實務的觀點看，制度是長成非移植，因此談論行政領導理論更須掌握官僚文化、行政組織制度、整體社會政經現況的認識，否易流於打高空。透過對環境的充分掌握自然能如魚得水掌握領導。

而上述這特點亦是行政領導在實務上非常重要，且可以隨時觀察與檢驗行政領導者的指標。當然對行政領導的學習不是只有對理論與實務上的理解，最後對整體行政所面對環境趨勢發展的認識，方能有完整認識與掌握。

第三節　從趨勢看行政領導的意義與危機

公共行學經百年來的發展，早已是不折不扣的一門跨科整合的學門。雖然公共行政學在發展上一直受許多學科影響，因此常受到質疑與認同危機（江明修，1997）。例如，它到底有沒有自己專屬於學術典範。公共行政學是否能真正成為一門獨立的學門？

因此上述危機是屬學術發展上的危機，但時至今日的危機與挑戰卻來自實務，組織面對快速變遷的環境，雖也不斷改變風貌與內涵來應戰，但是制度永遠趕不上環境變化，尤其是公部門更為明顯。面對這樣的挑戰，筆者認為解決之道則是仰賴有效的行政領導，來突破環境的變化，因為環境變化再快也比不上人的行為與思想的變化。

因此如何做好行政領導？學習者首先除了培養深厚理論的基礎，發展良好領導技能外，更重要是要認識組織發展過程面對的環境趨勢及其帶來的問題。

從公部門角度來看，政府所為之的行為稱之行政行為，企業所為之行為稱之商業行為；政府面對的環境稱之社會，企業面對的環境稱之市場；政府服務的對象稱之為百姓，企業服務的對象稱之為消費者。因此要學習

與認識行政領導,自然要對與企業截然不同的政府行為面、環境面與服務
對象清楚的掌握與了解,方能一窺其奧。

所以展望公部門從過去二十世紀到邁向二十一世紀的今天,它究竟面
對及擁有哪些潮流趨勢與危機?又是如何影響其行政領導?分析如下:

趨勢一:全球化帶來的去本土化

全球化的潮流下,各國政府許多的制度建立與價值觀都有趨於一致的
現象,加上資訊的全面普及,更有推波助瀾的功效,因此許多人不禁擔心
在全球化的同時是否會喪失了自己傳統的優勢?例如:台灣這些年朝向國
際接軌的教育改革過程中,我們是否在同時喪失過去擁有的教育優勢與傳
統。因此行政領導絕對不是一味在全球化過程中不斷向其他開發國家模仿
與抄襲,而全變成了美國化、歐洲化、日本化的翻版。因此行政領導的挑
戰是如何帶領組織邁向全球化同時卻不喪失自我。

趨勢二:民主化帶來的去認同化

組織在民主化潮流下強調參與與溝通,重視少數人與弱勢的權益保
障,因此領導者的工作往往泰半時間花在解決民主歷程中所需要的協商與
妥協。此外隨著國家的富裕與少子化的趨勢,愈來愈多人自利取代他利,
他律取代自律,所以未來行政領導除努力維護組織民主化運作同時,亦要
投入維繫與確保成員對組織的認同。

趨勢三:科技化帶來的去人性化

二十一世紀科技化取代二十紀的工業化,為組織帶來再造的契機,
組織再造的其中一個重點就是工作流程再造,此外資訊化與科技化為行政
革新與流程再造帶來無限可能,但是資訊化同時卻也為管理帶來更多缺乏
人性思考冰冷制度的建置,所以現代人在組織工作一段時間後,大多渴望
休息放假。此外在同時間,過去熟悉的人情世故在科技化的空背景下逐漸
消失,舉例來說:年節在交通愈便捷的時代,彼此見面機會反而卻愈來愈
少,大家接到的是愈來愈多的簡訊、電子賀卡,而不是面對的恭喜,因此
現在行政領導如何在科技化同時而不去人性化為重要的挑戰課題。

趨勢四：企業化帶來的去倫理化

　　從 1980 年代開始吹起的政府再造運動中，政府導入企業的價值、精神與制度。推動行政流程再造的企業型政府，成為面對快速變遷社會與面對全球化挑戰的重要法門，但是相對帶來的是企業自負盈虧追求利潤的價值觀，因此在強調追求績效同時，組織是否亦會不擇手段取求成功時的去倫理化作法，也因為如此近數十年來，年年層出不窮的企業弊端不時出現在頭版新聞當中，這些事實也逼得行政領導者不得不去審思這課題。

趨勢五：民營化帶來的去管制化

　　二十世紀初福利國觀念興起，實踐其理念的民主國家政府莫不負擔愈來愈重，老百姓的稅負的負擔則也愈來愈重，因此許多政府開始反思其福利國作法的妥適性。因此 1980 年代初期全球性的民營化興起，它代表各國政府在公共服務活動與資產所有權的縮減，即是原本由公部門承擔的功能轉由私部門或市場機能運作（吳定，2006），來減輕政府責任，當時加重了私部門在公共服務與資產所有權角色承擔。當然這是意味政府不再是在所有事情上一定要扮演球員兼裁判角色，但是政府角色的縮減只是限在經濟市場與政策執行面，而非裁判這塊向度中，畢竟政府在議程的採納、政策規劃與政策評估上仍扮演裁判的主動角色，因此行政領導上政府雖不斷朝民營化邁進，但仍須要提醒民眾，推動民營化並不代表政府將去管制化，畢竟適當的管制仍是維持市場公平重要機制。

趨勢六：專業化帶來的去階層化

　　知識經濟時代的到來，說明了專業的重要性，而此工作專業化對官僚制度卻產生莫大的衝擊，官僚制度的存在是穩定社會與組織秩序力量的所在。在Max Weber眼中組織是金字塔型的官僚結構，而官僚制度則透過階層化來建立指揮，組織則是透過森嚴的制度與法令規章來進行溝通及運作（張潤書，2004）。但專業化讓組織扁平化，讓人在組織中追求的名與利產生變化，從此人的地位是建立在知識上而非階層所在的位置，專業努力的目標不再是官僚體制中的位置，所以在知識經濟的年代裡，專業人的世界終於真正到來。因此領導者在帶領專業掛帥的員工時如何讓他們心悅

誠服,而又能繼續維持官僚體制帶來的應有紀律與服從,成為一個重要挑戰。畢竟組織再如何扁平化,行政階層仍然有其存在價值與需求。

趨勢七:自由化帶來的去責任化

打從 Adam Smith 在 1776 年在其名著國富論提出自由放任主張後,自由化早已經成為近代政治與經濟的主流思想。近代芝加哥學派經濟學家更進一步主張政府的功能只須維持秩序與法律,實現與人民的約定,保護私人企業,並提供一個公平競爭的環境,在這條件下政府將允許個人或私人企業之間從事競爭,而企業所發揮的功能完全決定於市場機制,沒有任何限制,只須遵守自然經濟法律即可(吳定,2006)。但自由範圍很難清楚界定,但這也不是鑽漏洞的藉口,因此行政領導者要特別注意自由化絕對不是去倫理化與責任化。所以當我們在政治與經濟上愈主張自由,行政領導則應愈重視社會責任與行政倫理的實踐。

趨勢八:多元化帶來的去原則化

多元代表是重視與尊重差異化,因此多元社會帶來的應是多方的價值,多元政治帶來的應是多向的妥協與包容,多元的市場帶來的應是多樣的選擇,多元的教育帶來的應是多面的評量。但是多元有時帶來的卻是混淆、複雜、自利、貪婪,因此現在的行政領導應該要就多元化的現象,學習包容、簡單、獨立思考與尊重等價值。

事實上組織存在意義之一,就告訴所有組織中成員,環境再多元仍是有一個框框限制住你不能為所欲為,所以行政領導工作就是面對多元環境如何掌握大方向與基本原則,做出正確有效率的抉擇,而不是無效率與無效能的面對多元環境所提供選擇機會去做每個嘗試。總之現代的行政領導是認清趨勢掌握未來。

第四節　行政領導的期待與未來方向

綜合上述探討,有幾點值得特別注意:

一、從領導理論在典範的發展歷程,可得知未來的行政領導論述強調的

　　是：全面向、整合性、系統性、權變性、倫理觀的領導。

二、從行政領導在實務上的觀察，可理解未來的行政領導強調的是：使命、價值、創新、本土、依法行政等態度建立之下的領導。

三、從行政領導所面對的環境趨勢來看，可認識到組織所面對的是：民主化、科技化、全球化、民營化、多元化、自由化、專業化與企業化之下的趨勢領導。

　　所以根據以上描述，筆者歸納出行政領導所需的核心能力將分為「技術」與「觀念」兩部分來看。

一、有關核心領導技術能力的學習：未來從事行政領導者須具有管理、政治與法律等相關理論的知識、常識與見識，方能有能力從事領導的活動。

二、有關核心領導正確觀念的養成：未來從事行政領導者須具遠見、創新、多元與倫理的態度與價值觀，方能有能力從事領導的思考。

　　總之行政領導若是為一個共同體或社群（community）設想的話，就要切記它不該也不應只是建立一套符合會計傳統頭腦檢測標準的成果模式為滿足。因此行政領導的未來應是一個以「充滿願景，帶著專業知識，尊重倫理，體察環境、關懷人群、擁有個人格調為其權力基礎與來源而建立的一種影響力系統[9]之影響力發揮」。

　　最後筆者認為行政領導者在組織中不僅應是一個實踐者，也應是一個理論家。所以對領導的研究，最終目的就希望從事行政工作的領導者應走出金字塔的圍牆外，並避免因為知識經濟的時代與資訊化社會的快速變化特質，所造成領導者的承諾不復過去般具有巨大的意義下，去努力建立一個與外在能相互合作與扶持的協力社群，並且透過各種領導理論來建立內部各式各樣員工合作關係，以達成組織的目標與個人理想的實踐。

---

[9] 這個價值系統包括了工作價值觀、人生觀、金錢觀、愛情觀、親情觀等次系統的價值觀。

本章參考書目

江明修（1997），《公共行政學：理論與社會實踐》，台北：五南圖書。

吳定等著（2006），《行政學》（上），台北縣蘆洲市：空中大學。

吳定（2006），《公共政策辭典》（第三版），台北：五南圖書。

吳瓊恩（2003），《行政學的範圍與方法》，台北：五南圖書。

林財丁、林瑞發譯（2006），《組織行為》（第二版）（Stephen P. Robbins 原著第八版），台北：滄海書局。

孫本初（2007），《新公共管理》（修訂一版），台北：一品文化。

陳德禹（2001），《行政管理》（下）（修訂二版），台北：東大圖書。

張潤書（2004），《行政學》（第三版），台北：三民書局。

第十八章　行政溝通的理論與實際

第一節　行政溝通的意義與問題

行政學者 White（1948: 3-4）認為，「行政是一種所有團體，無論其是公是私、是文是武或規模大小，為了集結力量均須具備的共同過程。……行政的藝術即是指揮、協調與控制許多個人以達到某些目的或目標」。依據此一觀點，行政溝通的學者大多同意，管理者的重要任務之一即是經由溝通整合組織成員的努力，以達成組織使命（Pandey & Garnett, 2006）。為利於探究行政溝通的各種意涵，以下將討論行政溝通的意義與功能，並簡述一般管理者對溝通可能具有的錯誤觀念及行政溝通在實務運作中常遭遇的主要問題。

壹、行政溝通的意義與功能

溝通一詞，就其拉丁字根 communicare 而言，是建立共同感受（make common）之意（Timm & DeTienne, 1995: 9）。依據傳統的看法，所謂行政溝通，乃是組織成員間「資訊的交換與意義的傳輸」（Katz & Kahn, 1978: 428）。對於溝通功能的探討，Timm & DeTienne（1995）依據早期行政學者 Henri Fayol 有關行政主管工作內容的看法，主張應包含：規劃、組織、指揮、協調與控制等五項。不過，Robbins（2005: 137）在彙整相關管理理論後指出，溝通應至少包括以下四項主要功能：

一、控制（control）：組織依層級節制原則訂定行為準則或作業程序，而團體則常使用非正式行為規範，要求員工依規定之工作內容與作業方式執行職務，其目的均是希望經由控制指引其所屬成員表現出合於期待的行為。

二、激勵（motivation）：組織透過溝通使員工了解任務目標、工作績效及改善方法，以期產生激勵效果，導正員工行為或提升組織績效。

三、情緒表達（emotional expression）：員工在工作團體中訴說挫折、分
　　享快樂，俾使情緒得以宣洩，而得以滿足歸屬感與社會交往的需求。
四、資訊（information）：組織決策必須仰賴適量、精確與即時資訊的提
　　供，始能擬定正確的行動方案與策略，而溝通則是個人及團體決策過
　　程中獲致有效決策資訊的重要管道。

貳、行政管理者對溝通的錯誤觀念

　　行政管理者對有效溝通可促使組織績效提升的看法雖然並無異議，但
極盡努力嘗試溝通卻大多未能產生預期效果，以致行政過程中到處充斥著
溝通不良的問題，從而亦使許多組織飽受績效不彰之苦。究其原因，不外
是因管理者的錯誤溝通觀念與組織中的語文應用問題所導致。

　　在錯誤的溝通觀念方面，首先，一般人常認為，所謂溝通即是傳
送訊息。因此，只要傳訊者將訊息送出，即可視為完成溝通（Timm &
DeTienne, 1995）。然而，組織內的溝通往往存在著收訊者濾除部分其認
為無關的訊息或有意無意扭曲訊息意義的情形，而當前組織中因須處理的
資訊量暴增所導致的訊息超載問題，又常是造成收訊者濾除或扭曲訊息的
主因（Hall, 1996）。事實上，Katz & Kahn（1978）早已指出，溝通是一
種雙向的過程，此一過程如未能包括訊息的傳遞與訊息的接收二者，即不
能算是完整的溝通。

　　第二個錯誤的溝通觀念與前述者常密切相關，即：溝通參與者往往假
定溝通雙方對訊息所蘊含的意義均具有共向的理解。因此，就如同電報之
傳送一般，傳訊者只要將其想法經由編碼（encoding）轉換成訊息，收訊
者即可遵循相同的譯碼規則將訊息解碼（decoding），從而可使傳訊者的
想法還原。然而，溝通雙方甚至多方，基於專業或文化背景之差異，對訊
息之編碼或解碼卻並非如此簡單，反而較類似溝通參與者各持有一本不同
的譯碼簿，以致在雞同鴨講的情況下，傳訊者的意圖無法使收訊者獲致真
正的了解（Robbins, 2005; Stinchcombe, 1990）。

　　第三個錯誤的溝通觀念是管理者對組織控制的強調，以致在溝通方面亦以有效控制為考量前提（Timm & DeTienne, 1995）。事實上，管理者對於如：小道消息、謠言流傳或黑函之類的非正式溝通管道，幾乎甚少能予以有效控制（Robbins, 2005）。而即使是正式溝通管道，也由於管理者無法確切了解組織成員深藏於心底的思維，也沒有能力洞悉溝通訊息中無法預見的副作用，以致在有限理性的限制下，完全掌控溝通過程與內容的理想目標變成一項不可能的任務。

參、行政溝通在實務運作中的問題

　　在實務工作中的溝通，絕大部分是依賴語言或文字。但無論語言或文字，均有其先天上的侷限性。Timm & DeTienne（1995: 37-42）列舉了行政溝通中使用語言或文字方面的六項問題，以下將就這些問題和我國行政組織中的溝通情形加以檢視比對。

　　第一，事實與意見或推論混淆的困擾：事實是人們實際觀察到的客觀現象，而意見或推論則是經由人們的主觀認知所產生。然而，溝通中所陳述的內容，有時可能難以完全將二者予以明確區分。就本項問題而言，依公務人員考績法施行細則第3條規定所訂定之公務人員考績表，其中忠誠（是否忠於國家及職守言行一致誠實不欺）、性情（是否敦厚謙和謹慎懇摯）二項細目，在主管人員評量考績時，可能即難以確實區分所評成績為事實或個人意見與推論。另外，依據行政院頒訂之文書處理手冊，公文夾顏色之區分，紅色用於最速件，藍色用於速件，白色則用於普通件，但決定公文速別之規定卻僅說明係指希望受文機關辦理之速別，並未訂定明確之標準，以致許多承辦人員均傾向依個人判斷及過去經驗加以標註，而難以確知公文速別為事實或推論。

　　第二，過度簡化的語詞：許多語詞常因過度簡化而難以令人確切了解其真實意涵。例如，文書處理手冊第35點中對判行文稿應注意事項規定，對陳判之文稿，認為無繕發必要尚須考慮者，宜作「不發」或「緩發」之批示。其中，不發批示固然意義明確，但何謂緩發卻可能令人費

解。如判行者未予明確指示時間或條件，究竟緩發意味應等待多久的時間再行發文，將令承辦人員難以捉摸。

第三，溝通用詞導致自我實現的期望：某些用詞常因收訊者的期望而成為事實，以致形成自我實現的預言。例如，公務人員考績表中「好尚」細目之評定內容為「是否好學勤奮及有無特殊嗜好」，假如某名公務人員勤奮讀書準備考試卻因而產生廢弛公務之情事，考評主管在此項給予高分，似乎難免增強該項行為。雖然依目前之規定，受考評者並無法看到考績表評定內容，但如就績效評定之價值在於將結果回饋予受考評者以協助其改善績效之觀點而論，此一規定將可能形成考績評等時的兩難困境。

第四，溝通用詞常含有情緒成分：許多日常用語具有價值判斷之內涵。例如，官僚一詞在行政理論與日常用法上具有不同意義，故於溝通過程中亦可能引致不同的解讀與結果。在行政實務中，一則流傳於網路上的電子公文顯示，對於民眾抗議「西濱公路雲嘉段興建五年尚未完成，而烏龜一天爬一公分也早已爬完」的電子郵件，承辦人員雖簽陳來文充滿漫罵情緒而擬不予回復之意見，但經長官指示宜予婉轉解釋，故承辦人員回復云：「有關烏龜爬路問題，一天爬一公分計算，五年當爬 1,725 公分，約 17.25 公尺，查本局於近年來西濱快速公路雲嘉南路段已開放 43.85 公里階段性通車，當比烏龜稍快。」雖無由得知此一公文內容之真假，但若真有其事，則此類含有情緒性用詞之回復公文，勢必難以達成回文以取得諒解之溝通目的。

第五，政治正確的用詞：行政人員常基於政治考量而有意使用意義含糊或具有雙關意義之語詞。例如，某些行政首長對部屬陳請核示之公文，批示「閱」或「悉」，使部屬無由知悉到底應否執行所擬具之政策方案或意見。此類因首長不願負責而作的批示，常形成溝通的阻礙，亦往往是造成行政績效難以提升的重要原因之一。

第六，溝通用詞隱瞞真實想法：溝通參與者有時不願表達自己內心的真正意見，故傾向使用空泛而不具實質意義的語詞進行溝通。此類用詞在行政機關的施政報告中數見不鮮，如：落實、加強、積極、促進等語詞，如未能配合說明其具體作法，往往多屬空談，致使行政溝通流於形式，無

法產生應具效果。

　　嚴格而論，上述行政溝通在實務運作中所發生的各項問題，大多係屬於形式化溝通或抗拒溝通的案例，故應視為溝通障礙，而非真正意圖進行溝通所遭遇的困難。然而，亦有許多行政溝通的確是基於協調組織成員行動的考量而進行者，則其效果不彰的癥結所在乃具有再予深入探究之價值。

第二節　行政溝通的研究途徑

　　在溝通的研究中，甚多學者僅著重於溝通在組織中的功能面，故其焦點大多置於溝通對組織績效、資源分配、組織變革、組織學習或知識分享的影響，故其結論率大抵為有效溝通或無效溝通會導致何種結果（Trahant, 2006; Kontoghiorghes, Awbre & Feurig, 2005; DeTienne & Jackson, 2001; Aquino & Reed II, 1998）。然而，此類研究卻將溝通的本質、內涵與過程置之不論，視其為理所當然而未予著墨。因此，何謂有效溝通或無效溝通，並未能從此類研究中獲致啟發，從而亦使讀者對於加強行政溝通的途徑無由窺知其堂奧。在另一方面，某些學者則研究何種因素會促進或阻礙有效溝通（Pandey & Garnett, 2006; Robertson, 2005）。此類研究的結論雖對實務行政主管在進行溝通系統的設計與應用時，得以將促進及妨礙溝通的因素納入考量，但卻並不能保證將這些因素納入或排除之後即可使組織溝通獲致水到渠成的效果。究其原因，則無非是因此類研究所涵蓋的因素甚廣，但卻未架構在一個統合的溝通本體論基礎上，致往往使實務工作者產生掛一漏萬、不知何所適從之無力感。

　　基於對溝通概念的不同界定，溝通理論之研究亦可依學者所關注之焦點歸納為媒介功能研究途徑、意義詮釋研究途徑與結構互動研究途徑等三個主要類型，以下即就此三種研究途徑之溝通理論分別予以整理綜述。

壹、媒介功能研究途徑

　　傳統溝通理論學者多從溝通的功能性觀點出發，視溝通為一種人們將想法與意見轉化為語言或文句傳送予他人的媒介，並以組織中層級間的溝通以及正式與非正式溝通為標的，將研究重心置於單純的訊息傳輸方面，而致力於從訊息傳送者的立場探討使用不同媒介傳遞訊息時在溝通效果上會產生何種差異（Tompkins & Wanca-Thibault, 2000; Taylor, 1993）。基於此一考量，語言文句之功能被界定為記錄經驗的符號，並以水管隱喻（the conduit metaphor）為基礎將溝通過程中對於訊息的認知視為符號的操弄，因而形成所謂的傳輸理論（transmission theory）（Taylor & Van Every, 2000: 3-4; Axley, 1984）。

　　依據水管隱喻的基本假定，溝通是傳訊者將其思想與感受經由編碼轉換成語言、文句、表情、手勢等符號，再由收訊者據以解碼，從這些符號中抽繹出傳訊者所欲表達的思想與感受之過程。不過，依據透鏡隱喻（the lens metaphor），在溝通過程中，由於存在於傳訊者、溝通管道與收訊者間的資訊超載、資訊濾除、知覺差異等種種雜訊（noises），往往會扭曲傳訊者所欲傳遞的訊息，以致干擾了溝通的精確性與效果（Putnam, Phillips, & Chapman, 1996; Taylor, 1993: 57-63）。依據上述兩種隱喻，媒介功能研究途徑之溝通過程如圖 18-1所示。

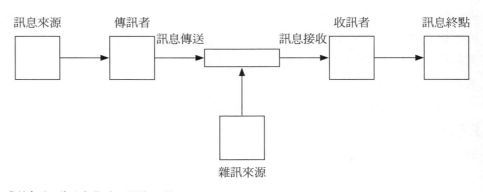

資料來源：修改自 Taylor, 1993, p. 59。

圖 18-1　媒介功能途徑之溝通過程

　　為使訊息傳遞結果能盡量精確地傳達傳訊者的原意，學者以媒介容量（media capacity）為衡量準據，先後提出社會現場感理論（social presence theory）與媒介豐富性理論（media richness theory），說明各種溝通媒介所能攜帶的訊息多寡，因而表現出不同程度的傳真效果（Knock, 2004; Fulk & Collins-Jarvis, 2000）。就社會現場感理論而言，面對面的溝通媒介最具有社會現場感，其所蘊含的訊息除語言文句外，尚可包括：音調、眼神、表情、姿態、距離遠近等多項非語文線索（nonverval cues），故能使收訊者對傳訊者所欲傳達的訊息獲致最大程度的理解。反之，僅單純形諸文字的書寫式媒介則因社會現場感程度最低，收訊者往往難以理解傳訊者表達的真意。相同地，媒介豐富性理論亦主張，面對面溝通由於能攜帶最豐富的訊息線索而得以大幅減少資訊貧乏與語意含糊等問題，故溝通效果最佳；至於以電腦為主體的電子郵件，則無論就線索數量、反饋速度或傳達情感而言，均被列為豐富性最低的媒介（Knock, 2004）。

　　依據社會現場感理論與媒介豐富性理論，組織內的溝通應配合其目的與工作需求選擇適當的媒介，對於可能受語意或文意不清影響的工作，面對面溝通較為適當，而無語意含混之虞的工作，則可選用容量較低的溝通媒介。不過，由於此二理論提出時，資訊科技與電腦網路之發展尚在起步階段，故以電腦無法進行同步溝通為由視為訊息容量不足，卻並未將目前已被廣泛使用的網路對話與視訊會議等媒介納入考量，以致難以適用於科技變遷後的組織情境（Fulk & Collins-Jarvis, 2000）。其次，這兩項理論僅關注於溝通媒介的訊息容量，卻缺乏對於人性的考量。因此，Knock（2004）從達爾文進化論的觀點，認為人們於溝通互動時用以知覺周遭環境訊息及產生溝通刺激的頭腦與身體等所謂的生物溝通器官（biological communication apparatus），基本上是為面對面溝通所設計。因此，無論使用電子郵件、網路對話、視訊會議，或是訊息高度豐富的虛擬實境等媒介，均嫌過度趨於人工化，不若面對面溝通一般自然且最為符合人性。就媒介自然性（media naturalness）而言，自然性程度愈高的溝通媒介，愈能符合增加溝通過程認知效果的要求。

　　溝通的功能研究途徑傾向於以溝通媒介為焦點，將溝通定義為自傳訊

者到收訊者之間傳輸意義與了解的資訊流動，而溝通過程則僅關注於將訊息從傳訊者送給收訊者的機制。因此，此類研究的重心過度強調溝通方式與結構，卻將溝通的主體「人」置於陪襯地位。易言之，只要採取適當的媒介，即能理所當然地提高溝通效果。然而，在訊息傳輸的溝通過程中，由於任何事物均可能是一種潛在的訊息，而傳訊者在傳遞訊息時往往附帶夾雜了其未意識到的其他意義，因而在收訊者感知到的意義才算是訊息的前提下，收訊者勢必以其對所收訊息的詮釋為基礎採取回應行動（Axley, 1984）。鑒於溝通的媒介功能研究途徑忽略了組織中的溝通並非僅侷限於精確傳輸資訊，而組織成員間的互動、如何於互動中建立共識及如何依共識協調行動，往往更是藉溝通使組織得以順利運作的主要目的，故以下將針對溝通的意義詮釋研究途徑及其相關理論加以探討。

貳、意義詮釋研究途徑

　　主張意義詮釋研究途徑的學者認為，訊息不僅包括事實（facts），尚且含有傳訊者與收訊者的感覺與屬性，而除非收訊者能確實了解傳訊者所欲傳達的意義，並且也以同樣的方式詮釋訊息的原始意義，否則都不能算是完成了真正的溝通（Axley, 1984）。然而，不同的人往往具有不同的世界觀，並對其周遭環境中構成世界的客體抱持著不同的基本假定（Smoliar, 2003）。基於上述觀點，溝通不應僅止於關注訊息的傳遞或是如何減低或消除雜訊干擾，而有必要將研究重心延伸至發展能促進溝通參與者相互了解的共同立場（Bobrow, 1991）。

　　相對於媒介功能研究途徑傾向受實證主義觀點所主導，強調藉量化方法分析溝通媒介傳輸訊息的特質與效果差異，意義詮釋研究途徑係採取民族誌學方法探討語言的使用，將語言、文句及表情、手勢等非語言線索視為意義的載體，把對話當作人際互動的媒介，而人們則是藉溝通建構意義與世界實相（Taylor & Van Every, 2000: 5-6）。因此，所謂行政溝通，係經由語言的描述、成員心意的表達、共同見解的形成及實際言行的展現，而形成持續性、重複性的互動模式與制度化的社會結構（Stacey, 2001:

42）。

　　意義詮釋研究途徑在次符號的（subsymbolic）層次上，將溝通的主體回歸到以人為本位的基礎上，組織中的人們不再只是處在附屬於組織資訊傳輸系統中的次要地位，研究焦點亦從資訊流動轉移至團體生活的系絡上（Smoliar, 2003; Taylor & Van Every, 2000: 173-175）。其次，依據團體心智理論（theory of group mind），認知不僅止於符號操弄，而是由組織成員經由網絡互動，共同參與建構而創造出的集體綜合意象。基於此一觀點，認知並不非只存在於個別參與溝通者的腦海中，同時亦是一種將心智活動與實務工作中對話加以連結的持續現象（Taylor & Van Every, 2000: pp.3-4）。

　　在意義詮釋途徑中常被使用的隱喻包括：連結隱喻（the linkage metaphor）、發聲隱喻（the metaphor of voice）與行動隱喻（the metaphor of performance）三者。連結隱喻將組織視為具有多元、重疊關係的網絡，溝通則是把組織成員串連成網絡關係的接合器（connector）。其次，發聲隱喻認為組織如同發出各種聲音的合唱團，溝通則是組織成員在表演過程中各種音聲表達、壓抑與荒腔走板的現象。最後，行動隱喻係將組織看成經由協調活動將輸入轉為產出的一系列規則，溝通則意指在社會互動的基礎上，組織成員透過思想映射、符號收斂及合作以產生連鎖行為的動態過程（Putnam, Phillips & Chapman, 1996）。

　　依據上述有關意義詮釋途徑的三項隱喻，可將溝通過程想像為如圖 18-2 所示，即：組織中的成員與團體分別構成多個互相連結的結點，其中每個結點均具有其線性或非線性的輸入與輸出功能，故能夠針對外界或其他結點傳來的訊息加以詮釋，並決定何時與如何將訊息傳送給其他結點。在此網絡連結的基礎上，組織中的行政溝通即如同依事先設定的樂譜共同譜出協奏的曲調一般，係針對訊息內涵的初始意義，依序由分別隸屬於輸入層、中繼層與輸出層的成員與團體詮釋並傳送其意義，並經由連結網絡的互動形成協調的集體行動。然而，亦正如交響樂團或合唱團一樣，由於並非人人均能在相同的立場上詮釋訊息之意義，亦非人人都具有相同能力以忠實地傳達訊息，而指揮者的差異對協奏或合唱出的曲調具有決定

初始意義　　　　　輸入層　　中繼層　　輸出層　　協調之集體行動

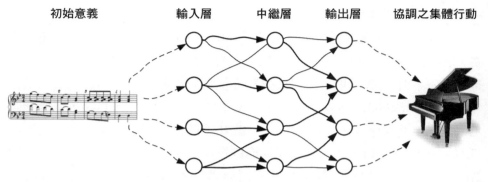

資料來源：修改自 Taylor & Van Every, 2000, p. 197。

圖 18-2　意義詮釋途徑之溝通過程

性的影響，故組織中的溝通能否有效產出協調一致的集體行動，即會受到在結點中扮演各種詮釋與傳訊角色的組織成員所影響。

　　針對組織中溝通效果的提升，採取意義詮釋途徑的學者多將研究焦點關注於團體過程中能增進或妨礙溝通產出的各種因素（Fulk & Collins-Jarvis, 2000）。例如：Hall（1973）認為，坦誠說出內心感受的相互交心與懇切尋求他人意見的資訊反饋，是消除溝動盲點的兩項基本過程。Robertson（2005）則指出，扮演行政主管的領導者應居於促進溝通了解的核心地位，除非行政主管能成為表現良好溝通行為的楷模，衷心營造資訊公開且以支持而非防禦性態度進行人際互動的溝通風氣，將難以達到實質的意義分享目標。在溝通網絡的型態方面，一般常將之分為鏈型（chain）、輪型（wheel）與全頻道型（all-channel）等三類，其中鏈型係依循正式指揮體系進行溝通，輪型是以通常為團體領導者的單一特定對象為溝通核心，而全頻道型則是所有成員都可和其他人溝通，而其中又以鏈型與輪型所傳遞之訊息具有高度的精確性（Robbins, 2005: 142-143）。其他與意義詮釋有關的溝通研究課題則包括：年齡、性別、語言、文化及團體規範等（de Vries & De Diana, 2005; Wilson, 1996: 17-21）。

　　溝通的意義詮釋研究途徑將焦點轉移至收訊者，呼籲管理者在努力強化資訊傳輸管道之外，並應理解意義無法傳送而只能由收訊者依個人認

知來決定的特質，故必須注重組織成員對訊息意義的認知與了解，以期組織能在共同定位的前提下獲致共同的世界觀，從而據以採取協調一致的行動以達成組織目標（Axley, 1984）。此一研究取向係從現象學的觀點將語言視為獨立存在的客體，故主張只要能夠描繪出個人經驗與語言之連結關係，即可有利於共識之建立（Taylor & Van Every, 2000: 68）。然而，這種已存在一種先驗的語言形態系統之假定，卻受到批判理論與後現代理論的挑戰，並因而衍生成溝通的結構互動研究途徑。

參、結構互動研究途徑

溝通的結構互動研究途徑主要受到批判理論與後現代主義的影響。依據文化人類學的觀點，「人是一種懸掛於自己編織的意義之網中的動物」（Geertz, 1973: 5）。由於人們的經驗是由其所使用以語言為主體的符號系統所代表，對於社會實相（social reality）的認知與了解也是經由語言來完成，故人們是透過符號化的理解與組織，共同參與創造其所處世界的實相（Axley, 1984）。因此，批判理論認為，語言並不只是一項溝通的載體或工具，更具有所謂殖民者（colonizer）的性質，可以無視組織成員的意願而獨立存在，並形成特定的參考框，決定組織成員的互動方式與取向，同時亦是組織成員認同的本體，可事先形塑組織成員的行為表現（Willmott, 2003; Taylor & Van Every, 2000: 6）。

其次，後現代主義學者表示，依據以過程為基礎的形成本體論（process-based becoming ontology），真實世界是處於一種不斷形成的過程中，而我們對各種現象的了解，則只是存在於真實世界持續形成過程中一段短暫的時刻片段而已（Chia, 1997）。事實上，意義並不能單純地從過去的示意或未來的回應中尋求，而是由立即未來的回應反向作用於過去的示意動作時浮現於當下的行動中。易言之，意義是基於過去與未來間的循環互動，產生於當下的情境中；而所謂當下情境，則具有其時間結構，不僅僅是一個時點而已（Stacey, 2001: 79）。因此，世界並不存在一個所謂的實相可供我們進行探索與發現，而是在人們依據不斷改變的經驗主觀

擷取其中一段並賦予秩序所創造出來的（Hatch & Yanow, 2003）。

依據結構互動研究途徑學者的看法，溝通不再是被動地了解訊息之意義（meaning），而是主動地對訊息賦予意義（sensemaking），而個人在賦予意義的過程中所扮演的角色既是讀者也是作者，除將訊息內的各項線索加以詮釋外，並會根據所採行動及其行動後果對原來的詮釋進行修正（Weick, 1995: 7-8）。與此一研究途徑有關的隱喻包括：符號隱喻（the symbol metaphor）與論述隱喻（the metaphor of discourse）二項。就符號隱喻而言，溝通是經由符號的製造而賦予世界意義的詮釋活動，而這些詮釋活動則是藉運用語言對生活中各種見聞具有創造、維繫及轉換意義的功能。其次，論述隱喻將組織視為不斷在一連串儀式化的互動模式中進行演化，而溝通則是纏繞著行動與意義的對話過程與結構（Putnam, Phillips, & Chapman, 1996）。

採取結構互動研究途徑的溝通理論，多傾向參考 Giddens（1984）所提出的結構化理論（the structuration theory），將個人與社會視為屬於同一個層次，並依其所區分的詞義（signification）、主導性（domination）、正當性（legitimation）等三個互動面向分析溝通之內涵（Taylor & Van Every, 2000: 149-157）。例如，Smoliar（2003）認為，傳統僅著重於語意分析的溝通研究，應加上與主導性有關的權力（power）及與正當性有關的認可（sanction）等兩個面向，才能使溝通之研究推論更臻周延。其次，Olufowote（2006）應用符號收斂理論（symbolic convergence theory）對集體行動進行研究的結論亦指出，操弄符號的權力與政治固然影響意義之形成，而意義之形成亦會改變組織中的權力關係與利益分配。

以結構化理論為藍本，Stacey（2001: 164-175）提出正式／非正式（formal-informal）、有意識／無意識（conscious-unconcious）和檯面上／檯面下（legitimate-shadow）等三個面向，並據以將溝通中的互動區分為五種模式，即：1. 正式－有意識－檯面上；2. 非正式－有意識－檯面上；3. 非正式－無意識－檯面上；4. 非正式－有意識－檯面下，以及 5. 非正式－無意識－檯面下，如圖 18-3 所示。

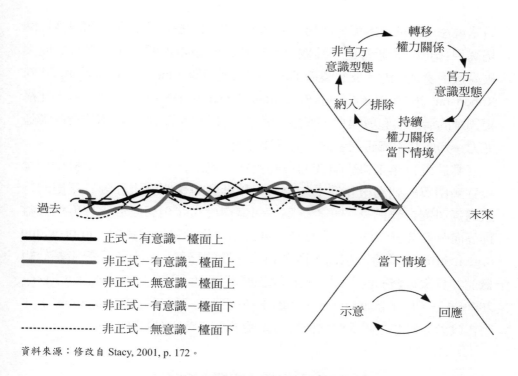

資料來源：修改自 Stacy, 2001, p. 172。

圖 18-3　結構互動途徑之溝通過程

組織溝通是從過去流向未來的一段過程。在過去的歷史中，五種互動模式
互相糾結影響，流至當下的情境時，組織成員間示意與回應的溝通互動，
摻雜在組織內的權力關係與意識形態變遷，符號的意義乃油然而生，從而
建構出未來世界的實相。

第三節　行政溝通概念的變遷

在組織針對環境變遷進行調適的過程中，行政溝通所需具備的功能
逐漸由以往的命令下達、資訊傳遞擴展至凝聚思慮、集體學習、分享知識
與創新洞見等諸多層面，致使傳統單純以訊息傳輸為焦點的溝通模式，在
滿足組織變革與轉型時成員間分享意義、建立共識與促進互信等多元需求

時呈現左支右絀之困境。在另一方面，組織致力於導入新興資訊科技以圖
增闢現代化的溝通管道，其效果卻往往未能盡如預期，非但沒有形成突
破溝通困境之助力，反而製造了更多的溝通障礙（Pandey & Garnett, 2006;
Robertson, 2005; Wiesenfeld, Raghuram & Garud, 1999）。因此，尋求建構
更周延的溝通典範與模型，俾協助各階層管理者得以強化組織的行政溝通
能力，乃成為組織研究中的一項重要課題。

　　基於近百年來科學研究的典範更迭，無論自然科學或社會科學均呈
現逐漸由單純朝向複雜演進的趨勢，以社會科學領域之理論為基礎的行
政溝通研究自難例外，亦不斷隨著組織環境複雜化與動態化程度的日益
提高而改變其研究重心。在傳統的觀念中，溝通係於組織中（in or within
organization）發生。然而，隨著科學典範的移轉，亦有許多學者基於組
織並非具象實體的觀點，主張組織係於溝通中浮現（Taylor & Van Every,
2000: 4）。以下依據Stacey（2001）所列舉的三種目的論（teleology），
將行政溝通概念之變遷取向依其功能要求之差異分別加以探討。

壹、以溝通傳遞資訊

　　早期對於溝通問題的探討，係基於理性目的論（rationalist teleology）
的基本假定，主張工具理性（instrumental rationality），認為人們具有
選擇目標及運用適當手段以達成目標的能力，故只要提供組織成員足夠
的資訊，經由共同分享的心智地圖衍生出對環境的知覺，再據以設計組
織發展策略並付諸實行，即可主動開創組織發展榮景及理想的未來世界
（Willmott, 2003: 89-98; Stacey, 2001: 26-27）。

　　基於資訊傳輸的考量，早期的溝通系統設計多著眼於如何在盡量減
少資訊扭曲的前提下，應用最迅速而有效的管道以傳輸最精確的資訊。其
次，資訊傳輸通常被視為一種線性活動，即：資訊愈豐富，溝通效果亦隨
之呈現等比例的上升。第三，由於資訊傳輸僅關注增加資訊的供給強度，
故溝通系統多傾向靜態與單一面向之設計內容，除本諸權變研究途徑建議
依工作情境之不同所應採取的適當溝通管道外，其他則少有將組織的動態

複雜情境納入考量者。此外，資訊傳輸方向亦往往是單向的，亦即僅處理傳訊者端的問題，而未對收訊者如何看待及回應所收訊息給予相對的重視。

　　然而，現代組織的實際運作中應用此種過度簡化的溝通模式，卻不免遭遇重重困境。例如，Timm & DeTienne（1995: 15-17）指出，由於組織中的人們無時無刻不在溝通，故溝通並沒有一個可予明確界定的活動範圍，亦不能獨立於組織的其他活動之外而存在。再者，鑒於收訊者才是決定溝通成敗的關鍵，僅從傳訊者的角度自言自語地喋喋不休，即使傳輸再多的訊息，只要收訊者聽而未聞，都不能說是完成了溝通。

貳、以溝通建構共識

　　鑒於溝通過程中收訊者如何進行意義詮釋對溝通成敗具有決定性的影響，學者乃依據形成的目的論（formative teleology），假定真實世界係涵蘊於一個已事先摺疊好的因果關係系統中，而其最終狀態亦可事先得知。基於此一假定，我們所應進行的工作將只是依既定因果邏輯循序揭開這個事先摺疊好的系統行為模式而已（Stacey, 2001: 27）。

　　其次，依據分配理性（distributed rationality）的觀點，在程式化的設計與細密的專業分工之後，組織中的每位個別成員除了有限理性之外，並對其所面臨的情境或事物呈現局部的理性（locally rational）特質，故會傾向於特別注意某些資訊來源而忽略其他訊息（Taylor & Van Every, 2000: 183）。依據此一看法，有效的溝通必須植基於深入了解組織成員在進行意義詮釋時所使用的社會參考框內涵之上。因此，參照歷史解釋學（historical-hermeneutic）的方法，實施溝通的過程，首先必須從組織成員目前對某些相關議題如何賦予意義加以探討，進而深入檢視他們賦予意義的心路歷程如何受到和歷史、文化有關的社會習俗、規範與價值等因素的影響。然後，再根據上述發現，界定其中的主要變項，並將變項加以操作化處理，找出衡量其變異之指標，俾藉以剖析組織成員的社會參考框。經由對此種社會參考框的探索，將有助於了解個別成員的行為取向，進而協

助行政主管以更細膩的手法完成共識的建構及執行管理的控制（Willmott, 2003: 98-100）。

　　依據上述以溝通建構共識的觀點與作法，學術界與實務界曾興起一股研究與運用組織文化以提高績效的熱潮。例如，在 1980 年代，Peters & Waterman（1982）出版《追求卓越》（*In Search of Excellence*）一書，鼓吹創造強勢的企業文化，並將組織目標與價值內化於員工的認知與情感組合中；Rodgers & Shook（1986）出版《IBM 的辦事方法》（*The IBM Way*），推銷 IBM 的三項信條——尊重員工、服務顧客、追求卓越。這類書的內容，均不外強調藉管理威權以建立統一的組織文化，俾便於實施規範性控制，使員工自心底表現出服膺組織指令的態度與行為，而在共識的基礎上不必再於日常運作的溝通過程中受到意義詮釋差異的困擾。

　　不過，這種從藉溝通統合文化、規範，乃至組織成員之信念、價值與意識形態的主張，亦受到學者的抨擊，將之類比為老大哥（Big Brother）式的暴君統治，並認為當時過境遷而員工所深信不疑的基本假定不再適用時，將會危及集體行動的基礎（Kunda, 1992: 223-226）。再者，組織的運作除協調行動外，更應包括與時俱進及開創新猷的課題。因此，基於文化與價值的變遷不易，將所有成員均納入一套統合的思考模式下亦並不符合追求永續發展的要求，而如何藉溝通以創新作為乃成為另一類的概念思維。

參、以溝通創新結構

　　傳統的組織學者與行政主管多認為組織中的被管理者是一群不具專業知識的外行人，故主流理論對組織的設計傾向於將工作盡可能簡單化、程式化與標準化，溝通的目的是要求組織成員聽命行事。然而，自 1990 年代以降，伴隨著知識經濟興起所產生的知識管理與組織學習風潮卻改變了舊有的想法，轉而將實務工作者視為創新知識的資產與泉源（Tsoukas, 2005）。基於此一觀念的轉變，組織內的溝通不再僅侷限於指令的傳達，如何藉溝通創新知識結構亦形成一項更為重要的課題。

　　鑒於有效的學習與知識創新必須仰賴開放、互信、肯定與充分賦權，並盡量減少政治的干預（Stacey, 2001），行政溝通的內涵乃有重新定義的必要。針對此一需求，轉化的目的論（transformative teleology）乃應運而生。依據轉化目的論之假定，真實世界的未來景象係在相同與相異、銜接與轉化、已知與未知持續互動的永無止境過程中不斷建構而形成（Stacey, 2001: 60）。相似地，Chia（2003）亦提出原子論的思考模式（atomistic thinking），認為未來世界並沒有一種固定形態，每個現象都是綜合所有個別元素間的互動而形成，故其性質變動無常且難以掌控。將上述觀點與組織類比，則組織內的個別成員就像接力賽跑之選手，扮演著承先啟後的角色，經由交棒傳遞，使組織從過去投射向未來。

　　對於溝通的內容與過程，Alvesson & Deetz（1996）則倡議所謂的溝通理性（communicative rationality），將之定位為立於最高位階的理性，主張組織應經由本諸善意而無拘無束的討論與對話，允許成員質疑、測試與接受不同陳述的合法性，進而形成一種未被扭曲的溝通情境，使所有溝通參與者均敢於暢所欲言。如此的溝通互動，始有可能產生共同學習與知識分享的效果，而組織中的知識結構亦得以不斷創新，從而建構成組織理想的未來實相。

第四節　三種溝通研究途徑的整合

　　傳統行政學者習於將不確定性視為組織的最大問題（Tsoukas, 2005）。因此，組織中的一切作為，均以消除不確定性為首要考量。例如，訂定標準作業程序以規範員工行為，多方蒐集資訊以預測未來，執行組織設計以加強相互制衡，規劃應變方案以減少意外衝擊，均是組織意圖取得完全掌控以避免不確定性危及組織穩定的手段。

　　在二十世紀的管理理論發展過程中，組織管理者對於員工的控制，從工作時的各種行動逐漸延伸至關係、信念與價值，乃至深層心智活動的學習與知識創造（Stacey, 2001: 3-4）。同時，這種以不確定性為敵而強調控

制的態度，也一視同仁地被應用於行政溝通的運作與管理領域之中。正如前面所討論的，管理者往往企圖藉控制溝通過程中的資訊流動及意義詮釋方式，使組織成員不致產生偏離行為而影響組織使命的達成。

　　然而，隨著環境的多元化變遷而使組織運作日趨複雜化時，組織中的管理者卻發現，對抗不確定性的努力愈來愈難以得心應手。例如，Molderez（1999）即指出，對於未來，除了不確定性這件事是確定的之外，沒有任何事情是可以確定的。因此，面對動態複雜的情境，一味講求嚴密控制已變得不切實際，並出現給予員工自由活動空間的呼籲，以期經由組織成員間的互動產生自我組織效應，達到創新知識結構以提升競爭力的目標（Coleman, 1999）。

　　針對上述看法，組織內的行政溝通，如就任何一種溝通研究途徑所發展的理論觀之，均各有所長，亦各有所短。因此，唯有合併此三種研究途徑如圖 18-4 所示，針對發展完善的資訊傳輸系統、形成彼此了解的意義詮釋架構及導入自由開放的結構互動風氣三項重心，才能建構完整周延的溝通理論，而真正有效的溝通也才能於三者交集之處浮現。

　　面對知識經濟崛起與資訊科技快速擴散的時代，各類組織均不可避免地必須接收、過濾及處理大量資訊，俾將重要資訊經由各種正式與非正式的溝通管道適時傳遞至正確的組織成員，使各階層組織成員能據以做成決

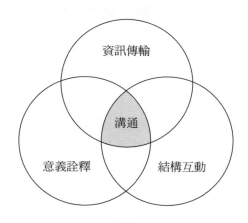

圖 18-4　**行政溝通的真義**

定、協調行動並採取必要措施以回應內、外在環境需求。其次，處於全球化與國際化的衝擊下，各種組織面臨動態性與複雜性急遽升高之環境，為維持有效運作與永續發展，無不努力推動組織變革與轉型，以期免於遭致被環境淘汰的命運，而溝通功能的良窳則往往對組織能否成功實施變革與轉型具有決定性的影響。

由於組織內的行政溝通在組織日常運作與變革轉型過程中，均扮演著舉足輕重的角色，本章乃經由檢視溝通相關文獻，歸納完成三種研究途徑並加以比較，再據以探討行政溝通概念的變遷與內容，主張唯有整合三者之相關研究成果，才能建構完備的溝通理論供行政主管參考適用，而組織內的行政溝通也才能真正產生其應具效果。

本章參考書目

Alvesson, M., & Deetz, S. (1996), "Critical Theory and Postmodernism Approaches to Organizational Studies," in S. R. Clegg, C. Hardy & W. R. Nord (Eds.), *Handbook of Organization Studies*. Thousand Oaks, CA: Sage.

Aquino, K., & Reed II, A. (1998), "A social Dilemma Perspective on Cooperative Behavior in Organizations," *Group & Organization Management,* Vol. 23, No. 4.

Axley, S. R. (1984), "Managerial and Organizational Communication In Terms of the Conduit Metaphor," *Academy of Management Review*, Vol. 9, No. 3.

Barnard, C. (1938), *The Functions of the Executive*. Cambridge, MA: Havard University Press.

Bobrow, D. G. (1991), "Dimensions of Interaction," *AI Magazine, 12*(3), 64-80.

Chia, R. (1997)., "Essay: Thirty Years on: From Organizational Structures to the Organization of Thought," *Organization Studies,* Vol. 18, No. 4.

Chia, R. (2003), "Organization As a Postmodern Science," n H. Tsoukas & C. Knudsen (Eds.), *The Oxford Handbook of Organization Theory* (pp.113-140). New York: Oxford University Press.

Coleman, H. J., Jr. (1999)., "What Enables Self-organizing Behavior in Businesses," *Emergence,* Vol. 1, No. 4.

de Vries, S., & De Diana, I. (2005), "Implementation of Networked Organizational Communication: A Communication Reference Model," *Corporated Communications,* Vol. 10, No. 2.

DeTienne, K. B., & Jackson, L. A. (2001), "Knowledge Management: Understanding Theory and Developing Strategy," *Competitiveness Review,* Vol. 11, No. 1.

Fulk, J., & Collins-Jarvis, L. (2000), "Wired Meetings: Technological Mediation of Organizational Gatherings, in F. M. Jablin & L. L. Putnam (Eds.)," *The New Handbook of Organizational Communication: Advances in Theory, Research, and Methods*. Thousand Oaks, CA: Sage.

Geertz, C. (1973), *The Interpretation of Cultures*, New York: Basic Books.

Giddens, A. (1984), *The Constitution of Society: Outline of the Theory of Structuration*, Berkeley, CA: University of California Press.

Hall, J. (1973), "Communication Revisited," *California Management Review*, Vol. 15, No. 3.

Hall, R. H. (1996), *Organizations: Structures, Processes, and Outcomes* (6th ed.), Englewood Cliffs, NJ: Prentice-Hall.

Hatch, M. J., & Yanow, D. (2003), "Organization Theory As An Interpretive Science," in H. Tsoukas & C. Knudsen (Eds.), *The Oxford Handbook of Organization Theory*, New York: Oxford University Press.

Katz, D., & Kahn, R. L. (1978), *The Social Psychology of Organizations* (2nd ed.), New York: John Wiley & Sons.

Knock, N. (2004), "The Psychobiological Model: Towards a New Theory of Computer-mediated Communication Based On Darwinian Evolution," Organization Science, Vol. 15, No. 3.

Kontoghiorghes, C., Awbre, S. M., & Feurig, P.L. (2005). "Examining the Relationship Between Learning Organization Characteristics and Change Adaptation, Innovation, and Organizational Performance," *Human Resource Development Quarterly*, Vol. 16, No. 2.

Kunda, G. (1992), *Engineering Culture: Control and Commitment in a High-tech Corporation*, Temple, PA: Temple University Press.

Molderez, I. (1999), "Freedom and Uncertainty," *Emergence*, Vol. 1, No. 3.

Olufowote, J. O. (2006), "Rousing and Redirecting a Sleeping Giant: Symbolic Convergence Theory and Complexities in the Communicative Constitution of Collective Action," *Management Communication Quarterly*, Vol. 19, No. 3.

Pandey, S. K., & Garnett, J. L. (2006), "Exploring Public Sector Communication Performance: Testing a Model and Drawing Implications," *Public Administration Review*, Vol. 66, No. 1.

Peters, T. J., & Waterman, R. H. (1982), *In Search of Eexcellence: Lessons From America's Best-run Companies*, New York: Harper & Row.

Putnam, L. L., Phillips, N., & Chapman, O. (1996), "Metaphors of Communication and Organization," in S. R. Clegg, C. Hardy & W. r. Nord (Eds.), *Handbook of Organization Studies*, Thousand Oaks, CA: Sage.

Robbins, S. P.(2005), *Essentials of Organizational Behavior* (8th ed.), Upper Saddle River, NJ: Pearson.

Robertson, E. (2005), "Placing Leaders at the Heart of Organizational Communication: A model to Improve the Internal Communication Climate. Strategi", *Communication Management,* Vol. 9, No. 5.

Rodgers, B., & Shook, R. L. (1986), *The IBM way: Insights into the World's Most Successful Marketing Organization*, New York: Harper & Row.

Simon, H. A., Smithburg, D. W., & Thompson, V. A. (1950), *Public Administration*, New York: Alfred A. Knopf.

Smoliar, S. W. (2003), "Interaction Management: The Next (and Necessary) Step Beyond Knowledge Management," *Business Process Management Journal,* Vol. 9, No. 3.

Stacey, R. D. (2001), *Complex Responsive Processes in Organizations: Learning and Knowledge Creation*, New York: Routledge.

Stinchcombe, A. L. (1990), *Information and Organizations*, Berkeley and Los Angeles, CA: University of California Press.

Taylor, J. R. (1993), *Rethinking the Theory of Organizational Communication: How to Read an Organization?* Norwood, NJ: Ablex Publishing.

Taylor, J. R., & Van Every, E. J. (2000), *The Emergent Organization: Communication as Its Site and Surface*, Mahwah, NJ: Lawrence Erlbaum Associates.

Timm, P.R., & DeTienne, K. B. (1995), *ManagerialCcommunication: A Finger on the Pulse* (3rd ed.), Englewood Cliffs, NJ: Prentice Hall.

Tompkins, P.K., & Wanca-Thibault, M. (2000), "Organizational Communication: Prelude and Prospects," in F. M. Jablin & L. L. Putnam (Eds.), *The New Handbook of Oorganizational Communication: Advances in Theory, Research, and Methods* (pp.xvii-xxxi), Thousand Oaks, CA: Sage.

Trahant, B. (2006), "Communication: The Key to Sustainable Government Transformation," *Public Manager*, Vol. 35, No. 3.

Tsoukas, H. (2005), *Complex Knowledge: Studies in Organizational Epistemology*, New York: Oxford University Press.

Weick, K. E. (1995), *Sensemaking in Organizations*, Thousand Oaks, CA: Sage.

White, L. D. (1948), *Introduction to the Study of Public Administration* (3rd ed.), New York: Macmillan.

Wiesenfeld, B. M., Raghuram, S., & Garud, R. (1999), 'Communication Patterns as Determinants of Organizational Identification in A Virtual Organization," *Organization Science,* Vol. 10, No. 6.

Willmott, H. (2003), "Organization Theory As a Critical Science: Forms of Analysis and New Organizational Forms," in H. Tsoukas & C. Knudsen (Eds.), *The Oxford Handbook of Organization Theory*, New York: Oxford University Press.

Wilson, G. L. (1996), *Groups in Context: Leadership and Participation in Small Groups* (4th ed.), New York: McGraw-Hill.

第十九章　策略性績效管理

第一節　績效管理重要概念與辯證

壹、相關概念意涵

　　績效評量起源，論者不一。有認為歷史可稽者，可遠溯至西元三世紀的中國的魏國（按，應係指三國的曹魏）；第一次出現在北美，是十八世紀的工業革命時代；至於當代績效評量的意涵，則直到 1940 及 1950 年代才出現（Glendinning, 2002: 161）。然其用語及意涵極為混淆，有稱績效管理（performance management），績效考評（Performance Appraisal）、績效測量（Performance Measurement）等，因既相關又混淆宜做進一步澄清。

　　Performance Appraisal，張火燦（1992）譯為「績效評估」並界定為「於某一段時間內對於員工工作表現結果之衡量評價，藉以作為薪資敘獎、任免、晉升、職務調整、工作輔導改進、決定訓練需求、員工生涯規劃等之參考依據，以提供員工工作回饋以及協助主管了解部屬改進其工作行為。」R. S. Schuler（1995）認為績效考評通常指的是一套正式的、結構化的制度，用來衡量、評核及影響與員工上作有關的特性、行為及結果，發現員工的工作成效，了解未來該員工是否能有更好的表現，以期員工與組織均能獲益（轉引自黃同圳，2000）。

　　綜上，績效考評是指針對員工個別工作績效所做評核，俾能達成各種客觀人事決定或措施（Robbins et al., 2000: 413）亦即傳統人事管理或當代人力資源理論與實務中針對員工個人績效的考核。例如，我國公務人員考績法所規範者員工考績制度。

　　Gary Cokins（2004: 1）將績效管理界定為，一個管理其組織策略如何落實的過程，以期將策略（計畫）轉化實際結果。Weiss 和 Hartlw

（1997）對績效管理的界定為：「建立一個（使員工）對所要達成（績效）目標有著共同了解的過程；同時也是一種管理員工使之成功可能性增加的取向。」其要點如次：

1. 是個過程：它不僅僅涉及一套表格形式（每年一度的例行評核儀式或獎金計畫），更涉及員工每天用在改善自己或他人績效的行動及行為，它遍及整個組織的管理過程。

2. 使員工能夠對所要達成績效目標是什麼以及如何達成的作法，有共同的了解：為了改善績效，員工必須對績效（或成功）的定義，有共同的認知。所謂績效是指要達成各種任務、目標、結果，或是一組行為。這些績效目標必須作明確的界定，並須與員工達成協議，如此，員工才能知道他們工作及努力的方向，及長官的要求。

3. 增加成功或達成績效目標的可能性：績效管理就是要組織、團體或員工建立明確的績效目標。建立一個傳達明確、支持、回饋及獎勵等訊息給所有員工的持續管理過程。機關首長必須採取主要的步驟，是傳達組織重大的績效決心。

　　績效管理則同時考量員工面、團隊面及整體組織面等三個層面的績效，強調策略及整合的取向，支撐組織成功（organizational success）（Woods, 2003）。

　　學者專家指出，大多數績效考評制度未能將員工目標、個人績效與組織目標、組織績效做緊密結合。因此，各機關組織應該考慮超越個人考績的績效考評，轉為績效管理。質言之，績效管理就如同雨傘般，涵蓋與個人績效、團隊績效及組織績效有關的所有組織要素及活動。績效管理制度應該涵蓋績效評估以及策略規劃、管理者責任、待遇、陞遷、訓練／發展、紀律等所有與績效有關的要素。經由相關要素的整合，提升組織整體的績效（Cederblom & Pemerl, 2002）。

　　綜而言之，所謂績效管理（performance management）或績效測量（performance measurement），都是針對組織及其流程，不是針對個人的。若進一步言之，績效管理兼顧績效的結果及過程，績效評量側重結

果，是整個績效管理體系重要環節，單獨對績效結果的測量，無法構成完整的績效管理體系，完整績效管理體系係將組織的策略與行動做緊密的結合。由於二者均以「組織」績效為評量對象，因此在本文研究中，二個名詞不做明確區隔。為免混淆，此種針對員工績效所做的考評，本文以「績效考評」稱之。並以「績效管理」一詞代表「績效評量」及「績效考評」。

就我國公部門績效管理實務而言，有以個人績效為對象的「公務人員考績制度」，以及機關整體績效為對象的「行政機關施政管理制度」，但欠缺一個承上啟下的制度設計——那就是以內部單位績效為評量對象的機制。換言之，我國公部門以個人績效考評為對象的考績制度，欠缺在概念上以及制度上，試圖連結員工考績與機關整體績效的機制。

如前所述，我國公部門績效管理制度面臨策略無法化為行動及無法化為結果的問題。為解決此制度設計瑕疵，筆者依據我國現行績效管理特有環境及弊病，試做一個本土性的績效管理運作性定義為：「在一個組織績效目標金字塔之下，將各層次績效目標間作有意義地轉化和連結，並以多元績效指標，整合、評量單位績效，藉此使員工明確了解機關目標（施政計畫）、單位目標及員工個人目標間的因果關係，使機關的施政計畫（使命、願景及策略）得以轉化為機關內部單位及員工日常的業務，使得機關績效得以持續提升的過程。」並作為本文論述及鋪陳的核心概念。

貳、公私部門績效管理的差異

Jonathon Boston（1991）認為，新公共管理所強調的是管理而非政策，是根據量化的產出，來評量績效目標，新公共管理學派強調師法企業的企業型政府。然而，許多學者始終認為無論從實務的運作或理論的建構，公部門終究與民間企業有所差異。新公共行政學派明白地指出公共行政本身就處於政治系絡之中。公共性及政治性是政府公共管理的特質，但不可諱言，也是政府部門提升績效及競爭力的限制。公私部門績效管理差異大致如下。

一、公部門機績效管理多元認知差異

　　一般而言，政府績效管理的意涵至少須滿足以下四類行動者的需求：
1. 對民選的行政首長而言，藉由績效管理可強化對文官系統的政治控制
力；2. 對民選的議會代表而言，藉由績效管理可確立民主政體的課責制
度；3. 對文官系統內從事革新工作的管理者而言，藉由績效管理可以有效
控制行政流程，持續改善生產力和品質，以及提高組織的競爭力；4. 對於
一般執行的文官成員來說，績效管理具有引導（steering）的作用，藉由明
確的績效標準和指標，能夠讓他們更加清楚管理者的工作要求和個人的任
務重點。由於民選行政首長、議會代表、公共管理者及文官成員等，對績
效管理的認知有所不同，這也是一般政府推動績效管理的困境所在（孫本
初，2007: 32）。此外，公部門往往須回應不同選區或公共服務的多元價
值、需求及期望，特別是民眾施政的價值及先後順序往往有南轅北轍的爭
論，使得公部門績效管理益為困難（Plant & Douglas, 2006）。

二、公部門施政計畫陳義過高

　　Drucker（1980）在〈公共行政的致命缺點〉（The Deadly Sins in
Public Administration）一文，指出政府部門有六大致命缺點，致施政績
效難以彰顯。第一個致命缺點是陳義過高的目標（a lofty objective），例
如，公共政策方案的目標訂為「健康照護」、「照顧弱勢」。這充其量是
一種意見的陳述，是在說明一個訂定該政策的理由，無法呈現政府部門真
正落實明該方案的具體作為。以這種意見陳述當成一個目標，無法有效地
完成該業務。因為任何業務或目標一定要具體、平實並能聚焦，否則無績
效可言。

三、公部門績效較難以界定

　　民間企業以降低經營成本來創這最大利潤為目標，政府組織肩負「社
會性」、「公共性」、「政治性」與「經濟性」等功能，而無法純以成本

或利潤來衡量政府績效，公私部門績效評量最大的差別在於「利潤」的適用性，私部門的績效較易認定；由於公部門績效的認定不易，容易使得績效評量制度的信度與效度受到影響（孫本初，2007: 42; Adkins, 2006）。

參、績效管理的分析層次

對於研究主體的分析，可用宏觀（Macro）及微觀（Micro）兩種不同層次切入，以宏觀分析層次切入，乃是對某一現象做集合式（aggregate）而不做個體（individual）之研究；而微觀的分析層次切入，係指對某一現象對個體式研究（朱浤源，2002: 164-165）。更明確地說，由於分析層次（level of analysis）不同，所以其所建構的理論也有「個體」與「總體」之別。通常來說，研究個人行為包括個人人格與態度在內的理論，以及團體行為在內的理論，一般稱之為個體理論；在此層次以上的理論可稱之為總體理論（袁頌西，2003: 92）。

績效管理至少具三個不同的模型：1. 績效管理是在管理組織整體績效的系統；2. 績效管理是管理個人績效的系統；及 3. 組織是個整合組織績效及員工績效的系統（Williams, 1998），此寓意著績效管理理論與實務的分析層次不同，亦即一個完整的績效管理體系，應當相容組織層面的總體分析層次及員工層面個體分析層次。在這種情況下，績效管理的目的既針對組織策略、組織整體目標的實現和績效的提升，那麼組織績效評量的策略功能得以落實，又針對員工個人績效的評量，可實現對個人的合理獎懲的行政功能，以及個人升教育訓練的發展功能。

我國政府部門對於政府施政品質的提升，一向不遺餘力。行政院研考會成立於 1969 年 3 月 1 日，並於 1987 年 1 月 14 日組織條例制定公布，正式成為行政院的常設機關，肩負行政院各機關施政計畫的計畫、執行及考核落實之重責大任。質言之，我國公務體系並不欠缺績效管理制度，惟弊在績效管理制度疊床架屋，並未做合適的轉化與聯結的整合機制。亦即行政院研考會所辦理的評量層次在於「機關」。而公務人員考績法相關規定的考評層次在於「個人」。就一般管理理論而言，任何機關的績效目

標大致可以劃分為三個層次:「整體機關」、「內部單位」及「員工個人」等三個分析層次。因此,一個完整的績效管理制度必須能夠展現機關整體績效、內部單位績效及員工個人績效,形成所謂績效目標金字塔。如此說來,我國政府機關績效管理制度除了行政院研考會所側重的「機關層次」施政計畫的績效評量,以及公務人員考績法所側重的「個人層次」的績效考核外,尚需一套承上啟下,側重「單位層次」行動方案的績效評量。這是我國公部門在落實策略性績效管理概念,在制度面規劃及運作層面尚待精進之處。

第二節　策略績效管理制度理論與實務發展

Kaplan & Norton(1992)年發表《平衡計分卡》一書後,在績效管理學術及實務領域內,開啟了一個新的研究焦點,一般稱之為策略性績效管理制度,對績效管理典範產生重大影響。以下就其起因、理論要旨及實務面探討之。

壹、策略性績效管理理念的起因

有關策略性績效管理在學術界及實務界發展的起因,大致可從策略執行問題與績效管理問題兩個方面探討。從策略執行觀點論之,Helen Atkinson(2006)曾作有系統梳理,他引用幾個學者的論述,道盡策略執行的缺失。例如:Alexander(1985)以譏諷的口吻指出,多年來,策略執行的學術研究一直都是「口惠而實不至」,規劃與執行間一直處於失聯狀態。又如,Mintzberg(1994)所言,各組織泰半的策略從未執行落實過!儘管學者專家都體認到策略執行的問題,學術界卻長期忽視未予置喙。

就績效管理問題層面論之,學術界研究與實務界體驗到從「績效考評或績效評量移轉到績效管理」的趨勢,就是對傳統績效評量問題的挑戰與回應。傳統的個人績效考評或重視測量結果的績效評量,受到相當多的批評,這些批評包含:1. 一個組織或公司評量應及於個人、團隊、內部單

位和整體組織績效，但過去只側重於是個人層面的績效評量；2. 傳統績效評量忽視了品質，忽略流程的改進及變革；3. 個人績效考評與組織整體績效欠缺連結，換言之，個人層次的績效考評未符合組織策略，學者專家將心力投注一些最淺層的事務──考評或評量表格；4. 在許多組織中，績效考評或績效測量被認為是人力資源管理部門的業務，而實際上，績效管理應該是管理者的責任，更值得批評的是，考評者認為它是額外的負擔，受評者毫不在意。於是，績效考評常淪為虛應故事的年度夕戲（Schneier, Shaw&Beatty, 1991）。

　　為了能夠更有效的抒解傳統績效考評及績效評量的問題，當代績效管理學者專家不遺餘力的提出各種績效管理工具，例如：全面品質管理（TQM），六個標準差（Six Sigma），ISO9000 及歐洲品質模式（European Quality models）。此外，為了解決過去績效管理只重視財務指標的問題，Kaplan 和 Norton（1992）的平衡計分卡；Lynch 和 Cross（1995）的績效金字塔（performance pyramid）等（Atkinson, 2006）。其中尤以 Kaplan 和 Norton（1992）備受推崇與運用，也將在下文略為介紹。

貳、策略性績效管理制度理論面探討

　　該學派主張應側重「策略」、「平衡」及「執行」的績效管理系統。因而管理者應更關切策略成功地圖為何？應選擇哪一種測量型態？他們主張學術界與實務界更關心組織如何透過各種評量方法提升績效；應更關心組織如何從所蒐集的資料中，淬取有價值事務。SPM 的學者專家認為，除非管理者能夠充分掌握與其行動有關的績效資訊，否則評量績效的過程將是徒勞無功的。因此，組織應力圖將績效資訊轉化成精確的行動。綜而言之，該學派更關注的是組織的策略性目標，而不是財務目標；關切環境變遷、策的選擇；重視整合員工個別績效和組織整體績效；關切如何將策略化為行動，如何將策略轉化為結果；著眼於「績效的改進」而非「績效之管理」。

　　Pfeffer 和 Sutton（1999）提出「知行鴻溝」（knowing-doing gap）概念，說明組織知識背離員工日常活動的原因為，管理者及資訊專家們用以蒐集、儲藏及分析資訊的系統並不精確，員工用於執行日常業務的看法也都不正確。同樣的現象 Cohen（1998）稱之為績效矛盾（performance paradox），亦即管理者雖明瞭如何提升組織績效之道，但實際上卻忽視了其與可利用資料間的矛盾。換言之，一個組織應確知員工能否將其所得之資料，轉換成有效的決策及行動。績效管理研究重心，已經從策略性績效管理制度的設計及執行面，移轉至這些系統的實際運作層面（Franco& Boume, 2003: 698-710）。

　　Franco 和 Boume（2003）在以半結構化訪談方式，訪談 24 位元公私部門資深顧問及績效管理者，整理出落實策略性績效管理制度的關鍵因素。

1. 組織文化

　　有 19 位受訪者（占 79%）提及「組織文化」為關鍵因素。有些受訪者認為應形塑鼓勵行動及改善的組織文化，不要懲罰員工的錯誤。學術研究上都主張績效評量制度應運用於改善，而非控制。但實務上，績效評量難以落實的原因之一，就是控制所造成的，使得實務界充斥著敵視績效評量的管理階層。其他受訪者則主張應形塑鼓勵討論及分析的組織文化，組織應將其珍貴時間（quality time）發於評估、規劃、溝通及類似要素之上；組織應培養重視討論、分析文化，而非專務空談。也有一些受訪者認為形塑「績效或評量導向」（performance or measurement driven）的文化，將更有助於 SPM 系統的運用。

2. 管理領導能力及承諾

　　17 位（占 71%）受訪者提及管理領導力及承諾。大多數受訪者都同意「高階主管渴望」的重要性。高階主管對績效評量制度的渴望，展現在組織是否願將珍貴時間及其他資源運用於斯。績效卓著的企業均能發出內心的「透過評量去管理」；但相反的是，許多公部門是由中央政府統一設定的各種放諸四海皆準的績效指標，這種作為往往無法因應各機關特有系

絡，因此，所屬機關組織如果發自內心落實績效管理，就不該照單全收的使用這些績效指標；反之，是不得不從所致，於是績效評量系統往往流於形式，就是所謂「上有政策，下有對策」最佳寫照。

　　管理者應將其珍貴時光用於評估、規劃評量事宜上；發時間於形塑組織承諾。有些受訪者高舉領導對 SPM 重要性，高階團隊在方案推動之初，就應實際參，身體力行。許多組織推動績效評量制度之受挫主因，在於欠缺高階團隊的親身領導及參與推動。

3. 待遇須與策略性績效管理制度結合

　　16 位（占 67%）受訪者提及 SPM 系統與待遇結合的重要性，認為二者連結，對獲得員工激勵及承諾具關鍵性影響。然而，並非所有受訪者同意這種結合有其實際需要。

4. 教育訓練與充分了解

　　16 位（占 67%）受訪者提及此一因素。受訪者均認為員工對評量的意涵及運用，應有深入徹底的認識。然而，多數員工對於績效評量相關知識甚為陌生，尤有甚者，管理者本身對評量相關事宜也是一知半解。因此教育、訓練能成為使員工徹底了解評量相關知識的不二法門。

5. 溝通與報告

　　15 位（占 63%）受訪者提及此一因素。他們認為唯有建立明確、簡單、常態且正式的溝通及報告過程，才更有助於組織及員工間相互了解。某些受訪者建議要有多元、多樣方法的溝通績效評量制度。

6. 精進策略性績效管理評量系統

　　15 位（占 63%）受訪者提及此一因素。本項因素意指：組織應持續省思、改進現行績效評量系統。

7. 資訊科技與資料蒐集過程的支持

　　12 位（占 50%）受訪者提及此一因素。他們強調資料過程（蒐集、分析及解讀）及資訊科技支持的重要性。有效實施 SPM 系統的挑戰，在於組織或員工如何將所蒐集的資料轉換成有用的知識。他們也強調解讀績

效資訊、了解趨勢能力的重要性。有些受訪者非常重視資訊科技在 SPM
系統運作所扮演的重要角色。這有助於抒解 Pfeffer 和 Sutton（1999）所
強調知行鴻溝現象。一個組織若能加強資料倉儲能力，強化其資訊系統，
將有助於建立所謂的「資料－資訊－知識－企業循環」（data-information-
knowledge-business cycle）。

8. 建構策略性績效管理制度的基本架構

12 位（占 50%）受訪者提及此一因素。其中大多數受訪者建議應建
構一個穩固的基本架構，平衡計分卡即為一例。然而該基本架構必須與時
俱進，並肆應其企業特性及環境變遷。

9. 企業與行業特性（business and industry）

12 位（占 50%）受訪者提及此一因素。有些受訪者關注行業競爭本
質的適宜性；有些聚焦於長期／短期取向；有些關注企業穩定成長。在公
部門因有更多主觀因素及政治牽涉在內，政治壓力及政府施政議題會扭曲
SPM系統，績效評量更為困難。

參、策略性績效管理實務面探討

當代績效管理理論與實務朝向重視「平衡」、「多元」及「策略」
的績效管理體系發展。績效管理論及工具如群峰競秀，其中平衡計分卡
（Balanced Score Card）異峰突起，大有「一峰突起，眾山環。」宏偉氣
勢。平衡計分卡是一個平衡落後指標和領先指標、財務指標與非財務指
標、內部指標與外部指標及客觀指標及主觀判斷的策略導向績效管理制
度。平衡計分卡經歷兩個階段發展與蛻變。在第一個階段，平衡計分卡是
一套多元的績效管理系統，側重多元績效指標的整體和平衡。而在第二階
段，這套績效管理制度演化質變為策略管理工具，一種策略化為行動，策
略化為結果的策略評量工具。

行政院研究發展考核委員會 2003 年 8 月辦理「平衡計分卡在政府部
門的運用研討會」，推廣平衡計分卡概念。行政機關曾實施平衡計分卡制

度大致有，行政院金融監督管理委員會、宜蘭縣政府、桃園縣蘆竹鄉公所、彰化縣埔鹽鄉公所、台南市安平區公所、臺北市捷運工程局、交通部運輸研究所。至於公立醫院因預算制度為具營收特性作業基金，樂於採用平衡計分，確具成效。例如：臺北榮民總醫院、台大醫院、三軍總醫院、萬芳醫院、署立基隆醫院等。依據筆者個人了解，臺北榮民總醫院尤具成效。該院於 2002 年 9 月起初步建置本院平衡計分卡之架構、構面與指

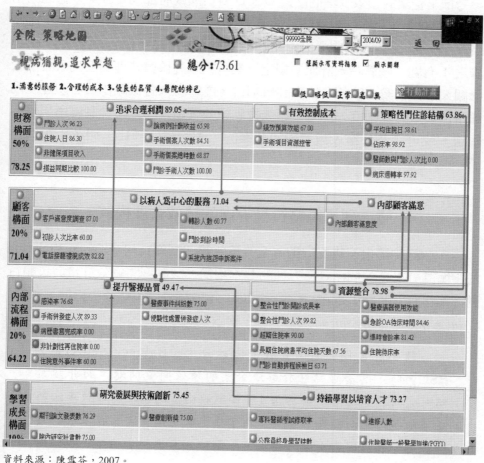

資料來源：陳雪芬，2007。

圖 19-1　臺北榮民總醫院策略地圖

標，於 2003 年 8 月至 2003 年 12 月：完成平衡計分卡先導資訊系統之建置。

第三節　公部門策略性績效管理思維的實踐

為建立績效待遇及績效管理制度，行政院依全國行政革新會議決議並參考標竿企業的績效管理制度及 OECD 會員國政府部門實施績效待遇的精神，於 2002 年試辦行政機關績效獎金制度，2003 年全面實施，2007 年停辦。 但由於雖然該制度業已停辦，但公務人員考績法修正草案增訂第 13 條之 1 有關「團體績效評比」規定，業將績效評核與管理制度列入各主管機關人事機構業務績效考核之評核項目，亦即將來各機關依法必須建立內部單位績效評量制度，那麼，過去推動績效管理及績效獎金制度所累積之經驗，或可作為公務人員考績法草案的「團體績效評比」開花結果的種子。

壹、建構策略行動導向的績效管理模式

一個能夠轉化策略為行動方案的績效管理制度為何？Kaplan和Norton的平衡計分卡是一個極具參考性的基本架構。該制度將績效評量與策略行動方案作有效連結。這在二位作者 2001 年所發表《策略核心組織》（*The Strategy-focused Organization*）一書，獲致梗概：

> 數年前當我們開始發展平衡計分卡（Balance Scorecard, BSC）時，其著眼點在於解決企業的績效衡量問題，而非關策略。當時我們指出，企業過度依賴財務向度的指標將導致無法朝正確的策略正向發展。……。為了找出能夠衡量企業在未來的績效表現的驅動因素與領先指標，平衡計分卡進一步跨越「績效衡量」的層次，直接進入「策略的衡量」。……。儘管一開始時我們並未預料到此一層面的應用，平衡計分卡卻迅速的發展成為協

助企業執行策略的利器──可以用來讓那 90% 執行失敗的策略起死回生。

在《策略核心組織》一書中，曾經提到過有關失敗之策略的研究，其結論為「在大多數的案例──我們計估約占 70% 中，真正的問題並不在於『拙劣的策略』……而是差勁的執行。」而宜蘭縣政府、高雄縣政府等

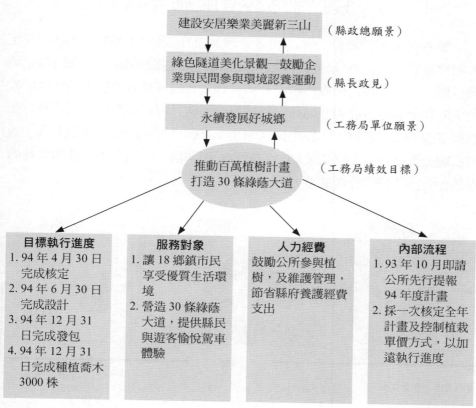

資料來源：高雄縣政府

圖 19-2　高雄縣政府施政計畫與各層次績效目標轉化與連結情形

的成功經驗正是「將機關施政計畫透過各個層次績效目標間有意義地轉化及連結，將地方行政首長的施政理念或競選諾言，轉化成內部單位及員工日常業務」，建構一套策略行動導向的績效管理基本架構。

　　綜而言之，一套完備的績效管理制度不但要有一套績效評量制度，也需要是一套能夠將策略轉化為單位或員工日常業務的行動架構，筆者根據推動制度的經驗，建構一套具策略行動導向的績效管理模型，將在下節做詳細的說明。

貳、我國公部門績效管理制度實務經驗

　　筆者在規劃、推動公部門績效管理制度所面臨的問題，與解決問題的關鍵議題，可分為 1. 如何形成機關使命、願景及策略；2. 如何訂定績效目標；3. 如何選定績效指標；4. 如何建立客觀而具有公信力績效評核機制；5. 如何結合資訊科技隨時監控績效管理執行面。而前述問題與解答在政策學習的既定策略下，經由探索學習、互動學習等過程，逐漸形成一種與我國公部門特有系絡環境結合的績效管理架構，一種有根、能夠成長的在地化公部門績效管理制度。

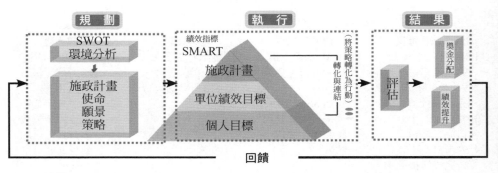

資料來源：作者自繪。

圖 19-3　策略導向的績效管理模型

一、如何形成機關使命、願景及策略

「使命是什麼？」一位新任執行長的答案是：「不是預測未來，而是提供我們方向、目標、及達成這些目標的策略。」（王嘉源譯，123）在現行管考制度之下各機關都有一套明文規定的年度施政計畫，作為該機關編列預算的依據，和該年度施政的主軸及指導方向。這一套施政計畫就機關層級間具有 Herbert A. Simon 所謂「目標與手段間連鎖」的關係，經濟部智慧財產局的施政計畫是達成其上級機關（經濟部及行政院）施政計畫的手段，例如：《行政院年度施政計畫》內經濟部度施政計畫目標與重點智慧財產政策：「建構知識經濟發展環境，鼓勵知識產業發展：積極建構完善的智慧財產權保護環境，改善專利審查制度及加強智慧財產權保護國際合作」。而上級機關的施政計畫往往蘊含所屬機關的使命及願景在內。

Peter F. Drucker 認為非營利組織及政府部門對於使命願景的形成，其實較民間企業尤為重要，因為機關的願景是衡量非營利組織績效的基準（余佩珊，2004）。

而從學理上而言，一個機關策略或願景的形成往往是相當主觀的，因為它的本質上是在從事價值的判斷，因此如何降低其主觀性？往往需要有一套較為完整的程式以達成相對的客觀性，從某種角度而言，就是該機關策略規劃的過程。在民間企業中，策略是行動的最高指導原則，但策略的形成須考慮的因素有如恆河沙，如何過濾篩選呢？因此學者專家尋求化約

表 19-1　智慧財產局願景體系

組織願景	組織使命	任務／職責
智慧財產權的確立者、智慧結晶的保護者及智慧財產權資訊的提供者	促進產業科技發展、改善人類生活福祉	鼓勵創新發明、尊重智慧財產權、保護智慧財產權及活用智慧財產權
工作範圍	服務對象	組織形象
專利審查、商標註冊、著作權宣導、營業秘密保護、積體電路電路佈局登記及查禁仿冒	發明人、創作人、企業、學界及社會大眾	法定權責、專業知識及行政中立

資料來源：經濟部智慧財產局。

的策略思維架構，期望從化約的模式架構中代表真實世界的關鍵因素，以降低形成策略的複雜程度。

　　1965 年，K. R. Andrews 在《公司策略的概念》（*The Concept of Corporate Strategy*）一書中，提出了 SWOT 分析架構，強調企業本身特質與內外環境的配合。SWOT 首先分析企業所處環境中的發展趨勢，篩選出那些趨勢是企業未來成長的機會，那些是威脅，接著分析企業內部的優勢與劣勢。而所謂 SWOT 分析就是針對組織的外在環境，分析其機會（opportunity）和威脅（threat），其次就組織的內在環境，分析其優勢（strength）和劣勢（weakness），作為擬定施政計畫，形成組織使命、願景，以及執行策略的依據。

　　各機關也在思考如何建立一套可行的績效評比或績效管理制度，於是，連民間企業運用於策略規劃、使命願景形成的 SWOT 也被引進運用，例如：台中縣外埔衛生所就利用 SWOT 形成該所的使命、願景及策略。

優　勢（S）Strength	劣　勢（W）Weakness
1. 一群樂善好施志工 2. 一群充滿活力本所成員 3. 上級機關支持 4. 承辦人員先執行帶動 5. 與鄉內各機關及意見領袖互動良好	1. 本鄉屬偏遠農業鄉資源缺乏 2. 醫療資源缺乏區，平均值為 13.3／萬、本鄉為 1.58／萬 3. 本鄉為老人鄉 4. 經費拮据 5. 聚落分散民風保守，參與意願不高 6. 教育程度不高，居民溝通費時
機　會（O）Opportunity	威　脅（T）Threat
1. 社區居民對本單位的認同，知名度高 2. 政府補助 3. 本鄉社團、醫療機構、社區領袖支持 4. 利用共同日節慶有利宣導 5. 利用多層次小團體學習撒播種子	1. 經濟不景氣影響志工參與意願 2. 地處偏遠地區交通不便 3. 生計問題人口流失 4. 居民缺乏共識配合度差 5. 生活習慣改善不易 6. 勞動及運動觀念難改變 7. 運動習慣難持續

資料來源：台中縣外埔衛生所

圖 19-4　台中縣外埔鄉衛生所 SWOT 分析圖

二、如何訂定績效目標問題

關於績效目標訂定問題即可行方案，大致可分為三個方面探討之：

（一）績效目標必須具有績效值或目標值

績效目標匯聚了機關各項資源，因此不好的績效目標比沒有績效目標，危害更大。質言之，實施績效管理的目的有：1. 使機關首長或單位主管，具備有效管理工具；2. 公務人員明確了解首長或主管的要求及機關努力方向及 3. 告訴民眾政府或公務人員到底做了什麼？要能夠達到上述三個目標，績效目標就必須具有可測量性（measurable）；也就是說績效目標一定要有目標值或績效值。因此，訂定績效目標的第一步必須明辨工作項目與績效目標的差別，例如，「提高機關公文電子交換成長率」是工作項目，因為它欠缺一個可以衡量的目標值或績效值，員工、管理層級與民眾間就欠缺一個共同的指標，對於績效是否達成，難免各說各話，但是，如果賦予一個目標值或績效值「提高機關公文電子交換成長率為50%」則有個明確的共同努力方向。因此，「績效目標的要義就是透過目標值或績效值來界定成果。」績效目標代表著一個機關指導員工共同的努力方向，而績效指標則可作為評量績效的的具體基準。

（二）績效目標必須具備挑戰度及執行度（達成度）

Arie Halachmi（2002）認為一個制度需能回答二個問題：1. 做對事務了嗎？ 2. 把事務做正確了嗎？我們認為一個機關績效的提升，是正確策略與執行力貫徹的結果。因此，績效目標必須兼具策略與執行二個要素。亦即，評量機關績效目標的評核項目宜至少包含「目標挑戰度」及「目標達成度、目標執行度」二類。這二類評核項目性質不同，前者係要求績效目標能達成管理學上所謂「做正確事務」（do the right thing），是機關尋求發展與進步的積極動力；後者係要求「把事情做正確」（do the thing right），著重行政品質的穩定性。二項評核項目的性質雖有所不同，卻不

可偏廢，且具有槓桿平衡作用，俾各機關於設定單位績效目標時注意二者之衡平性。例如：以績效管理的角度分析，黑鮪魚季就是一個具有創意性、策略性的績效目標，亦即屏東縣政府做了一件正確的事（政策），為屏東縣政府創造了無限的商機、施政滿意度及全國的知名度，當然執行的貫徹也同等重要。簡言之，績效目標訂定的第二個目的就是要使得各機關具有「選擇正確的事，並將之做正確的」思考邏輯。

（三）績效目標需具有關鍵性

每個單位目標均為數眾多，但並非均足以列為績效目標。在選定績效目標時，應把握「抓重點，講績效」的「關鍵性」的原則，就是所謂KPI的概念。是以，關鍵性的績效目標應選擇足以顯現該單位的重要性業務，應足以代表單位所有主要核心業務，不宜僅挑選少數較有把握達成之業務設定目標。當然無論從學理上或實務上，並無所謂「適當數目」的建議。

三、績效指標如何選定問題

一個設計精良的指標，不僅能評量工作表現，還能連帶衍生改善的對策（韓文正譯），茲就績效指標如何選定等方面析論之。

（一）慎選績效指標的重要性

美國聯邦政府《員工績效管理手冊》曾經以養蜂人採用不同績效指標，致蜂蜜產量高低有別的例子，說明選擇績效指標的重要性。該例子為「第一位養蜂人家評量每一蜜蜂所停留的花數，另一位養蜂人家評量每一隻蜜蜂所帶回的花蜜量及該蜂巢的蜂蜜總產出量，結果第一位養蜂人家發現蜜蜂所停留的花數確實增加了，但蜂巢的蜂蜜產量卻下降了。第二位養蜂人家則因為每一蜜蜂都專注於提升蜂蜜產量，努力地採集更多的花蜜。他們一起尋找含花蜜多的花，想辦法快速地儲存所蒐集的花蜜，也幫助產量較低的蜜蜂提升產量。」該報告因而指出「衡量成果並有所回饋比衡量活動要能改善績效。」（U. S. OPM, 2002）。慎選績效指標的重要性，可

見一斑。

　　OECD 於 1997 年提出績效指標應具有政策相關性（Policy relevant）：指標選定應由需求面（demand side）思考，亦即從管理者及相關利害關係人的觀點提出所面臨潛在問題（孫本初，2007: 34）。高雄縣政府社會局訂定「改善低收入戶生活補助費撥款流程」，從原作法：「由原每月次月底撥款一次，導致民眾等待期過長。」改善為「提前為每次月 10 日發放，提前 20 天，增進效能及民眾滿意度。」這個案例就是上述 OECD 所揭櫫者，公部門績效指標宜從需求面訂定的最佳案例。就管理面，流程簡化及資訊化結果撥款期程提前 20 天，從顧客層面而言，低收戶提前 20 天領取低收戶補助費，挹注生活所需，施政滿意度得以提高。

（二）訂定績效指標的原則

　　優良績效指標必須與組織施政計畫或策略目標的成效（outcomes）緊密連結，除需具備信度、效度之外，尚須符合所謂 SMART 的原則，茲舉例說明如次：

1. 具體明確（Specific）

　　具體的告訴員工要作甚麼？要完成甚麼？績效指標的設定的描述，一定要能夠具體明確，避免不同層級員工針對相同績效指標作不同的解讀，或甚至無法評核。例如：關稅總局驗估處訂定「查價案件加強研析個案案情，縮短辦理時間；積極控管辦結件數，以期儘速達到績效目標。」之指標，較具體明確作法是改為「查價案件平均每案辦結時間由 45.7 天縮短為 40 天，平均每案查價時間減少 12.47%，提高結案效率。」

2. 可以測量的（Measurable）

　　社會科學研究方法可分為量化研究法及質化研究法，同樣的，測量政府績效的方法亦可分為量化及質化的方法，質化測量法亦有一套運作方式，需要較多的配套措施。至於，可以量化的指標，應該將其量度（measurement）表現出來，要能夠讓員工知道如何衡量它的工作結果？

如某機關訂定「93 年度公文處理平均日數較 92 年度進步」為績效指標，目標值訂為「進步」無法測量。又如某機關「簡化營利事業登記作業流程」，指標訂定「加速電腦化作業，縮短發證時效」無法測量，可改為「加速電腦化作業，縮短發證時效 8 小時縮短為 4 小時以內完成。」

3. 可以達到的（Attainable）

要在人力、成本及時效等前提下，設定具有複雜度、困難度極具有挑戰性的目標，但也不要設定難以達成的目標。

4. 合適的（Relevant）

（1）指標的設定應依所欲達成的策略目的及所欲創造的價值或所欲達成的效益，選用合適的績效指標。例如：某縣政府建設局績效目標為「改善漁港與漁村設施，縮短漁政登記作業流程」，績效指標訂為「限93年 12 月 31 日完成」，就縮短漁政登記作業流程，合適的指標為「縮短作業流程時程，由十個工作天縮短為六個工作天。」

（2）以成效性指標取代產出性指標，俾貼近機關策略目標的落實。例如某訓練中心設定：（a）全年度開辦42個職類、94 個班次及完訓學員4,017 員（產出指標）；（b）輔導500位學員參加專案檢定，合格率達 90% 以上（成效指標）；（c）委外訓練考照率達 70%、就業率達 41% 以上（成效指標）。

5. 有完成期限（Time-bound）

員工知道他應該在甚麼時間之前完成？因此，經濟部智慧財產局將「推動保護智慧財產權行動年宣導計畫」訂為該局的策略目標，其績效指標訂為「91 年 7 月至 9 月播出 30 秒廣告 1554 檔、廣播劇 120 檔、Call-In 專訪 16 次。」；「91 年 11 月前完成製播 91 單元宣導節目。」

（三）績效指標的類型

1. 產出的提升：如「招訓志工人數由目前每年 100 人增加為每年500

人」、「督訪替代役男人數比率由 70% 提升為 85%」。

2. 成本、人力、物力等資源的降低：如「本局公文郵寄費較上年度減少 100 萬元」、「第一線人員由 50 人降低為 40 人」。

3. 作業時間或程式的減少：例如「辦理核發建築師證書工作天數由 8 天縮短為 4 天」。

4. 品質的改善：如「機械故障率由每月 4 件減少為不超過 1 件」、「中小學午餐之廚工獲得丙級執照比率由 50% 提升為 75%」。

5. 滿意度調查：如「辦理員工旅遊活動滿意度達 85%」。

（四）釐清公部門績效指標迷思

許多學者專家都建議公私部門從事績效評量時，要使用量化指標。這個建議背後邏輯是：「組織從事績效評量時，若使用量化指標，會有客觀評量結果，有了客觀評量結果，就具公信力，有了公信力，員工心悅誠服地接受評量結果，績效評量的策略、行政及發展功能能得以落實。」這樣的邏輯使得績效指標的探討，衍生「量化指標與非量化指標」的問題，以及「主觀量度與客觀量度」的問題。

就統計分析言，評量（measure）人或物的某一性質，即是指用數字來代表那個性質。量度（measurement）是將諸如長度或受雇狀況等概念，轉換成明確意義的變數之過程。當變數和某一性質有關，或者做為那個性質的代表時，我們稱此變數為該性質之有效量度（valid measurement）。如果某一個性質的量度，可以用來預測跟這個性質有關的一些課題是否成功，我們稱這個量度為預測有效性（predictive validity）。對於物理性質的量度，例如：長度、重量及時間，有效與否是易判斷。當我們要度量人的性格或其他模糊性質時，預測有效性是用來判斷「我們的量度是否有效」最有用的方法。但是有些事務的性質是評量不出來的，卻非常重要。例如，1981 年愛得蒙頓油人冰球隊中的某位成員，差不多在任何可以度量的事項裡都敬陪末座，包括：力量、速度、反應及眼力。那個人就是葛瑞茨基（Wayne Gretzky），但很快的他就成為聞

名的「天王」。他在那年打破了國家冰球聯盟的得分記錄,接著在後來的7個賽季中得到更多的分數。不知怎的,一些很具體的量度都沒能顯示出葛瑞茨基是史上最偉大的曲棍球貝,所以不是所有重要的特質都可以量出來的(鄭惟厚譯,2006: 192-216)。

我們認為人的世界及其衍生的社會世界,不同於物理世界,有些容易度量(以下稱為量化),有些很難量化,有些量化結果不具有「預測有效性」。例如,田徑賽可以量化,但是體操、選美等模糊性質的競賽項目,就要靠組成評量委員會,依據一定的競賽規則,以集體主觀判斷評量之,以提升評量結果的「預測有效性」。

其次,就績效指標是否一定要量化論之。支持量化指標者。如 Lord Kelvin 認為,當你對所要表達的事可以進行衡量並以數字陳述時,則表示你對此事已有相當了解;當你無法以數字陳述所要表達的事情時,表示你對此事的了解仍是貧乏且不足的(轉引自於泳泓譯,2002)。

有認為不一定要採量化指標者。例如:杜拉克認為,一所優秀的研究中心,工作人員無法事先量化他們的研究成果,可是他們可以每三年開個會,然後問:過去三年間,我們做了些什麼有益人群的貢獻?我們又計畫未來會做出些什麼樣的貢獻?這些都是定性的評估,而且和量化的評估一樣重要。不過我認為你要先為品質做好定義才行。只重量不重質是最糟糕的狀況,必將導致全軍覆沒(餘佩珊譯,2004: 110)。

湯明哲(2003)認為,如果你只管理量化得到的作為,一定會出問題:第一,量度未必準確;第二、很多員工行為無法量度但又極端重要,例如誠實的文化即很難量度,但卻攸關公司整體形象。筆者在麻省理工學院(MIT)唸書時,諾貝爾經濟獎得主薩孟遜(Paul A. Samuelson)常常講一個笑話(比喻)[1],他說有一個人在暗巷裡面掉了皮夾,回來在路燈下找他的皮夾,此時經過一位路人,路人就問他說:在幹什麼呢?」他說:我找我的皮夾。」路人就問他說:「你在哪裡掉的皮夾?」那人說:

---

[1] 馬祖道一當年在南嶽傳法。常獨處一室坐禪,不接待來訪者。 一天。南嶽懷讓禪師弄了塊磚到他庵外磨了起來。磨了半天。馬祖才問他:「你作什麼?」懷讓禪師說:「磨作鏡」。馬祖說:「磨磚豈能成鏡?」懷祖便道:「磨磚既不成鏡。坐禪豈能成佛?」

「我在那邊暗巷掉的。」路人就問：「那你為什麼在路燈下找呢？」那掉皮夾的人就說：「因為這裡有光。」這故事就在笑學者通常只研究可以量度的，而忽略量不到的企業行為，結果誤了重點白做工。

「部分學者專家認為公共服務多無法量化，因為無法量化，績效評比結果不具有公信力，因此率而主張政府機關無法落實績效管理制度。」筆者對這種主張採保留看法。如果，此種思維邏輯是正確的話，政府部門實施績效管理或績效待遇制度的確有其困難。而且實務經驗告訴我們，尤其是公部門，「重要的績效無法量化，能夠量化的績效通常不重要。」

部分學者專家認為，一般而言，社會事件或社會現象都是可以測量的，而量化只是評量社會事件的方法之一，質化測量法也是測量社會現象的重要方法之一。質言之，社會科學研究方法，就可以分為量化研究法及質化研究法。因此，政府公共服務固然許多都難如民間企業多能以量化指標呈現之；與其排斥它，到不如接受政府業務多為質化的本質，更積極的面對它，發展出可以測量政府質化績效的績效評量指標。因此，認清公部門績效評量的本質，才是落實政府績效管理制度的關鍵。

其次，就「客觀量度（指標）」（objective measures）與「主觀量度（指標）」（subjective measures）論之。一般而言，某些研究常運用「客觀量度」如生產率、利潤、資產報酬率等信而有徵的數據，評量公司績效；但更多是以主觀量度－調查（訪談或問卷）呈現績效。主觀量度之所以仍為評量民間企業績效者樂為採用根本原因是，有些組織或分析層次無法運用客觀量度，例如，公部門及非營利組織或甚至小企業根本就沒有財務紀錄（Wall; Michie, Patterson; Wood; et al, 2004: 95-96）。質言之，筆者認為可以量化的指標最貼近「客觀施政事實」，而無法量化或難以量化的「客觀施政事實」往往以「主觀民調」縮短「客觀事實」與「主觀認知」，二者應相輔相成。

清華大學社會所李丁讚教授於中國時報〈第一名市長的民調迷思〉（2007.11.03），中華大學行政管理學系研究所副教授兼所長葉嘉楠先生曾經以〈民調迷思還是評比迷思〉質疑李教授的觀點，李丁讚教授再於中國時報回應〈主觀民調≠客觀事實〉（2007.11.08），二位教授各有所

本，其實就是有關公部門績效評量時「主觀量度」與「客觀量度」間何者為是？何者為非的問題，仁智互見，惟對於公部門績效評量指標的論述，提供一個絕佳的素材[2]，謹將論爭要點略引如下（葉嘉楠教授歸納）：

> 民調與評比是兩件事。民調是民眾比較過去及其他縣市之後所呈現的主觀滿意度，過去幾年來在天下、遠見、TVBS、聯合報民調中，林市長施政滿意度都名列前茅，呈現的是高度一致且穩定結果。至於幸福城市之類的評比，則使用到教育、收入、經濟成長、失業率、犯罪率等等各種主客觀指標。過去天下雜誌所做的幸福城市評比，一直受各界質疑其指標的選擇不盡合理客觀，而這也應受大家公評。總之，林市長施政滿意度的第一名是民眾打的分數，而幸福城市評比則是天下依其規劃指標所計算出來的結果。

我們認為在評量政府施政績效時，必須要能了解「（社會）事物之中，既有無法以數值來表示的事物，也有很難以數值來表示的事物，也有不少不適於以數值來表示的或不可以用數值來表示的。數量化並不是形式上將質轉化為量化，以滿足自己的遊戲，或表面的科學的追求，其目的如何能夠有所貢獻」（張炳煌譯，1987）。

（五）建立多元績效指標體系

Sandra Van Thiel 和 Frans Leeuw（2002: 278）在一篇名為〈公部門績效矛盾〉（The Performance Paradox in the Public Sector）指出，各國公部門源自 1980 年代及 1990 年代行政改革運動之績效管理措施，所衍生的各種預料之外的結果（unintended consequences），所謂矛盾就是績效指標與

---

[2] 李丁讚教授 2007. 11.03 於中國時報發表〈第一名市長的民調迷思〉（http://news.chinatimes.com/2007Cti/2007Cti-News/2007Cti-News-Content/0,4521,110514+112007110300135,00.html）。
葉嘉楠教授回應於 2007.11.06 中國時報〈民調迷思還是評比迷思〉（http://news.chinatimes.com/2007Cti/2007Cti-News/2007Cti-News-Content/0,4521,110514+112007110600133,00.html）。
李丁讚教授再於 2007.11.08 中國時報回應〈主觀民調≠客觀事實〉（http://news.chinatimes.com/2007Cti/2007Cti-News/2007Cti-News-Content/0,4521,110514+112007110800124,00.html）。

績效本身關係薄弱，使得政府績效因績效制度的實施更差了。於是，他提出幾個解決問題的建議之一，就是建立多元指標的運用，可以降低績效矛盾的情形。

　　各機關對於績效指標的操作日趨純熟，例如：宜蘭縣頭城鎮公所托兒所要測量其該所績效，當其單位績效目標定為努力招託幼童開拓財源，提高教保水準為民服務績效，改善教學環境提升競爭力時，其績效目標訂為含 1.「努力招託幼童，開拓財政（收托幼童人數）」（量化指標）；2. 教保品質（滿意度調查）（質化指標）；及 3. 兒童安全發生事件（量化指標：成效指標），這種由一個基層鎮公所實務運作出的多元衡量指標觀，完全符合 Grizzle 的處方。此外，如台中縣榮服處辦理進修訓練績效指標設定「進修訓練考照率達 60%」（成效指標）、「辦理榮民對該處進修訓練滿意度調查，滿意度訂為 80%」（質化指標）。質言之，多元績效指標是避免過份偏重量化的有效療劑，可作為各機關訂定績效指標時參考。

四、如何建立客觀而具有公信力績效評估機制的問題

　　如前所述，一個機關績效的衡量層次可分為；1. 機關整體績效層次；2. 內部單位績效層次；及 3. 員工個人績效層次等三個層次，而制度的焦點是擺在內部績效單位的績效評量之上，其產生承上起下的連結效用。因此，特別重視內部單位績效衡量所面臨的問題。

　　如何建立兼具效度及公信力的績效評量制度，是問題根本及困難所在。民間企業實施績效管理制度較容易成功的原因也在此，而政府機關要實施績效管理制度的罩門也是這裡，因為民間企業績效指標多屬量化指標，而公部門績效難以認定，而政府部門業務真正無法作公正而比較客觀的評比嗎？卻也不見得。國際上一些屬於主觀評量的比賽如選美、跳水、體操……等，人們對其比賽成績爭議不大，因為它們已經運作出一套兼具信度與效度的競賽（績效）評比機制。歸納起來，面對單位間的評比，要使之成為可觀而具有公信力，必須具有三個要件：1. 有一套完整的比賽規

則（遊戲規則）；2. 一套嚴謹的評分機制；及 3. 公正的評核委員會。這重程式性機制也是一項使得以「主觀量度」為主的公部門施政績效，得以更為趨向於「客觀事實」的制度設計。

五、結合資訊科技，隨時監控績效目標及績效指標執行狀況

　　筆者曾擔任人事行政局資訊單位科長，對業務資訊化有一定程度的了解。在知識經濟時代，公部門業務尤須與資訊科技結合，因為業務與資訊科技結合具有管理面及民主課責面等二層意涵。就管理面而言，業務資訊化之前，組織必須透過系統分析將業務重新檢討，包含流程標準化、簡化以及合理化；業務資訊系統營運時，更可透過資訊與通訊的整合功能，達到資訊分享及知識分享的組織雙圈學習效果，凡此種種，有助於公部門施政績效的提升；另外就民主課責意涵而言，透過網際網路將績效目標、績效指標及績效結果公諸大眾，藉由資訊公開化、透明化，讓政府施政績效攤在陽光下，接受民眾持續的監督，均有助於公部門績效的提升及民主課責。

　　Sandra Van Thiel 和 Frans Leeuw（2002）在〈公部門績效矛盾〉（The Performance Paradox in the Public Sector），論及降低績效矛盾的方法之一，就是將績效指標放在網際網路上，如此將可增加欺騙首長的風險，民眾也更有管道及機會共同監督該機關績效執行情形。前紐約市長朱力安尼在《決策時刻》一書指出：2001 年初，我著手擬定一項稱為全市責任制推廣計畫（Citywide Accountability program，以下簡稱 CAP）的方案。而這項方案的主旨，在於建立責任感與參與感，讓各機關首長與高階幕僚親自規劃，避免感覺這是被上級逼迫的苦差事。我們僅列出兩項重點原則，要求機關首長切實遵行；1. 針對其機構的核心目標，設計二十至四十項工作表現的評量指標；2. 各機構至少列舉十項最具代表性且有待改善的指標，在市府的網頁上定期公布。一旦這些數據在網頁上公諸大眾，更讓市府機關無處遁逃。那個單位該負責，市民和記者就會找上他（韓文正譯，2004: 109-110）。

　　有鑑於此，筆者與推動團隊，將多年蒐集之標準作業程式及相關注意事項等標竿機關實施案例，與資訊科技結合，以利各機關快速精準掌握績效管理知識與訊息，於 2006 年規劃建置「行政機關績效獎金及績效管理資訊系統[3]（以下簡稱本系統）」（如圖19-5），雖然該制度業已停辦，惟如前所述，公務人員考績法修正草案增訂第 13 條之 1 有關「團體績效評比」規定，業將績效評核與管理制度列入各主管機關人事機構業務績效考核之評核項目，本系統應能作為未來各主管機關人事機構推動績效評量與管理制度之 e 化工具。

1. 提供彈性多元、顧客導向之績效管理工具

　　行政院研究發展考核委員會（以下簡稱行政院研考會）為對部會施政計畫進行考核管制，業建置施政計畫管理資訊系統，惟該系統介面固定，使用機關須依既定格式填報，各機關如運用作為績效管理工具，較缺乏彈性，故本系統建置時即秉持「彈性多元」理念，設計有典範樣式及套裝樣式設定二大類，供各機關客製化出真正成為能因應機關業務特質、組織文化與管考需求之績效管理工具。

2. 善用資訊科技，有效簡化各機關書面填報作業程式

　　將各機關於年度進行前（初）、年度進行中、年度終了等階段應辦理之基本事項，如設定施政總目標、績效目標及評核指標、執行度查核、年終評核及甲等人數比例分配之計算等相關作業流程及報表予以 e 化，由各機關承辦人逕於系統上進行填報作業，並自動產生相關表報，可有效簡化填報作業程式及相關表報。

3. 落實雙圈學習，建構知識分享與擴散之平臺

　　本諸知識分享及資訊公開之原則，將使用本系統之機關各年度績效目標評核項目表開放各機關參考，並經由各機關相互評選粹取標竿績效目標

---

[3] 配合行政機關績效獎金及績效管理制度，因受限於人事費逐年刪減等因素，自 96 年起不再賡續實施。惟鑑於績效管理係當前各國政府之管理趨勢，爰績效管理制度納入行政院研究發展考核委員會之施政績效管理制度辦理，爰於系統完成後，將系統更名為「行政機關績效管理資訊系統」。

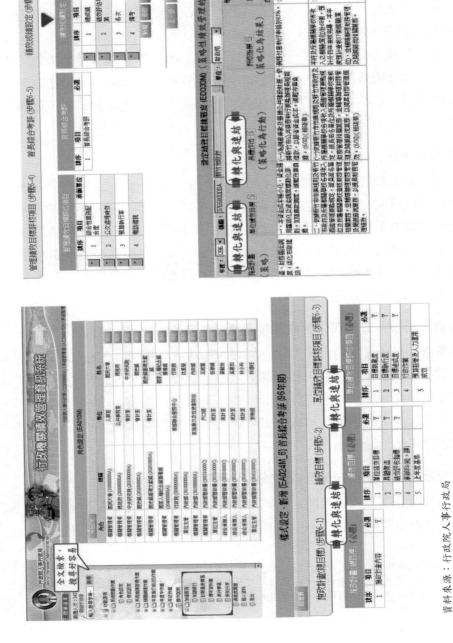

圖 19-5

資料來源：行政院人事行政局

及評核指標，據以建立標竿資料庫，促進績效管理相關知識快速累積，進而擴散其使用效益。

4. 建置網際網路作業平臺，有效節省經費，發揮經濟效益

隨著網際網路應用程式的方便及電子化政府的推動，公務機關各項業務全面資訊化已是既定的發展趨勢，為避免各機關為推動績效管理制度自行開發網內（intranet）系統，並考量經濟效益，由人事局統籌建置網際網路版（internet）資訊系統，以節省各機關重複開發及維護經費。

本章參考書目

朱浤源（2002），《撰寫博碩士論文實戰手冊》，臺北：正中。

余佩珊譯（2004），《使命與領導：向非營利組織學習管理之道》（Peter F. Drucker 著），台北：遠流。

于泳泓譯（2002），《平衡計分卡最佳實務》（Paul Niven 著），台北：商周。

袁頌西（2003），《當代政治研究：方法與理論探微》，台北：時英。

梁小民（2007），《經濟學—活學活用》，北京：中國社會科學出版社。

孫本初（2007），〈由理論及實務層面分析公部門績效管理中的激勵問題〉，《人事月刊》，45 卷 5 期。

高子梅、何霖譯（2006），《策略校準應用平衡計分卡創造組織最佳綜效》，台北：臉譜。

黃同圳（2000），〈績效評估與管理〉，收錄於李誠，《人力資源管理的12堂課》，台北：天下。

張輝煌譯（1978），《數量化與評價要訣：統計學上重要實用課題》，台北：建興。

陳正平等譯（2004），《策略地圖：串連組織策略從形成到徹底實施的動態管理工具》，台北：臉譜。

遠擎管理顧問公司策略績效事業部譯（2003），《策略核心組織：以平衡計分卡有效執行企業策略》，台北：臉譜。

湯明哲（2004），〈企業長期競爭優勢的來源〉，刊載於致遠管理顧問公司，R. S. Kaplan 和 D. P. Norton 著，《策略地圖：串連組織策略從形成到徹底實施的動態管理工具》，台北：臉譜。

鄭惟厚譯（2006），《統計學的世界》（David S. Moore 著），台北：天下文化。

Adkins U. (2006). *Case Studies in Performance Management:* A Guide from the Experts. New York: John Wiley Sons.

Boston, J. (2001). "The Challenge of Evaluating Systemic Change: The Case of Public Management Reform in New Zealand," in L. R. Jones, J. Guthrie and P. Steane, eds. *Learning From International Public Management Reform*, vol. 11A, Oxford, JAI –Elsevier Science.

Bouckaert, Geert and Peters. B.G. (2002). "Performance Measurement and Management," *Public Performance & Management Review*, Vol. 25, No. 4.

Cederblom, Doug and Dan E. Pemerl. (2003). "From Performance Appraisal to Performance Management: One Agency's Experience," *Public Personnel Management*, No. 31.

Cippola, L. and Trafford, C. (1995). "The power of 360-degree feedback," *HRMonthly*, October.

Coins, G. (2004). *Performance Management: Finding the Missing Pieces to Close the Intelligence Gap*. Hoboken: John Wiely & Sons.

De Waal , A. (2003). "The Future of Balanced Scorecard: An Interview with Professor Dr. Robert S. Kaplan," *Measuring Business Excellence, Public Performance & Management Review*, Vol. 7, No. 1.

Drucker, Peter (1980). The Deadly Sins in Public Administration, *Public Administration Review*, No. 40.

Franco, M. and Bourne, M. (2003). "Factors that play a role in "managing through measures,". *Management Decision*, Vol. 41, No. 8.

Halachmi, Arie. (2002). "Performance Measurement, Accountability, and Improved Performance," *Public Performance & Management Review*, Vol. 25, No. 4.

Hammer, M. (2007). "The 7 Deadly Sins of Performance Measurement and How to Avoid Them," *MIT Sloan Management Review*, Vol. 48, No. 3.

Gabris, G. T. (1998). "Merit Pay Mania: Transforming Polarized Support and Opposition into a Working Consensus," in Stephen, E. C. (eds.) *Handbook of Human Resource Management in Government*. San Francisco: Jossey-Bass.

Glendinnig, P. M. (2002). "Performance management: Pariah or Messiah," *Public Personnel Management*, Vol. 31, No. 2.

Greiner, J. M. (1999). "Motivational Programs and Productivity Improvement in Time of Limited Resources," in Kearney Richard C. and Berman Evan M. (eds.) *Public Sectors Performance*. Westvies Press.

Grizzle, G. A. (2002). "Performance Measurement and Dysfunction: The Dark Side of Quantifying Work," *Public Performance & Management Review*, Vol. 25, No. 4.

Jawahar, I. M. and Salegna, Gary (2003). "Adapting Performance Appraisal Systems For a Quality-driven Environment," *Compensation & Benefits Review*, Vol. 35, No. 1.

Jones, T.W. (1995). "Performance Management In a Changing Context: Monsanto Pioneers a Competency-based Developmental Approach," *Human Resource Management*, Vol. 34, No. 3.

Kaplan, R.S. and Norton, D.P. (1996), Using the balanced scorecard as a strategic management system, *Harvard Business Review*, Vol. 74, No. 1.

Kellough, J. E. (1997). "Pay-for-Performance Systems in State Government: Perceptions of State Agency Personnel Managers," *Review of Public Personnel Administration*, Vol. 17, No. 1.

Lawler, E. (1994). "Performance Management: The Next Generation," *Compensation & Benefits Review*, Vol. 26, No. 3.

Lawler, III, E. E. (2000). *Rewarding Excellence: Pay Strategies for the New Economy*. San Francisco: Jossey-Bass.

Loffer, E. (1997). "Personnel Management in German Public Administration: Actitical Success Factor in the New Steering," *Review of Public Personnel Administration*, Vol. 17, No. 3.

Neely, A. and Bourne M. (2003). "Dysfunctional Performance Through Dysfunctional Measures.," *Cost Management*, Vol. 17, No. 5.

Osborne, D. and Plastrik, P. (1997). Banishing Bureaucracy: The Five Strategies for Reinventing Government. New York: Penguin Putnam.

Ohumus, F. and Roper, A. (1998). "Great strategy, Shame about the implementation! "*Proceeding of the 7th Annual Hospitality Research Conference (CHME) Gladgow.14-16 April*.

Perry, J. L. (1991). "Linking Pay to Performance: The Controversy Continues.," in Ban, C. and Riccucci, N. M. (eds.) *Public Personnel Management: Current Concerns-Future Challenges*. New York: Longman .

Plant, T. and Douglas J. (2006). "The Performance Management Continuum in Municipla Government Organization," *Performance Plant,* Vol. 45, No. 1.

Pressman, J. L. and Wildavsky, A. B. (1984). Implementation: How Great Expectations in Washington Are Dashed in Oakland. Berkeley: University of California Press.

Risher, H. (1999). "Are Public Employers Ready for a "New Pay" Program?" *Public Personnel Management*, Vol. 28, No. 3.

Risher, H. and Randow, C. (1998). *Public Sector Compensation: An Overview of Present Practices and Emerging Trends*, American Compensation Association.

Robbins, S., Bergman, R., Stagg, I. and Countwe, M. (2000), *Management*, 2nd ed., Prentice-Hall Australia, Sydney.

Schneier, C. F., Shaw, D.G. and Beatty R.W. (1991). "Performance Measurement and Management: A Tool for Strategy Execution," *Human Resource Management*, Vol. 30, No. 3.

Shim, Deok-Seob. (2001). "Recently Human Resource Developments in OECD Member Countries," *Public Personnel Management*, Vol. 30, No. 3.

Summers, L. (2005). "Integrated Pay for Performance: The High-Tech Marriage of Compensation Management and Performance Management," *Compensation & Benefit Review*, (Jan/Feb).

Taylor, S. (2000). "Debates in Reward Management.," In R. Thorpe and G. Homan i(eds.) *Strategic Reward Systems*. London: Pitman.

Thiel, S.V. and Leeuw, F. L. (2002). "The Performance Paradox in the Public Sector," *Public Performance & Management Review*, Vol. 25, No. 3.

Trahant, B. (2007). "Realizing a Performance Culture in Federal Agencies," *Public Manager*, Vol. 36, No. 3.

U.S. Office of Personnel Management. (2002). *A Fresh Start for Federal Pay: The case for Modernization*. Washington, D. C.: OPM.

U.S. The National Commission on Public Service. (2003). *Urgent Business for America: Revitalizing the Federal Government for the 21st Century)*. Washington, D. C.: NCPS.

Varone, F. and Giauque, D. (2001). "Policy Management and Performance-Related Pay: Comparative Analysis of Service Contracts in Switzerland," International Review of Administrative Sciences, Vol. 67, No. 3.

Weiss, T. B. and Franklin, H. (1997). *Reengineering performance management: breakthroughs in achieving strategy through people*. Boca Raton, Florida : St. Lucie Press, Inc.

Williams, R. (1998). *Performance Management*. London: International Thomson Business Press.

Wilson, T. B. (2000). "Performance-based Rewards: What are the Best Practices." in the Berger Lance A. and Berger Dorothy R. (eds.) *Compensation Handbook: A State-of-the-Art Guide to Compensation Strategy and Design*, McGraw-Hill.

Woods, P. (2003). "Performance management of Australian and Singaporean expatriates," *International Journal of Manpower*, Vol. 24, No. 5.

Zeppou, M. and Sotirakou, T. (2003). "The "STAIR" Model: A Comprehensive Approach for Managing and Measuring Government Performance in the Post-modern Era," *The International Journal of Public Sector Management*, Vol. 16, No. 4.

第七篇

公共行政倫理規範

第二十章　行政倫理理論的演進

第一節　古典行政與新公共行政時期的行政倫理理論

　　作為行政學的分支學科之一，以及同樣都在探討行政的核心價值，行政倫理的理論發展其實與行政學的研究有相當高的一致性及重疊性，故吾人或可延用行政學的發展，將行政倫理之理論發展分為古典公共行政（Classical Public Administration, CPA）、新公共行政（New Public Administration, NPA）、新公共管理（New Public Management, NPM），以及新公共服務（New Public Service, NPS）等四個時期。

壹、古典行政理論時期（1887-1970s）

　　此時期又包含三個階段：1. 傳統理論時期（1887-1930s）：從1887年威爾遜（Woodrow Wilson）發表〈行政的研究〉（The Study of Administration）一文，開啟行政的獨立研究以來，此時期主要研究組織結構設計及法令規章制定的應然面，期使組織結構設計能發揮最大的效率，是屬靜態的（static）研究；2. 修正理論時期（1930s-1960s）：認為組織成員的心理意向，以及人際間的關係互動，是影響組織個體成員及整體效率的最大因素，是屬動態的（dynamic）研究；3. 整合理論時期（1960s-）：強調結合外部環境的重要性，認為組織係一成長的有機體，其作為大系統中之次級系統，必受外部環境的影響，但同時也會影響外部環境，故強調組織內部管理勢須重視與外部環境的整合，並以新陳代謝功能強化組織效率。而為使組織效率極大化，並無最佳的唯一之道，而是權變的殊途同歸性，是屬生態的（ecological）研究。

　　一般咸認此時期之三階段皆係以追求效率為重心，因此行政人員的倫理價值強調效率及穩定。例如：威爾遜主張政治與行政分離，並仿企業

管理途徑，使行政組織內部管理達到組織效率的要求；泰勒的科學管理運動，認為任何工作的執行都有「一個最佳的方法」（the one best way）；懷特（1926: 2）更明言，公共行政的目標就是使行政人員最有效率地運用資源；古力克（1937: 192）亦言：「行政科學中，無論公或私，基本的善就是效率」。很顯然地，效率成為公共行政的目的或準則，此概念一直延續到後來修正理論時期的人群關係學派、賽蒙的行政決策理論，乃至於整合理論時期系統分析的組織理論。雖然此三階段的理論著重點或有不同，效率卻是其中最重要的核心目的與追求的準則。即使整合理論時期注意到組織內外環境互動均衡的問題，但仍係以效率為主要的核心價值概念，而忽略了其他規範性價值，諸如公道、正義、公平、參與等理念（吳瓊恩，2007: 9-10），尤其是效率與正義之間的競合價值（competing values）關係。

　　其實，若把效率作為行政研究的最高標準，不僅會忽略其他價值的重要性，而且也未能把握問題的核心。把一個複雜的問題過分簡化或化約為效率的問題，反而無法找出不能提高效率的真正原因（吳瓊恩，2007: 10）。

貳、新公共行政理論時期（1968-1988）

一、起源

　　1970 年代後期的美國歷經越戰失敗和民權運動的洗禮，社會普遍瀰漫疏離、無規範的氣氛。1968 年 9 月，在著名學者瓦爾多（Dwight Waldo）的資助下，號召 33 位年輕一輩的公共行政學者齊聚紐約州立雪城大學的明諾布魯克會議中心召開研討會，以徹底體檢的精神與作法討論公共行政所面臨的問題，以及未來應發展的方向。渠等認為當前的行政研究和理論已逐漸偏離了民主社會所應關切的公平、正義、自由、參與等倫理價值，不但無助於實現公益目標，更喪失了行政組織的使命感與方向感。由於他們的觀點有別於當時主流的行政學及傳統行政學所主張的效率至上

觀，故被稱為「新公共行政」，影響了此後 80、90 年代公共行政學術的
走向。

　　1988 年，68 位認同新公共行政的學者們再度集會，回顧與檢討第一
次會議，並展望未來，企求提供更好的公共服務，包括接受更好的實務訓
練及提供公共服務更正面的圖像[1]。

二、主要論點

　　自 1970 年代以來「新公共行政」浪潮所形塑的行政新典範，即在擺
脫傳統公共行政對價值中立的要求，而代之以強調民主（democracy）、
代表性（representativeness）及公正（equity）等價值議題（Soni, 1999:
579）。新公共行政學者認為，由於公共行政的本質即具有公共性
（publicness）的意涵，亦即公共行政係為彰顯公共利益、實踐公共目
的，而積極負責的一種特性，是以行政人員主要在為公眾服務，以促進公
共福祉與公共利益，因此一方面要考慮管理的效率和效能，另一方面更要
關注公眾的需求和願望，積極發揮「效率」、「回應」及「前瞻」三種角
色功能（張潤書，1998: 9-10）。其主要論點可歸納為以下五項：

（一）主張入世相關的公共行政

　　公共行政研究今後應與環境、社會及行政人員有關的問題結合，不應
再侷限於不問蒼生的「學術象牙塔」中。

（二）主張後邏輯實證論

　　新公共行政支持論者反對邏輯實證論的「價值中立觀」，主張單純的
經驗事實研究是不夠的，還要關注先驗性價值及規範的建立。行政學者與
其他社會科學家應以其專業知識與良心從事價值判斷，強調「社會道德」

---

[1] 第二次會議討論的主題並未脫離第一次的範圍，但結構組成產生變化，包括：女性人數增
　加、年齡差異增大、教育背景多元等，也因而某種程度地呼應並履踐了其本身的見解及主
　張。

及「社會正義」的重要性。

（三）強調適應動盪不安環境

未來環境的動盪不安是可預期的挑戰，行政理論與實務應坦誠公開地面對實際問題，鼓勵外界與政府的互動，提供行政機關與社會民眾「政策對話」的機會，以解決問題。

（四）主張建構新的組織型態

傳統的科層體制的確有穩定或超穩定的功能，但顯然已不足以滿足新時代需求。為實現社會公道，政府的組織型態應嘗試改變，例如採取協和式的組織型態，甚至採實驗方式亦無不可。

（五）主張發展以服務對象為重心的組織

服務對象與政府機關的互動非常重要，行政人員應比以前表現出更好的服務對象忠誠度及計畫忠誠感。

三、新公共行政對行政人員角色的看法

行政人員既然主要在為公眾服務，以促進公共福祉與公共利益，因此更要主動關注公眾的需求和願望，走入人群，體察社會脈動，扮演多重角色，提供多元功能：

（一）社會公平的促進者（social equity advocator）

行政人員不僅是既定政策的中立執行者、客觀實踐者，且往往同時肩負實質決策功能，而必須考量社會中不同團體的不同利益，以實現社會公平正義。

（二）機關變遷的催生者（change agent）

　　過去層級節制式的官僚組織的確可發揮穩定的功能，但對於外在環境變動往往不及因應而流於僵化，故行政人員應以其對行政業務的嫻熟，促使機關自我調節以回應外在環境。

（三）代表性官僚（representative bureaucrat）

　　行政機關中之組成份子應能適度地代表社會母體結構，以公平地回應多元族群的要求。

（四）倡議性行政人（advocacy administrator）

　　行政人員應致力於宣揚憲政價值及理念，成為憲政價值理念的倡導者、教育者，教育人民有關民主概念，以及如何參與民主等。

（五）非單一性的行政人（non-consolidating bureaucrat）

　　行政人員代表的既是多重的多元利益，因此並非單一角色的行政人。渠可能是多元利益的協調者、危機處理的管理者、決策者及執行者等多重角色，是統合社會各階層利益並規劃執行的多元代表，必須在法令授權範圍內做出裁量。

　　綜言之，公務員不僅是既定政策的施行者，同時，他們因為代表公眾利益而具有權力，並為公眾提供效率和公平的服務，使得社會公正、代表性、回應性等倫理價值成為新公共行政理念的基礎。

四、新公共行政對行政實務的影響

　　新公共行政所主張的理念對當時習慣於不假思索地忠實執行既定政策的行政人員，以及為實現政策目標所設計的金字塔型行政組織結構而言，產生不小的衝擊及反省：

（一）行政人員應培養倫理自主性（ethical autonomy）

行政人員不僅需要學習行政上之各種專門技術以提升效率，更重要的是培養倫理自主性。其強調民主社會中存在著基本而多元的價值，行政人員對其技術所效命之環境系絡及服務對象應加以思考反省，使行政人員由過去服務「長官意志」之機器人，轉變成為具有服務民眾、回應顧客能力的公僕，從過去強調之行政中立之單一價值觀，轉變為重視多元的行政倫理價值。

（二）組織結構應符合「民主行政」之價值

組織結構應加以調整，強調「民主行政」有關分權的觀念，以及開放由下而上的決策參與管道，並改變主管單一權威式之領導方式，降低行政人員無力感程度。

五、對新公共行政的評價

其所倡導的分權、社會公平等價值理念，的確對當時公共行政的理論探討與實務影響，提供新的思考方向，使行政關注的焦點真正走出組織內部的管理效率，而關注外在環境所服務的人民；此外，並開啟了多重價值的辯證，使公共行政的服務有了人文的精神而不流於物化之弊。然而，由於新公共行政存在著理論上及實務上的若干限制，使其不能完全取代過去以效率至上的行政理論而成為一個新的主流研究或價值：

（一）理論面之限制

存在於新公共行政理論面向之限制，在於其所強調之社會公平、公共利益等價值之定義難以明確操作化，誠如《公共行政評論》（*Public Administration Review*, PAR）期刊在 1974 年所作之專題研究——〈社會公平與公共行政專題論文集〉中即指出，實踐社會正義的主要難題，在於吾人對於所謂的社會公平（social equity）、社會平等（social equality）等

概念，在操作上無法區辨；對於公共利益（public interest）之定義亦然，同樣有邊沁（Bentham）功利主義下謀求最大多數人之最大幸福，以及約翰‧羅爾斯（John Rawls）正義原則下對少數弱勢族群優惠照顧的衝突見解（見本章第四節中詳述）。相對於古典行政理論對於「效率」價值觀的一致共識，新公共行政這種在內涵概念上無法明確操作界定的特質，便大大地削弱了該理論在實務上被實踐的可能性。

（二）實務面之限制

1. 其所倡導的公平正義與美國向來崇尚的資本主義價值理念背道而馳

新公共行政理論發源地的美國向來崇尚資本主義，強調私有財產制，鼓勵私人利得，而社會階級的差異更是鼓勵個人向上提升、創造國家社會進步的原動力，但新公共行政強調資源配置的均等，反而混淆行政人員的慣性認知，並使其職責業務益形複雜。

2. 過分樂觀主義，缺乏實踐性

在現實中，新公共行政理念受到各方人士的反對及阻礙而顯得陳義過高，落實不易。首先，新公共行政提出之際正是美國人民因 Nixon 總統的水門醜聞案件而對政府徹底喪失信心之時，因此民眾不信任也不願意行政權的擴大；其次，分權及行政授權的理念挑戰了當時民選官員及機關首長的決策權威而遭受抵制；第三，當時的國家領導人 Carter 及 Reagon 對於行政人員從事公共服務的觀點，也停留在執行的效率層次，而不願其權力擴及其他決策層次；第四，行政人員本身的責任從單一轉變為多元複雜，使其無所適從進而抗拒。凡此，皆顯示新公共行政理念同時遭受組織內、外的挑戰抗拒而不易落實。

3. 新公共行政理念的落實需要組織結構及法令制度的大變革以作為配套，而此誠屬非易

新公共行政下為分權式的決策過程，以及扁平式的組織結構，然而根據組織理論中白京生定律、寡頭鐵律等法則可證，組織成長模式的必然趨

勢是隨著組織規模愈大、層級愈多，組織權力也將愈趨集中。新公共行政
意圖突破組織的成長模式而有創新的理念，實務上實屬非易。

　　綜上所述，於是新公共行政在諸種限制下不能成為學術研究及實務應
用的主流，並且隨即在 1980 年代被新公共管理思潮所取代，然而此後對
於行政人員所應扮演的角色期待，以及公務倫理應對多元價值做深思熟慮
的人文考量及反省辯證等之諸種討論，都不能不提及其所帶來的影響。

第二節　新公共管理與新公共服務時期的行政倫理理論

壹、新公共管理理論時期（1980s）（詹靜芬，2006）

一、起源及意義

　　新公共管理是 1980 年代以來西方國家為因應政府不斷擴增的預算
赤字，而興盛的行政改革或政府再造運動，主要是回應並重新重視傳統
以機械觀點為中心的公共組織管理策略，例如：泰勒的科學管理，認為
政府組織內部的管理其實與私人企業組織並無太大差異，皆是力求在最
小的成本下能有最大的產出。然而企業的彈性管理措施因為能夠及時因
應外部環境多元而快速的變遷而保有國際競爭力，相較於政府公務組織
因僵化機械無彈性而弱化了競爭力，所以政府應該向企業學習成功經驗
及經營管理理念，減少對社會的干預，讓市場的自由競爭機制得以充分
發揮；並且認為政府必須重視產出的效能性，以滿足顧客的心態來滿足
民眾的需求。至於達成此一目標的首要途徑就是為政府注入企業家精神
（entrepreneurship）。這一波各國政府再造的趨勢即概稱為「新公共管
理」（Pollitt, 1993; Hood, 1991; Kickert, 1997；引自詹中原，1998）。由
於此理論幾乎完全將焦點重新置於管理的面向，而有新管理主義（New
Managerialism）、新泰勒主義（New Taylorism）之稱。

二、主要理念

新公共管理係自市場競爭機制理念出發，而具有下列特徵：

（一）效率導向 （the efficiency drive）

加強對財務的控制，縮減支出，以及設計更為經濟、效率的組織管理模式。

（二）組織精簡與分權 （downsizing and decentralization）

裁撤不必要的機關、員額，並採取法令鬆綁、分工授權的方式從事組織管理。

（三）追求卓越 （in search of excellence）

為政府注入企業家精神，強調企業的創新精神與彈性的應變能力，重視前瞻領導與組織願景的形塑。

（四）顧客導向 （the customer drive）

公共行政作為一種產品與服務的輸出，應將民眾視為顧客，盡力滿足顧客的需求。

（五）結果導向（the outcome drive）

各國政府在面臨鉅額的預算赤字下，組織管理者應確保員工的活動及產出皆能符合撙節成本的績效目標，因此強調以結果為導向的績效管理（Performance Management）制度。

三、對新公共管理之評價——行政倫理角度分析

綜觀新公共管理之理念主張，嚴格說來，其只是借用自由經濟原理的

一些概念的組合物，由於其論述結構鬆散，甚至其立論是相互矛盾的，而不能稱之為一種主義或一種理論。雖然其無論在政府管理實務或行政思潮（ethos）的演進上，都具有創新精神，也反映了一定程度的現實發展趨勢，然而也因其係經濟學與管理學等不同學科的結合，所倡導的多元價值彼此之間是相互對立衝突的，甚至單一價值本身即隱含模糊矛盾的意涵，致使在實務應用時增添難以抉擇的行政倫理困境。茲舉其犖犖大者如下：

（一）「績效導向」所引發之行政倫理問題

新公共管理主張績效導向的潮流，甚至已蔚為一種「績效文化」（performance culture）。其中可能產生的問題如下：

首先，強調追求績效或許可促進政府機關競爭力，然而績效評估的形式及內容，主要受到績效評估的目的、方法及標準等之影響，因此若沒有仔細考量公共服務的基本目的和價值，而僅以管理者自己的價值與標準來衡量，則即使是用科學方法執行對政策結果的衡量，其本質上仍然是一種錯誤的績效管理，此者一如行政倫理向來所強調的——「做『錯的事情』沒有『對的方法』」。新公共管理既然強調政府作為須以顧客為導向，則企業所著重的顧客滿意度即應為政府服務的目標而非附屬物，故所謂績效應指民眾的滿意度而言，而非成本的撙節或盈餘的創造而已。亦即政府機關之績效若一逕地以財政經費為考量，將使政府的服務重量不重質，反而與「以顧客為導向」此一訴求相違。

其次，過度強調績效的結果可能產生的負面效應，在於政府服務的焦點將集中在結果、標的及績效的測量上，於是公務員從事服務時可能會為了組織的競爭優勢而喪失個人倫理原則。例如為了撙節組織支出成本、擴大服務產能，而可能以縮小個人的或組織的服務範圍，或降低服務品質來因應，而產生行政倫理中常見的「髒手」（dirty hands）[2] 問題。

---

[2] 所謂髒手，乃是指一件事情的處理，往往會透過某種不義之手才能成功，導致一個組織或人員發生不倫理的行為。而為有效的實現組織目標，遂將此種不倫理行為合理化，尤其當實現的利益不屬個人利得，而是攸關組織利益時，此一不倫理作為更被寬恕、支持，甚至被期待（林鍾沂，2001: 621）。

　　第三，在此一以「結果」為導向的管理風潮中，如何對政府部門進行有效及可信賴的績效管理與衡量，一直是學界及實務界重視的議題（Behn, 1995; Kravchuck and Schack, 1996）。選擇以「金錢」（money）作為績效的衡量單位，在政府為滿足人民各項需求，往往面臨多元價值的競合下，的確有定執於一的執簡御繁之效；尤其在當今各國政府普遍面對經費緊縮、預算赤字的情況下，節省支出、創造盈餘，便成為大多數國家政府機關用來作為衡量組織績效的共同指標。問題是，以金錢做為價值衡量的單位雖不失可行，但絕非唯一、甚至為最高標準（Lawton, 1998: 118-120）。例如：在撙節人事成本的目標下，為了節省人事成本支出而鼓勵公務人員提早退休，於是反而將提領退休金的財政困境壓縮在短時間內湧現，結果反而不符合效率原則；或者造成資深公務人力因利誘提早申辦優退，而非令不適任者去職，形成劣幣驅逐良幣的反效果，而不符合公平原則。凡此，既對組織內部之成長與發展產生阻礙，與組織外部環境之因應也產生扞格，遑論臻達政策目標的實質效益。

　　第四，由於政府的服務對象多元而複雜，不僅是目前的、直接的、特定的利害關係人，更包括未來的、間接的、不特定的影響對象，而這些複雜的利害關係人彼此之間立場及利益可能衝突互異，因此行政人員在執行政策，甚至規劃政策草案時，極為重要的一項倫理責任是必須去衡量政策方案所隱含的間接成本、其對不同的公眾群體可能造成的跨代的、跨域的影響，以及政策結果的正面、負面外部性（Ventriss, 2001: 263-266），凡此，必使政府的行政充滿政治性、複雜性及衝突性。而一味地學習私人企業的效率管理方式，忽略了公共組織本身此種「公共性」（publicness）的特質，將使行政人員喪失行政倫理的履踐責任。例如政府組織對弱勢族群的權益保障及促進，就要比節省機關支出、創造機關盈餘來得重要且具意義。

　　以績效為導向的第五個問題，係與長久以來存在於績效考評過程中的公平性爭議有關。績效考核之主導權由機關首長或單位主管掌控，評定過程及內容往往存在不公的質疑，甚至有淪為長官控制部屬利器的可能。於是組織成員個人績效之良窳端視完成長官指示（尤其是政治性指示）之程

度而定。公務人員為獲得良好的考績，爭取仕途陞遷的機會，慢慢孕育成逢上拍迎、見下就踩的劣質組織文化，整個組織形成因循苟且及敷衍塞責的組織風氣，反而斲喪了整個組織的創造力與競爭力。

（二）「組織精簡」所引發之行政倫理問題

　　為了提升行政效率，政府不必再大有為，而係小而美，於是精簡政府組織便成為一種世界各國勢在必行的共識。

　　大體而言，組織精簡政策可分為縮小政府組織規模及減少政府支出成本二個策略。首先，在縮小政府組織規模方面，具體措施包括重整組織結構、合併機關運作、部分功能民營化，甚至裁撤整個機關等。面對此種變革，於是各機關的因應之道便是重新自我定位，界定組織的使命，並規劃組織發展的策略。其次，組織精簡既在致力於減少政府支出，並試圖以較少的資源、較低的成本來維持其服務和運作的水準，因此人事層級數目減少，員額規模縮小，行政流程簡化，使組織結構趨向扁平化。

　　然而政府重整組織結構勢必影響公務員的運作環境，並對文官心理產生直接的衝擊。因為組織精簡的相關改革措施都將使職務環境充滿不確定性，使公務員產生不安全感而損及工作投注，甚至會自認職位岌岌不保而積極尋覓他職或申報提早退休，使無心工作而浪費資深公務人力資產。於是，試圖簡化流程、減少資源浪費，卻產生更多的工作需求；緊縮機關預算，從而使人員的陞遷無望；凍結調薪，以致於無法與私部門的薪資結構相匹敵。凡此，皆對組織成員的工作士氣有不利的影響，進而影響其服務水準及倫理的表現，最終產生「不求有功，但求無過」的消極心態，對民眾的服務水準日益低落，形成政府組織官僚主義的惡性循環。

　　組織精簡所可能引發的倫理困境，首先，在規劃的層次中，因為機關被迫在有限的預算下作零和的抉擇，因此不太可能再將適當資源投入倫理訓練方案。換言之，由於組織資源（包括經費預算及人員編制）減少，使得主管很難維持其單位倫理計畫的持續及品質。

　　其次，民營化趨勢及人事上的縮編也可能引起更複雜的倫理議題，

包括：利益上的衝突、員工離職、轉任的問題，以及增加課責的困難度（包括課責對象模糊、課責內涵模糊）等，而且目前政府部門內部的課責機制未必適用於公、私部門之間的課責關係，而將使政府人員貪瀆或利益輸送問題層出不窮（施能傑，2003: 3）。Sherman（1998）也指出，在民營化的潮流趨勢中，機關組織面對經濟理性主義下包括私有化、商業化潮流，首當其衝面臨的第一個倫理難題是：「究竟該適用公務部門的，抑或私人部門的倫理標準及課責機制」？因為商業化行為所服務的顧客特定而少數，不似公務機關的普遍而多元，因此課責對象及組織目標明確而有效率，較少有倫理問題發生，只有在顧客的利益與公眾利益相違背時，才會造成倫理的緊張。然而公務機關的績效衡量卻不應以效率為唯一訴求，因此，在民營化的潮流趨勢中處處顯得格格不入（Sherman, 1998: 21-22）。

　　第三，簽約外包所可能產生的負面倫理問題，包括：進行過程中可能以優厚條款嘉惠特定承包商，或洩漏承包底價給承包商而非透過公開競標，以及以政治力干預競標過程等（林鍾沂、林文斌譯，1999: 345）；或承接社會服務的民間業者在追求效率、競逐利益下，也有可能忽略對弱勢族群的照顧，妨礙公平正義的憲政價值的實踐。例如：交通運輸開放民營後，都會區擁有大量客源的熱門路線，運輸班次增多，降價幅度大，對多數一般民眾有利；但地處偏遠的人稀路線，班次減少，價格調降幅度不大，對弱勢民眾反而不利，於是惡化了階級差距。即便民間企業願意且勇於實踐社會照護責任，但卻在政府逐漸拋棄公共責任的同時，逐漸轉由私人企業承擔，這種角色、職能的顛倒互換，將平添倫理課責的複雜及困擾。而最矛盾的是，簽約外包過程中有關倫理配套方案之制定及實施，因為會引起更多有關諮詢（counseling）和指導（guidance）的需求，反與組織精簡的趨勢背道而馳（OECD, 1996）。

　　換言之，無論在民營化的過程或結果中，都可能出現行政倫理發展停滯、退守或價值失範的現象。亦即，在民營化過程中，由於法令規範不明確或監督不易等原因，使貪污賄賂情況叢生，造成行政倫理發展的停滯甚至退化，公共服務的倫理水準停留在消極的防弊層次；以及民營化的結果講求效率至上，忽略了諸如公平正義、多元利益之憲政價值的實踐，使行

政倫理發展呈現價值多元併陳的失範現象，並憑添課責的複雜性及困難度（詹靜芬，2007: 14）。

（三）公共行政的政治性本質所引發的倫理問題

自 1887 年行政獨立研究以來，行政與政治數度在究竟應否二分的辯證之間來回擺盪，而當今大部分論者似皆不反對公共行政必然具有政治性的說法，也因此，行政倫理在課責面向上呈現多元複雜衝突的弔詭面貌。然而新公共管理對此本質，或略而不提，或以簡化方式處理，其實是掩耳盜鈴的。

首先，新公共管理對於公部門與私部門間本質上的差異略而未提，忽略了行政人員角色的多元化和異質性，正是使公共行政具有政治性的關鍵原因。行政人員既是公民權益的付託者，有責任為公眾提供服務；同時本身又是公民的一份子，有權利追求個人的利益，在公益及私利間有時是很難取得均衡的，尤其當個人權益涉及基本生存權、工作權時，我們更難期待或要求行政人員必須為了公共利益而犧牲其個人的正當權益。

其次，新公共管理係強調公民參與的，但當公共事務逐漸藉由公辦民營、業務委外等方式開放民間參與的同時，行政人員卻又因為公民身分而逐漸放棄公共服務者的角色，這種角色的顛倒互換，也將造成責任無法確切歸屬的倫理困境，或是增加了倫理課責的複雜性；而為了釐清其間的責任歸屬，反而增加業務量及人力需求，與精簡組織初衷背道而馳。

第三，目前公務人員的角色扮演正處於後現代化社會多元價值觀並存的時代。在理論方面，行政人員的角色期待從傳統行政理論時期的客觀中立要求，過渡到主觀價值觀判斷的呼籲；在實務方面，行政體系內部面對國家政權的更迭時，往往被要求以客觀中立作為國家穩定運作的堅固磐石，但隨之替換的機關首長卻又不可避免地必須服從政治首長的指示，以回應特定選民的期待，於是行政環境在民主政治的發展趨勢下呈現多元弔詭的面貌，使行政人員無所適從。

第四個政治性問題來自於政治力的不當介入公務體系。Huges

（1998）及 Sharman（1998）皆曾指出，一項潛在的倫理問題來自公共服務的政治化傾向。此可由下列二方面觀察得知：其一，實務上，公務人員往往必須在遵守功績制原則，以及配合首長的領導控制之間求取均衡。其二，機關首長的幕僚，如秘書長、機要等藉由提供資訊及建議而決策影響力愈來愈大，然而渠等卻毋須擔負實際的政策責任。由於此類幕僚沒有明確的課責機制，他們毋須至立院備詢，亦不須受司法、監察的檢驗，更因其身分不具新聞價值而不受媒體監督（Sherman, 1998: 20～21），在追究行政責任上增加了複雜性及困難度。

（四）民主參與與菁英領導的兩難

包含新公共管理在內的許多當前組織發展或管理新論，均強調強化組織內部民主參與的重要性，使得決策思維有「由下而上」逐漸取代傳統「由上而下」的趨勢。然而新公共管理同時也強調「追求卓越」的前瞻性領導，使得二者相衝突並產生競合，形成多元價值選擇的倫理困境。Hammer 與 Stanton（1995）即指出，大部分的組織再造運動最終流於失敗的原因之一，即在於缺乏領導者的領導。[3] 換言之，組織中的民主參與對於組織發展自然重要，但若缺乏領導精英理論（elitism）的導航，則相信沒有一個組織發展或政府再造有可能完成。尤其期望藉由組織成員的民主參與來達成組織精簡，根本就是緣木求魚。是以，我們也許可以期望以「由下而上」途徑增加「再造」成功之可能性，但「再造」絕無法在缺乏「領導」要素下執行成功（詹中原，2002）。

（五）顧客導向影響公共利益及社會正義的定義及實踐

新公共管理將人民視為顧客的此一觀點，至少存在二個問題。首先，

---

[3] Hammer 與 Stanton（1995）指出下列十項再造失敗陷阱：1. 名實不符；2. 過分著重組織單位（結構創新）；3.「分析」替代「了解」及「創新」；4. 缺乏「領導者」領導；5. 畏懼變革；6. 未經「再造預測」（pilot study）；7. 未能及時顯現成效；8. 系統性改造過程不足（缺乏總體配套計畫，如誘因機制、職務名稱之調整）；9. 未知再造本質是一種願景創造，而在創新上自我設限；10. 忽略個人誘因（引自詹中原，2002）。

私人企業所服務的顧客對象單一、直接而明顯,而政府的服務對象是全民、多元甚至隱而未見的,使得政府的公共政策往往具有跨代性及跨域性的影響,而必須注重所謂的「代間正義」(justice of generations),其多元顧客彼此間的利益甚至相互衝突,例如勞資雙方之權益;又如現代當前顧客所享受的經濟成長,其環保代價卻由未來的子孫承擔等。其次,顧客所接受服務的水準包含質與量,係因其所擁有的資源、籌碼而定,然而政府的公共服務並不能以此決定其服務水準,甚至必須相反地針對弱勢者給予特別的優惠待遇。此亦即長久以來公共利益迄難定論的爭議:若是功利原則下之公共利益,則謀求最大多數人之最大幸福為考量的公共利益,恐將淪為多數專制(the tyranny of majority)之譏;若為正義原則下的公共利益,則特別重視弱勢族群的優惠照顧,有時反招少數特權(the privilege of minority)之議。顯然地,不同的公共利益定義將會影響公共服務的提供,而一般人民對政府的功能及角色期待,似咸認政府對弱勢族群的權益保障及促進是責無旁貸的。然而新公共管理主張以民營化方式提供公共服務,將會重回功利原則下的公共利益定義,而犧牲少數弱勢族群的基本權益。是故,公共服務一味地民營化的結果,將會擴大民眾貧富之間的差距,反而惡化社會上的不平等。

羅聖朋(Rosenbloom)認為美國公務員有三項行為會嚴重影響美國民眾對政府的信任,其一便是曲解公共利益的概念(misconception of the public interests)[4],公務員應以公共利益為行事標準,卻因公務員個人的社會背景如性別、種族、省籍或族群等之差異,或因專業分工的影響,使公務員囿於己見,因此培養公務員多元的視野是避免對多元利益產生曲解的方法(Rosenbloom;引自呂育誠等譯,2000: 397-400)。

綜上所述,當今政府再造強調新公共管理理論的應用,主張解制、法規鬆綁、公司合營、民營化、官僚企業家之時,行政運作若不能課以更多的政治、行政責任與倫理要求,即有可能淪為種種貪污、瀆職、浪費、

---

4 另二者為貪污(corruption)及顛覆破壞(subversion)(Rosenbloom;引自呂育誠等譯, 2000: 397-400)。

利益衝突、不法勾當等違背公共利益的情事產生。對此，美國公共行政學會（ASPA）指出：「對於行政人員而言，沒有比民眾對其誠實、信賴、與廉潔的看法更為重要了，蓋因它已超越了勝任能力，成為行政人員首要追求的重要價值」（林鍾沂，2002: 615-616）。新公共管理在實務應用上所可能引發的多元價值矛盾及衝突絕非上述為已足，且前述各項又是環環相扣的，而引發多元價值之間相互扞格的複雜倫理困境。因此，當新公共管理強調政府要盡量撤除對於各階層和各機關組織運作過程的各種內部管制，特別是經費運用、人力資源管理和採購，使管理者擁有更大領導管理彈性和裁量空間的同時，就必須對管理者要求配套的服務倫理，避免管理者課責性的喪失（施能傑，2003: 2）。

貳、新公共服務理論的提出（2000- ）

新公共服務係針對當今盛極一時的新公共管理潮流所提出的反思。此理論認為前述新公共管理把人民視為政府的顧客的最大爭議，在於人民才是國家的主人（owners），正如行政人員係所謂之「公僕」（public servants）。是以把人民與政府間的複雜關係化約為經濟市場的買賣關係，將減低了公民在政府治理過程中的角色與責任，難以培養公民的主動精神及公民美德（吳瓊恩，2002: 176）。誠如 Larry D. Terry（1993, 1998）所指出的：「新管理主義威脅並腐蝕了民主與憲政的價值，例如公平、正義、代表及參與（等價值）」（引自吳瓊恩，2002: 176-177）。於是，以美國公共行政學者 Robert B. Denhardt及 Janet V. Denhardt 夫婦為代表的一批學者，基於對新公共管理的反思，提出新公共服務理論。

一、基本觀點（Denhardt & Denhardt, 2000；引自丁煌譯，2004: 6-10）

（一）政府的職能是服務，而不是掌舵

行政人員日益重要的角色，是幫助公民表達並滿足其共同的利益及需

求，協助公民建立共享的價值，而不是以控制或掌舵方式朝向規劃既定的社會。其角色從控制轉變為議程的安排，不是服務的直接供給者，而是多元人民多重利益的調停者、中介者或裁判員。

（二）公共利益是主要目標，而非副產品

行政人員應積極地為公民提供一個可以彼此對話，以清楚表達共同的價值觀念，並形成共同公共利益的舞台，而不僅僅透過促成妥協而簡單粗糙地回應不同的利益需求。

（三）思考要具有戰略性，行動要具有民主性

對於滿足公共需要的政策及服務，必須由具有遠見及責任感的公民做前瞻性的、有遠見的規劃。而政府必須具有開放性和可接近性，具有回應力，能滿足公民的需要。

（四）為公民服務，而不是為顧客服務

公務員不僅是要對「顧客」的要求做出回應，而且要與公民，以及在公民之間建立信任與合作關係。在政府中，公正及公平是其提供服務時必須考慮的重要倫理價值，政府不應該首先或僅僅關注「顧客」自私的短期近利，更何況顧客往往是憑著其擁有資源的多寡來決定其需求被滿足的優先順序的，因此政府必須關注公民的需要及利益，而不是顧客。

（五）認清責任並不簡單

公務員應該關注的不只是市場，還應該關注憲法、法律、社區價值觀、政治規範、專業標準，以及公民利益，並且應該對這些制度、標準，以及其他機構、其他層次的政府、媒體等負責，所以責任內涵極為複雜。

（六）重視人，而不只是重視生產力

過去重視績效、生產力的管理方式培養不出具有責任心和公民意識的公務員或公民，如果要求公務員要善待公民、注重公民的權益，則公務員本身就要被機關管理者善待，因此分享領導權是極為重要的，藉此可使公務員與公民間，以及公民與公民之間相互尊重、彼此適應、互相支持。公務員藉此取得公民的信任，並建立與公民間的合作關係，將關注的焦點從生產力轉移到更高層次的倫理價值上。

（七）重視公民權勝過重視企業家精神

僅重視公務員的企業家精神將導致一種十分狹隘的目的價值觀，即所追求者係最大限度地提高生產力、滿足顧客的需求。然而政府的所有者是全體公民，行政人員有責任透過擔任公共資源的管理者、公共組織的監督者、公民權利和公民對話的促進者、社區參與的催化劑，以及基層領導等角色來為公民服務。

二、對新公共服務的評價

無疑地，由於此理論重視公民意識、鼓勵公民參與，因而更直接徹底地落實了主權在民的民主政治理想。然而，其並非全然理想而存在著限制的，例如吳瓊恩（2002）即指出，社群組織作為實踐此一理論的基礎，其凝聚力所依靠者係成員的共同價值與規範，並以社會資本的信任為基礎，然而這樣的組織模式也會有失靈的時候，其主要原因如下（吳瓊恩，2002: 211-212）：

1. 在當代社會環境愈來愈複雜的情況下，社群組織的成員及背景也愈趨向多元化及多樣性，而不易形成共同的價值及規範。亦即當某一社群對某一議題有所反應時，往往會受到其他價值或規範的影響，而無法形成一致的看法或共識。
2. 社群的集體利益與個人利益分離，使社群組織成員易受其他誘因影

響，而不願或不能與集體利益保持一致。

3. 當問題的規模愈大時，愈不適合用此種面對面的互動方式。尤其當一連串的需求與機會增加時，志工（即社群組成份子）的善意與奉獻也會疲勞殆盡，使社群的自理能力受到限制。

4. 在當代工業化及都市化形成後，人際間的互動既間接又單向，彼此為達某一特定目的而結合，但離開該目的又成為匿名的社會大眾，因此很難形成一個大團體一致的信念或價值，更難追蹤彼此的責任與義務。

5. 社群組織的內聚力愈強，其對組織外人員的敵視也愈強，如果組織內成員提出質疑，則將被排擠，使社群組織分裂為更小但更也緊密的社群，這種排拒及分化的現象幾乎成為當代社群組織的常態。

除上述五點外，吾人亦可推想得知而補充下列三點：首先，當一公共議題因各方利益僵持不下，或尚未凝聚共識前，易遭立意堅強的少數份子所把持；或政府機關為取得政策正當性而隱身幕後主導操控，例如：日本在小泉純一郎擔任首相期間，東京都有多項都市更新政策號稱以公民論壇方式決定，其成功經驗引發各國都市紛紛前往觀摩仿效，然而後來竟爆發其係小泉首相造假醜聞，原來所議之公共政策目標及內容大致底定，公民論壇不過虛幌一招，徒具形式耳。由此可知，新公共服務理念的落實，於現階段有其困難之處。

其次，新公共服務既重視公民資格更甚於企業家精神，故強調公民參與政策過程。期望藉由政治參與及公民對話方式，建立多元的溝通管道，建構審議式的民主行政，以切實符合民主治理的原則。然而政黨政治愈臻成熟發展的國家，將愈傾向二大黨的輪流執政，而為獲取為數最多的中產階級選民的選票，於是吾人最終可發現，無論任一政黨所提出之政見或公共政策，都有趨同的傾向。換言之，兩黨制將使人民的選擇機會減少，從而使公民產生政治冷漠感，不願表達政治意向，政治參與意願降低。亦即，政黨政治發展的結果，大多數的中產階級選民「不必」政治參與，即可保有既得利益；而少數弱勢族群因無勝出機會而「不願」政治參與。凡

此，是以新公共服務所重視的公民參與理念，立意頗佳，但落實不易。

　　此外，新公共服務強調以對話方式試圖獲致共識，成就公共利益，此無疑美化人性，忽略「人是自利的」之亙古不變法則，無法避免「搭便車者」的存在，使對話機制不易建立，遑論持續。

第三節　各理論時期之比較

　　綜合行政倫理的各個理論發展階段，吳瓊恩（2002）引用 Adler（2001: 215-234）對於組織及其相應的協調機制分為層級節制／權威、市場／價格、社群／信任三種形式的看法，認為正好呼應古典公共行政（含新公共行政）、新公共管理及新公共服務三種治理模式（吳瓊恩，2002: 177-178）。然而本文認為新公共行政的理念無疑是二十世紀公共行政知識發展史上的一個重要轉捩點，因為由於此派觀點的激盪，才使公共行政及行政倫理的論述重拾價值辯證的議題，避免走向唯工具主義的極端，並使行政倫理的理論內涵更為豐富多樣化，故認為 Adler 將新公共行政歸類為古典公共行政範疇（層級節制／權威）中其實不妥，而有獨立探討的必要。而由於新公共行政係強調政府對社會多元族群的公正代表性，本文乃沿用 Adler 的分類，進而提出此時期的組織及協調機制模式應為「政府／代表性」的觀點。

　　綜合比較各理論之觀點，彙整如表 20-1 所示。

　　古典的公共行政強調層級節制的機制，以權威作為秩序維持和協調的工具，其核心價值為穩定、理性、技術、效率、控制等；新公共管理則強調市場機制，以價格作為維持秩序和協調的工具，其核心價值為競爭、理性、交易、效率、回應力等；而新公共服務則以「信任」（trust）作為秩序形成與維護的協調工具，強調「社群」（community）的概念，其核心價值為民主理論、策略理性（strategic rationality）、公民精神、合作模式、對話理論（discourse theory）等理念（吳瓊恩，2002: 174-175）而新公共行政則強調政府須具代表性，以多元價值之深思熟慮及辯證，維護及實踐社會的公平正義。

表 20-1　古典公共行政、新公共行政、新公共管理及新公共服務的比較

理論時期 主要理念	古典公共行政	新公共行政	新公共管理	新公共服務
組織／協調機制	層級節制／權威	政府／代表性	市場／價格	社群／信任
公共利益的概念	由政治高層界定	強調對弱勢族群的照顧（最大多數人的最大幸福不應建構在犧牲少數弱勢族群的權益之上）	個人利益的加總即成為整體利益	公民以對話方式型塑之共同價值觀
行政人員的課責對象	委託者及選民	全民	顧客	公民
行政人員的課責途徑	層級的： 向層級的上級長官及民選的政治領袖負責	代表的： 倫理自主性的思考	市場導向的： 個人理性自利的加總即成為整體理性	多面向的： 同時關注法律、社群價值、政治規範、專業標準及公共利益
政府的角色	划槳者： 政治既定目標下的單一執行者	代表者： 作為多元族群尤其弱勢者的權益代表	導航者： 市場運作力量的觸媒者	服務者： 提供公民及社群團體利益談判與協商的機制

資料來源：1. Denhardt and Denhardt, 2000: 554；吳瓊恩，2002: 181-182。
　　　　　2. 作者補充修正。

　　至於對行政倫理理論見解最主要核心價值之公共利益的看法，則各理論時期差異甚大。古典行政理論時期的層級節制治理模式著重由上而下的控制，所謂的公共利益幾乎是由政治上層統治者所決定，行政人員只不過是聽命辦事者，缺乏自主性（吳瓊恩，2007: 5），因此對異議份子缺乏寬容態度；新公共管理時期的市場治理模式則認為個人利益的加總即為社會整體利益。然此忽略了公民的互動參與其實是一種動態調適的過程，絕非簡單的、靜態的從個人利益的加總即可得出公共利益。尤其在公部門的政府組織內，堅持價值的質性判斷，往往比市場機制量化的、功利的計算更為重要（吳瓊恩，2007: 5）。而新公共行政及新公共服務時期對於公共利益的看法，則多偏向羅爾斯的正義原則定義，是故各理論時期所主張的公

共利益價值項目雖然名稱相同，但實則內涵各異的。

從上述相關行政倫理理論四階段之發展看來，行政倫理的核心價值內涵其實存在著二元性，除了消極性的防弊層面係各階段的共同主張外，對於積極性的興利層面則是互見消長的。

第四節　行政倫理的二元內涵（詹靜芬，2003: 27-37; 2007: 2-6）

一般而論，提倡行政倫理無非在促進一國之廉能政治，「廉潔」係屬行政人員必須具備的基本消極要件，不可或缺，但也只能使行政人員的行為合乎法令規定；「效能」則屬進一步積極性的前瞻性思維及能力，使公共服務的提供具有人文思考及人性考量，並對多元價值作深思熟慮的判斷。Gortner（1991）則指出，所謂倫理議題可藉由下列三問題判知：

1. 該情境中存在多元價值的衝突；
2. 這些多元價值可分別被確認；
3. 必須在這些相競合的價值（competing values）中評比排序（Gortner, 1991: 148），進而作為組織決策及個人抉擇的依據。而行政倫理的困境也就是必須在這些多元且相競合的價值中作選擇而產生。

由此可知，行政倫理之訴求不惟行為對錯與否的合法性判斷而已（此即古典公共行政時期的主張），且往往是多元價值間的折衝協調，例如 Stone（1997）在其《政策弔詭》（*Policy Paradox: The Art of Political Decision Making*）一書中即指出，公共事務的運作除了技術性的工具理性分析外，更應重視決策價值及倫理面向的多元實質理性，因而公共服務的提供往往是民主與效率之間，以及自由與安全之間的權衡（trade-off）。

此外，公共服務的提供應最重視公共利益的實踐。然而公共利益之謂迄無定論，其中至少有二個相對立的概念，其一係邊沁（Jeremy Bentham）之功利原則（Utilitarian Rules）觀點，認為公共利益旨在追求

最大多數人的最大幸福，是一般人所共同認知及接受的概念。但在資源有限的限制下，公共服務的提供往往係為零和法則（Zero-Sum Rule）下的產物，故以多數決方式決定之公共利益，其實是將多數人的幸福建構在犧牲少數弱勢族群的基本生存權益之上，因而有多數暴政（the tyranny of majority）之疑慮。英國政治學者彌爾（John Miller）即曾強調，多數人的決定不能作為欺凌少數意見的藉口，因為少數他日成為多數，同樣亦不能壓制對方，此即平等相互尊重的精神；另一派係羅爾斯之正義原則（Justice Rules）觀點，旨在彌補功利原則之上述缺失，認為公共利益主要在強調照顧少數弱勢族群的必要性及優先性。但也因為對少數族群的特別優惠照顧，故有時會產生「少數特權」（the privilege of minority）的爭議。凡此多元價值內涵的爭論，皆使得公共服務的提供不惟追求單一效率價值觀，而公共服務提供者的行政作為也不易有唯一的、最佳的遵循方法，故行政倫理就性質區分，應有二層內涵（詹靜芬，2003: 27-37）：

一、防制性行政倫理（defensive administrative ethics）

　　係指公共服務的道德標準與行為操守（Chapman, 1993: 1），是一種有關禁制性規定的行為規範，主要在矯治負面的不倫理行為，故謂「防制性的行政倫理」。焦點多在探討如何防杜公務員貪污（corruption）、賄賂（bribery）、濫權（abuse of power）、瀆職（abuse of position）、竊盜詐欺（theft）等行為。由於前述的不倫理作為通常會透過法令予以規範，故防杜不倫理作為只在使行政人員合乎基本的法律組織規範，而不易使其有進一步正面積極的思考或作為，故又稱之為「消極性的倫理作為」，此乃偏向傳統行政法理論與實務所探討的範圍，基本上即為合法與否的判斷。

二、促進性行政倫理（affirmative administrative ethics）

　　邇來受到現代管理思潮的影響，以及 1968 年、1988 年兩次新公共行政研討會的倡導，行政倫理內涵逐漸與社會正義、多元利益、公民參與、政治回應及專業精神等理念相結合，使行政倫理不惟負面不法行為的禁

止，並應擴及正面思維的提倡，焦點多在對公平、正義[5]、道德、良善、慈悲、公益等多元憲政價值的深思、反省與實踐上。由於這些價值本身並無對錯問題（question），而只有偏好順序的排列選擇議題（issue），對倫理的追求是一種積極的考慮，是謂「促進性的行政倫理」。

　　新公共行政論者認為行政人員應扮演的角色，必須跳脫過去那種既定政策的施行者，並以服從組織及上級長官意志為行為準據的單一效率價值觀，相反地，渠等因為代表公眾利益而具有權力，並應為公眾提供兼顧效率及公平的服務。於是社會公正、代表性、回應性等遂成為新公共行政觀念的基礎。

　　新公共行政因此強調行政人員不僅要學習行政上之各種專門技術以符合效率，更重要的是培養倫理自主性（ethical autonomy），以倫理自覺對其所效命之環境系絡及所服務的對象深切思考反省，是故民主行政之基本價值，已從過去行政中立之單一考量，轉變為重視多元的行政倫理價值的辯證。

　　受新公共行政理念的啟發，故吾人以為促進性行政倫理的具體作為，包括積極為民服務、公平公正的行政作為、促進公益的主動性思考及施政，以及揭發弊端（whistle-blowing）[6] 等等。今之行政倫理學者或有以「公務倫理」（"public" administrative ethics）稱之者，即在強調政府機關與民營機構之不同，係在「公共性」（publicness）的考量上，亦即政府提供公共服務時，必須確保多元族群的多元利益同時被審慎考慮，而不會有任何弱勢一方的權益輕易被忽視。在現代民主潮流下，行政人員不惟既定政策的推動執行者，且往往為政策過程中的草案擬訂者，即便對於既定的綱領性政策，也必須行使裁量權，故渠等不惟被動的執行者而已，且多

---

[5] 所謂正義（justice）包含二層次，其一係指公平地對待別人；其二，係指以平等對待平等，以不平等對待不平等（Resnik, 1998；引自何畫瑰譯，2003: 29）。就政府的角色而言，就必須以干預的手段縮短社會強勢者與弱勢者之間的差距，例如所得重分配政策，以及美國針對弱勢族群所訂定的〈權益促進法案〉（The Affirmative Action Act）等，即皆係正義原則下的產物。

[6] 揭弊者往往必須付出相當大的代價，且需有極大的道德勇氣，故本文將之列為促進性的行政倫理範圍。

擔負實質的決策功能，因此行政人員肩負的倫理責任不惟中立客觀之技術理性耳，且必須評量每一政策選項下之所可能隱而未見的、間接的成本，尤其重要的是，不同的選擇將對不同的群眾所可能造成的立即的、或長遠的影響（Ventriss, 2001: 266）。

　　換言之，由於公共服務的提供必須滿足多元族群的不同利益，因此必須是深思熟慮下的行動（action）產物，而非追求效率、利潤至上的直接反射行為（behavior）。此種多元價值的倫理思考，因為有助於行政人員進一步提供具有深度人文思考及人性考量的服務，故又稱之為「積極性的倫理作為」，乃偏向組織激勵管理或人事管理所探討的範圍。

　　就前述看來，至目前為止各理論發展階段所強調之倫理內涵，係在防制性及促進性二者之間擺盪。而當代多元民主公民社會之行政倫理內涵發展，所呈現的應是多元的民意，而不僅僅是主流的民意，故應從消極性的肅貪防弊，轉而趨向積極性的主動興利。

本章參考書目

丁煌譯（2004），Janet V. Denhardt & Robert B. Denhardt 原著，《新公共服務：服務，而不是掌舵》，北京：中國人民大學出版社。

呂育誠等譯（2000），David H. Rosenbloom 著，《公共行政學：管理、政治、法律觀點》，臺北：學富文化事業有限公司。

吳瓊恩（2002），〈公共行政學發展趨勢的探究：三種治理模式的互補關係及其政治理論基礎〉，《公共行政學報》，第 7 期。

吳瓊恩（2007），〈建構「無預謀的行政倫理」：新公共服務五對概念的比較與檢驗〉，《公共行政學報》，第 23 期。

林鍾沂（2000），《行政學》，台北：三民書局。

林鍾沂、林文斌譯（1999），《公共管理新論》，台北：韋伯。

施能傑（2003），〈建立公共服務倫理規範—以 OECD 的標竿經驗〉，《倡廉反貪與行政透明學術研討會論文集》（2003/4/11），主辦單位：台灣透明組織、國際透明組織、世新大學行政管理學系、政治大學公企中心。

彭錦鵬（2004），〈美國「總統管理方案」的績效評估制度〉，瀏覽於 2005/3/15。<http://politics.soc.ntu.edu.tw/news/931230-2.pdf>

詹靜芬（2003），《我國公務人員行政倫理困境之研究：以中央行政機關中級主管為例》，國立政治大學公共行政研究所博士論文。

詹靜芬（2006），〈新公共管理主義之行政倫理問題分析〉，第二屆兩岸四地公共管理學術研討會—21 世紀的政策挑戰（2006/5/12-13），主辦單位：澳門大學。

詹靜芬（2007），〈公共服務民營化對行政倫理發展的影響〉，行政倫理學術與實務發展新趨勢研討會（96/12/22），主辦單位：臺北大學公共行政暨政策學系。

詹中原（1998），〈國家競爭力與企業精神政府〉，《研考月刊》，第 22 卷第 4 期。

詹中原（2002），〈全球化與公共行政改革：知識經濟觀點之檢視〉，《國家發展研究》，第 1 卷第 2 期。

鄭錫鍇（2002），〈社會資本與政府再造〉，《國政研究報告》，憲政（研）091-024 號。台北：國家政策研究基金會。

Armstrong, M. (1994), *Performance Management*. London: Kogan Page.

Bozeman, Barry (1993), *Public Management: The State of the Art*. San Francisco: Jossey-Bass.

Caiden, Gerald (1994), "Administrative Reform American Style", *Public Administration Review*, Vol. 54, No. 2.

Denhardt, Janet V., Robert B. Denhardt (2003), *The New Public Service: Serving, not Steering*. NY: M. E. Sharpe, Inc.

Drewry, G. and T. Butcher (1988), *The Civil Service Today*. Oxford, UK : B. Blackwell.

Hammer, Michael, and James Champy (2001), *Reengineering the Corporation: A Manifesto for Business Revolution*. New York: Harper Business.

Hammer, Michael and Steven Stanton (1995), *The Reengineering Revolution: A Handbook*. New York: Harper Business.

Hollis, Guy (1994), *Transforming Local Government: A Practical Management Guide to Local Government Restructuring and Renewal*. Harlow, Essex, [England]: Longman Information and Reference.

Hood, C.(1991), "A Public Management for All Reasons?" *Public Administration*, Vol. 69, No. 1.

Kamensky, John (1996), "Role of the 'Reinventing Government' Movement in Federal Management Reform", *Public Administration Review*, Vol. 56, No. 3.

Kickert, Walter J. M. (1997), *Public Management and Administrative Reform in Western Europe*, Cheltenham, U.K.; Lyme, N.H.: Edward Elgar Pub.

Lawton, Alan (1998), *Ethical Management for the Public Services*, Philadephia: Open University Press.

Moe, Ronald (1994), "The Reinventing Government Exercise: Misinterpreting the Problem, Misjudging the Consequences", *Public Administration Review*, Vol. 54, No. 2.

Newcomer, K. E. and Amy Downey (1997), "Performance-Based Management in the Federal Government", *PA Times*. Vol. 20, No. 12.

Niskanen, W. (1971), *Bureaucracy and Representative Government*. Chicago, Ill: Aldine-Atherton.

Noe, R. A., J. R. Hollenbeck, B. Gerhart, and P. M. Wright (2000), *Human Resource Management: Gaining A Competitive Advantage.* Boston: Mcgraw-Hill Co., Inc.

OECD (1996), "Ethics in the Public Service: Current Issues and Practice," *Public Management Occasional Papers*, No. 14.

OECD (1997), *In Search of Results: Performance Management Practices.* Paris: OECD.

Osborne, David and Ted Gaebler (1992), *Reinventing Government: How the Entrepreneurial Spirit Is Transforming the Public Sector from Schoolhouse to Statehouse.* Reading, Mass.: Addison-Wesley Pub. Co.

Pollitt, C. (1993), *Managerialism and the Public Services: Cuts or Cultural Change in the 1990s?*, Oxford, OX, UK; Cambridge, Mass., USA: Blackwell Business.

Sherman, Tom (1998), "Public Sector Ethics : Prospects and Challenges", *Public Sector Ethics: Finding and Implementing Values*, Charles Sampford and Noel Preston eds., Routledge: the Federation Press.

Stone, Deborah A. (1997), *Policy Paradox: the Art of Political Decision Making*, New York: W. W. Norton.

Terry, Larry D. (1993), "Why We Should Abandon the Misconceived Quest to Reconcile Public Entrepreneurship with Democracy," *Public Administration Review*, Vol. 53, No. 4.

Terry, Larry D. (1998), "Administrative Leadership, Neo-Managerialism and the Public Management Movement," *Public Administration Review*, Vol. 58, No. 3.

Ventriss, Curtis (2001), "The Relevance of Public Ethics to Administration and Policy", in *Handbook of Administrative Ethics*, Terry L. Cooper ed., N.Y.: Marcel Dekker, Inc.

國家圖書館出版品預行編目資料

行政學析論／吳定，林鍾沂，趙達瑜，盧偉斯，吳復新，黃一峯，蔡良文，黃臺生，施能傑，林博文，朱金池，李宗勳，詹中原，許立一，黃新福，黃麗美，陳愷，韓釗，林文燦，詹靜芬合著. ——二版. ——臺北市：五南圖書出版股份有限公司，2022.08
面；　公分.
ISBN 978-626-343-173-7 (平裝)

1.CST: 行政學

572.9　　　　　　　　　111012361

1PT6

行政學析論

作　　者 ― 吳　定（58）、林鍾沂、趙達瑜、盧偉斯
　　　　　　吳復新、黃一峯、蔡良文、黃臺生、施能傑
　　　　　　林博文、朱金池、李宗勳、詹中原、許立一
　　　　　　黃新福、黃麗美、陳　愷、韓　釗、林文燦
　　　　　　詹靜芬

企劃主編 ― 劉靜芬

封面設計 ― 封怡彤

出 版 者 ― 五南圖書出版股份有限公司

發 行 人 ― 楊榮川

總 經 理 ― 楊士清

總 編 輯 ― 楊秀麗

地　　址：106臺北市大安區和平東路二段339號4樓

電　　話：(02)2705-5066

網　　址：https://www.wunan.com.tw

電子郵件：wunan@wunan.com.tw

劃撥帳號：01068953

戶　　名：五南圖書出版股份有限公司

法律顧問　林勝安律師

出版日期　2009年9月初版一刷（共七刷）
　　　　　2022年8月二版一刷
　　　　　2024年10月二版二刷

定　　價　新臺幣650元

經典永恆・名著常在

五十週年的獻禮──經典名著文庫

五南，五十年了，半個世紀，人生旅程的一大半，走過來了。
思索著，邁向百年的未來歷程，能為知識界、文化學術界作些什麼？
在速食文化的生態下，有什麼值得讓人雋永品味的？

歷代經典・當今名著，經過時間的洗禮，千錘百鍊，流傳至今，光芒耀人；
不僅使我們能領悟前人的智慧，同時也增深加廣我們思考的深度與視野。
我們決心投入巨資，有計畫的系統梳選，成立「經典名著文庫」，
希望收入古今中外思想性的、充滿睿智與獨見的經典、名著。
這是一項理想性的、永續性的巨大出版工程。
不在意讀者的眾寡，只考慮它的學術價值，力求完整展現先哲思想的軌跡；
為知識界開啟一片智慧之窗，營造一座百花綻放的世界文明公園，
任君遨遊、取菁吸蜜、嘉惠學子！